“十三五”国家重点出版物出版规划项目
面向可持续发展的土建类工程教育丛书

SUSTAINABLE
DEVELOPMENT

工程项目投资与融资

第2版

◎ 宋永发　石磊　林婧　刘莎　窦玉丹　编著

机械工业出版社
CHINA MACHINE PRESS

本书以工程项目投资与融资为两大主线，在介绍工程项目投资与融资基本概念的基础上，重点论述了我国经济和社会发展“十四五”规划及2035年远景目标、《国家综合立体交通网规划纲要》等相关主要内容，全面分析了工程领域最新、最具研究价值的投资机会与融资模式，并系统地介绍了现代工程项目投资与融资的最新理论、实践成果及未来发展趋势。

本书主要内容包括项目投资概述、项目投资环境、项目投资机会、项目投资风险、项目投资决策、项目投资估算、工程项目融资概述、工程项目融资模式、工程项目融资风险、工程项目融资担保、工程项目融资案例分析等。

本书力求系统性、理论性与实践性相结合，使读者能够在了解和掌握项目投资与融资概念、项目投资与融资管理有关理论的同时，了解国内外的相关实践。书中列举的大量国内外工程项目投资与融资经典案例，增强了本书的实用性、时效性与可读性。

本书主要作为普通高等院校土木工程、工程管理及经济类等相关专业的本科教材或教学参考书，也可作为建造师、监理工程师、造价工程师、咨询工程师执业资格考试的应试参考书，还可供工程项目管理从业人员学习参考。

图书在版编目（CIP）数据

工程项目投资与融资/宋永发等编著. —2版. —北京：机械工业出版社，2022.12（2026.1重印）
（面向可持续发展的土建类工程教育丛书）
“十三五”国家重点出版物出版规划项目
ISBN 978-7-111-72003-4

Ⅰ.①工… Ⅱ.①宋… Ⅲ.①基本建设投资-高等学校-教材②基本建设项目-融资-高等学校-教材 Ⅳ.①F283②F830.55

中国版本图书馆CIP数据核字（2022）第212061号

机械工业出版社（北京市百万庄大街22号 邮政编码100037）
策划编辑：冷 彬 责任编辑：冷 彬 王 芳
责任校对：郑 婕 王 延 封面设计：张 静
责任印制：张 博
北京机工印刷厂有限公司印刷
2026年1月第2版第7次印刷
184mm×260mm · 23印张 · 568千字
标准书号：ISBN 978-7-111-72003-4
定价：69.80元

电话服务
客服电话：010-88361066
010-88379833
010-68326294

网络服务
机 工 官 网：www.cmpbook.com
机 工 官 博：weibo.com/cmp1952
金 书 网：www.golden-book.com
机工教育服务网：www.cmpedu.com

前　言

投资作为国民经济活动的重要组成部分，是促进生产力发展、推动国民经济增长的重要力量，同时也是资源配置的重要手段。项目投资作为投资活动在工程建设领域的具体措施，对我国经济社会的发展起到重大推动作用。系统地了解工程项目投资方向与投资理论是未来从事工程建设的专业人员的必修课程。

在国民经济转型过程中，在国家供给侧改革的方针指引下，未来投资方向将发生显著变化。新投资机会的产生将带来投资环境、投资政策、投资风险、投资决策等一系列新的变化。目前，国内外专门阐释项目投资理论与未来投资机会的书籍较少，而绝大多数国内外投融资相关教材也都是侧重阐释项目融资理论与融资模式的，对项目投资部分常常一笔带过。本书则对项目投资理论与未来投资方向进行了重点分析与论证，特别是对我国经济和社会发展意义重大的党的二十大报告、“十四五”规划和2035年远景目标纲要及《国家综合立体交通网规划纲要》等主要内容进行了详细分析，力求补充工程项目投资方面本科专业教材的稀缺，同时，把“科技强国”“守正创新”等精神融入本书。

近年来，在“政府职能转变”和“投融资体制改革”等时代背景下，项目融资在世界范围内迅速兴起，日益受到各级政府、业界及民众的关注和重视，并被广泛地应用到市政工程、交通运输、能源、城镇发展等领域。项目融资是一种以项目的资产和预期收益为担保的、由项目参与各方分担风险的、具有有限追索权特征的特殊融资方式。由于基础设施项目具有建设周期长、风险大、投资需求高等特点，因此，其项目资金筹集面临巨大的挑战。项目融资失败会直接导致项目的失败，项目融资成功是项目成功的前提保证。然而，由于项目融资操作程序非常复杂，实际运作项目的人员往往缺乏项目融资的相关理论指导。

本书的项目融资部分力求系统地介绍现代项目融资的最新理论与实践成果，做到理论与实践相结合，使读者能够在了解和掌握项目融资概念、项目融资管理相关理论的同时，了解国内外的相关实践。

此外，本书旨在为高校具有土木工程背景的本科学生提供工程“软技术”理论基础，为具有技术经济背景的本科学生提供工程领域的研究素材，使他们在本科学习期间就能系统掌握当下相关行业领域投融资的发展趋势与最新实践成果，为日后在基础设施建设及房地产行业就业打下良好的基础。同时，本书所介绍的项目投融资方面的最新理论、实践成果以及未来发展趋势分析，对实际从事工程项目管理的人员也具有较好的指导作用。

本书的主要特点如下：

(1) 工程项目投资部分：在总结前人理论成果的基础上，结合当前我国经济转型的战略背景以及工程建设领域的发展趋势，系统论述了工程项目投资运作过程中的各个环节及相关要素，如投资环境分析与评价、投资机会研究与选择、投资风险分类与管理、投资估算控制与优化、投资决策程序和方法等，在此基础上，分别从“政策导向”和“市场驱动”两方面对国家高铁网规划投资机会、城市群轨道交通规划投资机会、新能源建设投资机会、水运规划投资机会、航空中心建设投资机会、装配式建筑项目投资机会、养老地产投资机会、特色小镇投资机会、综合管廊投资机会进行了详细阐述，不仅完善了工程项目投资理论的内容体系，而且促进了投资理论与工程实践相互结合，对当前我国工程建设领域的投资发展具有现实的指导意义。

(2) 工程项目融资部分：将项目融资与工程项目实践相融合，系统地介绍了工程项目融资的基本理论和基本方法，重点研究的融资模式有PPP工程项目融资模式、ABS工程项目融资模式、REITs工程项目融资模式、项目融资租赁等，并结合国内外经典案例对各类工程项目融资模式进行了详细介绍。

为学习贯彻党的二十大报告精神，全面实施科教兴国战略、人才强国战略，本书在重印过程中结合本课程具体内容，加入绿色发展、科技自立自强、中国创造等课程思政元素，助力培养学生开拓创新的科学素养和追求卓越的工匠精神，强化学生科技报国热情。

本书所用资料数据具有较强的时效性，力求将最新工程项目融资理论展现给读者；同时，本书内容全面系统、深入浅出，具有较强的实用性和通用性，方便高等院校相关专业学生和工程项目管理从业人员学习。

本书由大连理工大学宋永发、石磊、林婧、刘莎、窦玉丹共同编著，具体编写分工如下：宋永发负责编写第1章，第2章，第3章3.1节、3.5节、3.8~3.10节，第5章，第6章；石磊负责编写第7章，第8章8.1~8.3节、8.5节、8.6节，第9~11章；林婧负责编写第3章3.2节、3.3节，第4章4.3~4.5节；刘莎负责编写第3章3.4节、3.6节，第4章4.1节、4.2节；窦玉丹负责编写第3章3.7节，第8章8.4节。宋永发负责全书的统稿工作。

大连理工大学研究生闫靖晗、周柏村、赵晨晨、马聪、陈琳、才宇航、暴颖慧、朱书航等参与了编写资料的收集与整理工作。本书参考了部分同行专家出版的专著或教材，大部分已在参考文献中列出，若有遗漏请多包涵。

由于编写时间和编写水平有限，本书难免存在错误和不妥之处，敬请专家和读者批评指正。

编著者

目　录

第1章

项目投资概述

作为全书项目投资部分的导论，本章主要界定项目投资涉及的基本概念，勾勒项目投资部分的基本框架。为此，本章首先讨论投资的基本内涵，阐述投资活动的运动过程；其次，分析项目投资的特点及分类，并论述项目投资的运作程序；最后，介绍项目投资管理的相关内容。

1.1 投资概述

1.1.1 投资的含义

一般意义上的投资是指投资者将一定的资财（资本资源、资产或财富）投入某项事业，以便未来能获得所期望价值增值的一种经济活动。

投资的概念有金融概念和经济概念之分。所谓投资的金融概念，是指从投资者或资本供给者的角度来看，投资是投入现有的资金，以便以利息、股息、租金或退休金等形式取得将来的收入，或者使本金增值。无论投资者是从别处买进证券，还是把资金用于新的资产，都没有关系，即在“公开”市场上买进“二手”证券，如股票、债券、抵押契约，或购买为新增资本而发行的证券，作为投资并没有多大区别。从金融的立场出发，投资是否用于经济意义上的“生产性”用途，也是无关紧要的。投资在经济意义上的概念（投资的经济概念）则明显不同，它是以新的建筑、新的生产者的耐用设备或者追加存货等形式构成新的生产性资本。只有当实物资本通过建造房屋、制造汽车或类似的活动产生时，才是经济学家所说的投资。显然，上述经济学上的投资只包括生产性投资，并不包括非生产性投资；只包括物质资本的投资，并不包括人力资本的投资。

1.1.2 投资的特点

投资主要有八大特点：投资领域的广泛性、投资活动的复杂性、投资活动的垫付性、投资周期的长期性、投资活动的连续性、投资活动的波动性、投资效应的双重性以及投资收益的风险性。

1. 投资领域的广泛性

投资活动是国民经济运行中重要的经济活动之一，是国民经济活动的主要组成部分。投资涉及领域广泛，从宏观到微观、从国内到国外，覆盖了整个社会，包括产业、部门、行业、企业和各种项目的投资等。因此，投资领域涉及工业、农业、商业、交通运输业、金融业、贸易和服务业、房地产业、高新技术业、通信业以及各种有关的配套投资等。

随着生产现代化程度的提高，社会分工更加精细，新的投资领域不断涌现，投资活动也因此在更加广阔的领域中发挥作用。投资以其自身特殊的开拓功能推动着国民经济的发展，同时，国民经济的发展又使投资领域不断拓宽。

2. 投资活动的复杂性

1）投资活动受到许多因素的制约和影响。这些因素包括人、财、物、技术、信息、时间和空间等。它们对于投资总体活动来说，都不是各自孤立存在的，而是以一定的结构和方式相互联系、相互制约和相互作用，构成复杂的经济关系。因此，投资活动是一项巨大的系统工程，其筹划和操作过程十分复杂。

2）涉及范围广泛，投入领域繁多。投资活动是一项社会经济活动，它不能孤立存在。因此，投资经济关系十分复杂，只有协调和处理好各种投资经济关系，才能使整个投资活动在正常轨道上运行，从而取得良好的投资经济效益。

3）投资活动总是在一定利益的驱动下进行。各投资主体之所以垫付货币或其他资源，都是为了获得一定的经济利益。例如，宏观投资主要追求全局利益的实现，微观投资主要追求局部利益的实现。两种利益既相互对立，又相互统一，处在复杂的矛盾运动之中。因此，投资活动体现着多种复杂的经济利益关系。

3. 投资活动的垫付性

与一般的经济活动不同，从表象看，投资活动是一种垫付性的活动，即投资者先将资金、可折合成一定价值的实物资产和无形资产垫付在投资客体（即形成某项资产）上，然后凭借形成的资产取得预期效益。投资活动的垫付性特点意味着原先的资金和资产必须转变为另一种新的资产，或新资产的一个组成部分。换言之，不具备一定的资金和资产是无法成为投资者的。由于投资活动的垫付性特点，在投资过程中，只有投入，没有产出，因此投资规模必须与投资者的可垫付量相一致，超越可垫付量的投资规模，会使投资者陷入困境。

从宏观层面上看，投资活动的垫付性要求投资规模必须与国力相适应，超越国力（即超越可垫付量）的投资规模不仅会损害社会的供求平衡，而且会损害投资活动本身，使投资活动难以顺利进行。投资活动的垫付性还要求投资结构与可垫付结构相互均衡，否则会引起经济结构的失衡。投资活动的垫付性对微观投资的要求是投资者必须量力而行：在投资中必须筹措到足够的资金；同时，还必须考虑时间上的可承受性，比如投资期持续两年，这两年中将只有垫付，没有产出，投资者需要考虑可否承受。

4. 投资周期的长期性

任何一项经济活动都需要花费一定的时间，有的长些，有的短些，有的甚至瞬间就能完成。例如购物活动，一手交钱一手交货，所需时间极短。一般的工业生产所需时间也不太长，往往是这边原材料投入，那边产成品即可出来。但投资活动则不同，由于投资项目规模庞大、地点固定，且具有不可分割性，因此投资周期一般较长。例如我国大中型项目，仅建设周期就达3~5年。投资周期由投资决策期、投资实施期（即建设期）和投资回收期三个阶段构成。一般而言，在投资决策期，应对投资进行充分审慎的研究论证，做好建设的各项准备工作。实践证明，决策工作做得越精细、越认真，投资成功的可能性就越大，因此对投资决策期必须给予时间上的保障，应避免仓促拍板上马；在建设期，则应在保证质量的前提下，力争缩短时间，加快建设进度，使项目早竣工、早投产，缩短投资回收期，早日收回投资。

当然，具体每项投资的周期是不同的，这与项目的规模、复杂程度、技术水平有很大的关系。投资者在进行投资前，一定要对自己所投资项目的投资周期有相当准确的判断，根据自身的情况，对项目进行取舍。在正式开始投资后，应尽可能缩短建设周期，争取早日竣工投产。缩短投资周期，最主要的是缩短投资回收期，而投资回收期与产品价格走向、产品的质量和性能、生产成本、产品营销有直接的关系，这就要求在投资过程中必须兼顾以后的生产经营情况，以服从生产经营为中心，确保顺利实现投资回收。

5. 投资活动的连续性

投资活动是一个不间断的连续运动过程。一方面，投资活动的连续性是由投资目的决定的，投资是为获得收益，而获得收益不能一步到位，需经过投资资金的形成、筹集、分配、使用和回收等全过程才能实现。另一方面，投资活动的连续性是社会化大生产的要求，社会化大生产使投资领域各部门、各单位、各环节之间密切联系，如果某一方面出现问题，就会波及其他方面，形成连锁反应，给整个投资活动带来困难和障碍。因此，投资活动只有连续进行，才能使社会再生产顺利实现。

6. 投资活动的波动性

投资活动具有平缓——高峰——平缓的周期波动性特点。这种波动性由投资的固有性质所决定。在投资过程中，存在着投资本身支出多少的问题。一般来说，投资的实施准备阶段支出不多，属于平缓期；进入实施阶段后，投资支出逐渐增多；当投资所需的各种要素全部到齐、到位时，投资支出达到高峰，这时就不再需要支出，于是投资走向平缓。投资活动的波动性要求人们规划和均衡好投资支出，善于错开投资高峰期，这样才能有效配置资源，使投资资金得到合理分配、有效利用，从而使投资活动连续进行，最终取得效益。

7. 投资效应的双重性

投资通过双重效应作用于经济发展。一方面，投资活动产生需求效应，即投资需要消耗一定的资金、劳动和其他各种必要物质。这种消耗形成对投入物的需要，从而扩大社会总需求，推动社会再生产的发展。另一方面，投资活动产生供给效应，即投资的结果形成生产力，增加市场供给并改变供给结构，从而推动国民经济向前发展。投资效应的双重性是有条件的，即只有建立在投资规模适度的基础上，才能促进经济发展。如果投资规模过小，不能满足扩大再生产的需要，就会降低投资效果；如果投资规模过大，超过扩大再生产的正常需要，就会造成投资的浪费，同样也会降低投资效果。因此，只有投资规模适度，即投资规模与财力、物力相适应，才能实现投资的双重效应。

8. 投资收益的风险性

投资收益的风险性是指投资实施结果的风险性，即投入的资金不仅有可能无法取得预期收益，还有发生亏损甚至血本无归的风险。投资可以获利，但是由于投资活动受各种复杂因素影响，并且有的因素难以预料，所以投资获利程度事前难以确定，这就是投资风险所在。投资风险主要表现在三种投资结果上：一是投资获得收益；二是投资出现亏损；三是投资盈亏持平。这三种投资结果，如果是在同种项目和同等条件的前提下，可认为第一种情况投资风险最小，第二种情况投资风险最大，第三种情况投资风险一般。但是，就一般投资而言，由于投资项目、投资环境、投资条件以及投资防范能力等方面的差异，投资风险大小也不同。因此，不同的投资活动存在着不同风险。投资收益的风险性特点决定了投资者在投资前必须进行风险预测，在权衡利弊得失之后，再做出决策进行投资。

投资收益的风险性是由主观和客观两方面引起的。主观原因包括对市场的预测错误、投资决策欠妥、投资管理工作不善等；客观原因包括市场突变、政策变化、天灾人祸等。投资收益的风险性，微观上要求投资者在进行投资活动时必须进行科学的预测和论证，慎重决策，强化投资管理，尽可能地减少、分散和避免投资风险；宏观上要求进一步健全风险承受机制，完善投资风险的各项保险，建立风险投资基金，改进投资风险预警系统。

1.1.3　投资的分类

随着社会经济生活的日益复杂化，投资活动也呈多样化的发展趋势。从不同角度看，投资可以分为不同的类型，如图1-1所示。

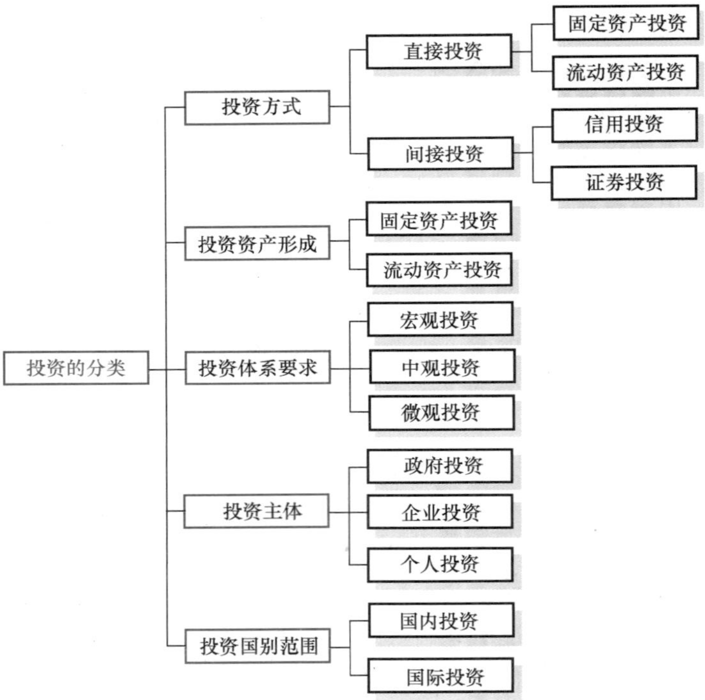

图1-1　投资的分类

1. 直接投资和间接投资

按照投资方式不同，投资可划分为直接投资和间接投资。

直接投资是指投资主体将资金直接用于建造和购置固定资产和流动资产的行为或过程。因此，直接投资又可分为固定资产投资和流动资产投资。

间接投资是指投资主体为了获得预期的效益，将资金转换为金融资产的行为或过程。它包括信用投资和证券投资两大类。信用投资包括信贷投资和信托投资。将资金贷给直接投资者，并从直接投资者那里以利息形式分享投资效益的，称为信贷投资；将资金委托银行的信托部门或信托投资公司代为投资，并以信托受益形式分享投资效益的称为信托投资。证券投资是指投资者通过购买证券，让渡资金使用权给证券发行者进行直接投资，并以债息、股息、红利的形式分享直接投资者的投资效益。它包括股票投资和债券投资。需要说明的是，通常证券投资是指购买股票、债券、投资基金等行为，它既包括一级市场的购买，也包括二级市场的购买。

2. 固定资产投资和流动资产投资

按照投资资产形成的不同，投资可划分为固定资产投资和流动资产投资。

固定资产是指在社会再生产过程中，可以长期反复使用，且在使用过程中保持其原有实物形态基本不变，但其价值会逐步转移的劳动资料和其他物质资料，如房屋、建筑物、机器设备、运输工具等。固定资产投资是指将资金用于购置、建设固定资产的行为。固定资产投资对国家、社会以及人民生活水平和质量的提高有着重要的意义。

流动资产投资是指投资主体为启动投资项目而购置或垫支流动资产的行为和过程。流动资产按其内容可分为储备资金、生产资金、产成品资金和货币资金。任何一项固定资产投资建成投产后都需要配备一定量的流动资产，否则就无法正常运转。流动资产投资与固定资产投资是构成直接投资的密不可分的两个部分，是直接投资不可或缺的重要组成部分。而且，两者之间应有一个合理的比例，这一比例在不同类型、不同规模的项目中是不同的。一般而言，资金密集型企业、技术密集型企业流动资产的投资比例小，劳动密集型企业流动资产的投资比例大。此外，这一比例也与经营管理水平有关，经营管理水平越高，流动资产投资占全部投资的比重就越低，反之则越高。

由于流动资产投资的对象与企业日常生产经营中流动资产的投放对象相一致，所以很容易被混淆，但两者的性质不同，前者属于投资资金，后者属于经营资金，因此两者既有相同又有不同之处。相同的是，两者都是由投资主体投入并在企业内不断循环、周转的一笔资金。不同的是，流动资产投资一旦进入企业，就一直被企业所占用，只有到企业停止生产经营时才能收回，因而循环周期很长；而生产经营中流动资产的循环周期与产品生产周期相同。首先，经营者以货币资金购置原材料、燃料等流动资产，形成生产储备，另一部分货币资金用于预付劳动者的工资；然后，流动资产进入生产过程，在这个过程中，原材料、燃料等劳动对象的物质形态发生变化，价值一次性转移到产品中去，劳动者通过劳动也将新创造的价值追加到产品中去，而劳动资料则只是将其磨损部分的价值转移到产品中去；最后，通过产品销售，价值得以实现，流动资产又恢复到起始形态——货币资金的形态，生产经营性流动资产的一个循环遂告完成，进入下一次循环，如此周而复始直至企业停止生产经营。可见，流动资产投资的一次循环包含了多次生产经营性流动资产的循环。

3. 宏观投资、中观投资和微观投资

按照投资体系要求，投资可划分为宏观投资、中观投资和微观投资。

宏观投资是指国家在一定时期内对整个国民经济的投资。它属于战略性投资，直接关系到整个国民经济能否协调稳定增长和社会再生产活动能否顺利实现。

中观投资是指各地区各部门在一定时期内对本地区本部门的投资。它直接关系到地区、部门内的经济发展水平、发展速度和效益高低。中观投资接受宏观投资的指导，是实现宏观

决策的保证，也是连接宏观投资和微观投资的桥梁和纽带。

微观投资是指作为社会基本经济单位的企业和事业单位的投资。它属于战术性投资，不仅关系到微观单位本身的存在和发展，而且是中观投资和宏观投资得以实现的基础。

4. 政府投资、企业投资和个人投资

按照投资主体不同，投资可划分为政府投资、企业投资和个人投资。

政府投资是指中央政府和地方政府为达到一定目的而进行的投资。中央政府投资包括国家经济发展、社会发展和国防建设等方面的投资。地方政府投资主要包括地方经济发展、地方建设和地方社会事业等方面的投资。

企业投资是指工商、贸易、金融、建筑和运输等具有法人地位的各经营单位的投资。企业投资是整个社会投资的基础，它不仅能促进企业自身的发展，而且能促进国民经济的发展。

个人投资是指城市居民、农民个人和个体企业的投资。个人投资有利于吸收社会闲散资金，补充政府投资和企业投资，有利于国民经济的繁荣。

5. 国内投资和国际投资

按照投资国别范围分类，投资可划分为国内投资和国际投资。

国内投资是指投资主体在本国范围内的各种投资。这种投资完全是在国内同一环境范围中进行的，投资的目的主要是促进国内经济的发展。

国际投资是指投资主体跨越国界所进行的境外投资。这种投资是在具有差异性和复杂性的投资环境中进行的，投资的目的具有多样性，例如，有的在于使资本保值增值，有的在于改变两国双边经济关系，有的则抱有政治目的。相对国内投资，国际投资具有制约性强、风险性大等特点。

1.1.4 投资运动过程

整个投资运动过程包括投资的产生与筹资、投资的分配与使用、投资的回收与增值三个阶段。投资运动过程依次经历上述三个阶段，分别采取货币资金、实物资产或金融资产、货币资金的表现形式，如图1-2所示。

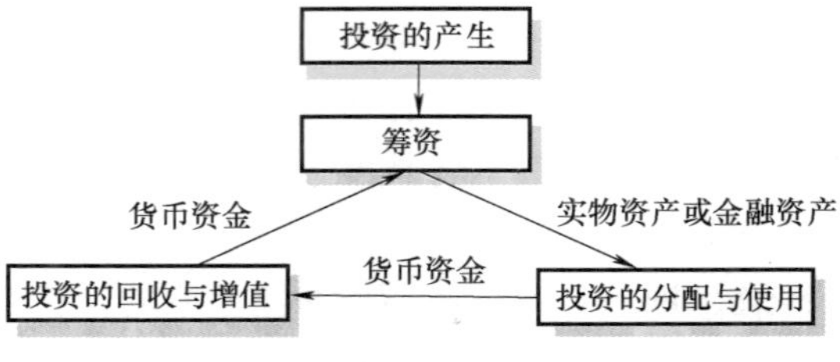

图1-2　投资运动过程

1. 投资的产生与筹资

投资产生于生产，生产是投资的源泉。从生产角度考查，投资资金形成于社会总产品的价值构成。社会总产品的价值构成为 $c+v+m$，其中，作为生产资料价值 c 的部分能够以货币形式收回，形成投资资金；作为劳动者必要劳动所创造的产品价值 v 的部分也能够以货币形式收回，除满足个人消费需要外，余额部分也可以转化为投资资金；作为生产中创造的剩

余产品价值 m 的部分同样能够以货币形式收回，其中一部分可以积累起来转化为投资资金。可见，投资作为再生产过程中的价值垫付，来自生产，没有生产过程就不能形成价值，从而不能产生投资。生产中创造的价值在实现后流向各种资金渠道。投资者要进行投资，首先必须通过这些渠道吸引资金并集中到手，这个过程就是筹资。一般来说，社会上有多少投资供应渠道，就有多少筹资途径。就目前我国的情况看，筹资途径主要有财政拨款、银行贷款、民间集资、投资基金、直接融资、自有资金和外资供应等。筹资途径由一定时期的社会生产力水平决定，它反映了投资领域中的经济关系。

2. 投资的分配与使用

筹集到的资金继续运动，进入分配和使用阶段。分配要根据经济发展的需要，在各产业、各企业、各部门之间进行。通过投资分配，协调各种投资比例关系，达到优化投资结构、提高投资效益的目的。

资金分配是为了使用。投资资金的使用过程是指从投资立项到投资实施结束的全过程。投资资金使用过程遵循先立项论证，再形成决策，最后具体操作的运行轨道。立项论证是对投资项目的可行性研究，目的是使投资决策目标可靠并能顺利实现。实施投资项目，首先是把决策目标分解落实到每一个执行单位，各执行单位在明确自己职责范围的基础上，接受并执行任务。其次是跟踪检查，通过信息反馈，使决策方案在执行中更加完善。在投资资金使用过程中，要坚持高效率、高质量、低成本的原则，以此争取得到最好的投资效果。

3. 投资的回收与增值

这里讲的是生产性投资垫付的资金收回并实现增值的过程。生产性投资是社会投资运动的典型形式，它是投资运动的基础。当投入的资金能够全部收回并取得增值时，投资运动就会继续进行，并且能够扩大投资。当投入的资金不能全部收回时，投资运动就会受阻，甚至中断。因此，在整个投资循环运动中，投资的收回与增值具有决定意义。

投资运动过程依次经历上述三个阶段，分别采取货币资金、实物资产或金融资产、货币资金三种表现形式。这种运动不断循环下去，就形成周期性的投资运动。上述投资运动经历的三个阶段必须紧密衔接、连续进行，形成不断循环的过程。如果运动在第一阶段停留下来，就不能引起投资；如果运动在第二阶段停留下来，就不能创造价值或效益；如果运动在第三阶段停留下来，就不能实现价值或效益，从而不能形成再投资。因此，连续性是投资运动的一个显著特点。

1.1.5 投资的作用

投资的作用表现在投资对经济增长的推动上。投资与经济增长关系非常紧密，在经济理论界，西方和我国有一个类似的观点，即认为经济增长情况主要是由投资决定的，投资是经济增长的基本推动力量，是经济增长的必要前提。投资对经济增长的影响，可以从要素投入和资源配置两个角度来分析。

从要素投入角度看，投资对经济增长的影响表现在投资供给对经济增长的推动作用和投资需求对经济增长的拉动作用两个方面。一方面，投资供给对经济增长具有推动作用。所谓投资供给，是指交付使用的生产经营资产。这种投资供给，不论数量多少，都是向社会再生产过程注入新的生产要素，增加生产资料供给，为扩大再生产提供物质条件，是促进经济发展的要素，是马克思所说的扩大再生产的源泉。另一方面，投资需求对经济增长具有拉动作用。投资需求是指投资活动所引起的社会需求。凯恩斯在分析投资需求对经济增长的影响时提出了著名的投资乘数理论，其中心思想是增加一笔投资会带来数倍于这笔投资额的国民收入。投资乘数理论表明，投资需求对经济增长的影响非常大，其可控程度也较高。

再从资源配置角度分析投资对经济增长的影响。资源配置最终影响经济结构，而合理的经济结构是经济发展的条件。经济结构通过生产流通、生产资料和劳动力利用、技术进步和经济效果提高来影响经济发展，而投资是影响经济结构的决定因素。所以，归根结底还是投资促进了经济的增长和平衡发展。这具体表现在以下几个方面：

1. 促进国民经济增长

投资能够形成和改变社会再生产的物质技术水平，创造市场的需求和供给；投资能够增加生产要素，提高技术水平，实现扩大再生产，增加国民收入；投资具有乘数效应，即投资的增加会带来数倍于投资增加额的国民收入增加额。因此，投资是经济增长的基本因素，经济增长就是合理进行投资、不断提高投资效率的结果。实践证明，任何一个国家要发展，首先要提高经济增长率，而提高经济增长率就必须进行投资，没有投资，经济就难以启动，无法发展。在改革开放中，我国通过投资体制改革，建立了一整套科学的投资管理体系，拓宽了投资途径，提高了投资经济效益，极大地促进了国民经济增长。可见，投资是经济增长的巨大推动力，对经济增长具有极大的促进作用。

2. 调整社会供需总量平衡

国民经济要持续、稳定、协调发展，最重要的是取得社会总供给与总需求平衡。但是，在现实生活中，国民经济总是在平衡与不平衡的矛盾运动中发展，不平衡是绝对的，平衡是相对的。因此，要不断通过投资调整供求关系，实现相对平衡。投资是需求，但又能转化为供给。一方面，在投资的实现过程中，通过投入引起对生产资料和消费资料的大量需求，从而使国民经济需求总量增加，这就是投资的需求效应；另一方面，有需求就有供给，通过直接投资能够生产出各种产品，从而使国民经济供给总量增加，这就是投资的供给效应。这两个效应直接影响国民经济总需求和总供给的平衡。如果人们过于追求增加供给而投资，忽视投资产生的需求效应，就会造成社会总需求和总供给的比例失衡，甚至破坏国民经济正常发展。因此，在市场经济条件下，要善于运用投资调控手段，注意投资两个效应的作用，特别是要调节好投资的流量和流向、规模和结构，只有这样才能保证国民经济持续、稳定、协调地向前发展。

3. 保证社会协调与可持续发展

社会生产的目的是最大限度地满足人民日益增长的物质文化需要。实现这一目的不仅要创造物质财富，还要创造精神财富，两种财富都离不开投资活动。一方面，要进行生产性投资，通过对各种物质部门的投入，促进生产力水平提高，从而不断生产出更多、更好的物质产品，满足人们各种物质需要；另一方面，要进行非生产性投资，通过对非物质生产部门的投入，改善人们的生活环境，提高生活质量，美化人们的生活，满足人们精神生活的需要。可见，投资对于保证社会协调与可持续发展的重要性不言而喻。

4. 促进国际经济发展

投资作为一项重要的经济活动，不断开拓自己的领域和市场。在现代经济全球化条件下，投资已冲出狭隘的国家界限，走向国际，在各国之间形成纵横交错的投资经济关系。这种国际化的投资活动，一方面能够填补各国投资的不足，缓解失业压力，推动各国经济发展；另一方面能密切国际协作，促进科学技术的国际交流和推广，使生产力能够在全球范围内合理配置，极大地推动社会生产力向前发展。

1.2 项目投资

1.2.1 项目投资的含义

项目投资的概念及分类

1. 项目的概念及特征

项目是指那些作为管理对象，在一定约束条件（限定的资源、时间、质量等）下完成的具有特定目的的一次性任务。项目具有任务一次性、目标明确性和管理对象整体性特征。重复、大批量的生产活动及其成果不能称作“项目”。项目按其最终成果可划分为科学研究项目、开发项目、建设项目、航天项目、维修项目、咨询项目、教育项目等。本书研究的对象是建设项目的投资与融资问题。

建设项目是指需要一定量的资金投入，经过决策、实施等一系列程序，在一定约束条件下，以形成固定资产为目标的一次性过程。一个建设项目就是一项固定资产投资项目，它又可分为基本建设项目和技术改造项目。其中，基本建设项目是指新建、扩建等扩大生产能力的项目；技术改造项目是指以节约资金、增加产品品种、提高产品质量、治理“三废”、劳动安全等为主要目的的项目。建设项目的基本特征有：

1）有明确的项目组成。建设项目在一个总体设计或初步设计范围内，由一个或若干个互相有内在联系的单项工程组成。建设中实行统一核算、统一管理。

2）在一定约束条件下，以形成固定资产为特定目标。在项目建设过程中，约束条件主要有三个：①时间约束，即要求有适宜的建设期限（工期）；②资源约束，即要求有确定的投资限额；③质量约束，即要求有预期的生产能力、技术水平或使用效益目标。

3）要遵循必要的建设程序和经过特定的建设过程。

4）具有投资限额标准。只有达到一定限额的投资才能作为建设项目，低于限额标准的投资称为零星固定资产购置。

5）按照特定的任务，具有一次性的组织形式。

2. 项目投资的概念及性质

项目投资是一种以特定项目为对象，直接与新建项目或更新改造项目有关的长期投资行为。项目投资按其涉及内容还可进一步细分为单纯固定资产投资项目和完整工业投资项目。单纯固定资产投资项目的特点在于，在投资中只包括为取得固定资产而发生的垫支资本的投入，而不涉及周转资本的投入；完整工业投资项目则不仅包括固定资产投资，而且包括流动资金投资，甚至包括其他长期资产（如无形资产、长期待摊费用等）项目的投资。

项目投资的基本性质主要体现在以下三个方面：

（1）项目投资的双重属性

项目投资具有自然属性和社会属性。所谓自然属性，是指项目投资与生产力、社会化大生产、生态环境相联系的属性。因而，自然属性要求投资活动应有助于合理组织生产力、发展生产力、保护生态平衡，同时实现项目投资的效益目标，使投资者得到满意的投资回报。项目投资的社会属性是指投资与生产关系、上层建筑相联系的属性。因而，社会属性要求投资活动维护现行社会的生产关系，维护生产资料所有者的权益。项目投资的双重属性是进行项目投资分析的基本依据和出发点。

（2）项目投资的约束、能动、规范性原理

项目投资活动的双重属性，必然导致投资活动要受到各种自然条件和社会条件的约束。而投资活动本身又以人为主体，是由人和社会生存发展的需要而派生出来的一种特殊的经济活动。所以，自然条件和社会条件的约束迫使和激励人们充分发挥主观能动性和创造性，开展一系列旨在创造社会精神财富和物质财富的投资活动。但是，投资活动又必须依据投资效用最大、投资风险适度等准则来进行。这种用来作为人们投资行为的依据或价值准则，就是投资活动的规范性原理。

（3）项目投资的系统性与科学民主性

项目投资是一项综合性很强的系统工程，它涉及的因素很多，必须遵循客观物质规律和有关准则规范。因此，为提高投资效用和减少投资失误，在具体投资操作和投资决策过程中，应遵循科学化和民主化原则。

1.2.2　项目投资的特点

建设项目投资由于其客观性和独有的技术经济特点，因此主要有以下几个特点：

1. 周期长且投资额大

项目投资一般包括项目的前期准备阶段、项目实施阶段和项目终结阶段，也就是项目的起始、实施和终结的过程，这些阶段就构成了项目的寿命周期。一般一个建设项目的寿命周期在1年到十几年不等。建设项目的庞大，使得建设项目的投资回收期较长，因而在整个建设项目投资过程中往往需要投入大量的人力、物力、财力。这些建设项目投资的自身属性决定了其周期长且投资额大的特点，因而在投资项目之前，必须进行深入、全面的研究，只有对项目建设进行系统的分析论证，才能最后决定是否对项目进行投资。

2. 不可逆转性

这主要是由建设项目的固定性（不可移动性）决定的。因为一旦确定项目在哪里进行投资建设，就在哪里形成生产能力或提供工程效益。建设项目投资完成后，再想做出改变就非常困难。因此，拟建的投资项目必须对候选地进行认真勘察，查明当地的资源储备、工程地质、水文地质、交通运输条件以及产品的消费情况，并在选中建设地点的前提下，注意做好项目的合理布局和有关配套项目的协作、配合。

3. 多样性

建设项目的多样性特点决定了每个建设项目都有其自身的用途和要求，需要进行专门的设计。因此，对拟建项目就有采用何种工艺设计才能使建筑结构最为适用且经济合理的要求。

4. 连续性和不可间断性

建设项目的连续性和不可间断性特点决定了只有将投资建设全过程中的各个阶段、各个环节和各项工作协调地组织起来，在时间上连续，在空间上不脱节，并在项目全部完工后积极组织验收、交付生产使用，才能真正形成生产能力或工程效益并发挥出投资经济效益。因此，在建设项目投资建设的过程中，必须遵循项目本身客观存在的程序性。

1.2.3 投资项目的分类

1. 按投资项目性质划分

投资项目按其性质可以分为新建项目、扩建项目、改建项目、迁建项目和恢复项目。

新建项目是指从无到有、投资建设的一个新项目。扩建项目则是指在现有规模的基础上为扩大生产能力或工程效益而增建的项目。改建项目是指投资者为了提高产品质量、加速技术进步而采用新技术、新工艺，对现有设施、工艺条件进行设备更新或技术改造的项目。迁建项目是指由于种种原因经有关部门批准迁到其他地点建设的项目。恢复项目是指因自然灾害、战争等原因，原有的固定资产全部或部分报废，然后又投资恢复建设的项目。

2. 按项目的盈利能力、投资主体和投资范围划分

投资建设的建设项目按照项目的盈利能力、投资主体和投资范围划分，可以分为竞争性建设项目、基础性建设项目和公益性建设项目。

（1）竞争性建设项目

竞争性建设项目主要是指投资收益水平较高、市场调节比较灵敏、具有较强市场竞争能力的行业部门的相关项目。这些行业主要包括工业、建筑业、金融保险业、商业、房地产业、公用产业、服务业、咨询业等。竞争性建设项目的投资面向市场，由企业自主决策、自担风险、自享收益，通过市场筹资来建设经营。

（2）基础性建设项目

基础性建设项目主要是指具有一定自然垄断性、建设周期长、投资量大而收益较低的基础产业和基础设施建设项目。它主要是指农林水利业、能源业、交通业、邮电业、通信业以及城市公用设施的建设。对这些项目可以进一步细分为两个部分：一部分属于在一定时期具备市场竞争条件的项目，其投资应在政府引导的前提下，逐步面向市场；对那些不具备市场条件的项目，其投资主要应由各级政府负责。

（3）公益性建设项目

公益性建设项目是指那些非营利性但具有社会效益性的项目。它主要包括教育、文化、卫生、体育等设施，以及公、检、法等政权设施。在这些公益性建设项目中，大多数投资不形成经济效益。因而公益性建设项目投资主要由政府来承担，即由政府运用财政性资金，采取无偿和追加拨款的方式进行投资建设。

1.2.4 项目投资的运作程序

建设项目投资的运作程序一般包括以下几个阶段：

1. 建设项目决策阶段

项目发起方根据国民经济和社会发展的长远规划，结合行业和地区发展规划的要求，提出项目建议书。主要工作是在建设前针对投资项目提出设想，通过对市场和投资机会的研究，衡量投资项目的必要性，初步分析建设的可能性，进而编制可行性研究报告。可行性研究是项目准备阶段的一项重要工作，主要是对拟建项目在工程技术、经济、社会等方面的可行性和合理性进行全面系统的分析论证，从中选择最佳投资实施方案的一种方法。可行性研究能够为项目提供科学和可靠的依据，减少项目决策的盲目性。

2. 建设项目规划设计阶段

这一阶段的主要工作是编制一系列的设计文件，以确保建设项目如期完成。设计文件是项目在进行投资时的具体实施方案，是组织施工的主要依据，也是一项综合性的技术经济工作。它一般包括初步设计、施工图设计和制订年度计划。

（1）初步设计

初步设计是研究拟建项目在技术上的可靠性和经济上的合理性，对设计的项目做出基本技术规定，并通过编制总概算确定项目总的建设费用和主要技术经济指标。

（2）施工图设计

施工图设计是在初步设计的基础上，将设计的工程加以形象化、具体化。施工图设计应包括施工总平面图、房屋建筑总平面图和剖面图、安装施工详图等。同时，根据施工图设计编制施工图预算，将其作为确定项目的建筑安装工程投资、工程招标投标标底的依据，以及施工单位组织施工、控制人工材料消耗、考核工程成本和施工经济效益的依据。

（3）制订年度计划

建设项目的建设周期一般都比较长，这就要求必须制订年度计划。年度计划的作用就在于具体规定每年应该建设的建设项目及其施工进度、应该完成的投资额和投资额的构成、应该交付使用资产的价值和新增的生产能力。所以，制订年度计划的目的就是保证能按期、顺利地完成建设任务，以及保证投资资金的合理使用。

3. 建设项目施工阶段

这一阶段的主要工作包括施工准备、施工组织、生产准备和竣工验收，是建设项目投资的实施阶段。

（1）施工准备

施工准备主要是进行项目的征地、拆迁及建设用地的平整工作，通常是指“三通一平”（通水、通电、通道路和平整场地）或“七通一平”（通水、通电、通道路、通邮、通热、通气、通排水和平整场地）。

（2）施工组织

施工组织是一个特殊又复杂的建设过程，是建设项目投资实施阶段的主要内容。在施工过程中，施工单位要严格按照设计图进行施工，既要做到合理、均衡地施工，又要注意各施工工序的顺序问题。

（3）生产准备

在项目竣工验收前，必须按照设计和计划的要求做好生产准备。这主要是指做好生产人员、管理人员的定员和培训工作，设备的安装、调试、验收工作，生产所需的资源调配，管理机构和管理制度的建立等。

（4）竣工验收

竣工验收是建设项目投资建设的最后环节，也是全面考核项目建设的成果，检验设计、施工质量的重要环节，是项目进入生产、经营过程的必经阶段。通过竣工验收可以检验设计和工程质量，保证项目能按设计要求的技术经济指标正常生产和使用，以便及时办理移交手续。

4. 建设项目终结阶段

这一阶段是建设项目的投产使用、进入生产经营的阶段，是投资效益的实现和投资回收阶段。同时，这一阶段还应包括项目后评价。项目后评价一般在项目生产运营一段时间（一般为两年）后进行，主要是指对投资项目建成投产后的经济效益、社会效益、环境效益进行总体综合评价。通过项目后评价，既能考查项目在投产后的生产经营状况是否达到投资决策时确定的目标，又可以对项目投资建设全过程的经济效益、社会效益和环境效益进行总体和综合评价，并反映项目在经营过程中存在的问题。因此，项目后评价是项目建设程序中不可缺少的组成部分和重要环节。

1.3 项目投资管理

1.3.1 项目投资管理概述

众所周知，现代工程建设项目具有建设周期长，大量耗用人力、物力、财力，资金占用期长，项目组织管理涉及部门多，管理复杂等特点。因此，在有限的预算资金前提下，保证建设项目的质量和进度，是业主共同的目标。建设项目投资控制作为实现这一目标的保障，在现代项目管理中正显得越来越重要。所谓工程建设项目投资控制，就是在投资决策阶段、设计阶段、发包阶段和施工阶段，把建设项目投资的发生控制在批准的投资限额以内，随时纠正发生的偏差，以保证项目投资管理目标的实现，力求在建设项目实施中能合理使用人力、物力和财力，从而取得较好的经济效益和社会效益。

从建设项目投资控制与管理的发展历史可以看到，人们对项目投资控制的认识是随着生产力的发展，随着商品经济的发展和现代科学管理而不断深化的。早在 16 世纪到 18 世纪，英国工程造价管理就提出了将设计与施工分离，由工料测量师在工程设计和工程完工以后测量工程量和估算项目投资，这是工程造价管理发展的第一阶段。到 19 世纪以后，资本主义国家在工程建设中开始推行承包制，此时要求工料测量师为招标者制作标底，从此工程造价管理逐渐形成了独立的专业，这个时期被称为工程造价管理的第二个阶段。至此，业主能够在开工前预先了解需要支付的投资额，这便完成了工程造价管理的第一次飞跃。但此时业主还不能对设计阶段进行有效监控。在项目施工阶段进行控制的基本原理是把计划投资额作为投资控制的目标值，在工程施工过程中定期地进行投资实际值与目标值的比较，通过比较发现并找出实际支出额与投资控制目标值之间的偏差，然后分析产生偏差的原因，并采取有效的措施加以控制，以保证投资控制目标的实现。这是一种传统的控制方法。长期以来，人们一直把控制理解为目标值与实际值的比较，当发现实际值偏离目标值时，分析产生的原因，并确定下一步对策。这是一种被动控制，立足于调查——分析——决策基础上的偏离——纠偏——再纠偏的控制方法。这种方法只能发现偏离，而不能使已产生的偏离消失，只能起到预防下一阶段或工序可能发生偏离的作用。

自 20 世纪 70 年代以来，科学技术出现了日新月异的发展。人们逐步把系统论、控制论、价值工程、供应链管理、柔性制造、敏捷制造、精益生产等为代表的先进生产方式和管理理论应用于建设项目工程管理，在建设项目工程管理中引入计算机等辅助手段，将投资控制立足于事先分析各种产生偏差的可能性，主动采取积极的预防措施，尽量避免目标值与实际值的偏离，这种主动、积极的控制方法称为主动控制或动态控制。项目投资控制逐步实现了由被动变为主动、由静态变为动态的转变。建设项目投资控制不仅能反映决策，反映设计、发包和施工，而且能主动影响投资决策，影响设计、发包和施工。

目前，国外建设单位在建设项目工程管理中通常采用专业建设管理模式，即业主将整个工程自始至终交给某一咨询公司来承担建设管理，业主自己一般很少参与建设项目的实际管理。项目成本管理工作实际上是咨询公司提供服务的内容之一。

同时，国外大型承包公司并不只是被动地在工程的招标阶段才参与竞标，而是参与项目建设的全过程，包括投资计划研究、可行性研究、投资决策、咨询设计、招标投标、商签合同、工程实施和验收等。因此，建设项目的投资管理真正做到了业主、咨询公司、承包商三位一体、共同控制。其中，一些发达国家，如美国、英国、德国，以及中国香港等地区，从事建设项目成本管理的历史悠久，具有较为完善的投资控制体系。下面对此做简要的介绍。

美国的工程承包公司均对项目投资的管理和控制十分重视，并把这一过程称为成本工程。成本工程就是通过各种有效的方法对项目成本进行估算、计划、控制、分析和预测等，最终实现降低成本或将成本控制在目标计划成本之内的整个过程。它可具体分为成本估算、成本预算、成本控制和预测、数据分析、数据开发、进度计划和外部数据等几个步骤，采用工作分解结构（WBS）和编码系统相配合，并对产生的偏差进行分析，采取纠偏措施。

英国与美国在工程成本控制中，显著不同的一点就是充分发挥工料测量师的作用。英国的皇家特许测量师学会，不同于美国造价工程师协会，是独立于业主和承包商的组织，具有很大的权限。业主在准备投资某项目时，一般要邀请工料测量师进行可行性研究、投资估算、招标文件编制、设计阶段及施工阶段的投资控制等工作。而承包商在进行工程施工时，也要聘请工料测量师，或在工地设立工料测量办事处。英国常用成本控制系统的选择取决于建设项目的规模及复杂程度，但更大程度上取决于上级管理层的态度及经验。无论采取哪种控制系统，都首先要设计一套能表示基本成本数据的健全的编码系统，同时要注意将工程成本放在网络计划图中，将工程进度计划与成本控制相结合。

我国香港地区的工程成本控制主要体现在建设项目的动态估价上。这主要是因为香港地区没有统一的定额，仅有统一的工程量计算规则和建设项目划分，而工料测量师必须根据资料、数据及当时市场价格水平，采取适当方法估算建筑工程分项造价，汇总得出总造价。香港地区工料测量师之所以能够控制工程投资，主要是由于他们对工程进行全过程的管理。招标工作结束后，确定承包商，工程进入施工阶段后，工料测量师主要以承包合同为依据，严格控制工程费用，将其维持在既定的概算之内。其角色与内地监理工程师的工作性质比较类似，只是目前大多数内地建设项目中，业主并没有充分发挥监理工程师的作用，而其主要工作只是对施工质量的审核。

德国虽然没有设立如英国的工料测量师和北美成本工程师的专业制度，但是，德国建设工程方面的咨询服务行业非常发达和普遍，不论是政府的还是私人的投资项目，当一个部门或监理公司承接项目管理后，在成本控制方面都是从投资估算、设计概算、施工预算、竣工结算到财务结算等进行全过程服务的，这样就避免了计划与实际建设的脱节。

我国的工程造价管理体制始于20世纪50年代初期，是为了适应当时大规模基本建设的需要而建立的。经过长期的工程建设实践，我国的工程造价管理体制已日趋完善，对合理和有效控制造价起到了积极作用。进入20世纪90年代以后，随着市场经济的不断发展，我国开始逐步引进国外先进的投资管理理论和方法，如项目管理承包商管理模式、建设工程管理模式，改进造价核算的方法，研究推广作业造价管理、造价规划、战略造价管理、全面造价管理等先进的理论和方法，推进限额设计、工程量清单报价和全过程造价管理等。全过程造价管理将前期策划和设计这两个成本控制的重点阶段纳入管理范围，相对于简单的概预算控制更为科学和进步。而子过程的造价又都是由许多具体活动的造价构成的，因此建设项目全过程的造价管理必须是基于活动与过程的，必须按照建设项目过程和活动的组成与分解规律，去实施对项目全过程的造价管理。全过程造价管理理念所涉及的管理思想和范围已经远远超出了原来施工概预算定额的控制管理范畴，是一种基于活动和过程的造价管理方法，而不是传统的基于投标和部门的造价管理方法。目前，我国的工程造价管理正在逐步实现由概预算定额管理向全过程造价管理的转变，具体体现在成本预测、编制成本计划、成本分解和成本控制四个方面。在成本预测中采用了定性和定量相结合的预测方法，其中常见的定量预测法有时间序列分析法和量本利分析法等。通过定量分析和比较同类项目计划执行的情况，参照项目设计概算、承包合同、施工组织设计等来编制成本计划。项目成本计划分解能按照经济责任制要求，将成本计划内容在项目组织系统内进行逐层分解，实行建设项目经济承包责任制。建设项目成本控制分为日常控制、质量成本控制、工程变更控制等，采用的方法有价值工程分析法、联系费用的横道图法、成本计划评审法和成本单项费用分析表法等。

1.3.2　项目投资管理的目标与原则

1. 建设项目投资管理的目标

从本质上说，建设项目投资管理的最终目标就是实现项目预期的投资效益。而在项目建设阶段，建设项目投资管理就是要在业主所确定的投资、进度和质量目标指导下，合理使用各种资源完成建设项目建设任务，以期达到最佳投资效益。

投资、进度和质量形成了建设项目投资管理的目标系统，三者互相联系、互相影响，某一方面的变化必然引起另两个方面的变化。例如，过于追求缩短工期（进度），必然会损害项目的功能（质量），引起成本（投资）增加。所以，建设项目投资管理应追求三者之间的优化和平衡，单独强调最短工期、最高质量、最低成本都是片面的。由于项目的复杂性和动态性，以及人们的认识能力和技术水平的限制，在项目前期往往很难对项目做出正确的综合评价和预测。因此，在实际工作中可先适当突出某个主目标，即项目必须予以保证的目标（如质量目标），并以此为依据来编制项目目标计划。然后在执行计划的过程中不断收集数据和信息，对比实际情况和原定计划，调整各目标之间的比重关系，不断修正和完善原目标计划，形成一个持续渐进的目标管理过程，如图 1-3 所示。

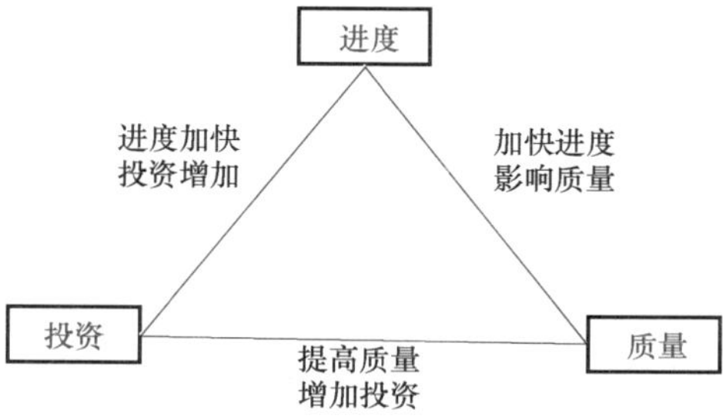

图 1-3　投资、进度和质量三者关系

2. 建设项目投资管理的原则

对建设项目进行投资管理时，应遵循以下基本原则：

（1）成本最小化

建设项目投资管理要尽可能地控制工程投资，降低项目成本，以此来节约资金，为社会节约资源。当然，这并非是要无限度地降低成本，更不是一切以降低成本为目的，而是在达到业主对项目功能要求的基础上，统筹考虑进度目标、质量目标、安全目标、各方满意目标、可持续发展目标、社会目标等相关目标的实现，尽可能合理地降低项目成本，在理性的基础上避免不必要的浪费。

（2）全过程投资管理

建设项目投资管理是项目的建设及运行的全部过程，不是单一的某一段过程，要从项目前期的决策选址、项目可行性研究、勘察设计、招标、合同签订、施工、竣工验收等全过程入手来共同控制项目的投资。

在整个投资管理过程中，项目建设中的建设单位（业主）、承包单位、设计单位、监理单位、审计单位等参建各方都参与进来，通过各方共同努力，始终带着控制项目投资的意识做好各自工作。例如，承包单位要避免施工中的返工、窝工、浪费及不合理变更等，为建设单位降低工程成本提出建议；设计单位要提出经济合理、技术先进的设计方案；监理单位要为建设单位把好关，控制好工程量变更及设计变更等，为建设单位节约不必要的资金投入，当好建设单位的好帮手。

建设项目投资管理全过程中还要充分考虑到项目实施中涉及的方方面面。例如，材料的价格、工人人工费、机械租赁费、设计的变更、工程量的变更等都是要考虑的内容，要做到事无巨细，从建设项目实施中的每一个细节，全方位考虑投资成本的控制。

（3）动态投资管理

建设项目具有单件独一性的特点，不同业主对建筑产品的要求不尽相同。建设项目的地质条件不同、设计不同等因素都会导致建筑产品具有单件独一性、不可重复性的特点，因而在建设过程中没有以往工程经验可以直接照搬。同时，在建设的过程中还会受到许多不可预见因素的影响，如天气变化、原材料价格上涨、政府政策变化、地质条件变化、突发事件、人工费上涨等。这些因素共同使得建设项目投资处于一个不断变化的过程中。因此，在对建设项目进行投资管理过程中，不能一成不变、教条僵化，而要采用动态管理的方法实时控制，制订细致缜密的投资管理计划，密切跟踪项目进程，及时掌握建设项目实施成本的实际发生值，并把实际值与计划值进行比较，找出偏差，及时纠正，实行动态的投资管理。

除此之外，在进行动态投资管理时还要注意以下几点：

1）相比一般项目而言，建设项目的生产周期较长、牵涉范围较广，并受外界环境诸多情况的影响。基于此，项目计划投资额不可能一开始就划分得比较精准，而需要在项目具体实施过程中及时调整改进，实时把控。

2）收集的数据要及时、准确、完整，以便将计划值与实际数据相比较，合理地控制投资。

3）要采取合理有效的控制方法，从而更好地对存在的偏差进行调整控制。

1.3.3 项目投资的合理确定与有效控制

1. 建设项目投资的合理确定

建设项目投资的确定是建设项目投资管理的首要内容。它是要在建设程序的各个阶段，采用科学的计算方法和切合实际的计价依据，合理确定投资估算、设计概算、施工图预算、承包合同价、结算价和施工决算。根据建设程序，建设项目投资的合理确定分为如下六个阶段：

（1）项目建议书阶段与可行性研究阶段

该阶段应按照规定的投资估算指标、类似工程造价资料或其他有关参数，编制投资估算。也就是说，投资估算是在整个投资决策过程中对建设项目投资数额进行的估计，是判断项目可行性和进行项目决策的重要依据之一。同时，投资估算也是编制初步设计和概算的投资控制目标。

（2）初步设计阶段

在初步设计阶段，应根据有关概算定额或概算指标编制建设项目总概算。经有关部门批准的总概算，即为控制拟建项目投资的最高限额。对在初步设计阶段实行建设项目招标承包制，签订承包合同协议的，其合同价也应在总概算相应的范围以内。

（3）施工图设计阶段

根据施工图确定的工程量，套用有关预算定额单价、取费率和利税率等编制施工图预算。经承发包双方共同确认、有关部门审查通过的预算，可作为结算工程价款的依据。

（4）工程招标投标阶段

在该阶段，承包合同价是以经济合同形式确定的建筑安装工程投资。

（5）工程实施阶段

要按照承包方实际完成的工程量，以合同价为基础，同时考虑因物价上涨以及其他因素引起的投资变化，合理确定结算价。

（6）竣工验收阶段

对从筹建到竣工投产全过程的全部实际支出费用进行汇总，编制竣工决算。

2. 建设项目投资的有效控制

建设项目投资的有效控制就是在投资决策阶段、设计阶段、建设项目发包阶段和建设实施阶段，把建设项目投资的发生控制在批准的限额以内，随时纠正发生的偏差，以保证项目投资管理目标的实现，力求在各个建设项目中能合理使用人力、物力、财力，取得较好的投资效益和社会效益。

建设项目投资的有效控制应遵循以下原则：

（1）以设计阶段为重点进行建设全过程投资控制

投资控制应贯穿于项目建设全过程，但对造价影响最大的阶段是施工以前的投资决策和设计阶段；而在项目做出投资决策后，控制项目投资的关键就在于设计阶段。

（2）主动控制

投资控制不仅要反映投资决策，反映设计、发包和施工，被动地控制项目投资，而且要主动地影响投资决策，影响设计、发包和施工，主动地控制项目投资。

（3）令人满意原则

建设项目的基本目标是对建设工期、项目投资和工程质量进行有效控制，这三大目标组成的目标系统是一个各目标相互制约、相互影响的统一体，同时使三个目标达到最优几乎是不可能实现的。为此，应根据建设项目的客观条件进行综合研究，实事求是地确定一套切合实际的衡量准则。只要投资控制的方案符合这套衡量准则，取得令人满意的结果，则投资控制就达到了预期目标。

（4）技术与经济相结合

技术与经济相结合是控制投资的有效手段。为此，应通过技术比较、经济分析和效果评价，正确处理技术先进与经济合理之间的对立统一关系，力求达到在技术先进条件下的经济合理、在经济合理基础上的技术先进，把控制投资的观念渗透到各项设计和技术措施中。

1.3.4　项目各阶段投资管理的重点内容

1. 建设项目前期阶段投资管理

建设项目前期阶段，即可研阶段或预可研阶段，此阶段投资管理工作的主要内容是投资管理人员参与可研估算的编制和审查。重点审查以下内容：编制原则和方法是否符合国家、行业现行的计价依据和标准规定，是否符合企业的有关规定，编制说明内容是否准确、齐全等；建筑安装工程费的估算指标套用是否正确以及工程量的计算是否准确；各类设备、材料的价格，特别是非标和非定型设备的价格取定是否合理，定型设备和大宗材料价格的计取是否准确、合理、符合要求；建设单位管理费用，勘察设计、咨询、评估、监督检验以及其他（如无形资产、递延资产等）直接工程费以外的其他费用的计算是否正确、合理，是否符合有关规定；估算结构体系是否完整、齐全，是否有重复和遗漏，估算编制统一规定是否准确、齐全、合理。

2. 建设项目建议书阶段投资管理

本阶段投资管理工作的内容之一是概算的编制、审查和报批等工作。总的要求是概算编制要严格执行国家、行业和有关部门颁发的设计标准、规范、指标和定额等相关规定；推行限额设计，坚持不提高设计标准，不扩大设计范围和内容，使批复概算控制在投资估算以内。在这样的原则下，概算的审查要注意以下内容：概算编制是否严格执行国家和行业现行的计价依据和标准规定，编制说明内容是否齐全；概算工程量计算以及指标套用是否合理、准确；各项设备、材料价格采用依据是否充分、可靠，价格水平是否真实、准确反映项目建设期的实际情况；有无重项或者漏项；其他费用科目是否真实、无多项和漏项现象，数额计算是否准确、符合相关规定。概算控制的另一重要问题是超控制概算调整程序问题。当项目实施过程中出现超控制概算情况时，执行部门应及时分析超控制概算的原因，并提供相关依据（含专业技术部门意见），提交投资管理部门审核，经主管领导批准，投资管理部门备案后，才能调整控制概算费用。

3. 建设项目实施阶段投资管理

（1）施工图预算管理和控制

施工图设计应坚持如下原则：施工图设计必须按照经批准的初步设计进行；当设计方案有重大变化时，工程技术部门应要求设计院做出变更前后的费用估算及比较，并及时告知投资管理部等有关部门，必要时应召开专门会议对方案变更的必要性做出决定。

施工图预算的控制，特别是EPC模式下的详细设计施工图预算的控制，是项目实施阶段投资控制的重要内容。为此，必须严格执行国家、行业和有关部门颁发的设计标准、规范、指标和定额等，在基础设计范围内坚持不提高设计标准，不扩大设计范围和内容，并严格推行限额设计，把详细设计施工图预算严格控制在基础设计概算范围内。项目实施阶段详细设计施工图不仅是施工招标的依据，同样是现场施工和交工验收后竣工结算的依据，施工图设计的深度、准确程度、变更多少都直接影响着项目投资。

（2）合同履约控制

1）项目实施阶段是投资管理中最为重要和复杂的阶段，这其中需要关注的内容非常多。例如，合同进度款的管理和控制，设计变更及现场签证的费用管理和控制，甲方供应设备、材料的投资管理，二类费用投资的管理和控制，各类投资计划和资金计划的编制调整上报工作，各类项目投资管理情况、预算执行情况报告的编制上报工作等。

2）工程进度款的管理。大型复杂项目由于建设周期长、利益有关方多而显得格外重要和难于管理，因此，投资管理过程中进度款的管理和控制就成为一个焦点和重点内容。同时，进度款的管理和控制也是一个系统工程，与项目的各个职能部门都密切相关。下面仅就进度款申请资料编制的依据和资料组成两项基本内容做进一步说明，其他如进度款申请资料签审的责任分工、工程进度款签审工作流程和签审时间规定、资料归档等更为具体的要求，都不在此做进一步论述。这些都要由投资管理工作者在实际的工作中细化和完善，并要经过各级部门和领导的讨论和审核同意后方能执行。

① 关于进度款审核的前提和依据。只有在合同范围内的项目，并按合同约定的内容及标准，真实、诚信、保质、保量完成的单位单项以及分部分项工程，才能申请工程进度款。申请进度款的工程中各分部分项工程必须是经业主或其授权委托方以规定的形式或方式确认的工程。

进度款申请确认资料必须真实、准确、齐全，格式、形式都需符合业主相关规定并满足专业工程师审核要求。各签审部门须根据本部门的职责和权限对申请资料的相关内容进行审核和确认，审核和确认的直接依据是已签订合同的通用和/或专用条款、附件，以及国家、行业或地方的各质量和技术标准等。

② 关于进度款申请资料的组成及编制要求。工程进度款申请资料的组成包括实物工程量检测统计表、月工程量报审表、工程进度款详细计算表、工程进度款报审表、工程进度款审核确认会签表等几个部分。其中，前四个表由承包商准备，第五个表由业务主管部门根据要求提供。

工程进度款申请资料的编制要求包括：首先需按基础设计文件划分的装置或主项单元分别编制，在装置或主项单元内，实物工程量检测统计表和工程进度款详细计算表也应按专业不同归类填写计算，以便于投资方进行投资控制和投资分析。

实物工程量检测统计表和工程进度款详细计算表为示意表，施工承包商应根据不同的工程内容、报价模式及行业要求编制不同表格，以满足专业工程师审核的需要；工程进度款审核确认会签表的“其他部门”是指其他会签部门，由相关部门根据申请进度款的不同性质和流程确认。

4. 建设项目完工阶段投资管理

在该阶段，投资管理工作的主要内容是完成工程结算的审核工作，确定建设工程最终造价。重点关注的内容如下：严格工程结算的程序控制；审核竣工结算的编制依据、编制原则和方法是否符合国家、行业以及其他相关管理规定或者合同规定；审核建筑安装工程量是否准确，各个定额指标套用是否合理，是否有高估冒算现象；设计变更及工程修改内容、现场签证是否符合规定；工程预（结）算书的各类技术支持资料是否符合要求、是否齐全；审核设备、材料价格是否准确，采用依据是否充分、可靠，是否真实、准确地反映项目建设期的实际情况；费用科目有无重项或者漏项。

（1）工程结算程序控制

工程结算中的程序控制是保证工程结算准确、合理的重要手段。通过做好以下几个方面的工作即可实现既定的目标：以实现工程结算造价不突破批准的基础设计概算为总目标；建立工程结算多级审核把关制度；建立过程控制（包括进度款的控制、变更的控制等）的监督机制；工程结算的编制和计算要求；工程结算提交、修改等的时间要求；工程结算支持资料的要求；工程结算文件及支持文件的会签、审核要求。

（2）工程结算审核

工程结算专业人员对承包商上报的结算文件进行审查，并按以下原则办理：

1）固定总价合同的结算按合同总价加符合合同条件的变更及签证进行计算。变更及签证的定额及取费采用合同规定的结算条款。

2）工程量清单结算按合同清单综合单价、经业主审核确认后的竣工图及工程量进行计算。在没有合同清单综合单价可使用的工作内容时，预结算可参考相近清单综合单价，参照招标文件规定次序制定临时清单综合单价并作为结算定价的依据。使用临时清单综合单价作为结算定价依据时，要在审查报告中对制定临时清单综合单价的依据、理由加以记录和说明，经审核后才能作为结算依据。采用工程量清单报价的招标项目，其设计变更和现场签证所引起的费用增减在工程进度款阶段不予支付，待办理结算时按工程合同的相关条款处理。

3）费率部分结算按合同规定采用的定额及取费费率，结合下浮费率进行计算。工程预结算审查中要以合同文本规定的定额文件为定价依据，按招标文件规定的定额文件优先次序来正确选用定额。

4）费率部分工程结算书中的甲方供应材料可将业主出库单价作为定价标准，乙方供应材料价格要优先采用施工期地方造价管理部门公布的材料信息作为定价标准。当所用材料信息价缺项时，缺项部分由乙方采用其他来源（三家以上的供货厂家价格）进行报价申请，并按规定程序批准确认后，才能作为结算的依据。

5）严格区分设备与材料，设备价值一律不得纳入工程建筑安装费用的（预）结算，设备与材料首先可按国家或行业设备与材料的划分原则来划分，其次参照概算设备与材料的规定划分。

6）相关部门应按单元和工程合同建立工程（预）结算台账，工程（预）结算的编审严格按工程合同、工程造价管理部门颁布的有关文件、项目组有关程序和文件进行办理。

思　考　题

1. 简述一般投资活动的运动过程。
2. 简述项目投资的运作程序。
3. 简述我国项目投资管理的发展历程。
4. 简述建设项目投资管理的基本原则。
5. 分别阐述项目各阶段投资管理的重点内容。

第1章练习题

扫码进入小程序，完成答题即可获取答案

第 2 章

项目投资环境

任何一项经济活动都不是孤立进行的，都会受到外部条件或因素的影响和制约，项目投资活动也不例外。项目投资总要落实到一定的区域，而一定区域内必然存在着许多影响项目投资收益的外部条件。项目投资环境作为保证实现投资项目目标的外部条件，是针对投资的流动性而提出的。由于同一投资在不同环境中可能取得不同的投资效益，因此，投资者进行投资决策时，必须对面临的投资环境进行分析和评价，以确保投资活动具备良好的外部环境。

2.1 项目投资环境概述

2.1.1 项目投资环境的含义

环境在经济学领域中是指某一经济主体从事某一经济行为时的外部条件。投资环境是指投资的一定区域内对投资所要达到的目标产生有利或不利影响的外部条件的总和。这些外部条件包括政治、经济、社会、文化、法律、自然地理、基础设施、服务等因素。

投资环境作为保证实现投资目标的外部条件是对于投资的流动性而提出的，如果投资不能在区域间相互转移，那么就不存在投资环境的问题。在较低级的生产方式条件下，技术、通信和交通条件都比较落后，这影响了投资在区域间的大规模流动。生产方式不断改变，技术、通信和交通条件不断发展，从而大大便利了投资者寻找最有利的投资场所，导致了资本的大规模、远距离流动。由于同一投资可以在不同地域内取得各不相同的经济效益，因此，投资环境作为影响投资效益的外部因素而变得日益重要，对投资环境的研究也日益受到社会的重视。

投资在不同的区域间流动，既包括在一国范围内不同区域间的流动，也包括在不同国家和地区的区域间流动。即使在封闭型经济中，国家之间的外来投资被隔绝，国内区域经济的存在使国内投资投向不同的区域也会产生不同的经济效益，这也导致国内投资在不同区域间的流动，形成了国内不同区域的投资环境。在开放型经济中，国家之间不同的自然地理、政治、经济和社会条件更是形成了各具特色的投资环境。因此，无论是封闭型经济还是开放型经济，都客观地存在不同的投资环境。

投资环境作为影响投资目标的一项重要内容，最初主要表现为投资区域范围内的自然地理环境和基础设施等基本物质条件。其后，各国为了加速推进经济发展，相继出台了鼓励投资的多种政策，除了提供基本物质条件外，还在经济、立法、制度、服务等方面不断创造各种优惠条件，用以吸引各种投资。如此就为投资者提供了更多的选择机会，也迫使接受投资的国家或地区相互竞争，从而使其在更多方面注意改善投资外部条件，创造最优投资环境。于是，投资环境的外延就从最初的自然地理环境和基础设施等基本物质条件进一步扩展到社会的政治、经济、市场、文化等其他方面，并且后者的重要性正不断上升。

由此可知，对于建设项目而言，其投资环境是指影响整个项目投资过程的各种外部条件的总和，是其与投资项目有关的诸如政治、经济、社会、文化、自然等多方面因素相互交织、相互作用、相互制约而形成的有机整体。

作为一个内涵和外延都非常丰富的系统，项目投资环境包含对投资项目有直接或间接影响的区域范围内的地理位置、自然资源、基础设施、市场条件、人力资源、信息渠道、经济政策、法律法规、社会秩序、政治形势等诸多条件和因素，涵盖了与整个项目投资过程有关的方方面面。同时，作为如此复杂系统的组成部分，项目投资环境的构成因素也并非一成不变，它们往往随着经济社会的发展而变动，其间优势和劣势有可能相互转化。

2.1.2　项目投资环境的特征

项目投资环境涉及自然、社会、经济、文化、法律、科技等多方面因素，是一个十分复杂的综合体。其主要表现出如下特征：

1. 综合性

项目投资活动总是在一定的时间和空间内进行的，影响项目投资活动的各类因素相互联系、相互制约、相互作用，构成一个多维、多元、多变量、多层次的综合系统。各因素在确定投资规模、方式，提高投资效益等方面发挥的作用也不同。投资环境综合系统的各子系统以及每一子系统内部的各因素之间，有着复杂多变的各种关系，因此，对投资环境的分析必须从整体出发，依据整个环境状况，寻求最佳组合，进行科学决策，为提高项目投资效益创造良好的外部条件。

2. 区域性

区域经济的存在是产生投资环境区域性特征的基础。各地区由于发展生产的有利条件不同，因此逐渐形成了具有不同主导产业的区域经济。这里，自然地理条件的差异是产生区域经济的自然基础。原有的经济发展水平、经济管理体制、经济发展政策、劳动力素质等是区域经济发展的社会基础。各地区成本和市场的比较优势是区域经济发展的经济基础。总之，区域经济具体表现为地区经济间的各种差异。在不同的区域内进行投资，其投资环境也必然体现该区域的特点。

3. 差异性

投资环境对投资活动的制约与影响存在差异性。同一投资环境对不同部门、行业和项目的投资有不同的制约与影响，有的投资环境适合工业投资，有的投资环境适合旅游业投资，有的投资环境适合劳动密集型产业，有的投资环境适合技术密集型产业。明确投资环境的差异性，既可使投资者选择在便于发挥其行业、项目优势的地区进行投资，也便于受资地区从其投资环境的实际出发，有针对性地改善投资环境，从而有效地增强对所需行业投资的吸引力。

4. 动态性

这一特征是指投资环境本身及其评价观念都在变化之中。一般来说，在投资环境的构成因素中，除自然条件和地理位置不可变动外，政治、经济、法律、管理、社会文化、科技等众多因素都将随着时间推移而发生程度不同的变化。与此同时，评价投资环境的标准和观念也随政治、经济、科技的发展而发生变化和调整。认识投资的动态性特征，可以使我们明确：投资环境的优劣不是绝对的，而是相对的，改善投资环境是无止境的，必须坚持不懈地做出努力。同时，研究目前和预测未来的评价投资环境的标准和观念，对提高改善投资环境的自觉性和预见性是有重要意义的。

5. 可改造性

环境价值的高低并不是完全固定不变的，在相当程度上是可以通过人们有意识的经济活动加以改进和完善的。而且，项目投资环境既然是处于动态变动过程中的，也就说明一些条件是可以改造的。当然，项目投资环境的可改造性是建立在对投资环境有相当了解、比较分析与研究的基础上的。只有这样，才能对项目投资环境的改善有所帮助，并且避免可能由于改造不当而出现意外的负面效果。

6. 主导性

主导性是指在某一项目投资环境的大系统中，总有一个或几个要素在某一阶段的发展中居主导地位，即在整体中规定和支配其他要素。对项目投资环境进行分析和评价时，如果能够抓住这些主导要素进行研究，就能初步判断出项目所处环境的优劣，从而快速、及时地为项目投资机会的选择提供一项基础性参考。

2.1.3　项目投资环境的作用

项目投资环境对项目投资活动有着极其重要的作用，具体表现在以下几个方面：

1. 对投资的吸纳作用

通常，投资者都希望把资金投入到最有利、收益最大的项目中。在其他条件相同的情况下，投资环境越优越，项目投资效益越高；反之，若投资环境越低劣，则投资产出也会相应越低。所以，一般情况下，投资总是流向投资环境比较优越的项目，而优化项目投资环境也已成为吸纳投资的重要手段。

2. 节省投融资成本的作用

具有较好投资环境的项目具有许多优惠条件，这样不仅实施起来比较便利，而且可以降低投融资成本；投资环境差，既会影响建设项目的实施进度和运行效率，同时也会增加不必要的投融资成本。

3. 作为投资决策的参考依据

投资者要做出投资决策，一般会事前广泛收集各种信息，进行实地考察，以掌握具体项目的投资环境。只有在投资环境因素令其满意的条件下，才会进一步开展项目的投资机会研究及可行性分析等工作，进而为项目的投资决策提出科学合理的建议。从这个意义上讲，项目投资环境的分析和评价是投资者进行投资决策的首要环节，是投资决策的重要参考依据。

总之，项目投资环境的作用在于其规定了投资的发生、投向、效益、数量和结构，对项目投资决策的作用是至关重要的。

2.1.4　项目投资环境的分类

项目投资环境按构成因素的属性分类

项目投资环境作为一个复杂而庞大的系统，是由若干个相互联系、相互影响、相互制约的子系统构成的。按照不同的目的和使用标准，项目投资环境的分类也有所不同，如图 2-1 所示。

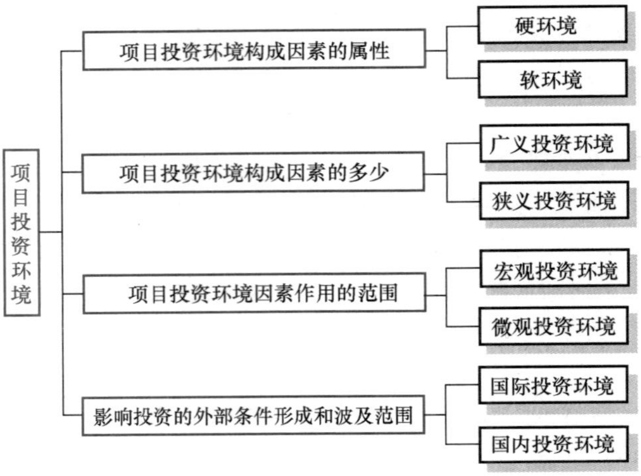

图 2-1　项目投资环境的分类

按照投资环境构成因素的属性，项目投资环境可分为硬环境和软环境两大类。所谓硬环境，是指项目投资的物质环境，它是由多种物质条件构成的环境系统。软环境则是指项目投资的政治、经济、社会、文化等环境，是由多种政策、法规、规章、制度，以及社会的观念、心理、文化等因素构成的非物质环境系统。项目投资同时面临着不可回避的硬环境与软环境，因此，只有与两者保持协调和适应，才有利于项目投资活动的顺利进行。

1. 硬环境

（1）基础设施

1）一般基础设施，包括道路、交通、水电设施等。

2）外联基础设施，包括机场、港口、通信设施等。

3）生活服务设施，包括医院、学校、娱乐文化设施、居住设施等。

4）生产服务设施，包括基础工业厂房、配件原料生产加工设施、辅助生产设施等。

5）组织与管理机构设施，包括行政管理机构设施、金融组织设施等。

（2）自然地理状况

1）地表、地下环境，包括水文、地质、土地等。

2）地上环境，包括气候、季节等。

（3）资源条件

1）物质资源的适应性与可供性，包括品种、品位、储量等。

2）人力资源的适应性与可供性，包括人口总数、年龄、结构、文化技术水平等。

2. 软环境

(1) 社会政治环境

1) 国际战争与和平状况。

2) 国际信誉。

3) 政治体制。

4) 政治结构。

5) 政局的连续性与稳定性。

6) 社会安定与治安状况。

7) 社会政治目标与战略。

(2) 社会经济环境

1) 一般经济环境。一般经济环境主要有以下几个方面:

① 国际经济形势与货币制度。

② 国际经济贸易与进出口自由性、稳定性。

③ 社会经济发展战略与规划。

④ 国民经济增长情况。

⑤ 产业结构及水平。

⑥ 对外经济活动规模与结构,包括利用外资与对外投资。

⑦ 就业水平、消费结构与水平。

⑧ 外汇储备、国际收支状况。

⑨ 通货膨胀、币值稳定状况。

2) 经济政策。经济政策主要有以下几个方面:

① 投资政策,包括投资重点、规模、结构。

② 对外政策,包括外资投向与外资股份的规定、内销比例与出口优惠及国产化率、雇佣比例和培训。

③ 财政政策,包括各税种、税率、税期及国家财政预算制度。

④ 金融政策,包括货币政策、利率政策、借贷政策、股票债券发行规定。

⑤ 外汇政策,包括利润、本金、工资汇出及其汇率高低。

⑥ 科技政策,包括技术更新政策、新技术开发利用规定、技术专利转让制度等。

⑦ 土地及固定资产管理政策,包括土地占用时间、费用、固定资产折旧、购置规定等。

⑧ 价格政策,包括定价权、价格调整方式等。

⑨ 工商管理政策,包括手续、层次及规定等。

3) 经营环境。经营环境有以下几个方面:

① 经营者素质、管理经验、经营能力。

② 组织形式与管理制度。

③ 决策系统,包括资金运用、人事、工资、供销等。

④ 生产系统,包括生产设备技术水平、员工技术水平及文化素质、生产协调性等。

⑤ 经营系统,包括市场开拓能力、产品和原料供销状况、定价形式等。

⑥ 经营成本,包括劳动力价格、原材料价格等。

4）市场环境。市场环境主要有以下几个方面：

① 金融市场，包括资本市场、货币市场等。

② 产品市场，包括品种、规模，资源是否充足，客户是否稳定等。

③ 劳动力市场，包括劳动力素质、自由流动程度等。

（3）社会法律环境

1）法律完备性、仲裁公正性、法制的严肃性。

2）投资法，包括国际投资法和国内投资法。

3）涉外经济法规。

4）企业法。

5）财政法，包括税收法规、国家预算法规等。

6）金融法，包括货币、股票、债券发行规定等。

（4）社会文化心理环境

1）社会文化传统与价值观念。

2）社会对风险的态度与承受力。

3）社会对外开放程度。

4）社会风气与人际关系。

5）社会文化水平、科技发展状况。

（5）社会服务环境

1）信息服务，要做到及时、完备、准确。

2）组织与管理服务结构的层次与工作效率。

3）投资的审批手续与程序。

4）金融组织管理机构、法律机构的健全、完备程度。

5）社会人员的服务态度、办事效率等。

按照项目投资环境构成因素的多少划分，项目投资环境可分为狭义投资环境和广义投资环境。狭义投资环境主要是指经济环境，即一国或一个地区的经济发展水平、经济发展战略、经济体制、金融市场的完善程度、产业结构以及货币的稳定状况等。广义投资环境除了经济环境外，还包括自然、政治、社会文化、法律、地理等方面的内容，它们之间互相联系、互相制约，共同构成投资环境大系统，并对投资项目在不同程度上产生各种影响。

按照项目投资环境因素作用的范围划分，项目投资环境可分为宏观投资环境和微观投资环境。宏观投资环境通常表示一国总的投资环境，作为一般条件考察在该国投资的有利程度。它包括一个国家的政治状况、法制健全程度、经济发展总体水平、经济政策及对外资的态度、机构办事效率、居民的风俗习惯以及受教育程度等与投资有关的自然、经济和社会环境。微观投资环境是指影响具体投资项目的环境状况，作为具体条件考察投资项目在该国投资的有利程度。它包括投资地点及周围的经济发展水平、地方性政策的取向、当地交通和通信等基础设施状况、产业技术水平、劳动力素质等自然、经济和社会条件。一国的宏观投资环境良好，不等于微观投资环境也良好，微观投资环境对于某些项目的投资可能存在不利条件；反之，宏观投资环境不良，也不等于微观投资环境也不好，对于某些项目的投资可能有利可图。对投资环境宏观与微观的划分，有利于解决一般性与特殊性的矛盾。

按照影响投资的外部条件形成和波及范围划分，项目投资环境可分为国际投资环境和国内投资环境。国内投资环境又可分为国家环境、行业环境、地区环境和企业环境。根据环境因素内容的不同划分，项目投资环境可分为社会经济环境、物质技术环境、自然地理环境和资源环境等。

项目投资环境的分类虽然较多，但都是为了准确识别和有效管理而服务的，脱离了目的性的分类是没有实际意义的。

2.2 项目投资环境因素分析

2.2.1 自然环境

项目投资的自然环境

项目投资的自然环境是指项目所处位置、地形地貌、资源状况、气候条件等各种自然因素。这些因素对投资效益有很大影响。

1. 地理位置对投资效益的影响

（1）项目位于沿海或河网地区

投资项目如果位于沿海或河网地区，则可以充分利用廉价的水运，大大减少对原料、燃料和成品运输的支出，提高投资效益；反之，投资项目如果位于山区或交通不便地区，则会面临运输方面的极大困难，投资者不得不增加运输建设方面的资金支出，从而降低投资效益。

（2）项目位于生产性和非生产性基础设施比较齐全的地区

如果投资项目位于协作方便、生产性和非生产性基础设施比较齐全的地区，就可以节约大量资金，投资者可以获得较好的经济效益。

（3）各种资源相对投资项目的距离远近

在有些地区，原料、燃料和水源相互接近或结合在一起；而在另一些地区，情况可能相反。就这一点而言，前一类地区的投资效益要好于后一类地区。

（4）投资项目所在具体地点

适中的地点有利于缩短产品运往消费地的距离，可以节约运费。

2. 地形地貌对投资项目地点的影响

投资项目的建设地点的选择，即通常所说的项目选址，要充分考虑到地形地貌的影响。

1）原有企业的结构布局，相互之间有无影响，是否符合环保和城镇建设规划的要求。

2）投资项目地区条件。项目建设要尽量减少对自然地形的改变，尽量少占或不占农田，以减少投资成本。

3）要考虑生产、生活用水能否得到保证，工业废水、生活污水、地面雨水能否顺利排放，还要预防山洪灾害、洪涝灾害等。

4）为便于原材料、燃料的输入和成品的输出，投资项目的地点应尽量靠近运输干线。

3. 资源状况对投资的影响

资源状况对属于不同产业投资项目的影响不同。第一产业受资源状况的影响极大；对第二产业而言，资源状况受加工工业原料来源的影响，间接地制约着它的发展，因此，投资指向原料地的倾向非常明显；一般而言，第三产业的投资较少受到资源状况的制约和影响。

4. 气候条件对产业投资布局的影响

气候条件包括光照、气温、水分、土壤等要素。它对工业、建筑业、盐业生产中的露天操作产业，特别是对农、牧、渔业生产的影响最大，从而制约着这些产业的投资布局。

2.2.2　社会环境

投资的社会环境又称投资的人文环境，它主要包括政局状况、法律制度、人口及其素质、风俗习惯等。

1. 政局状况

投资的目的是获得盈利，而要获得盈利，就要保证投资活动的安全。这就要求有一个稳定的政治局面。稳定的政治局面是保证投资目标顺利实现的先决条件。

2. 法律制度

投资环境包括政治、经济、文化、人口等多种因素，这些因素最终都会通过法律的形式表现出来，直接或间接地影响投资活动。法律制度不仅体现了当下的投资环境，而且还可以用来预测和把握投资环境的变化趋势。所以，健全的法制、正确的法制观念、相对稳定的法律制度以及公正的执法机制，都是良好投资环境的重要基础。

3. 人口及其素质

人作为物质产品和精神产品的生产者和消费者，一方面是投资的重要构成因素，另一方面又是各种投资活动的最终追逐目标。一般来说，在劳动者素质较低而劳动力供应充足的地区，适宜发展劳动密集型产业；反之，则适宜发展资金、技术密集型产业。

在人口及其素质因素中，人口的文化教育水平是一个很重要的方面。因为文化教育水平关系到项目实施所必需的劳动力素质、技术先进程度和社会环境的文明程度等。可以想象，在文化教育水平较低的环境里，劳动力素质差是必然的。因此，在进行投资项目建设时，先进的技术工艺及设备能不能得到很好的利用，能不能吸收外来的技术与管理等经验，这必然会直接影响投资的继续进入。同时，人口的文化教育水平又会影响消费水平和需求程度等要素，从而对投资环境产生影响。

4. 风俗习惯

不同国家、不同地区、不同民族的不同消费需求和消费方式，是由不同的风俗习惯所决定的，它制约和影响着一个国家、一个地区的投资结构以及服务和经营方式。另外，文化背景、宗教信仰等作为社会环境的重要组成部分，也会对投资活动产生一定的影响。

2.2.3　经济环境

1. 经济发展状况

经济发展状况对投资环境的影响，可以从经济发展水平、经济发展速度和经济安全程度三个方面进行说明。

（1）经济发展水平反映了一个国家的经济实力

一般用GDP和人均GDP来反映经济发展水平。显然，经济发展水平越高，市场需求就越大，项目投资所依赖的环境条件也相对比较完善，对投资活动就有更大的促进作用。

（2）经济发展速度是动态反映一国经济情况的动态指标

同样地，经济发展速度越快，市场及需求的扩大也越快，吸引投资及获得收益的机会也越大。

（3）经济安全程度是指经济发展出现波动的可能性

投资及项目建设都需要有稳定安全的经济大环境作为支撑。一般来讲，经济安全程度越低，投资环境越差，投资风险也就越大。

2. 经济体制

经济体制是指国家组织、管理经济活动的制度、方式和方法的总称。投资活动要顺利开展，就必须要求投资者对项目所在地的经济体制有清楚的了解，这样才能在一定的体制规范和要求下有效地对投资项目进行管理。经济体制主要包括商品流通体制、金融体制、财税体制、投资体制、工商管理体制、外贸体制、物资管理体制等。其中，对投资环境产生直接影响的是投资体制。

3. 市场状况

市场的性质决定着投资的流向，市场的容量决定了投资的规模，市场的结构决定了投资的结构，市场的发育程度决定了投资的发育程度。而投资要适应市场的原则，正如供给要符合需求的原则一样，只有符合市场需求的投资才有可能获得成功。

4. 基础设施

基础设施的状况直接影响投资者的兴趣，决定着投资规模的大小和效率的高低。基础设施是投资项目的先导工程，是重要的投资“硬环境”。

5. 原材料、燃料、动力供应

总的要求是：原材料、燃料的供应地距离投资项目不能太远；必须到外地采购原材料时，经济距离和价格要合理；原材料、燃料的供应保证程度要与特定产品的市场寿命相一致，要有通畅的运输条件；应充分估计原材料、燃料市场的未来变化趋势。

2.2.4 政策环境

1. 产业政策

对产业政策的了解，有助于投资者了解投资所在地的产业发展重点和目标，从而大大降低投资的风险。产业政策由产业结构政策、产业组织政策、产业技术政策和产业布局政策组成。其中，产业结构政策所影响的该地区的产业结构对投资者的作用尤其大。具体来说，它从以下几个方面影响着投资活动：

（1）产业结构制约投资方向

现有产业结构提供的设备、原材料、技术等，保证了特定投资项目的需要；现有产业提供的市场，影响着投资项目预期效益的发挥。

（2）产业结构影响投资效益

投资项目位于产业部类齐全的地区，则可以较为方便地获得所需的各种设备、原材料和技术，一般也可以较为方便地选择销售市场，经济效益往往较好；反之，则经济效益不好。

（3）产业结构制约投资项目的地点选择

现有产业结构的状况，影响和制约着投资项目的厂址选择。

（4）产业结构影响投资方式

当现有产业结构比较完善、合理时，投资项目可以更多地考虑进行现有企业的技术改造；当现有产业结构不够完善、不够合理时，投资项目更多地考虑进行外延式的新建投资项目。

2. 金融、货币、物价政策

从金融、货币政策看，银根放松、贷款利率降低、外汇储备调减，会扩大本国投资的来源和规模，有利于加快投资项目建设进度和提高投资盈利，也有利于引进外资、发展涉外投资；反之，则相反。

从物价政策看，由于物价变动对长期投资有重要影响，因此，进行长期投资，要充分考虑货币的时间价值、风险价值以及影响物价变动的诸多要素。

3. 外汇和贸易政策

外汇政策的影响主要是由于投资者的投资收益需要在投资所在地从东道国货币的形式转换为外币，并保证流通渠道的畅通。外汇和贸易政策对投资收益的影响很大，其主要内容包括货币是否可以自由兑换、外汇汇出有无限制等。

4. 税收制度

国家对项目投资活动进行宏观指导的一个重要方面就是利用税收杠杆来加以调节。国家可以通过开征某些税种，对不同的征税对象设置不同档次的税率，来贯彻产业政策，控制投资规模，引导投资方向，调节投资结构，加强重点建设，促进国民经济的发展。

2.3 项目投资环境评价

投资环境对项目投资决策具有重要意义，实践中，必须对具体项目的投资环境进行评价。具体内容主要包括项目投资环境的评价原则、评价标准、评价指标体系和评价方法等。

2.3.1 项目投资环境的评价原则

为了科学地评价项目投资环境，必须遵循以下基本原则：

1. 客观性原则

客观性原则是指对项目投资环境的评价应该从实际出发，以事实为依据，实事求是地进行评价，而不应该从主观意愿出发，想当然地进行评价。为了真实、客观地反映项目投资环境的情况，必须进行实地考察，收集尽可能多的资料和数据，并对这些资料、数据加以整理和归纳，在此基础上进行客观的评价。

2. 系统性原则

项目投资环境是一个多因素、多层次的复杂系统，且系统内的各个要素相互联系、相互制约、相互影响。所以，在评价投资环境时，必须运用系统的分析方法对其进行评价。只有对投资环境进行系统、全面、综合的评价，才能了解和掌握投资环境中的各种可变因素，才能使评价结果真正符合客观实际。

3. 比较性原则

有比较才有鉴别，评价投资环境的优劣没有一个绝对的标准，只有在对不同投资环境的比较中才能出结论。同一投资环境，采用的比较参照系不同，其评价结果也不相同。因此，在条件允许的情况下，要尽可能多地选择比较对象，以及尽量扩大比较范围。

4. 时效性原则

项目投资环境是一个动态的系统，具有很强的时效性。因此，对该项目投资环境进行评价时，一定要注意分析和掌握投资环境中各因素的变动趋势，注意其时效性，以保证评价的正确性和客观性。

5. 效益性原则

从根本上讲，对项目投资环境进行评价是为了找出能给投资者带来最大效益的项目及其实施方案。因此，对投资环境的评价应该遵循投资者投资效益最大化的原则。

6. 定量性原则

在对项目投资环境进行评价时，仅有定性分析是远远不够的，这是因为各要素在定性分析的基础上是无法汇总的。为了对投资项目的可行性等问题有充分的认识，并做出准确的投资决策，还必须将定量分析纳入评价工作的范畴。例如，对经济增长稳定程度的评价、对产品销售市场的预测等，都可以结合数量指标，取得较为客观的评价结果。

2.3.2 项目投资环境的评价标准

1. 适应性

适应性是指项目投资环境与项目投资要求相适应的程度。项目投资环境的优劣是相对于一定条件下的项目而言的，评价项目投资环境，首先要看这一环境与项目投资的要求是否一致，适应的程度如何。适应程度越高，投资环境越好；否则，即使条件再好，对特定项目而言，也不是好的投资环境。

2. 安全性

安全性是指项目投资环境的评价标准要求投资环境相对稳定，能够保证安全地收回投资的本金。这也是投资活动最基本的要求，是投资者进行投资决策时要考虑的首要问题之一。

3. 稳定性

稳定性是指项目投资环境在一定时期内按正常的规律发展变化。也就是说，投资环境作为一个不断发展变化的动态过程，其变化应具有一定的规律性，是可以预测的，这样才有利于项目投资活动的控制与管理。

4. 引导性

引导性是指环境对项目投资活动所具有的合理引导的能力。这一能力包括对投资总量的调节和对投资方向的调节两个方面。对投资总量的调节是指项目在各种环境因素的引导下，选择合理的投资总量规模的能力；对投资方向的调节是指受不同投资环境因素的差异引导，选择适当的投资方向的能力。项目投资环境是否具有较强的总量调节和方向调节的引导能力，是评价项目投资环境优劣的重要标准之一。

5. 相对优势

相对优势是指针对具体的项目，某一投资环境相对于另一环境而言，具有一定程度的优势。在某些情况下，对不同的投资环境进行优劣评价，往往很难得出绝对的结论，只能结合项目的具体情况，进行相对优势的比较。相对优势的分析一般侧重于以下几个方面：

1）成本降低优势。

2）市场占有率优势。

3）风险分散优势。

4）引进技术与管理优势。

如果某一投资环境在这几个方面都具有优势，则最终会通过效益指标反映出来。

2.3.3 项目投资环境的评价指标体系

为了全面、系统、准确地评价一国或某一地区的项目投资环境，应该建立一个能够综合反映投资环境各个层次状况的指标体系。在投资实践中，结合投资项目的具体情况和实际需要，依据已经掌握的信息资料，可以参考使用的项目投资环境评价指标有如下几个：

1. 投资获利率

投资获利率是指一定时期内投资项目所获得的利润额与投资额之间的比率，以投资额为 T，利润为 P，则投资获利率可表示为 P/T。如同样数量的投资额用于不同地区，则获利越多的地区，其投资环境就越好。投资获利率是评价项目投资环境优劣程度的主要参数。

2. 投资乘数

投资乘数是指盈利增量与投资增量之间的比率。这一指标能够反映在现有投资数量之外追加一定数量的投资所能带来的经济效益。一般来说，投资乘数越大，表明项目投资环境越好。

3. 边际耗费倾向

边际耗费倾向是指耗费增加额与获益增加额之间的比率。在确定生产性投资的流向时，必须计算一定项目投资环境中边际耗费倾向的高低。

4. 投资饱和度

投资饱和度是指在一定条件下，某一领域已经投入的投资额与该领域资金容量的比值。当该值等于或大于1时，称为投资饱和，应中止投资。这一指标主要从市场容量方面反映项目投资环境状况。

5. 基础设施适应度

基础设施适应度是指某一地区的交通运输、能源、水源、通信等基础设施对投资项目的适应程度。其中，各项基础设施在总体基础设施中所占权数，应根据投资项目的具体需要确定。

6. 投资风险度

投资风险度是指对投资活动可能遇到的风险大小的评估。这一指标由于随机性很强，因此实际很难获取，计算方法也很多。实践中，应当根据投资的内容与投资环境之间的关系，选用合适的投资风险度计算方法。

7. 有效需求率

有效需求率是指社会平均利润或利息与产品销售收入减去要素成本及使用者成本的比值。要素成本是投资者支付在土地、劳动力、固定资产等生产要素上的费用；使用者成本是投资者支付在原材料等流动资金占用上的费用。从产品销售收入中扣除这两种成本后的剩余部分就是利润。

8. 国民消费水平

国民消费水平是指一定地区内居民储蓄总额与当地国民收入总额之间的比值。它反映了该地区居民的生活消费水平。这一指标对于不同类型的投资项目往往具有不同的意义，在应用该指标评价项目投资环境时必须加以注意。

9. 资源增值率

资源增值率是指某种资源经过加工以后，其所形成的产品价值总额与该资源开发时的最初价值总额之间的比率。它反映了开发某种资源所带来的盈利大小。资源增值率高，或者说明生产技术与经营管理水平高，或者说明交通运输等基础设施条件良好，它们有利于对资源进行深度加工。

10. 优化商品率

优化商品率是指一个地区的名优商品总数与全部商品总数的比率。它既可以概略地反映该地区生产力发展水平的高低、科技力量的强弱和产品竞争能力的大小等状况，也可以间接反映项目投资环境的适应性。

上述 10 个指标基本上能够反映出某一区域项目投资环境的优劣程度。在实际应用中，应根据具体投资项目的性质和要求，赋予每一指标合理的权重，使其形成不同形式的指标组合，以便使评估结果更具有科学性和实用性。

2.3.4 项目投资环境的评价方法

1. 冷热对比法

冷热对比法是最早的项目投资环境评价方法之一，是美国的伊西阿·利特法克和彼得·班廷于 1968 年在《国际商业安排的概念构造》一文中提出的。冷热对比法的基本思想是：从投资者的立场出发，选定各个投资环境因素，对投资项目的投资环境因素逐一评价，好的为热，差的为冷，然后根据冷热因素所占比重的大小，评价投资环境的优劣，最后在此基础上对不同的项目投资环境做出比较。其选定的投资环境因素具体包括以下七个：

（1）政治稳定性

政治稳定性主要是指政权是否稳定且被拥护，以及政府能否为企业的生产经营创造良好的外部环境。肯定为“热”，否定则为“冷”。

（2）市场机会

市场机会主要是指需求程度、消费者人数及购买力强弱等。若都比较大则为“热”，否则为“冷”。

（3）经济发展和成就

经济发展和成就主要是指宏观经济环境的好坏，即经济是否稳定，发展速度是否快，经济效率是否高等。肯定为“热”，否定则为“冷”。

（4）法律阻碍

法律阻碍主要是指法律法规对投资的鼓励及规范程度，以及投资投入后项目实施和经营的困难程度等。阻碍少且难度小为“热”，否则为“冷”。

（5）实质阻碍

实质阻碍是指自然、地理条件的优劣，恶劣的自然地理条件往往会影响投资环境的质量，并对投资及项目的实施造成阻碍。阻碍小为“热”，否则为“冷”。

（6）文化一元化

文化一元化是指一个投资体系内各阶层人士的相互关系、风俗习惯、价值观念及宗教信仰等是否存在较大差异。差异小为“热”，否则为“冷”。

（7）地理及文化差距

地理及文化差距主要是指投资环境体系内的空间距离以及文化、观念的差异等。距离近且差异小为“热”，否则为“冷”。

2. 等级尺度法

等级尺度法是国际上流行的一种投资环境的分析和评价方法，是美国学者罗伯特·斯托鲍夫于 1969 年在《如何分析国外投资气候》一书中提出的。该方法着眼于对投资者施加限制和鼓励政策所带来的影响，并且将投资环境因素分为不同的等级予以评分，最后汇总。

等级尺度法确定的影响投资环境的八个主要因素包括资本收回限制、外商股权比例、对外商的管制程度、货币稳定性、政治稳定性、给予关税保护的意愿、当地资本可供程度和近五年通货膨胀率。其具体的评分方法是：首先，根据每个因素对整体投资环境的重要性确定评分区间，同时根据每个因素的完备程度分成若干层次，在各因素的评分区间内确定各层次的分值；其次进行正式的投资环境评价，即根据受评对象的情况，对号入座，分别评出各因素的分值；最后，将各因素的分值加总，即得出投资环境的评价总分。总分越高，则投资环境就越好。

3. 多因素评价法

(1) 多因素和关键因素评价法

多因素和关键因素评价法是两个前后关联的评价方法。

多因素评价法是将影响投资环境的因素分为政治、经济、财务、市场、基础设施、技术、辅助工具、法律与法制、行政机构效率、文化、竞争共11类，然后再对每一类进一步细分子因素，在对各子因素分别评分的基础上加总，得出综合的评价结果。

关键因素评价法是从具体的投资动机出发，找出影响具体投资动机的关键因素（包括降低成本、发展当地市场、原料供应、生产和管理技术、风险分散、追随竞争者共六种），再予以评价。

(2) 多因素加权平均法

多因素加权平均法的基本思路是：投资环境包含多个因素，评价时应该分别给出各因素的权重，再给出得分，最后算出加权总分。这些因素包括宏观经济状况、国际收支状况、政治风险、生活水平、成本因素、社会因素、税制及其他法规七个方面。

4. 准数评价法

准数评价法是我国学者林应桐在《国际资本投资动机和投资环境准数》一文中提出的。他根据各种投资环境因素的相关特性，对在投资建设与实施经营过程中起不同效用的因素进行了归纳和分类，形成了“投资环境准数”的数群概念，也为评价和改善项目投资环境提供了一种新的思路和方法。其提出的投资环境评价因素具体包括以下几类：

(1) 投资环境激励系数

投资环境激励系数包括政治经济稳定、资本汇出自由、投资外交完善度、立法完备性、优惠政策、对外资兴趣度、币值稳定七个子因素。

(2) 城市规划完善度因素

城市规划完善度因素包括整体经济发展战略、利用外资的中长期规划、总体布局的配有性三个子因素。

(3) 税利因素

税利因素包括税收标准、合理收费、金融市场三个子因素。

(4) 劳动生产率因素

劳动生产率因素包括工人劳动素质和文化素质、社会平均文化素质、熟练技术人员和技术工人数量三个子因素。

(5) 地区基础因素

地区基础因素包括基础设施及交通、工业用地、制造业基础、科技水平、外汇资金充裕度、自然条件、第三产业水平七个子因素。

(6) 效率因素

效率因素包括政府机构管理科学化程度、有无完善的涉外服务及咨询体系、管理手续简化程度、信息资料提供系统、配套服务体系、生活环境六个子因素。

(7) 市场因素

市场因素包括市场规模、产品的市场占有率、进出口限制、人财物供需市场开放度四个子因素。

(8) 管理权因素

管理权因素包括开放城市自主权范围、“三资”企业外资股权限额、“三资”企业经营自主权程度三个子因素。

5. 抽样评价法

抽样评价法是指运用抽样调查的方法，随机地抽取或选定若干不同类型的投资者，由调查者设计出有关投资环境的评价因素，再由投资者对投资环境进行口头或书面评估，最后根据综合后的意见得出评价结论的一种方法。

6. 动态评价法

动态评价法是美国道氏化学公司制定出的一套投资环境动态评价方法。其主要思想是：在评价项目投资环境时，不仅要看目前的影响因素，还要考虑今后可能发生的变化以及这些变化可能带来的对投资活动的影响。所以，在进行项目投资环境评价时，这种方法对投资者的业务条件、引起变化的主要压力等都做了详细的归纳，然后将有利因素和假设汇总，找到对项目的成功实施具有决定性作用的若干个关键因素，最后提出项目预测方案。

表 2-1 是对以上几种项目投资环境评价方法的简要归纳。除此之外，评价项目投资环境的方法还包括以投资的硬环境和软环境为核心的“两因素评价法”，以重要性、满意度、吸引力三项指标为核心的“三因素评价法”等。这些评价方法虽有一些相似之处，但也都有其各自的特点，所以，在实践中要根据具体的情况和掌握的信息，选择适当的评价方法；并且可以根据评价目标等的不同，适当地修改和调整评价方法，以便更科学、更合理地对项目投资环境进行评价。

表 2-1 以上几种项目投资环境评价方法的简要归纳

方法	优缺点及说明
冷热对比法	侧重从国际宏观角度进行分析，缺少国内微观角度的探讨，方法略显粗糙。可用于对项目投资环境的前期分析
等级尺度法	所需资料容易获取和比较，方法也比较简单，但评分主观性比较强，考虑因素也不够周全。适合评价法制、经济、基础设施都比较完备及发达的环境中的项目投资
多因素评价法	不仅考虑了影响投资的所有重要因素，而且根据投资者的投资动机考虑了具体有效的项目关键因素，但没有考虑到吸引投资的目的。多因素评价法可作为某项目投资环境的一般性评价；而关键因素评价法则对具体项目投资目标的实现具有决策分析的意义。其优缺点和适用情况与等级尺度法类似
准数评价法	根据因素内在联系对评价因素予以综合，克服了机械评分法的不足，但其公式中多因素之间的关系在实践中缺乏足够的证据。对投资者筛选投资项目、了解自身的投资环境具有很好的参考作用

（续）

方法	优缺点及说明
抽样评价法	简便易行，信息资料容易获得，且调查对象和内容可以根据投资需要合理取舍，但主观性还是比较强，样本不足以反映客观真实的情况。其结果可作为了解项目投资环境的参考依据
动态评价法	考虑到了投资项目在中长期内动态发展变化的可能性及其影响因素，但对因素及假设的汇总分析比较薄弱，也比较主观。对项目预测方案的分析和提出具有重要的指导意义

2.4 项目投资环境的建设和优化

项目投资环境的优劣是投资者进行投资决策的依据，同时其对受资者来说，也直接关系到资金的引进和经济的发展。所以，项目投资环境的建设和优化，对整个社会的发展都具有相当重大的意义。

加强项目投资环境的建设，进一步完善投资环境，是国民经济发展的要求。投资环境优化是指按照资本增值属性和价值规律，改善构成投资环境要素的质量，有效地调整投资环境的要素配置，使投资活动的收益最大化。投资环境的建设与优化实际上是一体的。

2.4.1 项目投资环境建设和优化的基本原则

1. 协同性原则

项目投资环境是由诸多要素结合在一起而构成的，这些要素的相互作用、相互影响共同决定了投资环境的优劣。但这些要素如果被放到社会大环境里，其实只是其中的一些状态或现象，并非只是为了吸引和促进投资而产生或存在的。由于它们属于不同的领域，是由不同的部门或机构进行管理的，所以，要建设和优化投资环境，更合理有效地吸引投资，就应该把握好协同性原则，要求各相关部门树立整体性、同向性、同步性的观念。只有这样，才能使这些要素有机地结合在一起，互相配合、互相补充。

2. 特色性原则（定向优化原则）

不同地区、不同项目，由于自然、社会、经济等各方面的基础和特点不同，同时也因为不同投资项目所要求的环境不同，所以投资环境建设和优化的实际情况和重点也是各不相同的。如果盲目地按照统一的标准或照搬他人的经验，而不结合自身的实际，则效果肯定不会理想，甚至会产生一些负面影响。所以，进行项目投资环境的建设和优化时，应该根据自身的优势，扬长避短，重点提升和优化某些投资环境要素的质量，形成特色性的投资环境。

3. 互惠互利原则

良好的项目投资环境对投资者和受资者都有益处。要想双方都受益，项目投资环境的建设和优化就应该是建立在互利互惠基础上的，损害任何一方利益的项目投资环境都不是良好的项目投资环境。而项目投资环境的好坏，也不仅关系到投资的顺利进行，还关系到进一步吸引投资和双方合作的继续。

4. 坚持按照国际规范改善项目投资环境的原则

随着改革开放和经济全球化的不断深化，国际经贸中一些惯例和规范的影响也越来越大。如果不与国际规范接轨，则对吸引外来投资和对外投资这些对国民经济发展至关重要的活动，有很大的消极影响。所以，一方面要按照国际惯例建设和优化项目投资环境，另一方面还要约束、规范建设和优化项目投资环境的全过程。

2.4.2 国外项目投资环境建设和优化的典型经验

1. 发达国家项目投资环境建设和优化的经验

以美国、德国、日本为例，这三个国家基本上都是开放和鼓励投资的国家。在它们的投资环境建设和优化中，有以下经验值得借鉴：

(1) 重视立法保障

美国是倡导市场经济的一个典型，其反对违反市场机制正常运行的干预和限制，强调法制管理。

(2) 给予政策鼓励

对投资不附加过多限制，对投资项目给予税收优惠和财政援助，并且重视人才的培养和激励。

(3) 依法严格管理

美国实行了一整套行业管理、组织管理、税收管理、价格管理的管理体系，而日本也在管理机构体系内实施了类似的严格的申报、审议和审批程序。

(4) 依据实际情况引导投资

日本的做法很典型，由于其自身经济发展基础的局限和一贯的引资政策的指导，日本很重视根据实际情况需要选择投资，特别是对外资，向来都保持适度的引进规模和适当的引进方式。日本还根据不同时期的实际需要、消化能力、偿还能力等条件，严格控制引进外资及向外融资的规模和数量，同时也把引进的投资用在收益快、效益好的项目上。

另外，这三个国家都很重视技术开发、引进技术等带来的技术进步在项目投资环境改善中的作用，并且大力开拓各种新的项目投资形式。这些都是值得我国学习和借鉴的。

2. 发展中国家项目投资环境建设和优化的经验

以巴西和印度为例，从总体上看，这两个国家基本上都采取积极而有针对性的方针来进行项目投资环境的建设和优化。

(1) 重点扶持，积极引导

积极引导对基础设施、电力、能源及农业等领域的投资，并对这些领域的投资者实行出口及税收等各项优惠政策；同时还放宽了对工业等许多部门投资的范围，目的在于引导投资进入对国家经济发展至关重要的生产部门。

(2) 注重利用投资开发落后地区

巴西利用对投资的优惠政策等引导原来比较落后的北部地区由面向商业发展转为面向工业发展，在北部地区形成了商业、工业和农牧业三个区域，因地制宜，充分利用了地区优势，也促进了全国整体经济规划的实现。

(3) 实行以经济手段为主的必要管制

巴西和印度基于自身的历史及经济等因素，充分吸收各种渠道的投资发展经济。但近年来，它们特别重视对各类资金的管制，在投资部门、股权份额、利润汇出等各个方面都加强了限制。

2.4.3　我国项目投资环境建设和优化的发展方向

就我国的现状来看，虽然在改革开放和经济全球化的背景下，改善我国的项目投资环境已取得了不错的效果，但同国际标准相比较还有相当差距，这也是我国在吸引外资和对外投资中出现困难的部分原因。结合上面所介绍的经验，我国可以从以下几个方面加强建设：

1）完善法律环境，以保证项目投资在一个安全可靠的环境中运行。

2）转变政府职能，简化审批程序，根据经济发展规划引导投资方向，在政策上要既有鼓励又有限制。

3）建立统一、开放、竞争有序的市场体系，并且努力为投资及项目实施创造良好、完善的金融、人才、物流等配套服务体系和发展环境。

4）促进各产业升级和技术的开发与引进，以增强项目的引资能力和创收能力。

思　考　题

1. 从不同角度简述项目投资环境的分类体系。
2. 简述项目投资环境因素的构成。
3. 简述项目投资环境评价的标准与原则。
4. 项目投资环境的评价方法主要有哪些？
5. 试从政府角度阐述我国项目投资环境建设和优化过程中应注意的事项。

第2章练习题

扫码进入小程序，完成答题即可获取答案

第3章

项目投资机会

项目投资机会是指与项目投资有关的一系列因素所构成的投资环境和投资时机。项目投资机会选择得恰当与否，不仅关系到项目本身的收益，而且会对投资者产生深远的影响。在我国，投资者应根据国民经济发展的长远规划，行业、地区规划，经济建设方针，建设任务和技术经济政策等，在一个确定的地区、行业或企业内部，结合资源情况、市场预测和建设布局等条件，合理地选择建设项目，寻找最有利的投资机会。近些年来，为了推动国民经济的发展，中共中央制定了多个宏观经济政策，为公共服务项目提供了非常多的投资机会，并且进一步明确了未来工程项目投资的方向。主要政策包括：《交通强国建设纲要》、“新基建”专题报告、《国家综合立体交通网规划纲要》、“十四五”规划和2035年远景目标纲要等。同时，地方政府也积极响应国家要求，制定了相应的地方规划方案和政策，例如《虹桥国际开放枢纽建设总体方案》《深圳建设中国特色社会主义先行示范区综合改革试点实施方案（2020—2025年）》《长江三角洲区域一体化发展规划纲要》等。

截至2020年年底，交通运输行业得到了快速的发展，下面从基础设施的建设以及交通固定资产投资两个方面进行介绍。首先，基础设施建设的快速发展体现在铁路、公路、水路、民航四方面。在铁路方面，全国铁路营业里程14.6万km，比2019年年末增长5.03%，全国铁路路网密度152.3km/万km^2，增加6.8km/万km^2。在公路方面，全国公路总里程519.81万km，比2019年年末增加18.56万km，公路密度54.15km/百km^2，增加1.94km/百km^2，全国公路桥梁91.28万座、6628.55万延米，比2019年年末分别增加3.45万座、565.10万延米。在水路方面，全国内河航道通航里程12.77万km，比2019年年末增加387km；全国港口生产用码头泊位22142个，比2019年年末减少751个，全国港口万吨级及以上泊位2592个，比2019年年末增加72个。在民航方面，颁证民用航空机场241个，比2019年年末增加3个，年旅客吞吐量达到100万人次以上的通航机场有85个，比2019年减少21个，年货邮吞吐量达到万吨以上的通航机场有59个，与2019年持平。表3-1为2016年—2020年基础设施建设情况。

其次，交通固定资产投资，2020年全年完成交通固定资产投资34752亿元，比2019年增长7.1%，体现在铁路、公路水路、民航三点。在铁路方面，全年完成铁路固定资产投资7819亿元；在公路水路方面，全年完成公路水路固定资产投资25883亿元，比2019年增长

10.4%；在民航方面，全年完成民航固定资产投资1050亿元，比上年增长8.3%。

表3-1 2016年—2020年基础设施建设情况

年份	2016年	2017年	2018年	2019年	2020年
铁路营业里程/万km	12.4	12.7	13.1	13.9	14.6
公路总里程/万km	469.52	477.35	484.65	501.25	519.81
内河航道通航里程/万km	12.71	12.70	12.71	12.73	12.77

通过上述对我国交通运输行业发展情况的统计，可以发现，交通运输行业为全面建成小康社会目标提供了坚强的交通运输保障，同时，随着国家在该行业固定资产投资金额的上涨，该行业的投资机会也在逐年增多，需要相关人员重点关注相关信息，进而实现建设项目的合理选择。

3.1 项目投资机会研究

项目投资机会研究的概念

3.1.1 项目投资机会研究概述

项目投资机会研究也称投资机会鉴别，是对项目进行可行性研究之前的准备性调查研究，也是为寻求有价值的投资机会而对项目投资环境（如项目背景、资源条件、市场状况等）所做的初步调查研究和分析预测。

项目投资机会研究包括一般机会研究和特定项目机会研究。

1. 一般机会研究

一般机会研究处于项目投资机会研究的最初阶段，是投资者通过收集大量信息，经过分析比较，从错综纷繁的事物中鉴别发展机会，并最终形成确切的项目投资方向（意向）或投资领域的过程。一般机会研究的重点是地区的经济形势、产业政策、资源条件及市场信息；所关注的是地区和行业的宏观与中观信息；研究的目的在于识别投资机会，并对项目的投资方向（地域方向和物业性质方向）提出建议。因此，一般机会研究又分为地区机会研究、行业机会研究和资源开发机会研究三类。

2. 特定项目机会研究

特定项目机会研究是在一般机会研究确定了项目发展方向或投资领域后进行的进一步调查研究。其目的是通过方案筛选，将项目发展方向或投资领域转变为概略的项目提案或投资建议。与一般机会研究相比，特定项目机会研究通常是更为深入、具体的分析和研究。特定项目机会研究主要包括对项目投资环境的客观分析（如对市场、产业政策、税收政策、金融政策、财政政策等的分析）、对项目战略目标及内外部资源条件的分析（如对技术能力、管理能力以及外部建设条件的分析）以及对项目承办者的优势劣势分析（SWOT分析）等。

项目投资机会研究的成果是形成投资机会研究报告或项目建议书，为下一步开展可行性研究工作提供依据。

3.1.2 项目投资机会研究程序

项目投资机会研究的目的在于发现投资机会和投资项目，并为项目的投资方向和项目设想提出建议。为确保投资项目选择的科学性与合理性，针对项目投资机会的研究应遵循以下程序：

1. 明确投资动机

在进行项目投资机会论证时，首先应分析投资者的投资动机，然后才能在此基础上甄别投资机会，论证投资方向。一般而言，可以从以下方面对投资动机进行识别和论证：

1）激烈的市场竞争迫使投资者进行技术更新改造，研究开发新产品和适销对路的产品。

2）为降低单位产品成本，实现最大利润，增加投资，扩大生产规模，达到经济规模。

3）市场需求巨大，产品供不应求，丰厚的营销利润吸引投资商投资开发新产品。

4）为分散经营风险，改善投资经营结构，拓宽投资领域，全方位、多元化投资经营。

5）改善投资区域分布，转移投资区域，形成合理的投资布局。

6）受国家宏观政策影响，转移投资方向，调整投资产业结构。

7）追求某领域项目投资的高回报，把握机会，创造条件，跟踪投资。

8）利用高科技和独特的专利技术，研究开发新产品，填补空白，开辟潜在市场，获取超额投资利润。

9）为增强企业后劲，提高经营效益的稳定性，投资长线项目（如基础设施项目、工业项目等），或为某一大型建设项目辅助配套。

10）按有关部门要求和社会需要，利用某些优惠政策和有利条件，进行扶贫开发和社会公益事业项目建设等。

2. 鉴别投资机会

在进行投资机会论证时，应根据投资者的投资动机，对各种投资机会进行鉴别和初选，论证投资机会酝酿的依据是否合理。一般应通过多方面来分析各种项目投资机会设想，一旦证明可行，就需要对其进行详尽研究。鉴别项目投资机会，应从以下几个方面着手：

1）资金来源及其性质。

2）自身优势项目。选择投资项目必须考虑自身优势情况。

3）资源优势项目。利用资源优势，选择投资方向，是投资者首先需要考虑的因素。

4）新技术优势项目。以新技术作为选择投资项目的方向，往往是获得高额利润的重要途径。

5）地理位置优势项目。在投资区位选择上，地理位置的优势往往非常重要。

6）市场超前项目。寻找投资机会，关键要有超前意识，对潜在市场的挖掘和开辟，往往能获得超额利润。

7）现有企业的前后工序配套项目，多种经营项目，具有生产要素的成本及市场等综合优势的项目。

8）基于时代特点而构思的投资项目。

9）策划投资项目不要追风赶热，而应该冷进热退，设计未来热点市场的竞争项目。

10）其他国家在经济方面具有同样水平时获得成功的同类行业项目。

3. 论证投资方向

在初步筛选投资机会后，就要对自然资源条件、市场需求预测、项目开发模式选择、项目实施的环境等进行初步分析，并结合其他类似经济背景的国家或地区的经验教训、相关投资政策法规、技术设备的可能来源、生产前后延伸的可能、合理的经济规模、产业政策、各生产要素的来源及成本等，初步评价投资机会的财务、经济及社会影响，论证投资方向是否可行。

投资方向的论证应结合我国现阶段市场经济特征和基本建设规律，以及国家的产业政策，结合不同行业的特点，进行科学策划、评估和慎重决策。这些投资方向包括以下几种：

（1）资源利用开发型项目

由于不少资源具有不可再生或再生能力差的特点，因而这些资源总是随着不断地被开发利用而日益减少，资源量越来越少，其价格就越来越高，尤其是那些稀缺资源或无再生能力的资源。例如，石油、天然气、稀有金属矿产等不可再生资源，随着开采量的增加而储量逐年减少，因此，投资开发这类资源并对其进行加工或深加工是容易获利的。同样，对鱼类、天然橡胶、森林等再生能力不强的资源进行开发利用，如远洋捕捞、橡胶制品加工、木制品加工等，只要经营管理有方，产品结构合理，投资规模经济，则一般情况下也可取得良好收益。另外，独具特色的旅游资源，独特的地理、气候形成的农业资源等，均可被有效开发利用。

（2）填补市场空白型项目

项目投资效益的高低，关键在于市场。尤其是工业加工项目，只要产品需求大，并可降低生产成本，则应该是能获利的。如果在某区域范围内，由于经济发展落后，工业化程度低，或者因为产业结构不合理，而使某些完全有条件（原料供应及其他建设条件）生产加工的产品全靠外地运进，这会导致某些经营领域尚存在一定的市场空白，投资者则完全可以瞄准和利用这一空白，构思投资项目，生产经营符合市场需求的产品。

（3）科技领先型项目

一项新技术的突破、一项新产品的问世，往往能取得超出市场平均利润几倍甚至几十倍的超额利润。高额利润回报的诱导，促使人们不断研究应用新技术、开发新产品。因此，如果投资者按照社会的现实需要和潜在需求，组织人员攻关，研制技术领先的新产品，或者通过购买技术专利，开发新产品投放市场，则可望获取高技术附加值带来的高额利润回报。当然，这类项目往往投资大、周期较长，需要投资者具有一定的资本实力和技术力量，但只要获得成功，投资商付出的代价是能够得到足够或成倍补偿的。因此，在具备技术条件的前提下，研究开发具有巨大潜在需求的科技领先型产品，是任何一个有远见的投资商应着重考虑的重要投资方向之一。

（4）配套加工服务型项目

该类项目投资的着眼点主要在于，某一大型项目的开发建设或某一产业的蓬勃发展客观上对某些配套产品或配套服务形成了巨大需求，从而使该类项目投资获得具有一定规模和稳定的需求市场，市场风险相对较小。因此，投资者可采取跟进配套策略，投资开发配套项目。例如：在某一新兴汽车工业基地，可考虑投资开发与汽车生产配套的轮胎、坐垫、雨刮器等产品；在某一具有巨大旅游开发潜力的新兴旅游区，可投资开发宾馆等配套服务项目。

（5）基础建设项目

对投资商而言，主要依据两点来判断是否进行某项投资：一是投资风险小；二是投资回报率高。而基础设施或基础工业项目令投资商（尤其是外商）首先感兴趣的是这类项目风险小、收益有保证，而且从长远看能获取令人满意的投资回报。例如，城市供水、城市煤气、收费公路和桥梁、(水) 火电站以及输电网线和通信线路等。但由于这类项目一般投资大、周期长，因此要求投资商具有较强的资本实力和良好的融资渠道。

(6) 政府鼓励的国有企业改造和支柱产业项目

投资该类项目一般能得到当地政府在政策、土地使用等方面的优惠，有时还能得到资金和信贷等方面的支持；对有些项目，政府甚至还承诺给予某一固定比例的投资回报。因此，投资者可在综合考虑各项条件和因素后，有选择地收购、兼并国有企业或参与支柱产业项目的投资建设。

4. 具体项目机会论证

在最初鉴别并确定投资方向之后，就应该进行具体项目的投资机会研究，并向潜在的投资者发布投资机会初步建议。具体项目机会论证比一般机会研究更普遍，它将项目设想转变为概略的投资建议。其目的是促使投资者做出反应，因此必须包括针对该项目的一些基本资料，而不是简单地列举一些具有一定潜力的产品名录。

3.1.3 项目投资机会研究方法

对项目投资机会进行分析研究，就是从多角度、多维度对投资项目的价值和可行性进行判断。常用的方法主要有 PESTEL 分析法、行业生命周期法、市场集中度法、矩阵分析法、价值链分析法、波特五力模型法、SWOT 分析法等。下面介绍其中几种：

1. PESTEL 分析法

PESTEL 分析法又称大环境分析法，是分析宏观环境的有效工具，它不仅能够分析外部环境，而且能够识别一切对组织有冲击作用的力量。它是调查组织外部影响因素的方法，其每一个字母代表一个因素，可以分为六大因素：政治因素 (Political)、经济因素 (Economic)、社会因素 (Social)、技术因素 (Technological)、环境因素 (Environmental) 和法律因素 (Legal)。

(1) 政治因素

政治因素是指对组织经营活动具有实际与潜在影响的政治力量和有关政策、法律及法规等因素。

(2) 经济因素

经济因素是指组织外部的经济结构、产业布局、资源状况、经济发展水平以及未来的经济走势等因素。

(3) 社会因素

社会因素是指组织所在社会中成员的历史发展、文化传统、价值观念、教育水平以及风俗习惯等因素。

(4) 技术因素

技术因素不仅包括那些引起革命性变化的发明，还包括与组织的生产有关的新技术、新工艺、新材料的出现和发展趋势以及应用前景。

(5) 环境因素

环境因素是指一个组织的活动、产品或服务中能与环境发生相互作用的因素。

(6) 法律因素

法律因素是指组织外部的法律、法规、司法状况和公民法律意识所组成的综合系统。

2. 波特五力模型法

波特五力模型法是迈克尔·波特（Michael Porter）于20世纪80年代初提出的。他认为行业中存在着决定竞争规模和竞争程度的五种力量，这五种力量综合起来影响着产业的吸引力以及现有企业的竞争战略决策。这五种力量分别为供应商的讨价还价能力、购买者的讨价还价能力、新进入者的威胁、替代品的威胁、同行业竞争者的竞争程度。

波特五力模型将大量不同的因素汇集在一个简便的模型中，以此分析一个行业的基本竞争态势。从一定意义上来说，波特五力模型法隶属外部环境分析方法中的微观分析。波特五力模型法用于竞争战略的分析，可以有效地分析企业的竞争环境。波特五力模型法是对一个产业盈利能力和吸引力的静态断面扫描，说明的是该产业中的企业平均具有的盈利空间，所以这是一个产业形势的衡量指标，而非企业能力的衡量指标。波特五力模型法可用于项目投资机会的研究，以揭示投资者在行业或项目中具有何种盈利空间。

（1）供应商的讨价还价能力

供应商主要通过其提高投入要素价格与降低单位价值质量的能力，来影响行业中现有企业的盈利能力与产品竞争力。供应商力量的强弱主要取决于它们所提供给现有企业的是什么样的投入要素。当供应商所提供的投入要素的价值占了现有企业产品总成本的较大比例、对现有企业产品生产过程非常重要或者严重影响现有企业产品的质量时，供应商对现有企业的潜在讨价还价能力就大大增强。一般来说，满足如下条件的供应商会具有比较强大的讨价还价能力：

1）供应商所在行业被一些具有比较稳固市场地位而不受市场激烈竞争困扰的企业所控制，购买其产品的企业很多，以至于每一单个企业都不可能成为供应商的重要客户。

2）不同供应商的产品各具有一定特色，以至于现有企业难以转换或转换成本太高，或者很难找到可与供应商产品相竞争的替代品。

3）供应商能够方便地实行前向联合或一体化，而现有企业难以进行后向联合或一体化。其实这也就是俗话所说的“店大欺客”。

（2）购买者的讨价还价能力

购买者主要通过其压价与要求提供较高产品或服务质量的能力，来影响行业中现有企业（卖方）的盈利能力。影响购买者讨价还价能力的主要因素如下：

1）购买者的总数较少，而每个购买者的购买量较大，占了卖方销售量的很大比例。

2）卖方行业由大量相对来说规模较小的企业所组成。

3）购买者所购买的基本上是一种标准化产品，同时向多个卖主购买产品在经济上也完全可行。

4）购买者有能力实现后向一体化，而卖主不可能前向一体化。

（3）新进入者的威胁

新进入者在给行业带来新生产能力、新资源的同时，也希望在已被现有企业瓜分完毕的市场中赢得一席之地。这就有可能会与现有企业发生原材料与市场份额的竞争，最终导致行业中现有企业的盈利水平下降，严重的话还有可能危及现有企业的生存。这种新进入者威胁的严重程度取决于两方面的因素：进入新领域的障碍大小，预期现有企业对新进入者的反应情况。

进入新领域的障碍主要包括规模经济、产品差异、资本需要、转换成本、销售渠道开拓、政府行为与政策、不受规模支配的成本劣势、自然资源、地理环境等方面。这其中的一些障碍是很难借助复制或仿造的方式来突破的。预期现有企业对新进入者的反应情况，主要是指采取报复行动的可能性大小，这取决于有关企业的财力情况、报复记录、固定资产规模、行业增长速度等。总之，新进入者进入一个行业的可能性大小，取决于其主观估计进入行业所能带来的潜在利益、所需花费的代价与所要承担的风险这三者的相对大小。

（4）替代品的威胁

两个处于同行业或不同行业中的企业，可能会由于所生产的产品互为替代品，而产生相互竞争行为。这种源自替代品的威胁会以各种形式影响行业中现有企业的竞争战略。

1）现有企业产品售价以及获利潜力的提高，将由于存在着能被用户方便接受的替代品而受到限制。

2）由于替代品生产者的侵入，现有企业必须提高产品质量，或者通过降低成本来降低售价，或者提升产品特色，否则实现销量与利润增长目标就有可能受挫。

3）源自替代品生产者的竞争压力，受产品买主转换成本高低的影响。

总之，替代品价格越低、质量越好、用户转换成本越低，其所能产生的竞争压力就越大。而这种来自替代品生产者的竞争压力，可以具体通过考察替代品销售增长率、替代品厂家生产能力与盈利扩张情况等加以描述。

（5）同行业竞争者的竞争程度

大部分行业中的企业，相互之间的利益都是紧密联系在一起的。作为企业整体战略一部分的各企业竞争战略，其目标都在于使自己获得相对于竞争对手的优势。所以，在企业实施竞争战略时必然会产生冲突与对抗现象，这些冲突与对抗就构成了现有企业之间的竞争。现有企业之间的竞争常常表现在价格、广告、产品介绍、售后服务等方面，其竞争程度与许多因素有关。

一般来说，出现下述情况则意味着行业中现有企业之间的竞争加剧：行业进入障碍较小，势均力敌的竞争对手较多，竞争参与者范围广泛；市场趋于成熟，产品需求增长缓慢；竞争者企图采用降价等手段促销；竞争者提供几乎相同的产品或服务，用户的转换成本很低；一个战略行动如果取得成功，其收入相当可观；行业外部实力强大的企业在接收了行业中实力薄弱的企业后，发起进攻，结果使得刚被接收的企业成为市场的主要竞争者；退出障碍较大，即退出竞争要比继续参与竞争代价更高。在这里，退出障碍主要受经济、战略、感情以及社会政治关系等方面因素的影响，具体包括资产的专用性、退出的固定费用、战略上的相互牵制、感情上的难以接受、政府和社会的各种限制等。

3. SWOT 分析法

SWOT 分析法即态势分析法，是由美国旧金山大学的管理学教授韦里克于 20 世纪 80 年代初提出的。这种方法经常被用于企业战略制定、竞争对手分析、投资机会分析等场合。

SWOT 分析包括优势（Strengths）、劣势（Weaknesses）、机会（Opportunities）和威胁（Threats）分析。因此，SWOT 分析法实际上是对企业内外部条件各方面内容进行综合和概括，进而分析组织的优势和劣势、面临的机会和威胁的一种方法。

（1）SWOT 模型的含义

优势和劣势分析主要是着眼于企业自身的实力及其与竞争对手的比较，而机会和威胁分析将注意力放在外部环境的变化及其对企业的可能的影响上。在分析时，应把所有的内部因素（即优势和劣势）集中在一起，然后用外部力量来对这些因素进行评估。

1）机会与威胁分析。随着经济、科技等诸多方面的迅速发展，特别是世界经济全球化、一体化过程的加快，以及全球信息网络的建立和消费需求的多样化，企业所处的环境更为开放和动荡。这种变化几乎对所有企业都产生了深刻的影响。正因为如此，环境分析成为一种日益重要的企业职能。

环境发展趋势可分为两大类：一类表示环境威胁；另一类表示环境机会。环境威胁是指环境中一种不利的发展趋势所形成的挑战，如果不采取果断的战略行为，这种不利的发展趋势将导致企业的竞争优势受到削弱；环境机会就是对企业行为富有吸引力的领域，在这一领域中，该企业将拥有竞争优势。

对环境的分析也可以有不同的角度。例如，一种简明扼要的方法就是 PESTEL 分析法，另外一种比较常见的方法就是波特五力模型法。

2）优势与劣势分析。识别环境中富有吸引力的机会是一回事，拥有在机会中成功所必需的竞争能力则是另一回事。每个企业都要定期检查自己的优势与劣势，这可以通过“企业经营管理检核表”的方式进行。企业或企业外的咨询机构都可利用这一方式检查企业的营销、财务、生产和组织能力，企业经营管理检核表中所列每一要素都要按照特强、稍强、中等、稍弱或特弱划分等级。

当两个企业处在同一市场，或者说它们都有能力向同一顾客群体提供产品和服务时，如果其中一个企业有更高的盈利率或盈利潜力，那么就认为这个企业比另外一个企业更具有竞争优势。换句话说，所谓竞争优势，是指一个企业超越其竞争对手的能力，这种能力有助于实现企业的主要目标——盈利。但值得注意的是，竞争优势并不一定完全体现在较高的盈利率上，因为有时企业更希望增加市场份额，或者多奖励管理人员或雇员。

竞争优势也可以指消费者眼中一个企业或其产品有别于其竞争对手的任何优越之处。它可以是产品线的宽度，产品的大小、质量、可靠性、适用性、风格和形象，以及服务质量和态度等。虽然竞争优势实际上是指一个企业比其竞争对手拥有较强的综合优势，但是，明确企业究竟在哪一个方面具有优势更有意义。因为只有这样，才可以扬长避短，或者以实击虚。

由于企业是一个整体，而且竞争优势的来源十分广泛，所以，在做优势与劣势分析时，必须从整个价值链的每个环节上，将企业与竞争对手做详细的对比。例如，产品是否新颖，制造工艺是否复杂，销售渠道是否畅通，以及价格是否具有竞争性等。如果一个企业在某一方面或几个方面的优势正是该行业企业应具备的关键成功因素，那么，该企业的综合竞争优势也许就强一些。需要指出的是，衡量一个企业及其产品是否具有竞争优势，只能站在现有潜在用户的角度上，而不是站在企业的角度上。

企业在维持竞争优势的过程中，必须深刻认识自身的资源和能力，采取适当的措施。这是因为一个企业一旦在某一方面具有了竞争优势，势必会引起竞争对手的注意。一般地说，企业经过一段时期的努力，建立起某种竞争优势；然后该企业处于维持这种竞争优势的态势，而其竞争对手开始逐渐做出反应；如果竞争对手直接进攻企业的优势所在，或采取其他更为有力的策略，就会削弱该企业的这种优势。

（2）SWOT 分析步骤

1）确认当前的战略。

2）确认企业外部环境的变化（波特五力模型法或者 PESTEL 分析法）。

3）根据企业的资源组合情况，确认企业的关键能力和关键限制。

4）按照通用矩阵或类似的方式打分评价。把识别出的所有优势分成两组，分组的时候以两个原则为基础：它们是与行业中潜在的机会有关，还是与潜在的威胁有关。用同样的办法把所有的劣势分成两组：一组与机会有关，另一组与威胁有关。

5）将结果在 SWOT 分析图上定位，如图 3-1 所示。

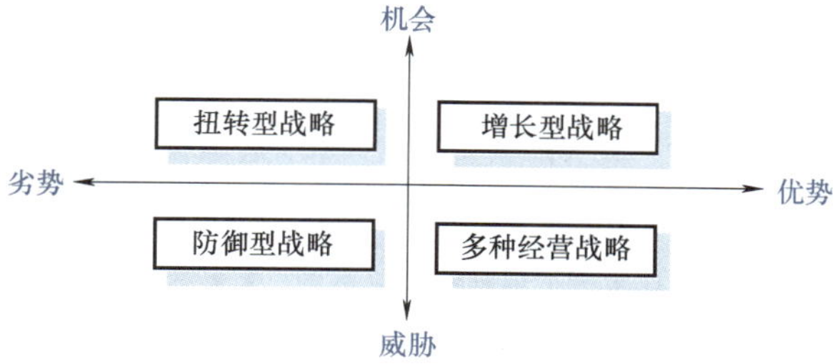

图 3-1 SWOT 分析图

3.2 国家高铁网规划投资机会

国家铁路局发布的《2020 年度铁路建设综述》显示，截至 2020 年，我国的铁路营业里程已经达到 14.63 万 km，其中高铁达到 3.79 万 km，同比翻了近一番。我国高速增长的经济为高铁提供了广阔的市场空间，随着人们生活水平的不断提高，行业需求量激增，行业利润水平不断提高。但同时，随着行业内企业数量的增加，业内竞争逐渐加剧，因此，在交通强国建设纲要的指导下，新型装备设施、新一代智能交通管理系统，都是国家未来将在轨道交通行业实施的可持续发展策略。这些可持续发展策略将极大地推动市场化机制，势必带来更多的投资机会。

轨道上的交通

3.2.1 政策分析

近几年，我国高铁发展规模为世界瞩目，并且已经走出国门，走向世界。这样的成果与我国的政策指导是密不可分的。近 10 年来，我国在铁路线网规划、铁路装备、技术指标、人员素质要求、安全运营、投融资机制等方面发布了许多规范性政策文件。

1. “十三五”与“十四五”高铁纲领性规划

“十三五”期间及“十四五”开局之年，我国对于高铁在列车科技发展、节能、铁路发展、轨道交通装备产业、综合交通运输体系等方面发布了多个纲领性政策文件，见表 3-2。

表 3-2 高铁纲领性政策文件汇总

政策名称	发布时间	政策解读
《中长期铁路网规划》（发改基础〔2016〕1536 号）	2016 年 7 月	到 2020 年，一批重大标志性项目建成投产，铁路网规模达到 15 万 km，其中高速铁路 3 万 km，覆盖 80% 以上的大城市，为完成“十三五”规划任务、实现全面建成小康社会目标提供有力支撑
《“十三五”现代综合交通运输体系发展规划》（国发〔2017〕11 号）	2017 年 2 月	到 2020 年，基本建成安全、便捷、高效、绿色的现代综合交通运输体系，部分地区和领域率先基本实现交通运输现代化

（续）

政策名称	发布时间	政策解读
《铁路“十三五”发展规划》（发改基础〔2017〕1996号）	2017年11月	到2020年，全国铁路营业里程达到15万km，其中高速铁路3万km，复线率和电气化率分别达到60%和70%左右，基本形成布局合理、覆盖广泛、层次分明、安全高效的铁路网络
《交通强国建设纲要》（国务院公报2019年第28号）	2019年9月	推进装备技术升级，广泛应用智能高铁等新型装备设施，开发新一代智能交通管理系统。构筑以高铁、航空为主体的大容量、高效率区际快速客运服务，提升主要通道旅客运输能力
《国家综合立体交通网规划纲要》	2021年2月	到2035年，国家高速铁路规模达7万km（含部分城际铁路），形成由“八纵八横”高速铁路主通道为骨架、区域性高速铁路衔接的高速铁路网

2. 技术类政策

高铁技术类政策汇总见表3-3。

表3-3　高铁技术类政策汇总

政策名称	发布时间	政策解读
《铁路主要技术政策》（铁道部〔2013〕34号）	2012年10月	高速铁路为新建设计开行250km/h（含预留）及以上动车组列车，初期运营速度不小于200km/h的客运专线铁路。高速列车追踪间隔时间最小按3min设计，轴重不大于17t，编组不大于16辆
《铁路运输基础设备生产企业审批办法》（交通运输部〔2013〕21号）	2013年12月	在中华人民共和国境内生产铁路运输基础设备的企业，应当向国家铁路局提出申请，经审查合格取得“铁路运输基础设备生产企业许可证”
《高速铁路设计规范》（TB 10621—2014）	2014年12月	在系统总结我国时速250～350km高速铁路建设、运营实践经验，全面修订2009年《高速铁路设计规范（试行）》的基础上，正式发布的我国第一部高速铁路设计行业标准，将为中国高铁发展以及高铁“走出去”提供系统规范的成套建设标准支撑
《高速铁路安全防护管理办法》（交通运输部令2020年第8号）	2020年5月	从高铁线路安全防护、高铁设施安全防护、高铁运营安全防护以及高铁监督管理方面，织密高铁安全防护网络

3. 其他类政策

高铁其他类政策汇总见表3-4。

表3-4　高铁其他类政策汇总

政策名称	发布时间	政策解读
《国务院办公厅关于支持铁路建设实施土地综合开发的意见》（国办发〔2014〕37号）	2014年7月	鼓励提高铁路用地节约集约利用水平。利用铁路用地进行地上、地下空间开发的，在符合规划的前提下，可兼容一定比例其他功能，并可分层设立建设用地使用权
《关于进一步鼓励和扩大社会资本投资建设铁路的实施意见》	2015年	进一步鼓励和扩大社会资本对铁路的投资，拓宽投融资渠道，完善投资环境，合理配置资源，促进市场竞争，推动体制机制创新，促进铁路事业加快发展

（续）

政策名称	发布时间	政策解读
《中华人民共和国国民经济和社会发展第十三个五年规划纲要》	2016 年	完善现代综合交通运输体系。坚持网络化布局、智能化管理、一体化服务、绿色化发展，建设国内国际通道联通、区域城乡覆盖广泛、枢纽节点功能完善、运输服务一体高效的综合交通运输体系。构建内通外联的运输通道网络、建设现代高效的城际城市交通、打造一体衔接的综合交通枢纽、推动运输服务低碳智能安全发展
《铁路标准化“十三五”发展规划》	2017 年	到 2020 年，形成完善的适应不同铁路运输方式的标准体系，标准数量、结构、层级更加完善合理，各领域标准、各级标准良好衔接
《增强制造业核心竞争力三年行动计划（2018—2020 年）》	2017 年	持续提升轨道交通装备现代化水平，进一步增强产业核心竞争力，有利于巩固和提高在国际竞争中的优势地位
《关于进一步做好铁路规划建设工作意见的通知》（国办函〔2021〕27 号）	2021 年 3 月	在加强规划指导、合理确定标准、分类分层建设、有效控制造价、创新投融资体制、防范化解债务风险等方面，推动铁路高质量发展

连贯实施的规划政策，为国家铁路网的建设提供了坚实有力的制度保障。2004 年国务院常务会议通过的《中长期铁路网规划》（以下简称《规划》）为高铁体系发展提供了清晰框架。2008 年（“四纵四横”客运专线）、2016 年，国家两次对《规划》进行调整，明确到 2020 年，铁路网规模达到 15 万 km，其中包括 3 万 km 高铁，覆盖 80% 以上大中型城市。同时我国将打造以沿海、京沪等“八纵”通道和陆桥、沿江等“八横”通道为主干，城际铁路为补充的高速铁路网。“十三五”以来，随着经济发展的需要，2021 年发布的《国家综合立体交通网规划纲要》已经提出，到 2035 年，国家高速铁路规模达 7 万 km（含部分城际铁路），形成由“八纵八横”高速铁路主通道为骨架、区域性高速铁路衔接的高速铁路网。“八纵”通道包括沿海通道、京沪通道、京港（台）通道、京哈—京港澳通道、呼南通道、京昆通道、包（银）海通道、兰（西）广通道。“八横”通道包括绥满通道、京兰通道、青银通道、陆桥通道、沿江通道、沪昆通道、厦渝通道、广昆通道。“八纵八横”高速铁路主通道可以最大限度地缓解普铁线路的运输压力，有利于铁路货物运输时限的压缩。这表明我国新时代铁路发展要由追求速度、规模逐渐向注重质量、效益转变。

3.2.2 市场分析

1. 国家高铁网市场规模与最新规划

根据国家铁路局发布的《2020 年度铁路建设综述》显示，2020 年全年全国铁路完成固定资产投资 7819 亿元，累计投产里程达 4933km。“十三五”期间，全国铁路营业里程由 12.10 万 km 增加到 14.63 万 km、增长 20.9%，高铁由 1.98 万 km 增加到 3.79 万 km、翻了近一番，复线率由 53.5% 增长到 59.5%，电气化率由 61.8% 增长到 72.8%。我国的“四纵四横”高铁网已经提前建成，“八纵八横”高铁网加密成型，建设成了世界上最现代化的铁路网和最发达的高铁网。

《交通强国建设纲要》提出到 2035 年，基本形成“全国 123 出行交通圈”（都市区 1h 通勤、城市群 2h 通达、全国主要城市 3h 覆盖）和“全球 123 快货物流圈”（国内 1 天送达、周边国家 2 天送达、全球主要城市 3 天送达）。此规划表明了在城市与城市不断融合的过程中，传统的城市界限会逐渐淡化，尤其是我国特大中心城市功能疏解地区会迎来更多的经济红利。我国铁路工程尤其是高速铁路工程在未来必将继续迅猛发展，以更好地满足人们的出行需求。

《国家综合立体交通网规划纲要》立足新发展阶段，围绕建设现代化经济体系和满足人民美好生活需要，将对高铁线路的考量作为重中之重。国家综合立体交通网主骨架由“六轴、七廊、八通道”构成。其中“六轴”连接京津冀，长三角与粤港澳；“七廊”包含京哈、京藏、大陆桥、西部陆海、成渝昆、沪昆、广昆走廊，其中的大陆桥走廊更是横跨中国，长达 3422km。“八通道”包含绥满通道、京延通道、沿边通道、福银通道、二湛通道、川藏通道、湘贵通道和厦蓉通道。《国家综合立体交通网规划纲要》中提出：①加快构建六条主轴。加强京津冀、长三角、粤港澳大湾区、成渝地区双城经济圈四极之间联系，建设综合性、多通道、立体化、大容量、快速化的交通主轴。拓展四极辐射空间和交通资源配置能力，打造我国综合立体交通协同发展和国内国际交通衔接转换的关键平台，充分发挥促进全国区域发展南北互动、东西交融的重要作用；②加快构建七条走廊。强化京津冀、长三角、粤港澳大湾区、成渝地区双城经济圈四极的辐射作用，加强极与组群和组团之间联系，建设京哈、京藏、大陆桥、西部陆海、沪昆、成渝昆、广昆等多方式、多通道、便捷化的交通走廊，优化完善多中心、网络化的主骨架结构；③加快构建八条通道。强化主轴与走廊之间的衔接协调，加强组群与组团之间、组团与组团之间联系，加强资源产业集聚地、重要口岸的连接覆盖，建设绥满、京延、沿边、福银、二湛、川藏、湘桂、厦蓉等交通通道，促进内外连通、通边达海，扩大中西部和东北地区交通网络覆盖。

2. 高铁提速带动产业链发展

高铁提速不是一件简单的事情，而是一个复杂的系统工程。高铁提速包括从高速铁路的建造、机车的制造到信号管理、运营维护，牵连诸多的子行业以及细分领域，尤其是核心部件需要技术同时得到提升，然后再进行综合能力的整体提升。所以，高铁提速会带动一个很长的产业链发展，进而带来更多的投资机会。根据中国中车发布的 2020 年年报，中国中车实现年营业收入 2276. 56 亿元，当年新签订单约 2421 亿元，其中国际业务新签订单约 421 亿元。发展高铁：能够带动相关产业和沿线地区经济发展，扩大国内经济需求，促进经济稳定持续增长；有助于促进就业的增长和人民生活水平的提高，推动生产力布局优化，为经济全面协调持续发展提供动力；促进经济薄弱地区和薄弱环节快速发展，有利于整个经济的和谐发展。

3. 带动周边城市发展

高铁建设到哪个城市，就是这个城市大发展的机会。城市发展和交通发展是鸡生蛋、蛋生鸡的问题。通常来说，强城市有强交通，如北上广深等一线城市都会有相应的交通规模。交通规模又会改变地理区位，使这些城市的中心性增强（比如同样的距离，可能河北某县到北京比到石家庄还快，因为通往北京的路修得比较好）。高铁站带来多样的价值，例如临时来到这里的人们聚、散、消费、休闲，甚至工作的“小时社会”，给城市活动带来直接价值；二线城市由于高铁带来的时空转变分享了一线城市的溢出价值，例如成都人会在半小时高铁的青城山买房。这些价值反映到空间上是城市建设，反映到地租上是地价提升。城市规划考虑的，是通过综合的空间布局、设施布置，保证这些价值的发挥。

3.2.3 案例分析

1. 京沪高铁

（1）线路概况

京沪高速铁路通常简称京沪高铁，是我国的一条连接北京市与上海市的高速铁路。京沪高速铁路于 2008 年 4 月 18 日开工，从北京南站出发终止于上海虹桥站，设 24 个车站，设计的最高速度为 380km/h，总长度 1318km，总投资约 2209 亿元。它的建成使北京和上海之间的往来时间缩短到 5h 以内。桥梁长度约 1140km，占正线长度 86.5%；隧道长度约 16km，占正线长度 1.2%；路基长度 162km，占正线长度 12.3%。京沪高速铁路作为京沪快速客运通道，是我国“四纵四横”客运专线网的其中“一纵”，也是我国《中长期铁路网规划》中投资规模最大、技术水平最高的一项工程。京沪高速铁路被普遍看作是继三峡工程、青藏铁路、南水北调工程、西气东输和西电东送之后，我国的又一个超大型工程，其总投资达 2209.4 亿元，是自中华人民共和国成立以来资金一次性投放最大的工程之一，也是世界上一次建成线路最长、标准最高的高速铁路之一。京沪高铁连接了 7 个省份、11 个人口超百万的城市，成为贯通华北、华东的大动脉。

（2）需求情况

京沪高铁的设置是为了满足国家经济发展需求。进入 21 世纪后既有京沪线的利用率已处于超饱和状态，73% 的区段运力利用率达到 90%，26% 的区段运力利用率更达到 100%。到了 2007 年，随着我国经济的急速发展，铁路运输情况变得更为严峻。既有京沪线平均客运密度上升至每公里 4782 万人、货运密度达到每公里 6277 万 t，分别为我国全国铁路平均密度的 52 倍和 2 倍，已处于极度饱和状态。运输压力前所未有，新建一条铁路迫在眉睫。经过多年论证，2006 年国务院常务会议通过了《中长期铁路网规划》，批准了京沪高速铁路采用轮轨技术的方案。

（3）投资构成

根据国家发改委的批文，该项目总投资约 2209.4 亿元，其中资本金 50%。资本金以外的资金使用银行贷款并研究发行部分企业债券。同时，充分调动社会各方面积极性，引进国内外战略投资者，实现投资主体多元化。条件成熟时，通过公开发行股票等方式募集资金减少政府资本金比例。

（4）运营现状

近年来京沪高铁客运量持续稳定增长，客座率不断提升。2019 年前三季度客运量超过 1.6 亿人次，占全国高铁客流量的 10%。在客座率方面，京沪高铁客座率从 2016 年的 72.5% 提升到 2018 年的 78.34%，2019 年前三季度平均客座率达 77.5%。2020 年 1 月 16 日，被誉为“中国最赚钱高铁”的京沪高铁挂牌上市。根据京沪高铁发布上市后的首份年报显示，其 2019 年实现营业收入 329.4 亿元，同比增长 5.72%。

2. 京沪高铁二线

（1）线路概况

京沪高速铁路二线，又称京沪高速铁路第二通道，是京沪高速铁路通道的组成部分，是中国“八纵八横”高速铁路网中的一纵。铁路线路由京津城际铁路、津潍高速铁路、潍新高速铁路、临淮高速铁路、连镇高速铁路、北沿江高速铁路组成。目前，京津城际铁路已通车。连镇高速铁路于2020年12月中旬建成通车，其余路段仍处于规划期。

（2）项目必要性

京沪二线设置的站点很多，且大多是县域站，与之前开通的京沪高铁主要设置地级市站点有所不同。京沪高铁二线，定位是京沪高铁辅助通道，它不可能像现在的京沪高铁一样成为京沪之间大运量、快速度的主干通道。如果说京沪高铁的特点是快速直达，那么辅助通道的特点就是覆盖面广，尽量能够覆盖到沿线更多的人口，更好地拉动所覆盖地区的社会经济发展。总之，京沪高铁满足两端的京津冀经济圈与长三角经济圈的快速运输；辅助通道尽量满足剩下区域的运输且不过多占用京沪高铁的线路资源。

（3）项目带动城市发展

京沪高铁二线不仅要带动地级城市发展，还要拉动县域经济发展，由原来的地级市这样一个大点，转变为县级这一级别的小点，由这些更小的点来拉动县级以下经济发展，惠及更多的民众，方便更多百姓，惠及更多地域，这才是京沪高铁二线的根本目的。因此在建设线路上京沪高铁二线从原来京沪高铁一线的追求速度与效率，转变为亲民性和普惠性。这一转变，其实更多反映了未来发展政策的转变。原来大中城市在多年的急速发展与扩张中，经济得到较大程度的发展，当下这些城市发展逐渐进入瓶颈状态，发展速度在下降；而一些更小一级别的县级城市发展还是相对较慢，其发展也就更有潜力。未来不但要保持大中城市的发展，而且要对县级城市提速，这一块发展也是未来经济快速增长的潜力之地，也是未来经济发展的动力。

3.3 城市群轨道交通规划投资机会

当前，我国城镇化进程不断加快，城市群概念逐渐形成，城市规模逐渐扩大，以高铁与城市轨道交通为代表的轨道交通行业凭借大运量、高效、准时等优势得到快速发展。城市群是新型城镇化主体形态，是支撑全国经济增长、促进区域协调发展、参与国际竞争合作的重要平台。都市圈是城市群内部以超大特大城市或辐射带动功能强的大城市为中心、以“1小时通勤圈”为基本范围的城镇化空间形态。由于城市轨道交通与高铁项目均面临投资额巨大、运营成本高昂、盈利水平较低的困境，所以，合理性线路和站点、线网规划、创新型投融资机制、沿线及周边土地与商业资源综合开发利用，以及地铁小镇、高铁新城的规划与建设，都是国家未来将在轨道交通行业实施的可持续发展策略。这些可持续发展策略将极大地引进市场化机制，势必带来更多的投资机会。

3.3.1 政策分析

1. 城市轨道交通项目审批

《国务院关于城市优先发展公共交通的指导意见》（国发〔2012〕64号）明确指出：优先发展公共交通是缓解交通拥堵、转变城市交通发展方式、提升人民群众生活品质、提高政府基本公共服务水平的必然要求，是构建资源节约型、环境友好型社会的战略选择；有条件的特大城市、大城市有序推进轨道交通系统建设；大城市要基本实现中心城区公共交通车站500m全覆盖，公共交通占机动化出行比例达到60%左右。

基于国家公交优先的发展战略，城市轨道交通以其运量大、安全性高、准时高效等优势成为负担公共交通出行的主力军。现阶段，我国城市轨道交通整体上进入高速发展时期，截至 2021 年 12 月 31 日运营里程约 8708km，还有大规模的后续线路将陆续建成投入运营；部分城市已进入网络化运营格局，且投融资模式也在向多元化趋势发展。为进一步规范目前城市轨道交通创新型发展，近年来，我国在城市轨道规划布局、项目审批、投融资机制等方面密集发布了多项政策，这对于处在关键发展时期的我国城市轨道交通具有十分重大的意义。

（1）城市轨道交通准入门槛

《国务院办公厅关于加强城市快速轨道交通建设管理的通知》（国办发〔2003〕81 号）与《国家发展改革委关于加强城市轨道交通规划建设管理的通知》（发改基础〔2015〕49 号）两个文件相辅相成，共同规范我国城市轨道交通准入门槛。二者的核心要点可以概括为“准入限制 + 增量控制”。其中，81 号文主要从国内生产总值、地方财政预算、城区人口规模、单向高峰客流规模等方面设定城市轨道交通准入门槛，而 49 号文则主要从政府财力这一维度来控制城市轨道交通的增量发展速度。但由于 81 号文的政策时效性已大打折扣，所以目前新发展环境下的新指标需进一步更新与调整。

（2）城市轨道交通项目审批

作为上位规划的线网规划，其编制及审批在实际操作中基本由地方政府主导完成，而作为下位规划的建设规划，《国家发展改革委　住房和城乡建设部关于优化完善城市轨道交通建设规划审批程序的通知》（发改基础〔2015〕2506 号）明确指出由国务院进行审批。这就导致了各个城市普遍重视建设规划，而相对忽略了线网规划对建设规划的指导作用。一些城市的线网规划编制及报批工作缺乏严肃性，线网规划沦为为建设规划提供上位依据的工具，完全为城市轨道交通短期建设服务。

针对线网规划与建设规划审批权错位的问题，我国住房和城乡建设部（以下简称住建部）在 2014 年发布了《关于加强城市轨道交通线网规划编制的通知》（建城〔2014〕169 号），明确了线网规划的主要内容纳入城市总体规划，与城市总体规划一并审批。由于进入城市轨道交通建设门槛的城市，绝大部分总体规划均由国务院审批，如此便强化了线网规划的作用。

另外，城市轨道交通项目审批还不断完善配套联动审批工作，先后增加了环境影响评价报告、工程建设用地预审、节能评估报告、安全生产预评价报告等，如图 3-2 所示。

2013 年 5 月 15 日，国务院发布《关于取消和下放一批行政审批项目等事项的决定》（国发〔2013〕19 号），明确国家批准城市轨道交通建设规划后，将“企业投资城市快速轨道交通项目按照国家批准的规划核准”的权力下放省级投资主管部门，由省级投资主管部门在国家已经批准的近期建设规划范围内，根据实际情况来审批项目工程可行性研究。2017 年，国家发展改革委（以下简称发改委）印发《关于进一步下放政府投资交通项目审批权的通知》（发改基础〔2017〕189 号）中对能用规划实行有效管理的项目最大限度下放审批权限，仅保留少部分重大项目和中央投资为主项目的审批权限。

2. “十四五”城市群轨道交通类政策

国家发展改革委《关于培育发展现代化都市圈的指导意见》中指出：到 2022 年，都市圈同城化取得明显进展，基础设施一体化程度大幅提高，阻碍生产要素自由流动的行政壁垒和体制机制障碍基本消除，成本分担和利益共享机制更加完善，梯次形成若干空间结构清

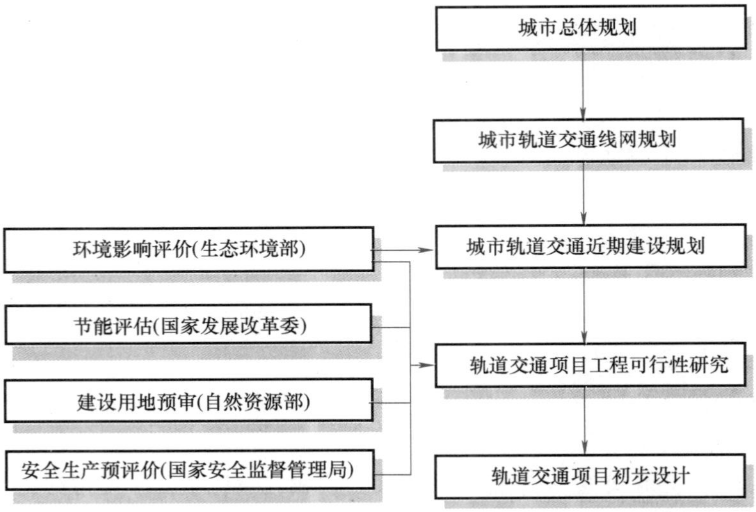

图 3-2　轨道交通项目审批流程图

晰、城市功能互补、要素流动有序、产业分工协调、交通往来顺畅、公共服务均衡、环境和谐宜居的现代化都市圈；到 2035 年，现代化都市圈格局更加成熟，形成若干具有全球影响力的都市圈。

《国家新型城镇化规划（2014—2020 年）》中提出：完善综合运输通道和区际交通骨干网络，强化城市群之间交通联系，加快城市群交通一体化规划建设，改善中小城市和小城镇对外交通，发挥综合交通运输网络对城镇化格局的支撑和引导作用。到 2020 年，普通铁路网覆盖 20 万以上人口城市，快速铁路网基本覆盖 50 万以上人口城市；普通国道基本覆盖县城，国家高速公路基本覆盖 20 万以上人口城市；民用航空网络不断扩展，航空服务覆盖全国 90% 左右的人口。

中共中央　国务院印发的《国家新型城镇化规划（2014—2020 年）》提出，依托国家“五纵五横”综合运输大通道，加强东中部城市群对外交通骨干网络薄弱环节建设，加快西部城市群对外交通骨干网络建设，形成以铁路、高速公路为骨干，以普通国省道为基础，与民航、水路和管道共同组成的连接东西、纵贯南北的综合交通运输网络，支撑国家“两横三纵”城镇化战略格局。基本形成“全国 123 出行交通圈”（都市区 1h 通勤、城市群 2h 通达、全国主要城市 3h 覆盖）和“全球 123 快货物流圈”（国内 1 天送达、周边国家 2 天送达、全球主要城市 3 天送达），旅客联程运输便捷顺畅，货物多式联运高效经济。构建便捷顺畅的城市（群）交通网。建设城市群一体化交通网，推进干线铁路、城际铁路、市域（郊）铁路、城市轨道交通融合发展，完善城市群快速公路网络，加强公路与城市道路衔接。尊重城市发展规律，立足促进城市的整体性、系统性、生长性，统筹安排城市功能和用地布局，科学制订和实施城市综合交通体系规划。推进城市公共交通设施建设，强化城市轨道交通与其他交通方式衔接，完善快速路、主次干路、支路级配和结构合理的城市道路网，打通道路微循环，提高道路通达性，完善城市步行和非机动车交通系统，提升步行、自行车等出行品质，完善无障碍设施。科学规划建设城市停车设施，加强充电、加氢、加气和公交站点等设施建设。全面提升城市交通基础设施智能化水平。

《中华人民共和国国民经济和社会发展第十四个五年规划和2035年远景目标纲要》中提到，推进城市群都市圈交通一体化，加快城际铁路、市域（郊）铁路建设，构建高速公路环线系统，有序推进城市轨道交通发展。以促进城市群发展为抓手，全面形成“两横三纵”城镇化战略格局。优化提升京津冀、长三角、珠三角、成渝、长江中游等城市群，发展壮大山东半岛、粤闽浙沿海、中原、关中平原、北部湾等城市群，培育发展哈长、辽中南、山西中部、黔中、滇中、呼包鄂榆、兰州—西宁、宁夏沿黄、天山北坡等城市群。建立健全城市群一体化协调发展机制和成本共担、利益共享机制，统筹推进基础设施协调布局、产业分工协作、公共服务共享、生态共建环境共治。优化城市群内部空间结构，构筑生态和安全屏障，形成多中心、多层级、多节点的网络型城市群。

截至2019年2月18日，国务院先后批复了共10个国家级城市群（见表3-5），分别是：长江中游城市群、哈长城市群、成渝城市群、长江三角洲城市群、中原城市群、北部湾城市群、关中平原城市群、呼包鄂榆城市群、兰西城市群、粤港澳大湾区。

表 3-5　10 个获批的国家级城市群

获批国家级城市群	国务院批复时间	印发时间	国务院批复和国家发展改革委印发资料文件
长江中游城市群	2015-3-26	2015-4-13	《国务院关于长江中游城市群发展规划的批复》 《国家发展改革委关于印发长江中游城市群发展规划的通知》
哈长城市群	2016-2-23	2016-3-7	《国务院关于哈长城市群发展规划的批复》 《国家发展改革委关于印发哈长城市群发展规划的通知》
成渝城市群	2016-4-12	2016-4-27	《国务院关于成渝城市群发展规划的批复》 《国家发展改革委关于印发成渝城市群发展规划的通知》
长江三角洲城市群	2016-5-22	2016-6-1	《国务院关于长江三角洲城市群发展规划的批复》 《国家发展改革委关于印发长江三角洲城市群发展规划的通知》 《中共中央　国务院关于长江三角洲区域一体化发展规划纲要》
中原城市群	2016-12-28	2016-12-29	《国务院关于中原城市群发展规划的批复》 《国家发展改革委关于印发中原城市群发展规划的通知》
北部湾城市群	2017-1-20	2017-2-10	《国务院关于北部湾城市群发展规划的批复》 《国家发展改革委关于印发北部湾城市群发展规划的通知》
关中平原城市群	2018-1-9	2018-2-2	《国务院关于关中平原城市群发展规划的批复》 《国家发展改革委关于印发关中平原城市群发展规划的通知》
呼包鄂榆城市群	2018-2-5	2018-2-27	《国务院关于呼包鄂榆城市群发展规划的批复》 《国家发展改革委关于印发呼包鄂榆城市群发展规划的通知》
兰西城市群	2018-2-22	2018-3-13	《国务院关于兰州—西宁城市群发展规划的批复》 《国家发展改革委关于印发兰州—西宁城市群发展规划的通知》
粤港澳大湾区	2019-2-18	2019-2-18	《中共中央　国务院印发〈粤港澳大湾区发展规划纲要〉》

中共中央　国务院印发的《国家综合立体交通网规划纲要》中提出了建立国际性综合交通枢纽（见表3-6），推进城市群内部交通运输一体化发展。构建便捷高效的城际交通网，加快城市群轨道交通网络化，完善城市群快速公路网络，加强城市交界地区道路和轨道顺畅连通，基本实现城市群内部2h交通圈。加强城市群内部重要港口、站场、机场的路网连通

性，促进城市群内港口群、机场群统筹资源利用、信息共享、分工协作、互利共赢，提高城市群交通枢纽体系整体效率和国际竞争力。统筹城际网络、运力与运输组织，提高运输服务效率。研究布局综合性通用机场，疏解繁忙机场的通用航空活动，发展城市直升机运输服务，构建城市群内部快速空中交通网络。建立健全城市群内交通运输协同发展体制机制，推动相关政策、法规、标准等一体化。

表3-6　国际性综合交通枢纽

国际性综合交通枢纽分类		内容
国际性综合交通枢纽集群		形成以北京、天津为中心联动石家庄、雄安等城市的京津冀枢纽集群，以上海、杭州、南京为中心联动合肥、宁波等城市的长三角枢纽集群，以广州、深圳、香港为核心联动珠海、澳门等城市的粤港澳大湾区枢纽集群，以成都、重庆为中心的成渝地区双城经济圈枢纽集群
国际性综合交通枢纽城市		建设北京、天津、上海、南京、杭州、广州、深圳、成都、重庆、沈阳、大连、哈尔滨、青岛、厦门、郑州、武汉、海口、昆明、西安、乌鲁木齐等20个左右国际性综合交通枢纽城市
国际性综合交通枢纽港站	国际铁路枢纽和场站	在北京、上海、广州、重庆、成都、西安、郑州、武汉、长沙、乌鲁木齐、义乌、苏州、哈尔滨等城市以及满洲里、绥芬河、二连浩特、阿拉山口、霍尔果斯等口岸建设具有较强国际运输服务功能的铁路枢纽场站
	国际枢纽海港	发挥上海港、大连港、天津港、青岛港、连云港港、宁波舟山港、厦门港、深圳港、广州港、北部湾港、洋浦港等区际枢纽海港作用，巩固提升上海国际航运中心地位，加快建设辐射全球的航运枢纽，推进天津北方、厦门东南、大连东北亚第国际航运中心建设
	国际航空（货运）枢纽	国际航空（货运）枢纽：巩固北京、上海、广州、成都、昆明、深圳、重庆、西安、乌鲁木齐、哈尔滨等国际航空枢纽地位，推进郑州、天津、合肥、鄂州等国际航空货运枢纽建设
	国际邮政快递处理中心	在国际邮政快递枢纽城市和口岸城市，依托国际航空枢纽、国际铁路枢纽、国际枢纽海港、公路口岸等建设40个左右国际邮政快递处理中心

推进都市圈交通运输一体化发展。建设中心城区连接卫星城、新城的大容量、快速化轨道交通网络，推进公交化运营，加强道路交通衔接，打造1h“门到门”通勤圈。深入实施公交优先发展战略，构建以城市轨道交通为骨干、常规公交为主体的城市公共交通系统，推进以公共交通为导向的城市土地开发模式，提高城市绿色交通分担率。超大城市充分利用轨道交通地下空间和建筑，优化客流疏散。

推进城市群内部交通运输一体化发展。构建便捷高效的城际交通网，加快城市群轨道交通网络化，完善城市群快速公路网络，加强城市交界地区道路和轨道顺畅连通，基本实现城市群内部2h交通圈。加强城市群内部重要港口、站场、机场的路网连通性，促进城市群内港口群、机场群统筹资源利用、信息共享、分工协作、互利共赢，提高城市群交通枢纽体系整体效率和国际竞争力。统筹城际网络、运力与运输组织，提高运输服务效率。

国务院办公厅转发国家发展改革委等单位《关于推动都市圈市域（郊）铁路加快发展意见的通知》中指出，市域（郊）铁路新建线路单程通行时间宜不超过1h，设计速度宜为

100～160km/h，平均站间距原则上不小于 3km，早晚高峰发车间隔不超过 10min，具体技术标准应根据客流需求、服务范围、工程条件、用地标准等合理确定。

3. 其他类政策

（1）PPP 模式应用与规范

城市轨道交通具有建设周期长、资金需求量大、盈利困难的特点，传统的“国家出资，国家运营”的模式已难以为继。为缓解政府财政压力，提高轨道交通社会效益与服务效率，我国于 2014 年发布《国家发展改革委关于开展政府和社会资本合作的指导意见》（发改投资〔2014〕2724 号）和《关于推广运用政府和社会资本合作模式有关问题的通知》（财金〔2014〕76 号），对 PPP 基本概念、参与主体进行准确界定，同时也对 PPP 审批、操作流程和注意事项做出了明确的规定。

在初期的探索与实践中，PPP 模式出现了诸多乱象。2017 年，国家出台《关于坚决制止地方以政府购买服务名义违法违规融资的通知》（财预〔2017〕87 号）、《关于规范政府和社会资本合作（PPP）综合信息平台项目库管理的通知》（财办金〔2017〕92 号），进一步规范 PPP 模式的应用。

截至 2018 年年初，PPP 初见成效。国家发展改革委发布的《关于鼓励民间资本参与政府和社会资本合作（PPP）项目的指导意见》中，明确提出要为民间资本参与 PPP 项目创造良好的环境，鼓励民营企业运用 PPP 模式盘活存量资产，加大民间资本 PPP 项目支持力度等鼓励性政策。另一方面，国家对 PPP 项目的准入也在严格把关，对不符合 PPP 项目条件、滥竽充数的项目绝不手软。2018 年 4 月，财政部发布《关于进一步加强政府和社会资本合作（PPP）示范项目规范管理的通知》（财金〔2018〕54 号）文件就对存在问题的 173 个示范项目进行了分类处置，并提出要加强项目规范管理，切实强化信息公开，接受社会监督，建立健全长效管理机制。

（2）资本金比例

《国家发展改革委关于加强城市轨道交通规划建设管理的通知》（发改基础〔2015〕49 号）要求，项目资本金比例不低于 40%，政府资本金占当年城市公共财政预算收入的比例一般不超过 5%。随后，《国务院关于调整和完善固定资产投资项目资本金制度的通知》（国发〔2015〕51 号）中专门规定，城市轨道交通项目资本金比例由 25% 调整为 20%。也就是说，各个城市轨道交通项目具体的资本金比例还应依据城市财政能力和建设能力确定，但最低不得低于 20%。

（3）TOD 模式的发展政策

TOD（Transit Oriented Development）模式即“以公共交通为导向的发展模式”，最早起源于美国，由于各国国情不同，对其定义也不同。在我国，学者对 TOD 做出如下定义：TOD 是利用快速、大容量的公共交通线路引导城市扩张方向；通过公交车站周边土地的混合开发和高效利用，形成用地紧凑、功能均衡、环境宜人的城市生长点，从而共同支撑城市的空间结构和形态，实现土地集约、高效扩张，形成绿色、公平的居民出行规划、设计和开发建设模式。TOD 模式主要应对的问题是城市发展过程中不断出现的用地与城市交通之间的矛盾问题，通过对区域内的商业区、居民区、工作区以及其他公共设施区域进行合理布局，进一步完善不同区域之间的协调发展，提高交通站点附近的土地资源利用效率。

TOD 模式在我国城市轨道交通中得到了积极应用，政府制定了相关的政策，为城市轨道交通 TOD 模式的应用提供政策规范以及创造稳定的环境。

2003 年 9 月 27 日，国务院办公厅下发《关于加强城市快速轨道交通建设管理的通知》（国办发〔2003〕81 号），要求实施轨道交通导向型土地综合开发，吸引社会资本通过特许经营等方式参与建设和运营，在鼓励社会资本以 PPP + TOD 的模式参与轨道交通项目。之后，国务院又于 2013 年 8 月颁布了《国务院关于改革铁路投融资体制加快推进铁路建设的意见》（国发〔2013〕33 号），重点在于将铁路建设的投融资主体向地方政府和社会资本开放，拓展铁路建设融资渠道，鼓励社会资本参与铁路的建设发展，这代表着铁路建设部分的所有权和经营管理权向政府和社会开放。与此同时，该项决策也指出要支持铁路车站以及部分线路土地的综合利用，实施铁路建设用地的功能结构优化与空间布局调整。在国家颁布的政策基础上，湖北省政府于 2018 年 3 月颁布相关的铁路建设意见，指出要对省内铁路建设的融资渠道进行拓展和创新，改革融资渠道和体制，并鼓励社会资本参与到铁路建设过程中。尤其是对新建设的铁路项目，相关部门指出要实施“政府资本 + 社会投资”相结合的方式进行铁路建设和运营，也倡导工程总承包模式进行铁路建设。

国内地区政府高频次颁布城市轨道融资政策，为 TOD 模式在国内道路交通的应用提供了良好的政策环境。与此同时，国家也在不断加强 TOD 模式实施规划的制定。如广东省政府于 2012 年制订《珠三角城际轨道 TOD 模式应用和开发规划》，该文件明确规定了珠三角城际轨道应用 TOD 模式实施开发的范围、利益相关者以及开发相关规定等。在此基础上，国家铁路管理局于 2014 年颁布铁路建设与土地开发文件，指出铁路建设过程中要注重土地资源的综合开发，必须创新开发模式，调整和优化铁路土地资源的开发流程，构建完善的综合管理机构，制定科学的运行制度，详细规划措施见表 3-7。

表 3-7　相关部门颁布 TOD 模式实施规划措施

序号	相关部门	颁布时间	具体规划
1	国务院	2003 年 9 月	《国务院办公厅关于加强城市快速轨道交通建设管理的通知》
2	广东省	2012 年 3 月	《关于珠三角地区城际轨道交通土地综合开发意见》
3	国务院	2013 年 8 月	《国务院关于改革铁路投融资体制加快推进铁路建设的意见》
4	国务院	2014 年 2 月	《轨道交通区域土地资源综合开发意见》
5	河北省	2015 年 5 月	《河北省人民政府办公厅关于支持铁路建设实施土地综合开发意见》
6	四川省	2015 年 8 月	《四川省人民政府办公厅关于支持铁路建设土地综合开发意见》
7	铁路管理局	2015 年 9 月	《中国铁路总公司关于规范非控股合资铁路建设项目管理意见》
8	陕西省	2015 年 12 月	《陕西省人民政府办公厅关于进一步加快铁路建设支持铁路用地开发意见》
9	铁路管理局	2016 年 9 月	《铁路土地综合开发实施办法》
10	江苏省	2016 年 12 月	《江苏省政府办公厅关于支持铁路建设推进土地综合开发意见》
11	内蒙古自治区	2017 年 5 月	《内蒙古自治区政府办公厅关于支持铁路建设推进土地综合开发意见》
12	广东省	2017 年 11 月	《关于支持铁路交通项目建设推进土地综合开发意见》
13	宁夏回族自治区	2018 年 1 月	《自治区人民政府办公厅关于支持铁路建设推进土地综合开发意见》
14	甘肃省	2018 年 2 月	《甘肃省人民政府办公厅关于支持铁路建设推进土地综合开发意见》
15	湖北省	2018 年 3 月	《关于进一步加快铁路建设发展的若干意见》

3.3.2 市场分析

1. 市场规模

（1）运营规模

2020 年 12 月 31 日，全国（不含港澳台）共有 44 个城市开通运营城市轨道交通线路 233 条，运营里程 7545.5km，车站 4660 座，全年新增城市轨道交通线路 39 条，新增运营里程 1240.3km，较去年增长 20.1%；新增天水、三亚、太原 3 个城市首次开通运营城市轨道交通。

2021 年 12 月 31 日，31 个省（区、市）和新疆生产建设兵团共有 51 个城市开通运营城市轨道交通线路 269 条，运营里程 8708km，车站 5216 座。全年新增城市轨道交通线路 35 条，新增运营里程 1168km，较去年增长约 15%；新增洛阳、绍兴、嘉兴、文山、芜湖、嘉兴（海宁）和镇江（句容）7 个城市首次开通运营城市轨道交通。

（2）城轨运营制式多样化

根据《城市轨道交通分类》（T/CAMET 00001—2020）将城轨交通系统制式分为 10 类，分别为地铁系统、轻轨系统、市域快轨系统、磁浮交通系统、跨座式单轨系统、悬挂式单轨系统、自导向轨道系统、有轨电车系统、导轨式胶轮系统、电子导向胶轮系统。截至 2021 年 9 月 30 日，我国共有 9 种在运营地铁制式，其中地铁系统制式最多，占比 78.77%。

2. 沿线发展与需求

（1）客运量大

2020 年，全年实际开行列车 2528 万列次，完成客运量 175.9 亿人次，进站量 109.1 亿人次。受疫情影响，全年完成客运量较 2019 年下降约 62.9 亿人次，下降 26.4%；随着复工复产持续推进，城市轨道交通客运量逐步回升，第四季度已恢复至去年同期的 94.1%，在保障城市正常运行方面发挥了重要作用。

2021 年，全年实际开行列车 3120 万列次，完成客运量 237.1 亿人次、进站量 144.8 亿人次，全年完成客运周转量 1978 亿人次 · km。2021 年，全年完成客运量较 2020 年增加 61.2 亿人次、增长约 35%，达到 2019 年的 99.2%；全年平均客运强度约 0.82 万人次 · km · 日，较 2020 年增长约 14%，较 2019 年下降约 28%。

（2）投资情况

据统计，2015 年—2020 年，我国城市轨道交通建设投资额逐年递增，2020 年全年，城市轨道交通建设投资额为 6286 亿元，同比增长 5.49%。其中，车辆购置完成投资 426.9 亿元，占比 6.8%。

3. TOD 模式的发展前景

虽然我国在轨道交通建设领域大力推广 PPP 模式，但是 PPP 项目一直存在落地率低的问题，其关键在于轨道交通项目的盈利问题尚未解决。目前，轨道交通 PPP 项目的回报来源主要以票务收入与广告等非票务收入为主，并严重依赖政府的财政补贴。但受制于 PPP 项目占一般公共预算支出不超过 10% 的红线刚性约束，地方政府可继续用于 PPP 项目的财政支付能力日趋降低。

把 TOD 模式与轨道交通 PPP 项目结合起来，将轨道交通和站点周边土地资源合理打包，利用轨道沿线的土地开发弥补轨道交通的建设与运营的缺口。这能提升项目整体的经营性，真正吸引社会资本参与，实现资金的良性循环，实现轨道交通的可持续发展。两者相结合可实现轨道交通和沿线土地资源的统筹规划及开发，实现政府、社会资本利益共享的双赢。对地方政府而言，好处有：一是引入社会资本分担高额的轨道交通建设资金，有助于缓解财政压力，减轻政府财政负担；二是 TOD 模式可引导城市空间的均衡扩张，促进城市可持续发展；三是发挥社会资本在投融资方面的优势，提高项目投资运营效率。对社会资本而言，好处有：一是可以获得合理的经济利益回报；二是当前我国 TOD 模式处于探索阶段，社会资本可借助先入优势形成品牌效应。

4. 未来发展分析

1）要有序地规划建设。在城镇化进程加快的背景下，城市轨道交通成为准时高效的出行方式。但城市轨道项目投资大、费用高、自身经济效益差，因此在城市轨道交通大发展的时代，更应坚持量力而行、稳步发展。

2）二三线城市轨道建设将加速。从城市轨道交通布局结构看，城市轨道建设发展极为不均衡。北京、上海、广州、深圳的地铁里程占到全国通车里程的约 60%。随着经济发展和国家城市群规划建设的推进，会有更多的经济较为发达的二线城市加入城市轨道建设行列，地域布局渐趋合理将带动城市轨道建设的全面加速。

3）创新型融资管理。增强创新能力与经营能力，依托城市轨道交通物业、商业等资源大力推进经营开发，着力形成依托城市轨道资源反哺城市轨道建设和运营的能力。探索和用好 PPP 模式，及时总结和推广深圳、上海等已取得一定成效的城市的经验，探索和形成一条资金多元化的可行之路，促进政府资金、社会资本、业主营收乃至境外资本等为城市轨道交通所用，改变政府财政独木难支的局面。

4）智能制造深入推进。深入推进轨道交通领域的智能制造发展，对于培育轨道交通增长新动能，构建新型轨道交通产业体系具有重要意义。当前，面对轨道交通领域的智能制造关键技术装备、核心支撑软件、工业互联网等系统集成应用正在积极推进。不久之后，智能制造装备和先进工艺将在轨道交通产业逐步推广应用。

3.3.3　粤港澳大湾区城市群轨道交通案例分析

1. 项目背景

粤港澳大湾区包括香港特别行政区、澳门特别行政区和广东省广州市、深圳市、珠海市、佛山市、惠州市、东莞市、中山市、江门市、肇庆市（以下称珠三角九市），总面积 5.6 万 km^2，2017 年年末总人口约 7000 万人。中共中央　国务院印发的《粤港澳大湾区发展规划纲要》指出构建现代化的综合交通运输体系。计划到 2022 年年底，大湾区交通基础设施支撑保障能力得到进一步增强，高效便捷的现代综合交通体系基本形成，基本达到当前世界一流湾区水平，实现“12312”交通圈（湾区内实现以香港—深圳、广州—佛山、澳门—珠海为核心的 1h 交通圈，湾区至粤东西北各市陆路 2h 通达，至周边省会城市陆路 3h 通达，与全球主要城市 12h 通达）。展望到 2035 年年底，全面建成现代化的综合交通运输体系。

以广州为例，《广州综合交通枢纽总体规划（2018—2035 年）》中在大湾区建设的背景下规划了城市轨道交通、有轨电车等城市群轨道交通项目。为确保国铁、城际枢纽与城市轨道交通线路网紧密衔接，并实现大型枢纽站至少与其他两类枢纽站或重点发展区的直接轨道交通联系，规划建设三个层级的城市轨道交通系统：市域高速轨道主要承担主城区与南沙副中心、外围城区及邻穗城市中心间的高速联系，设计速度在 160～250km/h；城市轨道快线主要承担主城区、南沙副中心及外围城区间的快速联系，以通勤功能为主，兼顾连通功能，设计速度在 100～140km/h；城市轨道普线主要承担主城区内部及其连绵发展地区走廊加密、南沙副中心及外围城区独立成网，以通勤功能为主，兼顾连通及线网衔接功能，设计速度在 80～100km/h。规划形成“安全、便捷、舒适、低碳、经济”的现代新型有轨电车系统，充分发挥其对城市轨道线网的衔接加密作用。规划建设荔湾线、增城线、黄埔线等线路，促进城市重点发展区地面公交转型发展；规划研究南沙、从化、番禺、白云、花都等行政区的新型有轨电车线网，构建城市各区内部公共交通骨干捷运系统，提升轨道交通运能和覆盖率。

2. 需求分析

粤港澳大湾区轨道交通的发展符合“一带一路”倡议、粤港澳大湾区发展规划、泛珠地区经济社会发展和珠江三角洲世界级城市群建设的要求。通过基础设施的建设和通行政策的优化，粤港澳大湾区“人畅其行、货畅其流”，这为粤港澳大湾区参与国际竞争奠定了基础。

顺应经济全球化和区域一体化趋势，促进经济要素国际自由流动和市场深度融合，支持建设“一带一路”枢纽，支撑全方位、多层次、复合型互联互通网络构建，助力国际化创新，保障国家“一带一路”建设，进一步拓展我国国际生存空间，缔造中华民族的大国崛起；充分发挥粤港澳大湾区的综合优势，深化粤港澳及高水平国际合作，提升其在国家经济发展和全方位开放中的引领作用。新形势下深化泛珠三角区域合作，推动内地九省区一体化发展，深化与港澳的紧密合作，共同打造全国经济发展重要引擎、内地与港澳深度合作核心区、“一带一路”建设重要区域；珠江三角洲地区将打造以广佛肇、深莞惠、珠中江三大都市圈为主体，功能完善、联系紧密的城市群，形成具有世界先进水平的科技创新能力和具有全球范围内核心竞争力的大都市圈。

3. 投资方案

分类管理投融资模式，鼓励社会资本参与枢纽建设：对于整体开发枢纽，鼓励轨道交通建设主体与社会资本合作投资建设，由社会投资主体单独投资建设的采用两种方式，一是由社会投资主体投资建设轨道交通设施和综合开发，二是社会投资主体统一建设并承担综合开发建设费用，轨道交通投资建设主体承担轨道交通设施建设费用。对于局部开发枢纽，可参照政府投资项目统一规划设计、整体报建，明确轨道设施部分和综合开发部分投资分摊。对于不适宜开发的枢纽，按照政府投资管理相关规定执行，相应投资纳入轨道交通建设资金统筹解决。

广佛同城就是一个典型案例。广州佛山 10 年间交通网络的融合，带来了产业协同互补、人员密切流动。而依托广佛地铁的便捷通勤，广州佛山双城在交通互联、城市空间结构布局、产业融合发展和社会融合一体等方面取得丰硕成果，同时也催生了全国的“双万亿”同城化城市组合。广东省 2021 年重点建设前期预备项目计划表中，佛山经广州至东莞城际估算总投资 1256.2 亿元，是广东省 40 年来投资最大的项目之一；广佛江珠城际（广州芳村至江门段）估算总投资 310 亿元；南沙至珠海中山城际估算总投资 486 亿元；肇顺南城际估算总投资 525 亿元。项目建设规模暂按以下规模开展前期深化研究：线路全长约 100.5km，均为地下敷设，共设 26 座车站。其中：佛山段线路长 29.5km，共设 7 座车站；广州段线路长约 51km，共设 13 座车站；东莞段线路长约 20km，共设 6 座车站。全线设置一段两场，主变电站4座。线路规模最终以政府批复为准。

3.4 新能源建设投资机会

近年来，在全球气候变暖加剧和能源转型等多重因素作用下，发展可代替能源逐渐成为世界各国的共识。新能源发展初期，开发与利用成本较高，前期行业发展对政策依赖性大，主要依靠财政补贴激励发展。随着国家能源结构的不断调整，新能源在能源消费中的占比将逐年提高，2020年可再生能源在全国能源消费总量中的占比达到15%。对我国来说，大力发展新能源、推进能源革命、构建绿色低碳的能源体系，是我国新时代能源发展的重要突破点，是“四个革命、一个合作”能源新战略的本质要求，在缓解传统能源紧缺及环境问题方面具有不可替代的作用。目前，新能源中部分细分产业已经在国家政策的支持下，实现了技术的飞速进步和成本的大幅下降，正逐步从政策驱动转向市场驱动。

3.4.1 政策分析

“联合国新能源和可再生能源会议”对新能源的定义为：以新技术和新材料为基础，使得传统的可再生能源得到现代化的开发与利用，用取之不尽、周而复始的可再生能源代替资源有限、对环境有污染的化石能源。重点开发太阳能、风能、生物质能、潮汐能、地热能、氢能和核能。《新能源基本建设项目管理的暂行规定》中指出：新能源是指风能、太阳能、地热能、海洋能、生物质能等可再生资源经转化或加工后的电力或洁净燃料。

在新能源发展初期，政府通过出台法律政策为新能源的发展提供法律依据和政策保障，尤其是2005年通过的《中华人民共和国可再生能源法》，其正式实施标志着我国可再生能源步入规范化的发展阶段。同时，政府还通过设置补贴来提高产品的经济性，进而提升市场需求，扩大产业规模。2009年正式修订的《中华人民共和国可再生能源法》，新增“国家实行可再生能源发电全额保障收购制度”，并正式明确设立“可再生能源发展基金”。2011年，《可再生能源发展基金征收使用管理暂行办法》（财综〔2011〕115号）发布，可再生能源发展基金正式成立。随后，《可再生能源电价附加补助资金管理暂行办法》（财建〔2012〕102号）进一步明确将通过把符合条件的项目列入可再生能源电价附加资金补助目录的方式进行电价补贴。电价补贴可以利用政府财政的力量弥补行业发展初期商业模式不成熟以及盈利较弱等核心问题，吸引资金大量涌入相关行业，进而带动行业快速发展，新能源产业的发展历程大致可以分为三个阶段：

1. 早期发展阶段（1949年—1990年）

20世纪50年代，为了解决能源供应不足的问题，我国开始发展小水电、沼气池、太阳灶、风力提水机、小型风电机、中低温地热利用和小型潮汐电站等新能源。早期，这些涉及新能源的技术还不够成熟，距离规模化开发仍有很大差距。这一阶段对新能源技术只是零散式利用，尚未达到产业规模的范畴，所产生的收益也无法进入商品能源的统计中。

2. 新能源产业快速发展阶段（1990年—2010年）

在国家产业政策的推动下，新能源进入快速发展轨道，终端能源消费比重从1991年的0.01%迅速增加至2010年的1.62%，并出现三个重要的变化：新能源利用从农村扩展到城镇，设备从小型向大中型发展，研究从开发走向市场化和产业化，主要目标从增加能源供应转向至改善环境。

3. 新能源产业高速发展阶段（2011 年至今）

“十二五”以来，在市场环境、政策环境以及国际气候环境驱动下，我国新能源产业进入高速发展期。这一阶段，形成了支持新能源快速发展的政策体系，我国新能源装备制造能力不断提升，关键技术取得突破。

目前，发展新能源已经成为世界各国转变能源发展方式、优化能源结构的重要路径。新能源具有污染少、可再生、分布广的特点，对于解决当今世界严重的环境污染问题和资源枯竭问题具有重要意义。2020 年，国家发展改革委、国家能源局颁发《关于印发各省级行政区域 2020 年可再生能源电力消纳责任权重的通知》（发改能源〔2020〕767 号），及时、准确掌握各省级行政区域可再生能源电力消纳责任权重执行情况，及时督促各省级能源主管部门、各电网企业履行节约能源义务。国家能源局不断派出机构落实 2020 年可再生能源电力消纳责任，确保可再生能源电力消纳保障机制落实到位。在《中华人民共和国国民经济和社会发展第十四个五年规划和 2035 年远景目标纲要》（以下简称《“十四五”规划纲要》）中提到：要建设清洁低碳、安全高效的能源体系；大力提升风电、光伏发电规模，加快发展东中部分布式能源，有序发展海上风电，加快西南水电基地建设，安全稳妥地推动沿海核电建设。建设一批多能互补的清洁能源基地，将非化石能源占能源消费总量比重提高到 20% 左右。近年来，我国出台多项政策，规范和鼓励新能源产业的发展。国家密集发布的一系列能源领域相关政策，进一步完善了新能源发展应用的法律法规、管理规范和规划指导，内容涵盖风能、核能、太阳能、生物质能等多个领域，有利于推动行业向纵深发展，具有加强国家能源发展战略和规划的导向作用。在众多政策支持下，新能源应用规模不断扩大，成本持续降低，所涉及的多项规划中均提出了对新能源领域的发展要求（见表 3-8）。

表 3-8 新能源政策文件汇总

政策名称	发布时间	政策解读
《中华人民共和国可再生能源法》	2009 年 12 月修订	促进风能、太阳能、水能、生物质能、地热能、海洋能等非化石能源的开发利用，增加能源供应，改善能源结构，保障能源安全，保护环境，实现经济社会的可持续发展
《国家能源局关于建立可再生能源开发利用目标引导制度的指导意见》	2016 年 2 月	推动能源生产和消费革命的发展，促进可再生能源开发利用，保障实现 2020、2030 年非化石能源占一次能源消费比重分别达到 15%、20% 的能源发展战略目标
《国民经济和社会发展第十三个五年（2016—2020 年）规划纲要》	2016 年 3 月	要瞄准新能源汽车技术前沿，把握产业变革方向，拓展新兴产业增长空间，抢占未来竞争制高点
《可再生能源发展“十三五”规划（公开发布版）》	2016 年 12 月	发展可再生能源是国家推进能源转型的核心内容和应对气候变化的重要途径，有助于推进能源生产和消费革命、推动能源转型
《国务院关于印发“十三五”节能减排综合工作方案的通知》	2016 年 12 月	优化产业和能源结构，加快新兴产业发展，加快发展壮大新一代信息技术、高端装备、新材料、生物、新能源、新能源汽车、节能环保、数字创意等战略性新兴产业，推动新领域、新技术、新产品、新业态、新模式的蓬勃发展

（续）

政策名称	发布时间	政策解读
《太阳能发展“十三五”规划》	2016年12月	“十三五”时期是太阳能产业发展的关键时期，基本任务是产业升级、降低成本、扩大应用，实现不依赖国家补贴的市场化持续发展
《可再生能源电力配额及考核办法（征求意见稿）》	2018年3月	根据国家可再生能源发展目标和能源发展规划，规定各省级行政区域全社会用电量最低的可再生能源电力消费比重指标，督促按照可再生能源优先发展和充分消纳的原则开展电力建设和运行管理
《关于2018年光伏发电有关事项的通知》	2018年5月	合理把握发展节奏，优化光伏发电；新增建设规模，加快光伏发电补贴退坡；降低补贴强度，发挥市场配置资源决定性作用，进一步加大市场化配置项目力度
《清洁能源消纳行动计划（2018—2020年）》	2018年10月	清洁能源是能源转型发展的重要力量，积极消纳清洁能源是贯彻能源生产和消费的革命战略。在清洁能源发展不平衡不充分矛盾凸显的情况下，清洁能源消纳要在2018年取得显著成效，到2020年，基本解决清洁能源消纳问题
《关于积极推进风电、光伏发电无补贴平价上网有关工作的通知》	2019年1月	在资源优良、建设成本低、投资和市场条件好的地区，已基本具备平价上网的电价条件，将推进风电、光伏发电无补贴平价上网
《关于2019年风电、光伏发电项目建设有关事项的通知》	2019年5月	坚持创新、协调、绿色、开放、共享的新发展理念，促进风电、光伏发电技术进步和成本降低，实现高质量发展。积极推进平价上网项目建设，严格规范补贴项目竞争配置，全面落实电力送出消纳条件，优化建设投资营商环境
《氢的未来——抓住今天的机遇》	2019年9月	氢能为长途运输、化工和钢铁等难以脱碳的行业提供了脱碳的有效途径，以较低成本丰富可再生能源的存储方式，氢能的利用促进了能源结构多元化。应强化政策引导、破解技术瓶颈、降低应用成本、加强国际合作以促进氢能规模化发展
《关于2020年风电、光伏发电项目建设有关事项的通知》	2020年3月	有序组织项目建设，严格落实监测预警要求，以电网消纳能力为依据合理安排新增核准项目规模；组织风电、光伏发电企业填报、更新国家可再生能源发电项目；加大与国土、环保等部门的协调，推动降低非技术成本，建设清洁低碳、安全高效的能源体系，实现风电、光伏发电高质量发展
《关于印发各省级行政区域2020年可再生能源电力消纳责任权重的通知》	2020年5月	统筹提出了各省级行政区域2020年可再生能源电力消纳责任权重，提出要加强跟踪监测与评估，落实消纳责任，并初步确定了2021年可再生能源电力消纳责任权重
《中华人民共和国国民经济和社会发展第十四个五年规划和2035年远景目标纲要》	2021年3月	推进能源革命，建设清洁低碳、安全高效的能源体系，提高能源供给保障能力。加快发展非化石能源，坚持集中式和分布式并举，大力提升风电、光伏发电规模，加快发展东中部分布式能源，有序发展海上风电；加快西南水电基地建设，安全稳妥推动沿海核电建设，建设一批多能互补的清洁能源基地

（续）

政策名称	发布时间	政策解读
《2021 年能源工作指导意见》	2021 年 4 月	提出了 2021 年我国能源工作关于“能源结构”“供应保障”“质量效率”“科技创新”“体制改革”五个方面的主要预期目标
《建筑新能源应用设计规范》	2021 年 4 月	适用于民用建筑新建、改建和扩建项目中应用新能源技术向建筑供能的设计和效果评估。规定了建筑新能源应用的设计原则与基本技术要求，确定了新能源系统运行监测的基本方法和管理要求

《“十四五”规划纲要》中指出积极应对气候变化：“落实 2030 年应对气候变化国家自主贡献目标，制定 2030 年前碳达峰行动方案。完善能源消费总量和强度双控制制度，重点控制化石能源消费。实施以碳强度控制为主、碳排放总量控制未辅的制度……推动能源清洁低碳安全高效利用，深入推进工业、建筑、交通等领域低碳转型”。由此可见我国政府“转型绿色发展，向人类与环境和谐共生迈进”的勇气与决心。因此，在进行工程建设过程中积极提高新能源利用效率、以新能源代替不可再生能源、降低碳排放量是我国建筑行业未来发展的必然趋势。

3.4.2　市场分析

新能源是我国能源转型发展的重要力量，未来将持续快速发展。依据《清洁能源消纳行动计划（2018—2020 年）》，2020 年我国已基本解决清洁能源消纳问题，可再生能源发电利用率达到 95% 以上。《能源生产和消费革命战略（2016—2030）》提出，到 2030 年非化石能源占一次能源消费比重应达到 20% 左右，2050 年超过 50%。从满足经济社会发展需求、实现国家能源转型战略目标的角度来看，我国风电将保持年均 2500 万 kW、光伏发电将保持年均 3000 万 kW 以上的新增装机规模；预计到 2030 年、2050 年，我国新能源装机规模将分别达到 12 亿 kW、28 亿 kW 以上，逐步成为主导能源。在此背景下，电网消纳能力成为新能源项目规划建设的重要先决条件。现阶段应强化电源灵活调节作用，发挥储能设施的调节能力；减轻送受端系统的调峰压力，使各类可再生能源综合利用率保持在合理水平；积极构建清洁、低碳、安全、高效的新型电力系统，促进能源行业转型升级。

能源与环境问题是制约世界经济与社会可持续发展的两个突出问题。自 2006 年《中华人民共和国可再生能源法》施行以来，在稳定有效的政策支持和产业界的共同努力下，新能源产业取得瞩目的成绩。风电、光伏发电是发展最快的新能源产业随着国家政策的不断向好，新能源市场逐渐替代旧能源市场，新增和累计市场规模多年稳居世界前列。新能源发电主要有水力发电、核能发电、风力发电及太阳能发电。数据显示 2016 年—2020 年我国新能源发电市场不断扩大，主要能源发电量呈增长趋势。2020 年全国风电和光伏发电新增装机分别为 7167 万 kW 和 4820 万 kW，远超其他主要国家和地区。截至 2020 年年底，累计装机分别达到 2.8 亿 kW 和 2.5 亿 kW，在全球占比均超过 1/3。同时，目前，我国已在风电、光伏发电等主要新能源领域建立了规模领先、技术水平先进的产业链，与美国、欧洲、日本等主要发达经济体相比已逐步形成明显的竞争优势。预计今后 10 年，风电和光伏类年均新增装机合计需要达到 1 亿 kW 以上。综上所述，长效的、持续的、稳定的国内应用市场是保障新能源产业良性发展的基石。

1. 新能源发电类建设和运行情况

（1）水电发电

截至 2021 年 3 月底，全国水电装机容量约 3.71 亿 kW。2021 年第一季度，全国新增水电并网容量 109 万 kW，水电发电量排名前五位的省（区）依次为四川 516 亿 kW·h、云南 431 亿 kW·h、湖北 222 亿 kW·h、贵州 157 亿 kW·h 和湖南 108 亿 kW·h，其合计水电发电量占全国水电发电量的 73.2%。

风力发电

（2）风电发电

2021 年第一季度，全国风电新增并网装机 526 万 kW，其中陆上风电新增装机 403 万 kW、海上风电新增装机 123 万 kW。到 2021 年第一季度末，全国风电累计装机 2.87 亿 kW，其中陆上风电累计装机 2.76 亿 kW、海上风电累计装机 1022 万 kW。中东部和南方地区发电占比约 54%，“三北”地区占 46%，风电开发布局进一步优化。整体而言，风电行业在未来 2~3 年是关键时期。

（3）太阳能光伏发电

太阳能是最具发展潜力的清洁能源。近年来，世界各国都在制订太阳能电站的发展规划以扩大规模，太阳能光伏产业得到了飞速的发展。2021 年第一季度，全国光伏新增装机 533 万 kW，其中，光伏电站 252 万 kW、分布式光伏 281 万 kW。到 2021 年第一季度末，太阳能光伏发电累计装机 2.59 亿 kW。从新增装机布局看，装机占比较高的区域为华北、华东和西北地区，分别占全国新增装机的 33%、25% 和 16%。全国光伏发电利用小时数为 300h，同比增加 10h。

（4）生物质能发电

生物质能发电包括农林生物质发电、垃圾发电和沼气发电。现代生物质能的发展方向是将生物质转换为优质能源，实现对能源的高效清洁利用。2021 年第一季度，生物质发电新增装机 196.6 万 kW，累计装机达 3148.5 万 kW。累计装机排名前五位的省份是山东、广东、浙江、江苏和安徽，分别为 368.8 万 kW、299.7 万 kW、270.4 万 kW、243.6 万 kW 和 215.2 万 kW；新增装机排名前五位的省份是浙江、河南、四川、广东和江西，分别为 30.4 万 kW、23 万 kW、21 万 kW、17.2 万 kW 和 14.6 万 kW。

（5）核能发电

核能是一种安全、清洁、可靠的能源，我国政府为推广核能已发布多个文件。近年来，我国核电发电量保持增长的趋势。随着我国核电项目陆续完工投产，核电应用进一步得到推广。在核电站的生产运营方面，2020 年全国累计发电量为 74170.40 亿 kW·h，运行核电机组累计发电量为 3662.43 亿 kW·h，占全国累计发电量的 4.94%。截至 2020 年年末，我国共有 16 座核电站投入运行，运行核电机组达 49 台，总装机容量达 51027.16MWe。发展核电能够改善我国的能源供应结构，有利于保障国家能源安全和经济安全。

2. 氢能建设和应用情况

政府在发展规划、行业技术、财税政策等多方面对氢能产业给予了支持。随着我国政策的引导以及大批氢能项目的落地实施，氢能技术不断取得突破，产业体系逐步完善。2016 年，国家发展改革委和国家能源局在《能源技术革命创新行动计划（2016—2030 年）》中把“氢能与燃料电池技术创新”列为重点任务；《“十三五”国家战略性新兴产业发展规划》强调推动车载储氢系统以及氢制备、储运和加注技术发展，推进加氢站建设，到 2020 年实现燃料电池汽车批量生产和规模化示范应用；《2019 年国务院政府工作报告》提到要推动充电、加氢等设施建设。经过多年的工业积累，我国氢能领域的发展已加速进入产业化阶段，我国已经是世界最大的制氢国之一，氢能市场潜力巨大。大力发展氢能源有助于缓解目前新能源领域的两大痛点：一是电动车不适应长途重载和低温的缺点；二是可再生能源不适合储存的缺点。未来氢能将扮演高效清洁的二次能源、灵活智慧的能源载体、绿色低碳的工业原料这三种角色，将在工业、交通、能源、建筑等领域发挥重要作用，有望在 2050 年与可再生电力形成协同，形成超过 15 亿 t 二氧化碳的减排能力，实现我国深度降低碳排放的目标。

3. 建设项目应用类

（1）北京奥运会

2008 年，太阳能、风能、新能源汽车和半导体照明等在北京奥运会上得到了规模化推广，有力地支撑了“绿色奥运、科技奥运、人文奥运”的口号。北京市在申办奥运会的报告中提出：投资 100 万美元新增 160 眼地热井，增加地热源热泵空调系统，采用地热、风能等可再生能源实现绿色奥运要求。现今，北京市内 8 个主要城区地下均有热源，每年可开采地下热水近 1200 万 m^3，可供使用的热量能够折合成 9 万 t 标准煤。

（2）上海世界博览会

2010 年在上海举办的世界博览会（简称世博会），应用推广了一大批新能源和节能减排技术，“绿色能源、低碳排放”成为首要目标。世博会主题馆屋面铺设 3 万 m^2 太阳能板，采用并网发电运行的方式，将太阳能储电传回至城市电网中，发电功率为 2.57MW，年发电量可达 250 万 kW · h。在 5.28km^2 的世博园区内，采用了包括纯电动、混合动力、燃料电池等在内的总计 1017 辆新能源车辆，实现了园区交通零排放。“一轴四馆”中 80% 建筑采用 LED 半导体进行景观装饰和照明，本次应用是半导体照明首次在城市街区中使用。同时，园区内所有的雨水进行了 100% 的回收与再利用，二氧化碳排放量总体减少 30% 。

（3）北京冬奥会

2022 年北京冬奥会彻底贯彻绿色发展理念，冬奥会场馆和配套服务设施率先使用绿色能源，首先实现的就是清洁能源电力 100% 供应。北京冬奥会期间，有约 212 辆国产氢燃料电池客车通过 5 座“100% 绿氢”加氢站进行加氢服务，可实现每辆车每千米约 0.28L 的节油效益，总节油量达 9.6t；能够实现每辆车每千米约 0.75kg 的减碳效益，总碳减排量约 30t。同时，为了保障氢燃料车、纯电动车的使用，北京市、张家口市按计划建设加氢站、充电桩等配套设施，以最大限度满足氢燃料、纯电动汽车的能源补给需求。张家口市张北县的张北柔性直流工程是世界上首个输送大规模风电、光伏、抽水蓄能等多种能源的四端柔性直流电网之一，它把张家口地区的清洁能源送往京津冀地区，助力 2022 年北京冬奥会。

（4）“太阳能屋顶计划”

“太阳能屋顶计划”是指在屋顶或建筑物其他可能的部位安装太阳能系统，包括太阳能光伏发电系统、太阳能热水系统和太阳能空气集热系统。太阳能电池板与接线箱、逆变器等设备相连，负责收集太阳能，通过逆变器，将阳光“加工”成电，形成家庭太阳能发电系统。家庭太阳能发电系统，不仅能够提供家庭用电，其多余的电力还支持出售给电网公司。2011 年以来，国家发展改革委、能源局、财政部相继出台一系列支持、鼓励太阳能光伏发电政策：根据现行的补贴标准，按照“自发自用、余电上网”的原则，居民光伏电站每发1kW·h电，国家政策给予0.42元补贴，并且上网部分电量由供电公司按照0.378元/(kW·h)的价格收购。这些优惠政策对太阳能光伏发电企业补贴力度大，也使得普通家庭建设太阳能光伏发电站的投资得到有效回收。

4. 提升我国新能源产业竞争优势的建议

新能源是我国能源转型发展的重要力量，我国在新能源的开发利用方面已经取得显著进展，技术水平显著提高，初具产业化规模，尤其在风电和光伏领域，未来还将持续快速发展。国家能源局不断完善清洁能源产业政策，出台推进电力一体化和多功能互补发展、可再生能源清洁取暖等一系列政策文件，着力提升清洁能源利用水平和电力系统运行效率。近年来，国家加快推进了重大项目建设，福清核电站机组投产，浙江三澳核电项目一期工程、海南昌江核电二期项目、四川雅砻江孟底沟水电站开工建设。同时，生物质能和氢能等新能源也得到较大发展，潜力巨大，前景乐观。最为积极的是东北地区，黑龙江发展改革部门公布大量生物质发电项目，吉林省规划生物质发电项目高达120个，辽宁省也计划在辖区工业园区内推进生物质热电项目。与此同时，投资公司也开始积极配合：新奥能源公司计划在全国大规模布局工业园区的生物质热电项目，长青集团也积极启动了手中压滞的项目。从国家能源发展战略上考虑，我国应加大对生物质能源生产加工企业的支持力度，形成一批以自主知识产权武装起来的生物质能源生产加工企业，以产业化促进规模化，加快生物质能源的商业化进程。在国家能源相关主管部门和地方政府的推动下，金融资本对生物质热电项目的投资热情增加。加上储能、大数据和能源互联网等科技创新的发展，未来新能源行业将会催生出大量不同于传统方式的经营模式。我国新能源企业应紧紧抓住机遇，借鉴国外先进技术和经验，通过技术进步和创新升级，实现企业转型与经济发展的双赢。

国家应继续加大新能源技术的研发力度，借鉴经验，补足短板。可以通过借鉴美国国家可再生能源试验室、德国 Fraunhofer 实验室的经验，建立国家新能源和可再生能源实验室；以此为枢纽整合科技资源，开展基础研究和前沿技术研发，拓展实施国家新能源重大科技项目；要以碳中和目标为指引，将新能源开发利用作为战略目标进行优先安排，推动新能源优先开发和优先利用；制订全国与各省市新能源发展总量目标与发展规划，推动城市、农村、工业和交通等部门优先利用新能源的计划，把新能源利用作为当地能源转型发展的优先选择，为新能源产业提供长期、明确和稳定的市场预期；要加强政策协调，着力解决补贴、消纳和空间布局等关键问题，多措并举，着力解决可再生能源基金补贴拖欠问题；围绕新能源特点，创新电力系统规划方法，提高传统电源灵活调节能力和输配电网智能化水平；加强新能源发展规划与国土空间规划统筹协调，依法对相关专项规划开展环境影响评价，促进生态保护和新能源持续协调发展；完善新能源与国土空间、生态环境的融合发展机制，推动全社会普遍参与新能源开发利用；坚持开放式创新，加强国际合作，支持企业建立风电、光伏和储能联合创新平台。努力吸引外商在我国投资新能源研发中心和生产基地，促进产业集群式发展。同时，应主动参与风电和电动汽车等领域的国际标准制定和修订，提高检测认证互认水平；要鼓励优势技术、产业和企业走向全球市场，不断扩大我国新能源技术、产品及标准的市场份额，合力应对全球气候变化，推动构建人类命运共同体。

3.5 水运规划投资机会

我国的内河运输和海上运输同属水运行业。

一般来说水路运输所需的时间较长，但成本较为低廉，这是空中运输与陆路运输所不能比拟的。水路运输每次航程能运送大量货物，而空运和陆运每次的负载数量则相对较少。因此在国际贸易上，水路运输是较为普遍的运送方式。

我国有大小天然河流 5800 多条，总长 40 多万 km，现已辟为航道的里程有 10 万多 km，其中 7 万多 km 可通航机动船只，几乎是英国、法国、德国三国内河航道总长的 3 倍，另有可通航的大小湖泊 900 多个（不包括我国台湾地区，下同）。

这些河流、湖泊水量一般都较充沛，大多终年不冻；主要通航河流大都分布在经济发达、人口稠密的地区，且都由西向东流入大海，极利于实行河海联运。

我国又是世界海洋国家之一，有漫长的海岸线，港湾众多，尤其是拥有横贯东西的大河入海口，极有利于建立富于经济价值的河口港。

2020 年，全国完成营业性客运量 96.65 亿人、旅客周转量 19251.43 亿人公里㊀，比上年分别下降 45.1%、45.5%。其中，水路完成客运量 1.5 亿人，比上年下降 45.2%。

3.5.1 我国水运规划整体政策分析

1. “十一五”期间水运政策规划

2006 年 3 月，《中华人民共和国国民经济和社会发展第十一个五年规划纲要》中提出，应“积极发展水路运输。完善沿海沿江港口布局，重点建设集装箱、煤炭、进口油气和铁矿石中转运输系统，扩大港口吞吐能力。改善出海口航道，提高内河通航条件，建设长江黄金水道和长江三角洲、珠江三角洲高等级航道网，推进江海联运”，“建设长江口深水航道治理三期工程、珠江口出海航道工程，长江水系、珠江水系和京杭运河航道整治工程，加快重庆、武汉、南京等内河港口建设”，“建设大连、唐山、天津、青岛、上海、宁波—舟山、福州、厦门、深圳、广州、湛江及防城等沿海港口的煤炭、进口油气、进口铁矿石中转运输系统和集装箱运输系统。适时建设华东、华南地区煤炭中转储存基地”。

“十一五”期间，我国内河航运及海运建设方面的主要侧重点：巩固治理及进一步建设在我国内河航运中占据重要地位的长江、珠江及京杭运河航道；建设重要港口及沿海港口的能源运输系统及集装箱运输系统。

2. “十二五”期间水运政策规划

2011 年 3 月，《中华人民共和国国民经济和社会发展第十二个五年规划纲要》中提出，应“深化港口岸线资源整合和优化港口布局”“大力推进长江等内河高等级航道建设，推动内河运输船舶标准化和港口规模化发展。完善煤炭、石油、铁矿石、集装箱等运输系统，提升沿海地区港口群现代化水平”。交通建设重点应是：整治长江上游航道，实施长江中游荆江河段航道治理工程，稳步推进长江口 12.5m 深水航道向上延伸；实施西江航运干线扩能工程和京杭运河升级改造工程，推进长江三角洲高等级航道网及其他高等级航道建设。

㊀ 人公里即将一位旅客运送一公里。

由此可知“十二五”期间，我国内河航运建设的突出重点是长江三角洲高等级航道的改造及搭建；港口岸线的资源整合及布局优化是海运发展的重点。

3. “十三五”期间水运政策规划

2016年3月，《中华人民共和国国民经济和社会发展第十三个五年规划纲要》中提出，应“优化提升环渤海、长三角、珠三角港口群，加快长江、珠江—西江、淮河、闽江等内河高等级航道建设，大力推进上海、天津、大连、厦门等国际航运中心建设，有序推进沿海港口集装箱、原油、液化天然气等专业化泊位建设，稳步推进海南凤凰岛等国际邮轮码头建设，提高港口智能化水平”，“构建分工协作的港口群，完善港口集疏运体系，建立海事统筹监管新模式”。

应推进长江经济带发展，构建高质量综合立体交通走廊：“建设南京以下12.5m深水航道，开展宜昌至安庆航道整治，推进三峡枢纽水运新通道建设，完善三峡综合交通运输体系。优化港口布局，加快建设武汉、重庆长江中上游航运中心和南京区域性航运物流中心，加强集疏运体系建设，大力发展江海联运、水铁联运，建设舟山江海联运服务中心。推进长江船型标准化，健全智能安全保障系统”。

优化提升环渤海、长三角、珠三角港口群，深入建设长江经济带，构建高质量综合立体交通走廊是这一阶段的内河航运及海运建设目标，并对内河航道建设及泊位建设提出了专业化、大型化及智能化的要求。

4. 其他水运政策规划

2021年2月，中共中央、国务院印发的《国家综合立体交通网规划纲要》中指出，要“建设综合交通枢纽集群、枢纽城市及枢纽港站‘三位一体’的国家综合交通枢纽系统”，推进一批国际性枢纽港站、全国性枢纽港站建设。发挥上海港、大连港、天津港、青岛港、连云港港、宁波舟山港、厦门港、深圳港、广州港、北部湾港、洋浦港等国际枢纽海港作用，巩固提升上海国际航运中心地位，加快建设辐射全球的航运枢纽，推进天津北方、厦门东南、大连东北亚等国际航运中心建设。要强化国际航运中心辐射能力，完善经日韩跨太平洋至美洲，经东南亚至大洋洲，经东南亚、南亚跨印度洋至欧洲和非洲，跨北冰洋的冰上丝绸之路等4条海上国际运输通道，保障原油、铁矿石、粮食、液化天然气等国家重点物资国际运输，拓展国际海运物流网络，加快发展邮轮经济。依托国际航空枢纽，构建四通八达、覆盖全球的空中客货运输网络。建设覆盖五洲、连通全球、互利共赢、协同高效的国际干线邮路网。完善铁路、公路、水运、民航、邮政快递等基础设施网络，构建以铁路为主干，以公路为基础，水运、民航比较优势充分发挥的国家综合立体交通网。到2035年，国家综合立体交通网实体线网总规模合计70万km左右（不含国际陆路通道境外段、空中及海上航路、邮路里程）。其中铁路20万km左右，公路46万km左右，高等级航道2.5万km左右。沿海主要港口27个，内河主要港口36个。我国对于内河港口建设的需求巨大。在国家综合立体交通网布局中，水运方面的布局包括国家航道和全国主要港口。国家航道网由国家高等级航道和国际通航河流航道组成。其中，“四纵四横两网”的国家高等级航道2.5万km左右；国境国际通航河流主要包括黑龙江、额尔古纳河、鸭绿江、图们江、瑞丽江、澜沧江、红河等。全国主要港口合计63个，其中沿海主要港口27个，内河主要港口36个。此外，还要统筹考虑多种运输方式规划建设协同和新型运输方式探索应用，实现陆水空多种运输方式相互协同、深度融合；推进综合交通枢纽一体化规划建设；加快综合货运枢纽多式联运换装设施与集疏运体系建设，统筹转运、口岸、保税、邮政快递等功能，提升多式联运效率与物流综合服务水平。这从运输需求角度点明了未来内河航运及海运建设方面广阔的发展前景。

2021 年 3 月，《中华人民共和国国民经济和社会发展第十四个五年规划和 2035 年远景目标纲要》中指出，应“加快建设交通强国。建设现代化综合交通运输体系，推进各种运输方式一体化融合发展，提高网络效应和运营效率”，“推动内河高等级航道扩能升级”，“建设京津冀、长三角、粤港澳大湾区世界级港口群，建设洋山港区小洋山北侧、天津北疆港区 C 段、广州南沙港五期、深圳盐田港东区等集装箱码头。推进曹妃甸港煤炭运能扩容、舟山江海联运服务中心和北部湾国际门户港、洋浦枢纽港建设。深化三峡水运新通道前期论证，研究平陆运河等跨水系运河连通工程”。“十四五”期间内河水运的建设范围明显扩大，现代化要求显著提高，内河航运建设成为交通强国战略的重要一环。此外，我国还应“推进既促消费惠民生又调结构增后劲的新型基础设施、新型城镇化、交通水利等重大工程建设。面向服务国家重大战略，实施川藏铁路、西部陆海新通道、国家水网、雅鲁藏布江下游水电开发、星际探测、北斗产业化等重大工程，推进重大科研设施、重大生态系统保护修复、公共卫生应急保障、重大引调水、防洪减灾、送电输气、沿边沿江沿海交通等一批强基础、增功能、利长远的重大项目建设”。这从投资的角度肯定了内河航运及海运发展在“十四五”期间的重要地位。

3.5.2　我国水运规划发展概述

1. 内河航运

内河航运就是非海洋航运，指内陆河流、湖泊中的航运。

内河航运是水上运输的重要组成部分，是综合运输体系和水资源综合利用的重要组成部分，它是连接内陆腹地与沿海地区的纽带，在运输和集散进出口货物、促进流域经济发展、优化产业布局、服务对外开放等方面起着重要的作用。

我国不仅有四通八达的内河航运网，还同一些邻国有国际河流相连，这就为相互进出口货物通过河流运输和集散提供了十分有利的条件。

经过多年建设和发展，我国内河航运已具备较好的发展基础，有力支撑了区域协调发展和国土空间布局优化，但发展不平衡、不充分的问题仍然突出。

（1）内河航运发展历程

我国自营内河航运始于 19 世纪 70 年代。民国成立以后，取得了进一步发展，但在抗日战争期间遭受较大损失，至 20 世纪 40 年代末仍未能恢复。如今我国有江河 5000 多条，总长度 40 多万 km。

中华人民共和国成立以来，内河航运大致经历了三个发展阶段：

1）20 世纪 50 年代是内河航运恢复和迅速发展阶段。1949 年，我国内河通航里程只有 7.36 万 km，年货运量仅 2500 多万 t，到 1957 年发展到 14.4 万 km，内河货运量占国内货物周转的比重为 13.4%。到 1961 年，内河通航里程创历史最高纪录，达到 17.2 万 km。

2）20 世纪 60 年代以后的 20 年，内河航运处于缓慢发展阶段。这时由于对水资源的综合利用，重水利、水电，轻航运，到 1979 年全国通航河流上形成碍航闸坝 1200 多座；在交通运输建设中重铁路轻河运，国家对内河航运投资减少，造成大量物资弃水走陆。1979 年，全国内河的通航里程缩短为10.8万km，内河运输在国内物资周转量中比重下降到7%。在上述通航里程中能够常年通航300吨级以上船舶仅占8.7%，能通1000吨级船舶的只占4.1%。设备落后，港口吞吐能力滞后，以船代库，港口压船，船只实际航行量仅为10%。

3）20世纪80年代以来，进入大力整治内河航运、提高航运能力的发展阶段。在客货运输方面：1983年与1952年相比，完成的客运量为7.9倍，客运周转量为5.4倍；货运量为7.2倍，货物周转量为9.3倍。截至2019年年末，内河航运的年货运量已达到39.13亿t，客运量2.72亿人次，与20世纪50年代有了跨越式的提高。由图3-3可见，2012年—2019年我国水路运输货运量增长较慢，但发展潜力巨大。

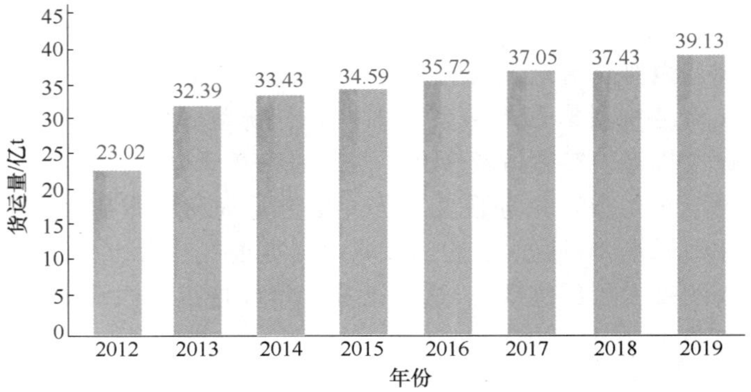

图3-3　2012年—2019年我国水路运输货运量

通航里程经河道整治后大量增加。截至2019年年末，全国内河航道通航里程12.73万km（见图3-4）。各等级内河航道通航里程分别为：一级航道1828km，二级航道4016km，三级航道7975km，四级航道11010km，五级航道7398km，六级航道17479km，七级航道17044km。等外航道里程6.05万km。各水系内河航道通航里程分别为：长江水系64825km，珠江水系16495km，黄河水系3533km，黑龙江水系8211km，京杭运河1438km，闽江水系1973km，淮河水系17472km。

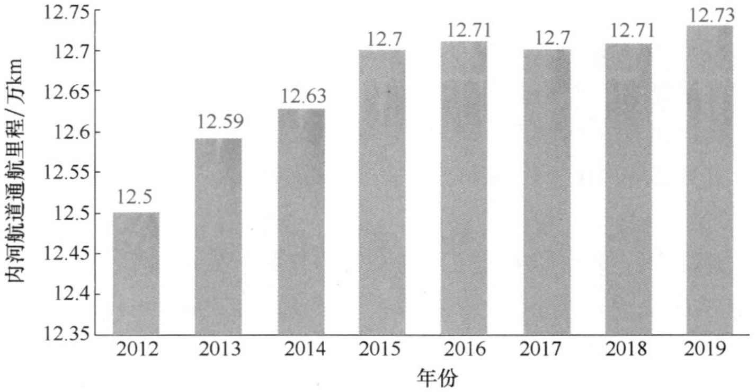

图3-4　2012年—2019年全国内河航道通航里程

在港口方面，截至2019年年末，全国港口拥有生产用码头泊位22893个：其中，沿海港口生产用码头泊位 5562 个，内河港口生产用码头泊位 17331 个。全国港口拥有万吨级及以上泊位 2520 个：其中，沿海港口万吨级及以上泊位 2076 个，内河港口万吨级及以上泊位 444 个。数量上有了极大提高，专业程度及整合程度也不断提高。2019 年全国港口万吨级及以上泊位数量见表 3-9。

表 3-9 2019 年全国港口万吨级及以上泊位数量　　计量单位：个

泊位吨级	全国港口	比上年增加	沿海港口	比上年增加	内河港口	比上年增加
合计	2520	76	2076	69	444	7
1 万～3 万吨级（不含 3 万）	859	14	670	14	189	—
3 万～5 万吨级（不含 5 万）	421	5	297	3	124	2
5 万～10 万吨级（不含 10 万）	822	36	703	31	119	5
10 万吨级及以上	418	21	406	21	12	—

在船舶方面，截至 2019 年年末，全国拥有水上运输船舶 13.16 万艘，比 2018 年下降 4.0%；净载重量 25684.97 万 t，增长 2.3%（见图 3-5）；载客量 88.58 万客位，下降 8.0%；集装箱箱位 223.85 万标准箱，增长 13.8%。

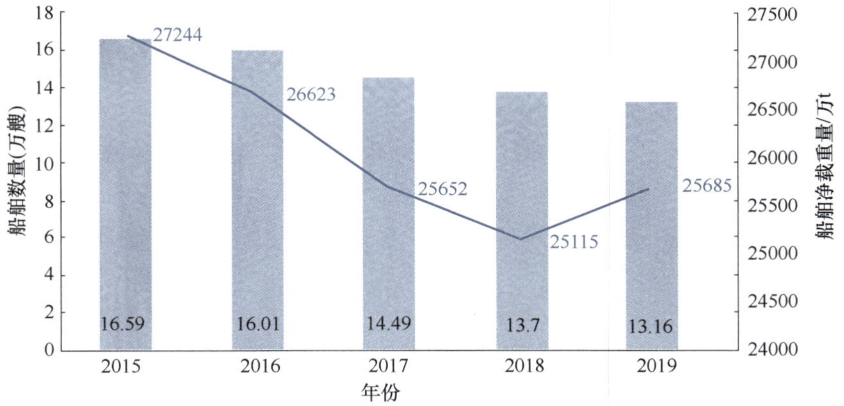

图 3-5　2015 年—2019 年全国水上运输船舶拥有量

固定资产投资完成情况方面：我国内河航运建设固定资产投资稳步提升。仅 2019 年全年，内河水运建设固定资产投资完成情况总计 614 亿元，同比增速 12.2%（见图 3-6）。

（2）我国主要内河航运干线

我国内河航运事业在新中国成立后得到了大力发展，其中，长江航道、珠江航道、黑龙江—松花江航道、京杭运河得到较大的发展，淮河、乌苏里江、嫩江及我国内河国际航道等仍有较大发展潜力。

1）长江航道。长江是中国“黄金水道”，长江流域内共有通航河流 3600 多条，占全国内河通航里程的 70%，各项运网密度指标均高于全国平均水平。运网密度每万人高于全国

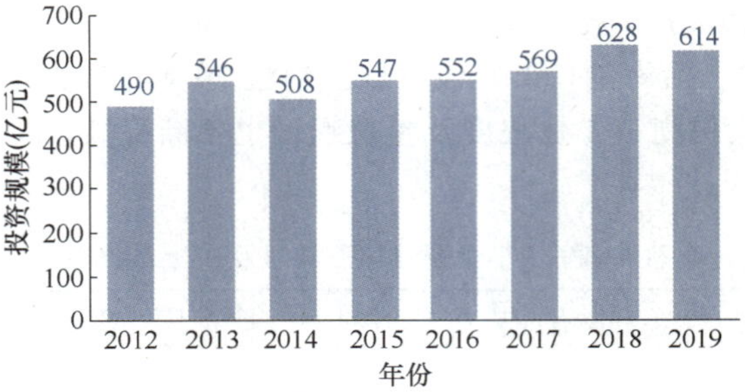

图3-6 我国2012年—2019年内河水运建设固定资产投资

平均50%，运网密度每100km为全国平均的3倍多，综合密度和经济相关密度也在全国平均2倍以上。这显示出长江水系航运网的优势和在全国内河航道中的地位和作用。

长江干流自四川宜宾至入海口，全长2800余km，可全年通航，是我国全年昼夜通航最长的深水干线内河航道。其中，长江口至武汉航道可通5000吨级的船舶；汉口至重庆间航道可通3000吨级江轮，在枯水期1000吨级轮船也可上溯到重庆；宜宾至重庆间航道可通航1000吨级以下轮船。干流、支流、湖泊与人工运河相互贯通连接，组成了中国最大的水运网。

1949年后，我国重点整治了重庆到宜昌段的险滩，改善了航道设施，大大提高了川江通航能力。长江干、支流航道同成昆、京广、川黔、成渝、焦枝等铁路干线相交，还通过运河和局部地段的水陆联运，与淮河、珠江及浙闽水系相连。

截至2021年年底，整个长江干流货运量比1949年初期增加约15倍，客运量增长12.6倍，沿线港口吞吐量增加12倍以上；其所完成的货运量占全国内河航运货运总量的42.6%。沿线主要港口有重庆、宜昌、沙市、城陵矶、武汉、黄石、九江、安庆、芜湖、马鞍山、南京、镇江、张家港、南通、上海等。

2）珠江航道。珠江是华南以广州为中心的最大水系、水运大动脉，在我国内河航运中，通航价值仅次于长江。珠江的通航里程只及河长1/3，其中通航机动船只的仅占1/6，尚有很大发展潜力。

西江是珠江水系主要内河航运干线。梧州至广州段可常年通航轮船，百色以下可通小型轮驳船，木帆船可上溯至云南境内。北江韶关以下可通轮船，韶关以上及各支流多可通航木帆船。东江除龙川以上至合河口只能通航木船外，龙川以下400多km均可通航轮船。

3）黑龙江、松花江。黑龙江全长4350km，在黑龙江省边境流长约1800多km，在我国境内的通航里程约2200km。每年4月末至11月上旬可通航。黑龙江是黑龙江省沿江10多个市、县资源开发、经济联系、物资交流的重要通道，也是沿江人民发展边境贸易，进行经济、文化交流的纽带。

松花江源出长白山天池，至三江口入黑龙江，全长1700多km，是黑龙江最大支流，可通航里程达1500km，每年4月中旬至11月下旬可通航1000吨级江轮。松花江上联内蒙古、吉林，下联三江和邻国各港，所以向来是重要的内河运输干线。

黑龙江、松花江全年有冰封期5~6个月，冰封期间虽不能通航船只，但可发展东北地区特有运输方式——冰上运输。

此外，东北地区的乌苏里江航运干线及嫩江航线通航期航运能力较强，整治后同样有较大发展潜力。

4）京杭运河。京杭运河是世界上开凿最早、路线最长的一条人工运河。它的修通在一定程度上弥补了我国缺少南北纵向天然航道之不足，对沟通我国南北物资交流有重要作用。京杭运河自兴修以来，几经变动，20 世纪 50 年代以来不断整治，季节性通航里程已可达 1100km，自邳州市以南 660km 则终年通航。

5）淮河。淮河自古即为重要通航河流，后因 12 世纪末黄河夺淮，又遭历代人为破坏，淮河遂成“害河”。

中华人民共和国成立后，经几十年来的努力，干支流航运量增长较快，20 世纪 80 年代后期比 1949 年增长 7 倍。淮河水运潜力尚未得到充分利用。

6）黄河。黄河航运价值远不如长江、珠江等河流。贵德以上基本不能通航，贵德到中卫间只通皮筏，中卫—银川、西小召—河口、龙门—孟津及孟津—陶城铺间可通木船，陶城铺—垦利间可通小轮，垦利以下航道水浅则不通航。

7）我国内河国际航道。内河的国际航道，是指连接两个以上国家或地区的河流航道。我国幅员辽阔，有很多的国际河流，例如东北的图们江、黑龙江，西北的额尔齐斯河—鄂毕河、伊犁河，西南的狮泉河—印度河、雅鲁藏布江—布拉马普特拉河、怒江—萨尔温江、澜沧江—湄公河、元江—红河等。

内河国际航道的通航，主要是出于经济原因，少数是出于军事原因。通航的目的，不仅是河流沿岸国之间交往的需要，而且对于内陆国家或内陆地区而言，更方便其通向海洋。因此我国内河国际航道的发展建设与国际关系联系密切，有较大发展空间。

2. 海洋运输

（1）我国海洋运输概念

海洋运输又称“国际海洋货物运输”，是国际物流中最主要的运输方式之一。它是指使用船舶通过海上航道在不同国家和地区的港口之间运送货物的一种方式，在国际货物运输中使用最广泛。国际贸易总运量中的 2/3 以上，我国进出口货运总量的约 90% 都是利用海洋运输。海洋运输对世界的改变是巨大的。

（2）我国海洋运输发展现状

我国海域面积约 300 万 km^2，大陆岸线 18000 多 km，具有丰富的海洋资源，岛屿岸线 14000 多 km，港口规模稳居世界第一。通海河流众多，等级以上通航里程 62000km，内河航运规模世界第一，为我国国际国内海运统筹发展提供了独特条件，海洋运输已经成为联结我国与世界的纽带。每天，千万吨的货物在沿海的各个港口集散，在获得贸易繁荣和巨大财富的同时，也彰显着我国战略视野的高度与广度，我国成为世界经济中不可或缺的一部分。经过 20 世纪 70 年代的“起步期”、80 年代的“奠定基础期”和 90 年代的“快速发展期”，我国海运业进入了 21 世纪的繁荣期，特别是经过“十五”的洗礼，我国海运业开始由大到强的跨越。

支撑我国经济崛起的正是我国迅速发展壮大的海运业。有数据表明，我国对外贸易对海运业的依存度达到 90%，更重要的是，海运业带动了我国沿海地区的经济发展，解决了相当一部分人的就业问题，并且潜移默化地影响着百姓生活。据统计，目前我国拥有海员约 51 万人，再加上陆地管理人员以及船代、货代等相关领域从业人员约 100 万人，我国每 900 人中便有 1 位与海运相关的从业者。

我国年吞吐量万吨以上的港口已有 2000 个，其中对外开放港口达 130 多个，每年接纳世界100多个国家和地区的45000多艘船舶。在我国经济向好的带动下，港口业率先走出低谷，保持了较快增长。在全球货物吞吐量排名前10的大港口中，我国稳占8席，上海港继续保持全球第一大港的位置。我国港口的功能由客货运输换装和中转，逐步向工业和商贸领域拓展，在促进经济和配置资源中的作用日益增强。随着我国重化工业的发展，围绕港口建立和发展临港工业的力度不断加大。我国港口功能和服务正得到不断拓展，水平不断提高。目前国内主要的5家从事航运业的中央直属企业——中国远洋运输有限公司、中国海运（集团）总公司、中国长江航运集团、中国外运长航集团和招商集团下属的招商轮船，承担了我国进出口贸易中80%以上的运输量。

3.5.3　我国水运规划政策分析

1. 内河航运

（1）“十一五”期间我国内河航运相关政策

2007年5月，交通运输部印发《公路水路交通信息化“十一五”发展规划（简要本)》（交规划发〔2006〕210号)。该规划中提出，交通信息化能够全面提升交通运输系统供给能力、运行效率、安全性能和服务水平，推动公路水路交通实现产业升级和结构优化的进程。“数字航道”系统建设已在珠江三角洲、长江三角洲、长江干线和京杭大运河逐步开展，广东、浙江、江苏、上海等省市以及长江航务管理局都建设了基于地理信息系统平台的各类水路运输业务管理信息系统。在水路信息化方面，提出“各级港航管理部门应加大港口、航道、船舶、港航企业、船舶交通等水路运输信息的采集力度，整合各类信息资源，构建港航管理综合信息平台、水路运输综合管理信息平台、水上交通安全保障信息平台，并积极引导港口物流综合信息服务平台试点工程建设。全面提高水路交通管理水平、服务能力和港航企业竞争能力”，建设水路运输综合管理信息平台，实现全国范围内的运输船舶、港航企业的信用管理，提高水路重点物资运输生产的监管和调度能力，为国民经济正常运行提供保障”。

（2）“十二五”期间我国内河航运相关政策

2011年1月，国务院出台《国务院关于加快长江等内河水运发展的意见》（国发〔2011〕2号)，意见中指出应加强规划指导、加大资金投入、完善法律法规、保护岸线资源，加快长江干线航道系统治理，大力推进京杭运河和长江三角洲高等级航道网建设，加快实施岷江、嘉陵江、乌江、汉江、江汉运河、湘江、沅水、赣江、信江、合裕线、柳江－黔江、淮河、松花江、闽江等航道建设工程。相应建设其他航道及界河航道，进一步延伸航道通达和覆盖范围。全力推进内河水运发展方式转变，提高内河水运发展质量和效益，形成航道、港口、船舶和支持保障系统协调发展、功能完善、技术先进、运转高效的内河水运体系。加快建设长江干线全方位覆盖、全天候运行、具备快速反应能力的现代化水上安全监管和应急救助体系，加强三峡坝区等综合基地建设，完善长江干线基地、站点布局和功能。实现内河水运绿色发展。

2011年3月，交通运输部出台《关于贯彻〈国务院关于加快长江等内河水运发展的意见〉的实施意见》，将国务院提出的内河水运发展六项主要任务细化为八项重点工作：加快长江干线航道系统治理、加快其他高等级航道建设、加快内河主要港口和部分重要港区建设、加快推进内河运输船舶船型标准化、着力提升航道及设施的养护与管理水平、着力优化内河水运结构、着力提高内河水运安全保障和应急处置能力、着力构建绿色内河水运体系。交通运输部还根据国务院提出的2020年内河水运发展目标进一步明确了“十二五”内河航运建设和发展目标，增强了针对性和可操作性。

（3）“十三五”期间我国内河航运相关政策

2016年5月，交通运输部印发《水运“十三五”发展规划》（以下简称《规划》），首次将沿海港口、内河水运和航道养护管理的规划内容整合在一起，在实现深度融合的同时体现了沿海、内河各自发展的特点。《规划》中提出了“十三五”期间水运发展的八大主要任务，分别是建设海运强国、打造黄金水道、推进港口转型升级、加强集疏运体系建设、发展现代水路运输服务、提升管理信息化水平、加强绿色平安发展和完善法规规范。除水运建设外，《规划》也提出了行业管理及养护、信息、节能减排与环境保护、安全应急等相关问题，兼顾全面与重点，关注国家和公共利益，关注行业竞争力，实现了由建设规划向行业发展规划的转变，总体把握了战略新导向、交通新态势、发展新理念、经济新常态对内河航运发展的新要求。

（4）内河航运其他相关政策

2020年6月，我国交通运输部印发的《内河航运发展纲要》（交规划发〔2020〕54号）中，以高质量发展为导向，以科学开发利用和保护内河航运资源、充分发挥内河航运比较优势等为主要思路，提出我国内河航运的发展目标为“到2035年，基本建成人民满意、保障有力、世界前列的现代化内河航运体系”“到2050年，全面建成人民满意、保障有力、世界前列的现代化内河航运体系”，提出建设干支衔接江海联通的内河航道体系、打造集约高效功能协同的现代化港口、构建经济高效衔接融合的航运服务体系、践行资源节约环境友好的绿色发展方式、构筑功能完善能力充分的航运安全体系、强化创新引领技术先进的航运科技保障、传承弘扬历史悠久内涵丰富的航运文化、构建多方共建共治共享的现代行业治理体系共8条我国内河航运发展主要任务。

（5）内河航运相关法律法规及建设标准

我国政府大力加强内河航运法制建设，逐步建立了以《中华人民共和国港口法》为龙头，以《中华人民共和国内河交通安全管理条例》《国内水路运输管理条例》《中华人民共和国航道管理条例》《水运工程建设标准管理办法》等若干条例为骨干，以及一系列部门规章组成的航运管理及水运工程建设法律法规体系。

1）《中华人民共和国内河交通安全管理条例》（国务院令第355号）。2002年6月19日国务院第60次常务会议通过《中华人民共和国内河交通安全管理条例》：对内河通航水域从事航行、停泊和作业以及与内河交通安全有关的活动进行规定；对船舶、浮动设施和船员，航行、停泊和作业，危险货物监管，渡口管理，通航保障，事故及救助，安全管理监督检查及法律责任做出详细规定。

2）《中华人民共和国港口法》（主席令第五号）。2003年6月，中华人民共和国第十届全国人民代表大会常务委员会第三次会议通过了《中华人民共和国港口法》，对我国港口规划与建设、港口经营、港口安全与监督管理及法律责任做出法律规定。

《中华人民共和国港口法》是中华人民共和国成立以来第一部对港口进行全面、系统规范的法律，首次明确提出国营、私人和外商投资者在投资建设和经营中国港口时将享有相同的待遇。《中华人民共和国港口法》对港口的规划、建设、维护、经营、管理及其相关活动进行了全面的规范。在港口管理体制方面确立了中央宏观调控、地方政府进行具体管理的港口管理体制，明确了政、企分开的港口运行机制；规范了港口规划体系，保证了港口资源的保护和合理利用；在港口经营管理方面明确了港口投融资政策，保证了港口的可持续发展；确立了港口市场准入制度和行为规则；在港口安全管理方面确立了船舶进出港口和港口内危险货物作业的报告制度、对可能危及港口安全的活动的禁止和审批等港口保护和安全管理制度，保证了港口良好的公共环境。

2015 年 4 月，第十二届全国人民代表大会常务委员会第十四次会议通过了修改《中华人民共和国港口法》的决定，将第三十七条第二款修改为：不得在港口进行可能危及港口安全的采掘、爆破等活动；因工程建设等确需进行的，必须采取相应的安全保护措施，并报经港口行政管理部门批准。港口行政管理部门应当将审批情况及时通报海事管理机构，海事管理机构不再依照有关水上交通安全的法律、行政法规的规定进行审批。该条款更加明确了港口工程建设的审批流程。

3）《中华人民共和国航道管理条例实施细则》。2009 年 5 月，交通运输部对《中华人民共和国航道管理条例实施细则》做出修改，对航道规模及定义、航道管理机构及其职责、航道的规划和建设、航道的保护、航道养护经费及航道的规划建设维护的监督及罚则做出规定。

4）《国内水路运输管理条例》（国务院令第 625 号）。2012 年 10 月 13 日，国务院公布《国内水路运输管理条例》，对我国水路运输经营者、水路运输经营活动、水路运输辅助业务及法律责任做出规定，以保护水路运输经营者、旅客和货主的合法权益；支持和鼓励水路运输经营者实行规模化、集约化经营，促进水路运输行业结构调整；支持和鼓励水路运输经营者采用先进适用的水路运输设备和技术，保障运输安全，促进节约能源，减少污染物排放；规范国内水路运输经营行为，维护国内水路运输市场秩序，保障国内水路运输安全，促进国内水路运输业健康发展。

5）《水运工程建设标准管理办法》。2020 年 9 月，交通运输部印发《水运工程建设标准管理办法》（交水规〔2020〕12 号），为规范水运工程建设标准管理、促进水运工程技术进步和创新、提高水运工程质量，对水运工程建设标准的制定、实施和监督管理提出要求。

《水运工程建设标准管理办法》的制定，意味着我国水运工程建设逐步走向正轨，迎来新的发展机遇、发展挑战和更广泛的关注。

2. 海洋运输

（1）“十一五”期间我国海洋运输相关政策

2009 年 4 月，国务院发布《关于推进上海加快发展现代服务业和先进制造业建设国际金融中心和国际航运中心的意见》（国发〔2009〕19 号），其中明确提出了国际航运中心建设的总体目标：到 2020 年，基本建成航运资源高度集聚、航运服务功能健全、航运市场环境优良、现代物流服务高效，具有全球航运资源配置能力的国际航运中心；基本形成以上海为中心、以江浙为两翼，以长江流域为腹地，与国内其他港口合理分工、紧密协作的国际航运枢纽港；基本形成规模化、集约化、快捷高效、结构优化的现代化港口集疏运体系，以及国际航空枢纽港，实现多种运输方式一体化发展；基本形成服务优质、功能完备的现代航运服务体系，营造便捷、高效、安全、法治的口岸环境和现代国际航运服务环境，增强国际航运资源整合能力，提高综合竞争力和服务能力。这一时期建设国际航运中心、打造一批现代化的港口群是我国的海运发展重点。

（2）“十二五”期间我国海洋运输相关政策

2011 年 4 月，交通运输部印发了《交通运输“十二五”发展规划》（交规划发〔2011〕191 号）（以下简称《规划》）。该《规划》提出：有序推进主要货类运输系统码头建设，加强航道、防波堤、公共锚地等港口公共基础设施建设，优化沿海港口结构与布局，促进港口结构调整，着力拓展港口功能，提升港口的保障能力和服务水平；到 2015 年，形成布局合理、保障有力、服务高效、安全环保、管理先进的现代化港口体系，沿海港口深水泊位达到 2214 个，沿海港口通过能力适应度达到 1.1。

2014 年国务院发布了《关于促进海运业健康发展的若干意见》（国发〔2014〕32 号）（以下简称《若干意见》）。《若干意见》明确提出了海运强国的发展目标，并提出了阶段性目标，即按照全面建成小康社会的要求，适应国民经济安全运行和对外贸易发展需要，到 2020 年，基本建成安全、便捷、高效、经济、绿色、具有国际竞争力的现代化海运体系，海运服务贸易位居世界前列，国际竞争力明显提升。要实现这一目标，一是要坚持保障经济安全、维护国家利益的原则，二是要坚持深化改革、优化结构的原则，三是要坚持企业主体、政府引导的原则，四是要坚持全面推进、协同发展的原则。

《若干意见》是新中国成立以来我国国家层面第一个关于海运业发展的顶层设计，也是第一次对海运发展工作做全面系统部署，确立了海运业在经济社会发展中重要的基础产业地位，标志着海运发展上升为国家战略。

（3）“十三五”期间我国海洋运输相关政策

2017 年 2 月，国务院印发了《“十三五”现代综合交通运输体系发展规划》（国发〔2017〕11 号），提出要完善港口集疏运网络，加强沿海、长江干线主要港口集疏运铁路、公路建设。优先推进上海、大连、天津、宁波—舟山、厦门、南京、武汉、重庆等港口的铁路、公路连接线建设。加快推进营口、青岛、连云港、福州等其他主要港口的集疏运铁路、公路建设。支持唐山、黄骅、湄洲湾等地区性重要港口及其他港口的集疏运铁路、公路建设。新开工一批港口集疏运铁路，建设集疏运公路 1500km 以上。稳步推进天津、青岛、上海、宁波—舟山、厦门、深圳、广州等港口集装箱码头建设。推进唐山、黄骅等北方港口煤炭装船码头以及南方公用煤炭接卸中转码头建设。实施黄骅、日照、宁波—舟山等港口铁矿石码头项目。推进唐山、日照、宁波—舟山、揭阳、洋浦等港口原油码头建设。有序推进商品汽车、液化天然气等专业化码头建设。

党的十八大以来，党和国家领导人先后多次对海运业的发展做出了“做到四个‘一流’，为‘一带一路’建设服务好”“在沿海地区要想富也要先建港”“经济强国必定是海洋强国、航运强国”“经济要发展，国家要强大，交通特别是海运首先要强起来”“要志在万里，努力打造世界一流的智慧港口、绿色港口”等一系列重要指示。这些指示对新时代港口发展寄予了殷切期望，指明了发展方向，为海运业发展明确了定位，提供了根本原则。

2019 年 9 月，中共中央、国务院印发了《交通强国建设纲要》（以下简称《纲要》），为新时代海运业高质量发展指明了方向。《纲要》中指出要依托京津冀、长三角、粤港澳大湾区等世界级城市群，打造具有全球竞争力的国际海港枢纽、航空枢纽和邮政快递核心枢纽。要提高海运、民航的全球连接度，建设世界一流的国际航运中心，推进 21 世纪海上丝绸之路建设。拓展国际航运物流，发展铁路国际班列，推进跨境道路运输便利化，大力发展航空物流枢纽，构建国际寄递物流供应链体系，打造陆海新通道。维护国际海运重要通道安全与畅通。

2020年2月，为深入贯彻党的十九大提出的高质量发展的要求和国家关于海运业发展的重要指示精神，落实《交通强国建设纲要》，推动海运业高质量发展，指导我国海运业更长远发展，交通运输部联合国家发展改革委、工业和信息化部、财政部、商务部、海关总署和税务总局联合印发了《关于大力推进海运业高质量发展的指导意见》（交水发〔2020〕18号）（以下简称《指导意见》）。《指导意见》对2025年、2035年和2050年提出了分阶段目标。明确到2025年，基本建成海运业高质量发展体系，服务品质和安全绿色智能发展水平明显提高，综合竞争力、创新能力显著增强，参与国际海运治理能力明显提升。到2035年，全面建成海运业高质量发展体系，绿色智能水平和综合竞争力居世界前列，安全发展水平和服务保障能力达到世界先进水平，基本实现海运治理体系和治理能力现代化，在交通强国建设中当好先行。到2050年，海运业发展水平位居世界前列，全面实现海运治理体系和治理能力现代化，全面服务社会主义现代化强国建设和人民美好生活需要。

（4）重要港口规划

1）厦门港。2019年4月，福建省交通运输部批复了《厦门港总体规划（2035年）》（以下简称《规划》），该《规划》涉及范围包括厦门港（厦门湾内港区）和漳州市域港口（东山湾内港区）。厦门港是国家综合运输体系的重要枢纽、沿海集装箱干线港和邮轮始发港，是厦门东南国际航运中心的主要载体和海峡两岸交流的重要口岸，是我国海上丝绸之路的重要一环。其中，厦门港（厦门湾内港区）是沿海主要港口，漳州市域港口（东山湾内港区）是地区性重要港口。

该《规划》提出港口岸线利用规划方案，共规划港口岸线106km，其中厦门港（厦门湾内内港区）61.9km，漳州市域港口（东山湾内内港区）44.1km，并决定将厦门港打造成“两湾九区”的总体规划格局。厦门港（厦门湾内内港区）含东渡、海沧、翔安、招银、后石、石码六个港区，其中东渡、海沧、招银、后石是重点港区，翔安港区具备发展成为重点港区的条件。漳州市域港口（东山湾内内港区）含古雷、东山、诏安三个港区，其中古雷港区是重点港区。该《规划》是指导厦门市、漳州市港口建设和保护港口资源的依据，在港口范围内建设相关设施必须符合该《规划》。

2）大连港。大连港作为我国东北亚国际航运中心的重要港口，随着北极航道的开通，其战略地位必将进一步上升。辽宁省政府为确保大连东北亚国际航运中心的顺利建设，从软实力和硬件设施方面加大对大连港的投入，同时也对各个重要港区做出了一系列规划。

太平湾港区是大连港的重要港区和可持续发展的战略资源，是实施东北老工业基地振兴战略和辽宁沿海经济带规划的重要支撑。《大连港太平湾港区总体规划》提出港口岸线利用规划方案，即港区陆域形成采用离岸岛式布置，通过跨海桥梁与陆地连接，集疏运通道的接岸结构占用自然岸线约为600m。同时提出了港口陆域布置方案，即规划形成U形离岸岛式总体格局，在一港池两侧布置码头作业区。

普湾港区是大连港的组成部分，是金普新区经济社会发展和产业布局优化的重要依托。《大连港普湾港区总体规划》提出港口岸线利用规划方案，即规划港口自然岸线11.9km。其中，里坨子至老古河口西3.8km，老古河口东至海甸子4.5km，簸箕岛南至五十里河口3.6km。提出的港口陆域布置方案：在松木岛作业区，依托老古河口东、西两侧岸线，采用顺岸式布置形式，近期重点开发东侧区域，远期根据临港产业发展，适时开发西侧区域；在三十里堡作业区，采用挖入式和顺岸式相结合的布置形式，自北向南进行开发。

3.5.4 我国水运规划发展趋势

1. 内河航运

通过多年的发展，我国内河航运基础设施建设取得重大进展，运输规模持续较快增长，绿色水运发展取得初步成效，水上交通安全监管和救助系统建设成效显著；但因内河航道接近饱和，内河航道的畅通性与网络化程度仍显不足；因此虽内河航运通航里程保持上涨态势，但上涨程度不明显，同时内河航运绿色发展与安全保障能力有待进一步提升。

对内河航运未来发展趋势做出如下分析：

(1) 内河港口专业化及大型化

近年来，我国内河港口生产用码头泊位数呈下降趋势，2012 年—2019 年内河港口泊位减少了 1/3。特别是近三年泊位数量下降较快，仅 2018 年内河港口生产用码头泊位数减少了 3563 个。2019 年内河港口生产用码头泊位为 17331 个（见图 3-7）。

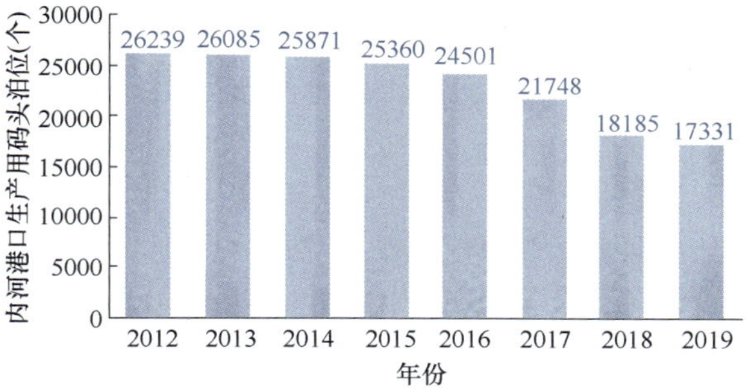

图 3-7 2012 年—2019 年内河港口生产用码头泊位数

我国万吨级及以上泊位数量稳步增长。2019 年内河港口万吨级及以上泊位达到 444 个，占生产用码头泊位数比例为 2.6%（见图 3-8）。

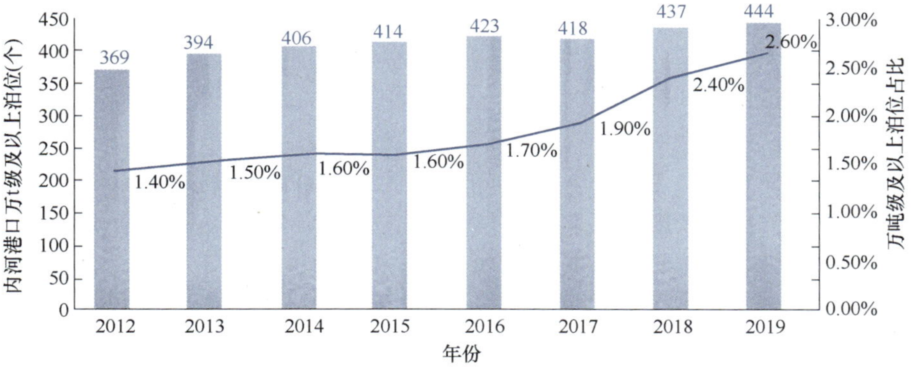

图 3-8 2012 年—2019 年内河港口万吨级及以上泊位数量

截至 2019 年年底，我国有 10 万吨级及以上内河港口泊位 12 个，占比 2.7%；1 万 ~3 万吨级（不含 3 万 t）内河港口泊位 189 个，占比 42.6%（见图 3-9）。

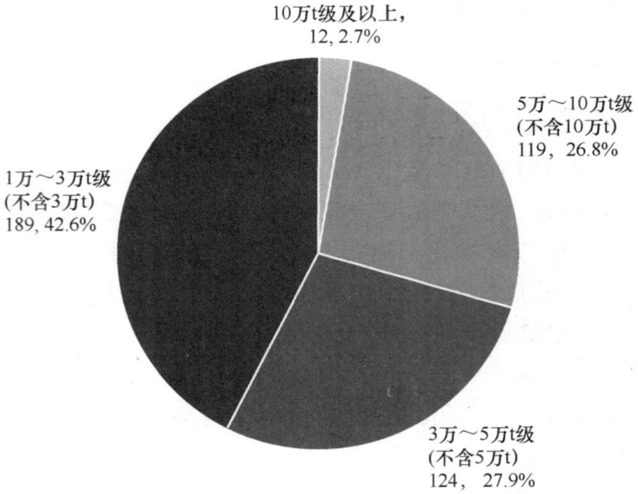

图3-9　2019年内河港口万吨级及以上泊位结构（万t,%）

可见我国内河港口未来朝着专业化、标准化、大型化的方向发展。各类港口整合持续深入，短时间内数量有所下降，但大吨位港口占比将不断扩大，小型港口将被合并或淘汰，有利于内河港口整体质量的提高。

（2）内河运输装备大型化及数量减少化

1）内河船舶。随着内河运输千吨级航道里程数持续增长，我国内河运输船舶呈大型化趋势，内河运输船舶数量呈下降趋势，2019年内河运输船舶数量为11.95万艘（见图3-10）。

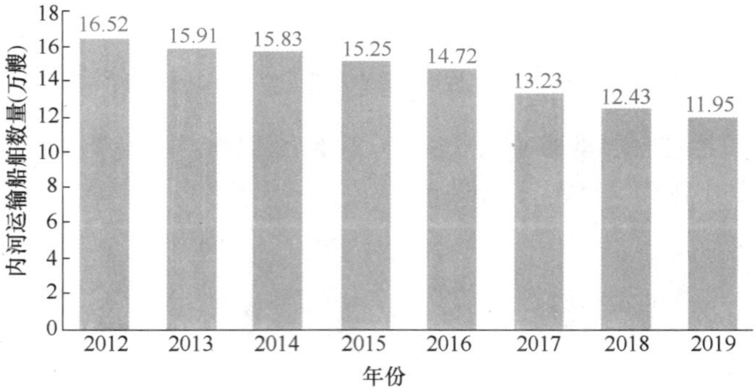

图3-10　2012年—2019年内河运输船舶数量情况

2015年以来内河运输船舶净载重量在1.3亿t左右。2016年达到13360.81万t，之后呈下降趋势，2019年内河运输船舶净载重量为13080.08万t（见图3-11）。

2）内河运输船舶集装箱。内河运输船舶集装箱箱位量稳步增长，2012年—2019年船舶集装箱箱位量翻了一倍。2019年内河运输船舶集装箱箱位为39.17万标准箱（TEU），如图3-12所示。

3）内河航运发展绿色化。为维护生态环境，保证内河航运可持续发展，我国出台了一系列内河航运环保相关政策，如针对长江流域的《中华人民共和国长江保护法》，《中华人民共和国大气污染防治法》等都对内河航运的环保问题提出要求。

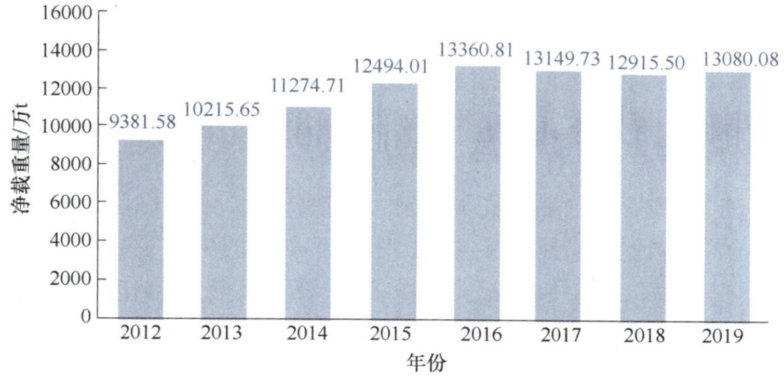

图 3-11 2012 年—2019 年内河运输船舶净载重量情况

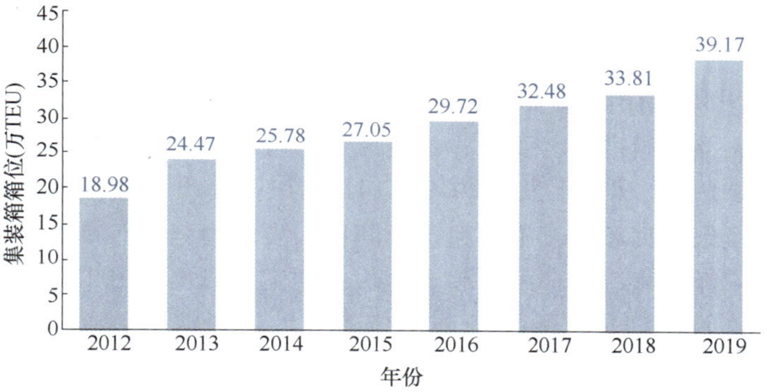

图 3-12 2012 年—2019 年内河运输船舶集装箱箱位情况

此外，2020 年 5 月 29 日交通运输部成文的《内河航运发展纲要》中指出，到 2035 年，我国内河航运应实现新能源和清洁能源船占比显著提高，船舶污水垃圾等污染物实现应收尽收、达标排放。因此，内河航运发展绿色化是必然的趋势。

4）内河航运发展信息化、智能化。早在 2007 年，交通运输部印发《公路水路交通信息化“十一五”发展规划（简要本)》中提出，要构建港航管理综合信息平台、水路运输综合管理信息平台及水上交通安全保障信息平台，全面提高水路交通管理水平、服务能力和港航企业竞争能力。

《内河航运发展纲要》中指出，到 2035 年，我国应实现物联网、人工智能等新一代信息技术在内河航运中的广泛应用。

整合内河航运信息、大数据、人工智能及物联网技术，对于内河航运的现代化发展及内河货运能力的提升有着积极意义。

2. 海洋运输

（1）以航运中心为枢纽，构建面向全球的海洋运输网络

早在 2009 年，国务院就发布了《关于推进上海加快发展现代服务业和先进制造业建设国际金融中心和国际航运中心的意见》（国发〔2009〕19 号)，提出建设上海国际航运中心，打造一批世界级港口群。2013 年，我国首次发起了“一带一路”倡议，明确指出“一

带一路”倡议中的“一路”是“21世纪海上丝绸之路”。

厦门被定位为“一带一路”沿线中心城市，厦门港是“21世纪海上丝绸之路”的重要港口节点。随着“一带一路”建设的推进，厦门港迎来新的发展机遇。2013年，福建省政府批准实施《厦门东南国际航运中心发展规划》，提出建设国际集装箱枢纽港、国际一流的邮轮母港和具有全球航运资源配置能力的国际航运中心。当前，厦门东南国际航运中心规模效应已开始显现。未来厦门港将发挥国际物流大通道作用，吸引国际、国内货源通过厦门港口进出，厦门港将被打造成为东南亚与美洲、东北亚等地的中转中心。

2017年7月，中国和俄罗斯双方正式提出要开展北极航道合作，共同打造“冰上丝绸之路”。大连是中国东北地区纳入国家“一带一路”倡议的港口城市，也是辽宁沿海经济带发展中重要的海上运输枢纽和东北亚国际航运中心建设的核心内容。大连临近“冰上丝绸之路”，既有发达的铁路网络与腹地东北地区相连，又通过航空运输与俄、日本、韩国等东北亚国家相接。未来“冰上丝绸之路”的开发建设将使大连在东北亚地区贸易和物资流通方面承担着更为重要的角色。

（2）绿色化发展

2019年9月，《交通强国建设纲要》提出要强化节能减排和污染防治，严格执行国家和地方污染物控制标准及船舶排放区要求，推进船舶、港口污染防治。同年11月，《关于建设世界一流港口的指导意见》（交水发〔2019〕141号）中提出要加快绿色港口建设，针对绿色发展水平不高、部分码头环保设施不完善等问题，要着力强化污染防治、构建清洁低碳的港口用能体系、加强资源节约循环利用和生态保护等重点任务。2025年初步形成设施齐备、制度健全、运行有效的港口和船舶污染防治体系，港口资源节约循环利用水平明显提升；2035年港口和船舶污染防治水平居于世界前列，主要港口绿色发展达到国际先进水平。这表明绿色化将是海运业未来发展的大趋势。

（3）信息化发展

2016年8月，交通运输部发布了《海事航海保障“十三五”发展规划》（以下简称《规划》），提出到2020年，我国将基本建成覆盖全面、管理高效、服务优质、保障及时的综合航海保障体系。根据该《规划》，我国依托“互联网+”和“E航海”理念，提升航海保障服务社会民生的综合能力和水平。实现“AIS+”精准化和定制化服务，建成布局合理、功能全面的沿海北斗地基增强系统。建成全要素海洋空间地理数据云。深化海上宽带通信技术研究和应用。开展空间测绘技术、全球海上遇险与安全通信系统现代化及“E航海”关键技术研究，推进北斗、船舶远程识别与跟踪系统、高分图像等技术的应用。

2019年，《关于建设世界一流港口的指导意见》又提出要加快智慧港口建设。要抢抓新一轮科技革命和产业变革的历史机遇，推动港口发展更加注重向创新驱动转变，就要完成建设智能化港口系统、加快智慧物流建设等重点任务。到2025年，部分沿海集装箱枢纽港初步形成全面感知、泛在互联、港车协同的智能化系统。到2035年，集装箱枢纽港基本建成智能化系统。

（4）安全化发展

《关于建设世界一流港口的指导意见》提出了加快平安港口建设。针对安全基础不牢、一线从业人员素质不高、重大风险防控有待加强等问题，着力强化本质安全、着力推进双重预防机制建设、着力强化安全保障与应急能力等重点任务。到2025年，港口安全发展水平显著提升。到 2035 年，主要港口安全发展达到国际先进水平。

2020 年 9 月交通运输部印发了《关于深化改革推进船舶检验高质量发展的指导意见》，旨在推进我国航运业健康安全发展，着力强化船舶安全管理，建立健全海运风险分级管控和隐患排查治理双重预防机制，增强海运安全重大风险防控能力。

3.5.5 我国水运规划市场分析

1. 内河航运

“十四五”期间，将是我国长江等内河航运发展的关键机遇期，国家势必将加强财政资金保障、加大科研创新投入，发行长江航运建设中央债券，设立内河“新一代航运系统”创新工程，推动实现“岸基驾控为主、船端值守为辅”的内河船舶运行新业态。在这一发展态势下，必将有更多与内河航运发展相关的投资机会。

（1）内河航道建设市场广阔

《国家综合立体交通网规划纲要》提出，到 2035 年，我国高等级航道将达 2.5 万 km 左右。未来建设任务重，资金需求规模大，中央预算内投资资金应作为内河航运基础设施建设的主要资金来源。

据了解，早在 2018 年，内河建设投资额已超过沿海，中央政府持续增加对内河水运的投资占比。根据测算，“十四五”期间，我国水运重点项目投资资金需求将达几千亿元，其中内河水运投资需求占一半以上。

截至 2019 年年底，全国内河航道通航里程 12.73 万 km，比上年增加 172km。等级航道里程 6.67 万 km，占总里程 52.4%，提高 0.2 个百分点。三级及以上航道里程 1.38 万 km，占总里程 10.9%，提高 0.3 个百分点，如图 3-13 所示。

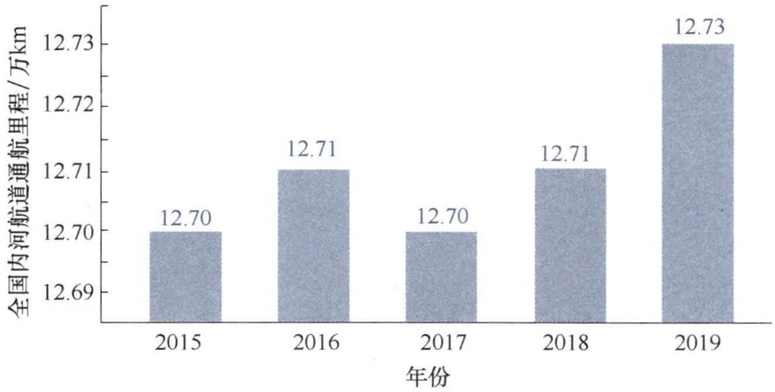

图 3-13 2015 年—2019 年全国内河航道通航里程

可见我国内河航运基础设施建设取得重大进展，运输规模持续较快增长，绿色水运发展取得初步成效，水上交通安全监管和救助系统建设成效显著；但因内河航道接近饱和，内河航道的畅通性与网络化程度仍显不足；因此“十四五”期间，长江、珠江及淮河领域内河航道建设需求较大，市场前景十分广阔。

（2）内河货运及客运潜力巨大

近年来，我国内河运输货运量增长较慢，2019 年内河运输货运量为 39.13 亿 t，如图 3-14 所示。内河航道趋于饱和，亟待升级建设。

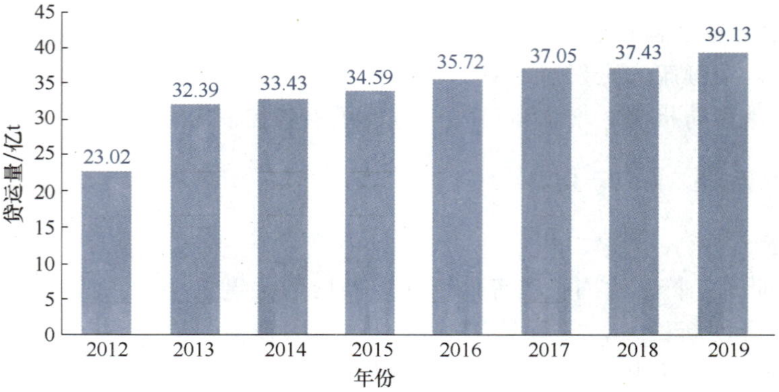

图 3-14　2012 年—2019 年内河运输货运量情况

货物周转方面，2012 年内河运输货物周转量为 7638.42 亿 t · km，占全社会货物运输周转量的 4.4%。2019 年内河运输货物周转量上升至 16302.01 亿 t · km，占全社会货物运输周转量的比重上升至 8.4%，如图 3-15 所示。

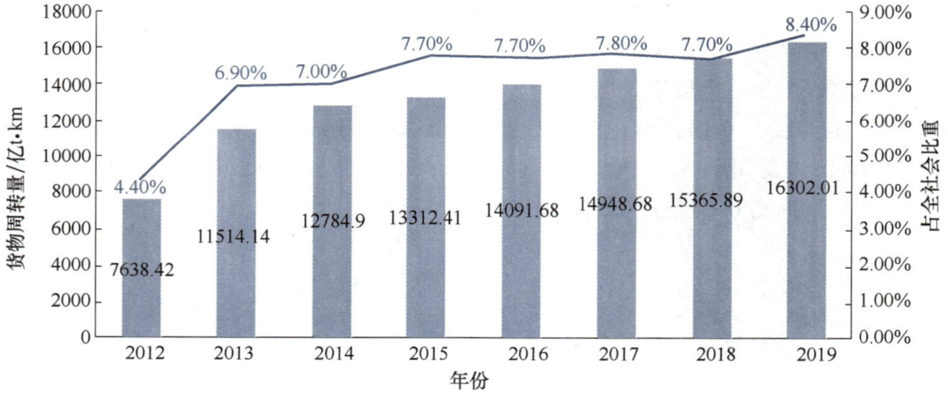

图 3-15　2012 年—2019 年内河运输货物周转量情况

水路货运量虽呈上涨趋势，但与铁路、公路相比仍有较大差距，如图 3-16 所示。

此外，我国内河水运客运量与铁路、公路、民航相比差距显著，有极大发展潜力，如图 3-17 所示。

我国《内河航运发展纲要》中指出，到 2035 年：我国内河千吨级航道应达到 2.5 万 km，主要港口重点港区应基本实现铁路进港；内河货物周转量占全社会比重应达到 9%；重要航段应急到达时间不超过 45min，主要港口（区）应急到达时间不超过 30min。

在这一目标实现过程中，内河航运的大规模建设将带来广大的投资机会。

（3）绿色航运要求及配套设施建设将带来广大市场

《内河航运发展纲要》中指出，内河航运发展的主要任务是：建设干支衔接江海联通的内河航道体系，打造集约高效功能协同的现代化港口，构建经济高效衔接融合的航运服务体系，践行资源节约环境友好的绿色发展方式，构筑功能完善能力充分的航运安全体系及强化创新引领技术先进的航运科技保障。

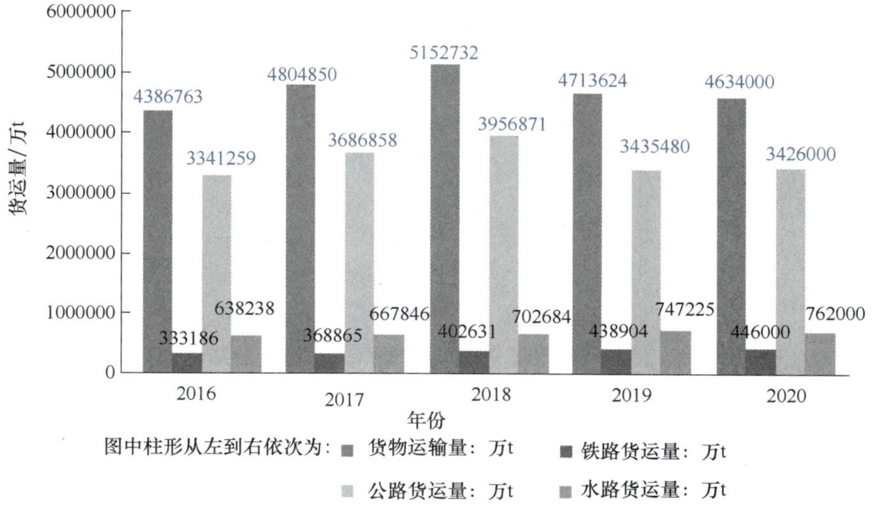

类别	2016年	2017年	2018年	2019年	2020年
货物运输量	4386763	4804850	5152732	4713624	4634000
铁路货运量	333186	368865	402631	438904	446000
公路货运量	3341259	3686858	3956871	3435480	3426000
水路货运量	638238	667846	702684	747225	762000

图 3-16 2016 年—2020 年水运、铁路及公路货运周转量对比

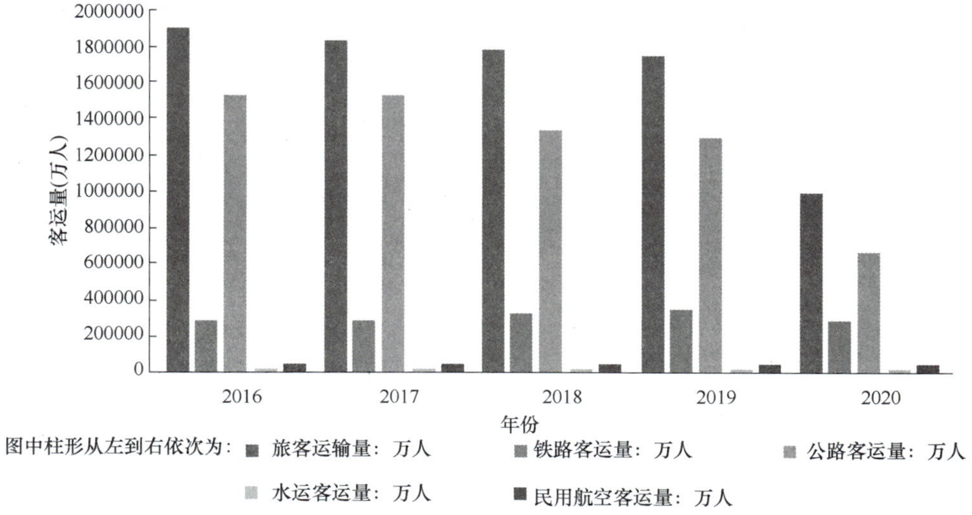

类别	2016年	2017年	2018年	2019年	2020年
旅客运输量	1900194.34	1848620.12	1793820.32	1760435.71	967000
铁路客运量	281405.23	308379.34	337494.67	366002.26	220000
公路客运量	1542758.67	1456784.33	1367170.39	1301172.91	689000
水运客运量	27234.4	28300.34	27981.49	27267.12	15000
民用航空客运量	48796.05	55156.11	61173.77	65993.42	42000

图 3-17 2016 年—2020 年水运、铁路、公路及民航客运量对比

因此，我国对于绿色航运的要求意味着我国对于现有航道及港口存在巨大的改造治理需求；此外，我国2035年内河航运目标实现的基础是内河航道的大规模建设、内河港口与铁路站点或轨道交通站点的立体联通、人工智能及物联网等配套设施的建设。在这一过程中，政府与社会资本的合作既是公共设施建设的较优选择，也带来了广阔的市场。

2. 海洋运输

（1）市场规模宏大

近年来，随着国民经济增长和政策支持，我国航运业发展迅速。我国水路货物运输量从2015年56.43亿t增长到2020年80.15亿t，年复合增长率达到7.27%。

2020年5月12日，交通运输部发布了《2019年交通运输行业发展统计公报》（以下简称《公报》）。《公报》指出2019年年末全国港口拥有万吨级及以上泊位2520个，比上年增加76个。其中，沿海港口万吨级及以上泊位2076个，比上年增加69个。在2020年10月，交通运输部数据表明，“十三五”期末沿海港口万吨级及以上泊位数有2530个。2021年，《国家综合立体交通网规划纲要》提出到2035年，要建设沿海主要港口27个。

（2）港口货物、集装箱运输需求巨大

目前，我国已经成为世界上最重要的海运大国之一。全球有19%的大宗海运货物运往我国，有20%的集装箱运输来自我国；而新增的大宗货物海洋运输之中，有60%～70%是运往我国的。我国的港口货物吞吐量和集装箱吞吐量均已居世界第一位，世界集装箱吞吐量前5大港口中，我国占了3个，我国进出口货运总量中约90%都是利用海上运输的。

2019年，全国港口完成货物吞吐量139.51亿t，比上年增长5.7%。其中，沿海港口完成91.88亿t，增长4.3%；内河港口完成47.63亿t，增长9.0%。2020年全国港口完成货物吞吐量1454991万t，同比增长4.3%；完成集装箱吞吐量26430万TEU，同比增长1.2%。2021年1—2月，全国港口完成货物吞吐量23.0亿t，比2020年同期、2019年同期分别增长20.3%和13.3%，其中内、外贸吞吐量比2020年同期分别增长25.5%和11.1%。完成集装箱吞吐量4236万TEU，比2020年同期、2019年同期分别增长22.0%和9.2%，如图3-18所示。

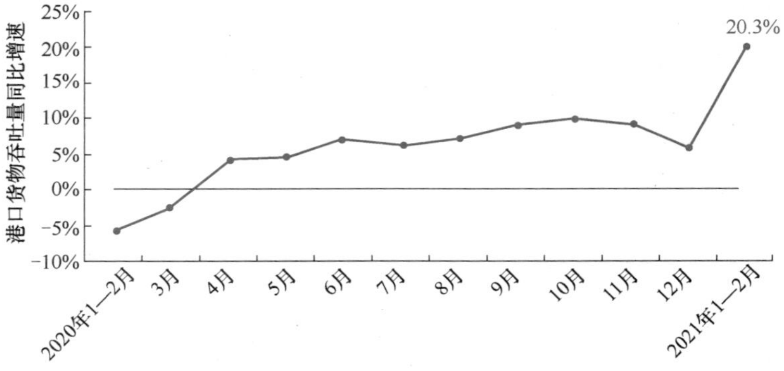

图3-18　近两年各月港口货物吞吐量同比增速变化

（以上综合统计数据源自交通运输部综合规划司均为最终数据）

其中，沿海合计完成货物吞吐量15.3亿t，比2020同期增长14.0%；外贸吞吐量比2020年同期增长10.4%；完成集装箱吞吐量3774万TEU，比2020年同期增长21.0%，见表3-10。

表 3-10　全国港口货物、集装箱吞吐量　　计量单位：万 t、万 TEU

港口	货物吞吐量				集装箱吞吐量	
	自年初累计	同比增速（%）	外贸货物吞吐量		自年初累计	同比增速（%）
			自年初累计	同比增速（%）		
全国总计	229717	20.3	76469	11.1	4236	22.0
沿海合计	153037	14.0	68217	10.4	3774	21.0

（3）“一带一路”和“冰上丝绸之路”将带来巨大市场

“一带一路”倡议能够促进我国海运业的发展，与此同时，海运业关乎着“海上丝绸之路”是否畅通无阻和安全、高效。目前，我国有大量的产能（如铁矿、铜矿、锰矿和铬矿等）和资金，并积累了宝贵的技术经验，这都是周边发展中国家所急需的，将这些能源通过“海上丝绸之路”输送给周边国家，能够实现互利双赢的目标，解决能源过剩问题。而中国所需要的石油、粮食、煤炭等资源有 90% 是由海运进口而来的，可以说新世纪的“海上丝绸之路”掌握着国民经济的发展动向。

另外，推动海运业的发展，有利于大幅度提升“一带一路”倡议活力。当代海运是传统运输业和新兴服务业的有机结合，具有绵长的产业链和极高的关联度，与造船业、钢铁制造业、石化业、航运服务以及港口集群的发展密切相关，推动我国海运的发展不仅可以促进各种装备制造水平的提升，而且有助于优化金融保险业、航运管理、物流运输与信息服务业的结构体系，推动“一带一路”倡议升级。

“冰上丝绸之路”开通后，包括大连港在内的我国北方港口的区位条件将得到极大改善。与南方港口相比，大连港距离“冰上丝绸之路”更近，因此经大连港进出口货物的物流成本更低，大连港在“冰上丝绸之路”建设中将占据更加有利的地位。“冰上丝绸之路”建成后，北极航线会取代一部分传统航线对货物的运输，因此大连港的货运量会有明显的增加，随着货运量的增加，大连港也将吸引全球各大船公司开辟更多航线，逐渐成为航线布局中的核心港口。

随着北极地区能源的开发，北极能源的运输量将不断增加，利用“冰上丝绸之路”进行运输既可以大幅降低成本，也可以避免海盗袭击的危险。因此为了满足“冰上丝绸之路”对能源的运输需求，将在“冰上丝绸之路”沿途建立大型原油、煤、矿石等码头。除此之外，“冰上丝绸之路”对船舶的要求更高，这也为大连的造船及相关企业提供更多的发展机会。

3.6 航空中心建设投资机会

3.6.1 政策分析

“十三五”以来，我国民航发展迅猛，航空枢纽功能逐步完善。为了打造一体衔接的综合交通枢纽，国家出台多项政策进行航空枢纽的建设。

（1）宏观政策

《中华人民共和国国民经济和社会发展第十三个五年规划纲要》指出要打造国际枢纽机

场，建设京津冀、长三角、珠三角世界级机场群，强化区域性枢纽机场功能，实施部分繁忙干线机场的新建、迁建和扩能改造工程。2016 年 12 月，中国民用航空局、国家发展改革委以及交通运输部联合发布了《中国民用航空发展第十三个五年规划》（民航发〔2016〕138 号）。该规划指出，“十三五”期间，通过完善机场布局、打造国际枢纽、巩固和培育区域枢纽、稳步推进新增运输机场布局、构建通用机场网络这几个步骤完善机场布局体系，“到 2020 年，基本建成安全、便捷、高效、绿色的现代民用航空系统，满足国家全面建成小康社会的需要”，并将安全水平保持领先、战略作用持续增强、保障能力全面提升、服务品质明显改善、通用航空蓬勃发展、绿色发展深入推进作为六大主要目标。2017 年 2 月，国务院印发了《“十三五”现代综合交通运输体系发展规划的通知》（国发〔2017〕11 号），提出了“打造国际枢纽机场，建设京津冀、长三角、珠三角世界级机场群，加快建设哈尔滨、深圳、昆明、成都、重庆、西安、乌鲁木齐等国际航空枢纽，增强区域枢纽机场功能，实施部分繁忙干线新机场新建、迁建和扩能改造工程。科学安排支线机场新建和改扩建，增加中西部地区机场数量，扩大航空运输服务覆盖面。推进以货运功能为主的机场建设。优化完善航线网络，推进国内国际、客运货运、干线支线、运输通用协调发展。加快空管基础设施建设，优化空域资源配置，推进军民航空管融合发展，提高空管服务保障水平”。《新时代民航强国建设行动纲要》中也指出“逐步加密机场网建设，建立通达、通畅、经济、高效的航线网络，大力发展支线航空，推进干支有效衔接……实现老少边穷地区航线网络基本通达，打造更加协调的‘民生航空服务体系’”。通过这些举措，加强现有航空枢纽运输服务能力、填补国内空运空白区域，以期形成覆盖面广、功能性强的空中交通网络，提高交通服务的质量和效率，为我国经济发展提供有效支持。

随着航空枢纽建设的逐步推进，“十四五”规划提出了更高的目标。在未来的五年，从宏观层面，我国将加快建设世界级机场群，稳步建设支线机场、通用机场和货运机场，积极发展通用航空；在微观层面，则将目标细化为“建设京津冀、长三角、粤港澳大湾区、成渝世界级机场群，实施广州、深圳、昆明、西安、重庆、乌鲁木齐、哈尔滨等国际枢纽机场和杭州、合肥、济南、长沙、南宁等区域枢纽机场改扩建工程，建设厦门、大连、三亚新机场。建成鄂州专业性货运机场，建设朔州、嘉兴、瑞金、黔北、阿拉尔等支线机场，新增民用运输机场 30 个以上”，加强国际航空货运能力建设，加强和完善航空应急救援体系与能力。与“十三五”期间政策对比可见，我国的航空建设正在增速，在原有基础上从范围、功能、安全等多方面进行深化建设，通过扩大和完善航空运输网络助力我国现代化综合交通运输体系的建设和发展，畅通国内大循环，实现交通强国。

（2）经济政策

航空枢纽的建设具有投资额巨大、建设周期长、技术难度大等特点，因此很难由政府独立组织建设。为了能够快速、高效完成航空运输网络建设目标，需要充分利用社会现有资源，调动广大社会资本积极参与机场建设。2016 年 10 月，中国民用航空局印发《关于鼓励社会资本投资建设运营民用机场的意见》（民航发〔2016〕117 号），表示全面放开民用机场建设和运营市场，创新民用机场建设和运营投融资方式，加大对政府和社会资本合作的政策支持，以提升机场服务质量和效率，促进民航行业安全、高效发展。《中国民用航空发展第十三个五年规划》（民航发〔2016〕138 号）中提出“大力推动民用机场建设和运营市场开放，鼓励有资质和能力的企业进入民用机场设计、建设、运营、维护等领域”，“出台民用机场领域推广政府和社会资本合作模式的实施意见，创新民航投融资模式，加大政府和社会资本合作的政策支持，吸引社会资本，拓宽融资渠道”。2017 年 2 月，国务院印发的《“十三五”现代综合交通运输体系发展规划》对交通建设的投融资改革提出了更细致的要求：“建立健全中央与地方投资联动机制，优化政府投资安排方式。在试点示范的基础上，加快推动政府和社会资本合作（PPP）模式在交通运输领域的推广应用，鼓励通过特许经营、政府购买服务等方式参与交通项目建设、运营和维护。在风险可控的前提下，加大政策性、开发性等金融机构信贷资金支持力度，扩大直接融资规模，支持保险资金通过债权、股权等多种方式参与重大交通基础设施建设。积极利用亚洲基础设施投资银行、丝路基金等平台，推动互联互通交通项目建设。”由此可见，在航空运输网络发展的过程中，不断积极创新，寻求与社会资本的合理有效合作途径，提高社会资本参与机场建设的动力，激活闲置资源，才能够减轻政府财政压力，提高建设效率与建设水平，早日实现交通强国目标。

2016 年 5 月，国务院办公厅印发的《关于促进通用航空业发展的指导意见》（国办发〔2016〕38 号）中制定了民航发展目标：“到 2020 年，建成 500 个以上通用机场，基本实现地级以上城市拥有通用机场或兼顾通用航空服务的运输机场，覆盖农产品主产区、主要林区、50% 以上的 5A 级旅游景区。”在此基础上，“十三五”期间民航发展主要预期指标设定见表 3-11。

表 3-11 “十三五”期间民航发展主要预期指标

类别	指标	2015 年	2020 年	年均增长（%）
行业规模	航空运输总周转量/(亿 t · km)	852	1420	10.8
	旅客运输量（亿人）	4.4	7.2	10.4
	货邮运输量/万 t	629	850	6.2
	通用航空飞行量/万 h	77.8	200	20.8
	旅客周转量在综合交通中的比重（%）	24.2	28	—
发展质量	运输飞机百万小时重大及以上事故率	[0.00]	< [0.15]	—
	航班正常率	67%	80%	—
	平均延误时间/min	23	20	—
	中国承运人占国际市场份额	49%	>52%	—
保障能力	保障起降架次（万次）	857	1300	8.7
	民用运输机场（个）	207*	260	—
	运输机场直线 100km 半径范围内覆盖地级市	87.2%	93.2%	—
绿色发展	吨公里燃油消耗/kg	[0.293]	[0.281]	—
	吨公里二氧化碳排放/kg	[0.926]	[0.889]	—

注：带 [ ] 的数据为 5 年累计数；* 不含 3 个通勤机场。

通用机场的建设运营与产业发展态势息息相关。经过不懈努力，2016 年—2020 年期间，全国通用机场建设目标达 660 多个。如今正是“十四五”的开局之时，民航局基于“十四五”规划印发了《关于“十四五”期间深化民航改革工作的意见》。该意见中提出了民航改革工作要以“坚持市场配置资源与政府发挥作用相结合”为原则，以民航强国战略目标为引领，以智慧民航建设为主线，努力转换发展动力、优化发展结构、转变发展模式，实现改革与发展深度融合、高效联动。

3.6.2 市场分析

机场作为航空运输和城市的重要基础设施，是国家及区域综合交通运输体系的重要组成部分。经过几十年的建设和发展，我国机场体系初步形成了以北京、上海、广州等枢纽机场为中心，以成都、昆明、重庆、西安、乌鲁木齐、深圳、杭州、武汉、沈阳、大连等省会或重点城市机场为骨干，以其他城市支线机场相配合的基本格局。受益于航空运输市场规模的扩张，我国民航基础设施建设不断“升温”。据交通运输部统计，截至2017年年底，我国境内民用航空（颁证）机场共有229个（不含香港、澳门和台湾地区，下同），其中定期航班通航机场228个，定期航班通航城市224个。全年各项生产指标继续保持平稳较快的增长，其中全年完成旅客吞吐量114786.7万人次，比2016年增长12.9%；完成货邮吞吐量1617.7万t，比2016年增长7.1%。同时，为解决既有机场能力不足、航空运输发展受限的问题，“一市两场”的现象逐渐增多。此外，厦门、大连、青岛等城市由于机场与城市规划矛盾、发展空间受限、噪声影响加重、空域资源紧张等原因，也在筹划迁建机场。因此，当前和今后一段时期，超大城市的机场改扩建，特别是尤为复杂的“一市两场”的规划建设，正成为我国民航机场规划建设的重点和难点问题。

与此同时，国内通用机场体系的不完善严重制约了我国通用航空产业的发展。通用机场是指为从事工业、农业、林业、渔业、矿业、建筑业的作业飞行和医疗卫生、抢险救灾、气象探险、海洋监测、科学实验、遥感测绘、教育训练、文化体育、旅游观光等活动的民用航空器提供起飞、降落等服务的机场。根据中国民用航空局运输司发布的《我国通用航空产业发展情况》显示，截至2017年12月31日，我国现有通用机场229个，已取证通用机场81个，未取证通用机场220个，在建60个，规划建设377个；而与我国国土面积相当的美国通航机场总量约为2万个，飞行员数量超过61万人，总产值超过1500亿美元，创造了全美国1%的GDP和126万个就业岗位。因此，为了推进通用航空产业健康发展，国家针对通用机场的政策不断出台，越来越多的地方将通用航空机场的建设提上日程，也吸引了众多社会资本的投资兴趣。我国部分省、自治区通用机场建设“十三五”规划汇总见表3-12。

表3-12　我国部分省、自治区通用机场建设“十三五”规划汇总

区域	通用机场具体规划
全国	到2020年，建成500个以上通用机场，基本实现地级以上城市拥有通用机场或兼顾通用航空服务的运输机场，覆盖农产品主产区、主要林区、50%以上的5A级旅游景区
河南	建成至少15个二类通用机场
湖北	全力抓好枢纽机场、支线机场、通用机场的规划建设
湖南	2020年规划通用机场25个，新建21个；至2030年，将建设100个通用机场，建设10个以上通用机场示范点
广东	投资80亿元，建设一批通用机场，到2020年，通用机场总数增加到20个，新增14个；到2030年，通用机场总数将达到31个，新增24个
广西	到2020年，全区建成的各类通用机场将达200个
海南	实现重点旅游地区的通航起降覆盖，到2020年，在原有已建的3个通用航空机场的基础上，利用“十三五”已建、规划建设的5个运输机场兼顾通用机场功能，共规划新建7个一类机场、7个二类机场、4个三类机场

（续）

区域	通用机场具体规划
重庆	规划布局 26 个通用机场
四川	到 2030 年，布局规划新增二类以上通用机场 85 个，总数达 88 个；其中，2016 年—2020 年新建 24 个，2021 年—2025 年新建 41 个，2026 年—2030 年新建 20 个
贵州	2020 年在建 20 个通用机场
云南	到 2020 年，力争新建各类通用机场 50 个
西藏	加快通用航空和应急救援能力建设
陕西	“十三五”期间加快建设横山、黄陵等 4 个通用机场，新建西安、富平等 13 个直升机和固定翼机场
甘肃	“十三五”期间拟建 25 个通用机场
青海	到 2020 年，布局建设 8 个主干通用机场和若干个三类通用机场；到 2030 年，规划新建 18 个一类、二类通用机场和若干个三类通用机场
宁夏	到 2020 年建成红寺堡、同心、隆德等一批通用机场，覆盖全区 5A 级旅游景区
新疆	2020 年建成 100 个以上通用机场；2030 年建成 200 个以上通用机场

在 2019 年 4 月，交通运输部发布公告称，民航发展“十三五”规划实施重点任务完成率约 97%。2016 年—2020 年上半年国家发展改革委批复民用机场新建、改扩建和迁建投资规模情况见表 3-13，未达标的目标延后到“十四五”规划。“十四五”期间我国机场投资规模预测见表 3-14。

表 3-13 2016 年—2020 年上半年国家发展改革委批复民用机场新建、改扩建和迁建投资规模

单位：亿元

建设情况	批复时间	工程名称	投资额	平均投资额
新建	2016 年 4 月	新建成都新机场工程项目	18.64	56.82
	2016 年 8 月	新建重庆武隆机场项目	16.79	
	2016 年 12 月	新建黑龙江绥芬河机场项目	11.3	
	2017 年 1 月	北京新机场南航基地项目	147.8	
	2017 年 2 月	北京新机场东航基地项目	132	
	2017 年 7 月	新建湖南湘西民用机场项目	16.69	
	2017 年 8 月	新建广西玉林民用机场项目	14.88	
	2017 年 9 月	新建安徽芜湖宣城民用机场项目	13.99	
	2017 年 10 月	新建湖北荆州民用机场项目	11.96	
	2018 年 11 月	新建山东菏泽民用机场工程	18.23	
	2019 年 1 月	新建湖北鄂州民用机场工程	320.63	
	2019 年 1 月	呼和浩特新机场项目	223.7	
	2019 年 3 月	新建新疆昭苏机场工程	6.5	
	2019 年 6 月	新建新疆于田机场工程	7.6	
	2019 年 7 月	四川阆中民用机场项目	11	
	2019 年 9 月	新建新疆塔什库尔干机场	16.3	
	2019 年 12 月	新建江西瑞金民用机场项目	16.6	

（续）

建设情况	批复时间	工程名称	投资额	平均投资额
改扩建	2016年7月	贵阳龙洞堡机场三期扩建工程	195.85	258.44
	2017年7月	改扩建贵州威宁民用机场项目	18.16	
	2018年11月	乌鲁木齐机场改扩建工程	421.14	
	2019年2月	甘肃兰州中川国际机场三期扩建工程项目	316.9	
	2019年5月	青海省西宁曹家堡机场三期扩建工程项目	107.2	
	2019年8月	福州长乐国际机场二期扩建工程项目	212.5	
	2020年1月	西安咸阳国际机场二期扩建工程项目	476.45	
	2020年2月	深圳机场三跑道扩建工程	123.3	
	2020年2月	兰州中川机场三期扩建工程	335.5	
	2020年3月	西宁曹家堡机场三期扩建工程	105.1	
迁建	2016年7月	迁建广西梧州机场项目	16.82	19.6
	2016年9月	迁建四川达州民用机场工程	18.84	
	2019年1月	连云港军民合用机场民用部分迁建工程	23.13	

表3-14　“十四五”期间我国机场投资规模预测

时期	类型	数量（个）	单个投资规模（亿元/个）	投资规模总计（亿元）
“十四五”	新建	68	56.82	3863.76
	改扩建	44	254.88	11214.72
	迁建	1	19.6	19.6
	合计	15098		

3.6.3　北京大兴国际机场案例分析

1. 项目基本情况

北京大兴国际机场位于北京市大兴区和河北省廊坊市交界处，北距北京首都国际机场63km，南距雄安新区55km，西距北京南郊机场约640m，为4F级国际机场、世界级航空枢纽。该机场于2014年12月26日开工，2019年9月25日正式通航。机场面积达70万km^2，可满足2025年旅客吞吐量7200万人次、货邮吞吐量200万t、飞机起降量62万架次的需求。机场工程总投资799.8亿元，资本金占总投资的50%。

2. 项目需求情况

自2010年，北京首都国际机场的客流量猛增，2014年达到8365万人次，位居世界第二，航班趋于饱和。为了缓解客流量对北京首都国际机场的冲击，北京新机场建设提上议程。当然，大兴国际机场的建设目的不仅限于此。雄安新区的成立为周边地区带来经济发展激励的同时，也为周边地区带来了巨大交通运输压力；另外，随着科技的迅猛发展，人们对方便、快捷的智慧出行和绿色出行提出了新的需求。在我国建立“四型机场”的目标指引下，建设容量大、科技含量高、绿色环保和人性化的世界级新型航空中心是支撑区域经济发展、提升人民生活质量、促进国内外交通循环的重要举措。

3. 投资构成

北京大兴国际机场项目总投资额为 799.8 亿元，资本金占比为 50%，其中包括民航发展基金 180 亿元，首都机场集团公司自有资金 60 亿元，其余部分由社会资本、中央预算内投资和国有资本经营预算资金构成。资本金以外的投资由首都机场集团公司通过包括银行贷款在内的多元渠道融资构成。这种融资方式在保证政府对工程项目控制权的前提下，积极调动社会资本，采用多种融资方式相结合，能够尽可能地降低政府财政压力，在一定程度上提高工程质量，适当分散风险，保证工程项目顺利建成。

4. 运营现状

随着北京大兴国际机场的投产运营，交通运输部在此基础上计划打造的“五纵两横”立体交通网也逐渐显露规模。“五纵”包括轨道交通大兴国际机场线、京雄城际铁路、京开高速公路、京台高速公路、大兴国际机场高速公路，“两横”为大兴国际机场北线高速公路、廊涿城际铁路。大兴国际机场北线高速公路二期工程将东延至廊坊，西延至涿州，是围绕大兴国际机场构建“五纵两横”立体交通网中连通东西方向的公路主干道，是京津冀一体化协同发展、发挥基础设施互联互通作用最为突出的高速公路之一。至此，旅客们能够灵活选择城际铁路、出租汽车、机场大巴等多种交通方式抵达和离开机场，出行过程方便快捷。

北京大兴国际机场采用了无纸化自助值机、自主托运、人脸识别、刷脸登机、射频识别（RFID）行李定位等多种智慧工具方便乘客出行。目前，安检通道每小时保障能力可达 260 人，较传统方式提升 40%；行李检查时间压缩一半。机场采用“三纵一横”全向构型跑道，符合当地空中运行特点，能够减少飞机空中运行时间和地面滑行距离，并减少噪声。机场采用多种绿色环保技术建设，与同规模机场航站楼相比每年可降低 20% 能耗，节约二氧化碳 2.2 万 t。

2021 年 5 月 18 日，北京大兴国际机场的当年旅客吞吐量突破 1000 万人次。根据规划，北京大兴国际机场将在 2025 年实现旅客吞吐量 7200 万人次的运营目标，成为名副其实的世界第一航空枢纽中心。

3.7 装配式建筑项目投资机会

3.7.1 装配式建筑相关概念

1. 建筑工业化、住宅产业化与建筑产业化

根据国务院办公厅印发的《关于大力发展装配式建筑的指导意见》（国办发〔2016〕71 号），建筑工业化基本要求为标准化设计、工厂化生产、装配化施工、一体化装修、信息化管理和智能化应用，目标是提高技术水平和工程质量，促进建筑产业转型升级。建筑工业化基本特征从“三化一改”到“四化一改”，再从“五化一体”到最新提出的“六化”，内涵上与时俱进、不断丰富，但对于技术主导作用的强调没有改变，始终注重生产方式的工业化。建筑工业化发展途径有很多，主要包括预制装配化、现场工业化及工业化新技术应用（比如 3D 打印及空中造楼机技术）等，其中，装配式建筑是当前各级政府重点推广的主流建筑工业化形式。

住宅产业化只针对住宅产业提出，它在工业化生产方式基础上，在设计、生产、施工、开发等环节形成完整的、有机的产业链，实现房屋建造全过程的工业化、集约化和社会化，从而提高建筑工程质量和效益，实现节能减排与资源节约。住宅产业化强调生产方式的工业化和科技成果的产业化，科技和人才、工业化与信息化的高度融合发展，绿色低碳以及产业发展的市场导向。

建筑产业化是在2013年全国政协双周协商会上被提出的，同年年底，全国建设工作会明确提出“促进建筑产业现代化”的要求。有学者将建筑产业现代化定义为，将先进的科学技术和管理方法应用于建筑产业，以社会化大生产的方式组织建筑产业的生产过程，提高建筑产业各项技术、经济指标，为用户提供性能优良的绿色建筑产品，全面实现建筑产业的转型升级，使整个建筑产业达到和超越国际先进水平的过程。

建筑工业化、住宅产业化及建筑产业化的关系可以由图3-19表示。

建筑工业化、住宅产业化与建筑产业化在发展不同阶段被提及，通过中国知网数据库（CNKI）及百度词云分析，发现住宅产业化在2009年—2013年的社会关注度显著高于建筑工业化与建筑产业化概念，但2014年后呈现快速下降趋势。2009年—2016年，建筑工业化和建筑产业化的社会关注度处于上升趋势，尤其在2013年后增幅显著。自2016年以后，建筑工业化的实现更加聚焦于装配式建筑这一主流载体。

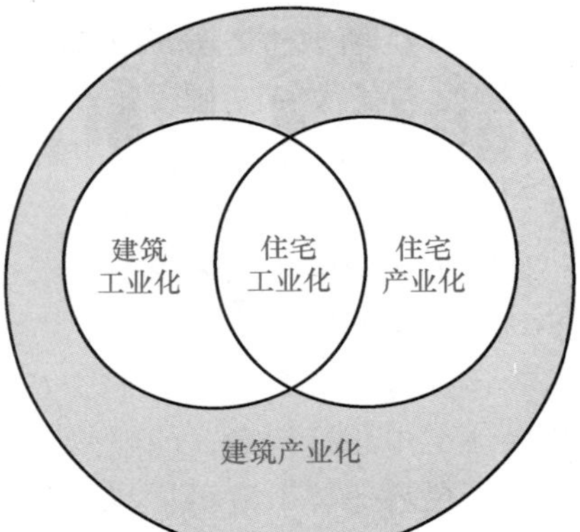

图3-19 建筑工业化、住宅产业化及建筑产业化的关系

2. 装配式建筑及其相关概念

装配式建筑（Prefabricated Construction，PC）是我国现阶段的主流工业化建造方式。2017年1月，住房和城乡建设部发布《装配式混凝土建筑技术标准》（GB/T 51231—2016），该标准明确提出装配式建筑是结构系统、外围护系统、设备与管线系统、内装系统的主要部分采用预制部品部件集成的建筑。根据《装配式建筑评价标准》（GB/T 51129—2017），装配式建筑可以被简单理解为由预制部品部件在工地装配而成的建筑，是实现建筑工业化的重要（但不唯一）载体，侧重于建造方式的装配化。

模块化建筑是运用模块化的思想将建筑整体分解为不同的模块设计，在工厂预制完成后运输到施工现场组装的。模块化建筑包括混凝土盒子、钢结构盒子或集装箱盒子等形式，侧重于设计思想和建造过程的模块化。装配式建筑是典型的模块化建筑。

集成建筑是指通过工厂预制墙体、屋面等构件或部品，在施工现场将模块单元组装为整体的建筑，以钢结构为代表，属于模块化建筑的一种。集成建筑的特点是可拆装、可移动、不破坏土地且可重复利用，因此又称为可移动或可多次拆装建筑。集成建筑与装配式建筑相同之处是构配件或部品单元在工厂预制和在现场组装；区别在于集成建筑表现为临时性与周转性，而装配式建筑为永久性。

工业化建筑（主要针对民用建筑）的基本特征是标准化设计、工厂化制作、装配化施工、一体化装修、信息化管理和智能化应用。这些基本特征体现了工业化建筑在生产方式上的主要内容。工业化建筑侧重于包括设计、构件预制及现场装配施工等在内的整体生产方式的工业化，主要包括模块化建筑和现场工业化建筑。前者受气候约束小、产品质量好，适用于住宅、学校、工业厂房等批量建造的建筑；后者模板使用灵活，结构整体性好，适用于多层和高层建筑。

根据《智能建筑设计标准》（GB/T 50314—2015），智能建筑是以建筑物为平台，基于对各类智能化信息的综合应用，集架构、系统、应用、管理及优化组合为一体，具有感知、传输、记忆、推理、判断和决策的综合智慧能力，形成以人、建筑、环境互为协调的整合体，为人们提供安全、高效、便利及可持续发展功能环境的建筑。智慧建筑是智能建筑和数字建筑发展的更高目标，是以物联网、云计算及大数据等互联网技术为依托，提供安全高效、环境舒适、能耗更低的新型建筑生态模式。装配式建筑的特征包括智能化应用，但重点仍在建造过程，智能建筑、数字建筑和智慧建筑的概念则更加强调用户体验。

基于《节能减排“十二五”规划》，绿色建筑是指在建筑全寿命周期内，最大限度节约资源、保护环境和减少污染，为人们提供健康、适用和高效的使用空间，与自然和谐共生的建筑。装配式建筑有助于实现绿色建筑的目标，而绿色建筑更侧重于建造全过程的节能减排和环境效益。

基于上述分析，装配式建筑及其相关概念的关系可以由图 3-20 表示。

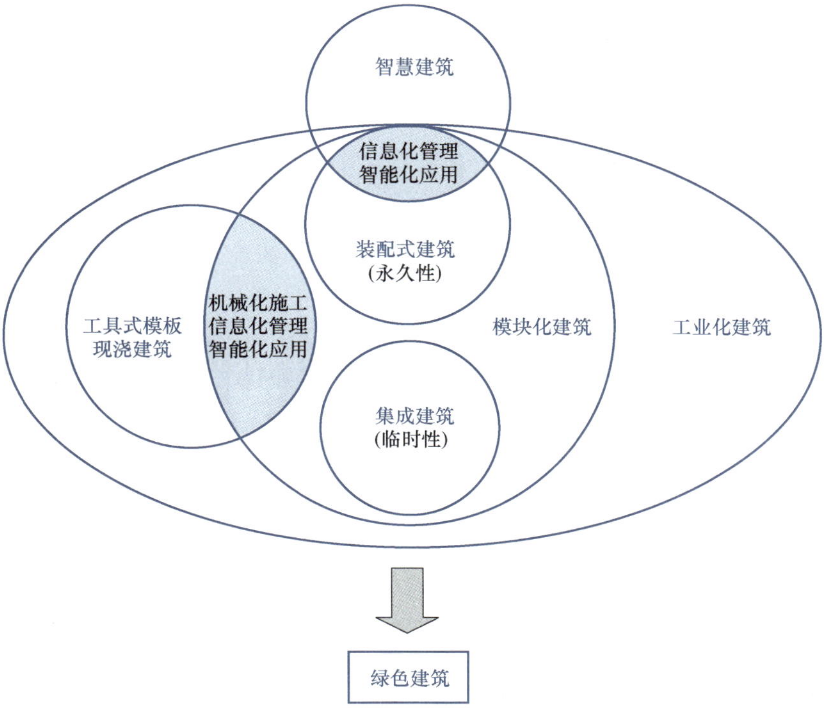

图 3-20 装配式建筑及其相关概念的关系

3.7.2 装配式建筑政策分析

装配式建筑是国家推行建筑业转型升级的前瞻性规划，是现阶段低碳、绿色、精益的新型建造方式的主流载体，受到政府、学界与业界广泛关注。装配式建筑政策是指政府为了实现建筑工业化、信息化与智能化的转型升级目标，对装配式建造全过程的重要方面及环节采取的措施和行动。装配式建筑政策具有权威性、适用性、指导性等特征。

1. 装配式建筑政策的类型

不同于政策理论，为了实用性更强和便于理解，本书将装配式建筑政策分别从政策体系建设和政策作用效果差异两个角度进行分类，具体分析如下：

(1) 从政策体系建设角度

装配式建筑政策可划分为指导性政策、技术性政策和配套性政策。指导性政策通常由中央政府发文，从顶层框架设计规划全国范围装配式建筑发展方向。比如，中共中央、国务院在《中共中央　国务院关于进一步加强城市规划建设管理工作的若干意见》中首次明确提出“力争用10年左右时间，使装配式建筑占新建建筑的比例达到30%”，为装配式建筑的发展提供了前瞻性目标。《中华人民共和国国民经济和社会发展第十三个五年规划纲要》中明确指出推广装配式建筑，国家级政策文件《国务院办公厅关于促进建筑业持续健康发展的意见》《中共中央　国务院关于开展质量提升行动的指导意见》中都明确了加速推广装配式建筑的指导性意见。技术性政策是国家各部委（以住房和城乡建设部为主）为落实装配式建筑实施而提出的执行性技术标准、技术导则和技术规程等。比如住房和城乡建设部发布的《装配式建筑评价标准》（GB/T 51129—2017）、《装配式建筑工程消耗量定额》《装配式混凝土建筑技术标准》（GB/T 51231—2016）、《装配式钢结构建筑技术标准》（GB/T 51232—2016）、《装配式木结构建筑技术标准》（GB/T 51233—2016）以及《装配整体式混凝土结构施工及质量验收规范》等。配套性政策是国家各部委从承包模式、工程造价及监管机制、示范城市、产业基地、信息化、技术体系创新等方面建立的，加快落实装配式建筑实施的策略。比如，《住房和城乡建设部关于进一步推进工程总承包发展的若干意见》《住房和城乡建设部关于加强和改善工程造价监管的意见》《装配式建筑示范城市管理办法》以及《装配式建筑产业基地管理办法》等。

为大力发展装配式建筑，我国中央和地方政府在2017年集中发布很多监管政策，根据政府网站公开信息及政策法规资料整理，汇总2017年我国31个省份（不包括港、澳、台）的装配式建筑监管政策，如图3-21所示。

(2) 从政策作用效果差异角度

装配式建筑政策可划分为激励性政策与强制性政策。激励性政策是政府以各种扶持补贴手段，激励企业采纳装配式建筑技术，开发装配式建筑项目，推广装配式建筑，进一步分为直接补贴政策和间接补贴政策。激励性政策直接造成政府财政支出和企业收益的增加，则称为直接补贴，比如财政补贴、专项基金、科研支持等措施。如果激励性政策没有造成政府直接财政支出，而是通过间接监管增加企业获取项目机会或减少资金占用，从而鼓励其推广装配式建筑，则称为间接补贴，比如用地支持、投标倾斜、提前预售、优先审批、容积率奖励、税费优惠等措施，这些间接补贴措施能够增加企业获取土地使用权和项目中标概率，缓解企业资金占用压力，增加潜在收益。我国装配式建筑发展尚不成熟，多数企业被动接受装配式建造技术。政府监管以激励性政策为主，但对于享受政府补贴的企业仍需要给予一定约束，以确保装配式建筑推广的有效性。政府部门对装配式建筑的强制性体现在装配率、预制率及装配式建造面积比例等的底线要求方面。

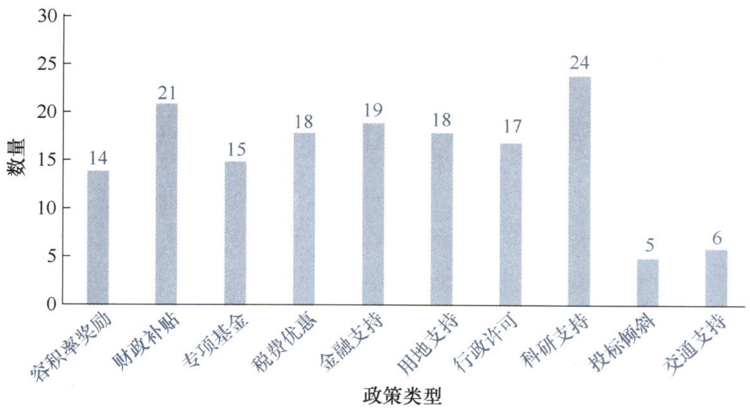

图 3-21 2017 年我国 31 省份（不包括港、澳、台）装配式建筑监管相关的政策数量

2. 装配式建筑政策的发展路径

1956 年，国务院颁布了我国第一个建筑工业化政策《国务院关于加强和发展建筑工业的决定》，鼓励在发展落后时期发展建筑工业化。1996 年，建设部颁布《住宅产业现代化试点工作大纲》，开启装配式建筑发展的另一个阶段，即住宅产业现代化阶段。2012 年以来，装配式建筑被越来越多地提及，在建筑工业化、信息化、智能化发展的大背景下，装配式建筑作为新型建造方式的重要载体，其相关政策不断完善。下面详细介绍装配式建筑政策发展的三个阶段。

第一阶段：1956 年—1995 年，建筑工业化阶段。

1978 年，国务院批转国家建委发布《关于加快城市住宅建设的报告》，提出大规模的住宅建设必须走建筑工业化的道路，要大力发展各种新型建筑材料，积极实行墙体改革。1991 年颁布《装配式大板居住建筑设计和施工规程》（JGJ 1—1991），这是发展建筑工业化的技术性政策，提出了装配式大板居住建筑的具体实施措施。1993 年，国务院办公厅颁布《国务院办公厅转发建设部关于进一步加强工程质量和施工安全管理工作报告的通知》（国办发〔1993〕33 号），提出要加快建筑工业化进程，在加强产业自身建设的同时，积极向相关产业延伸，推进技术进步，提高队伍素质，促进专业化分工协作，不断提高工程质量和安全生产水平。1995 年，建设部颁布《建筑工业化发展纲要》（建字〔1995〕188 号），提出为优化产业结构，加快建设速度，改善劳动条件，大幅度提高劳动生产率，使建筑业尽快走上劳动型道路，确立建筑工业的基本内容、目标和实施方案，为各省、市、区制定建筑工业化规划提供依据和参考。

在此阶段，我国建筑工业化刚刚起步，国务院从宏观层面鼓励发展建筑工业化，但在较长时间内由于缺乏涉及行业层面具体有效的实施措施，且受限于当时的经济发展和技术水平，因此建筑工业化整体发展缓慢。

第二阶段：1996 年—2012 年，住宅产业现代化阶段。

1999 年 8 月，建设部等八部委《关于推进住宅产业现代化提高住宅质量的若干意见》（国办发〔1999〕72 号），明确提出了推进住宅产业现代化的目标措施。同年，建设部推行国家康居示范工程及商品住宅性能认定管理，具体落实住宅产业现代化的实施。2000 年交通部颁布的《单孔钢筋混凝土箱涵》和《装配式钢筋混凝土斜板桥上、下部构造》两项技术性政策（交公路发〔2000〕304号），建设部与财政部联合颁布《勘察设计行业专项事业经费管理办法》（建设〔2000〕246号），以及2001年建设部颁布的《钢结构住宅建筑产业化技术导则》（建科〔2001〕254号），均针对住宅产业化推进过程中的共性、关键性问题进行了规范指导。2001年，建设部在《建设事业“十一五”计划纲要》（建综〔2001〕53号）中指出，继续推进住宅产业现代化，完善住宅产业化的管理制度。

2002年，建设部《国家住宅产业化基地实施大纲》正式发布。2003年，建设部住宅产业化促进中心发布《关于开展住宅性能认定试点工作的通知》，住宅产业化进程有序推进。2006年，建设部在《建设事业“十一五”规划纲要》（建综〔2006〕53号）中明确指出：合理引导住宅建设与消费的机制初步形成；加快推进住宅产业现代化，建立健全适应发展节能省地型住宅要求的住宅产业经济技术政策体系。建设部还通过《国家住宅产业化基地试行办法》，建设住宅产业化基地，培育龙头企业，发展住宅产业化成套技术和建筑体系，使得住宅产业化发展初见成效，住宅产业可持续发展能力有所提升。

2012年，财政部、住房和城乡建设部联合颁布《关于加快推动我国绿色建筑发展的实施意见》（财建〔2012〕167号），积极推广适合住宅产业化的新型建筑体系，支持集设计、生产、施工于一体的工业化基地建设。同年，住房和城乡建设部再次发布《关于印发“十二五”建筑节能专项规划的通知》（建科〔2012〕72号），强化建筑工业化与住宅产业化推进的迫切性和必要性。

在此阶段，各部委相关政策的发布在一定程度上促进了住宅产业现代化的推进，虽然没有在全国范围产生显著的规模效应，但为后期装配式建筑发展奠定了良好的技术与管理基础。

第三阶段：2013年至今，装配式建筑阶段。

2006年起，装配式建筑就开始在国家相关政策文件中被提出。2006年，发展装配式结构技术即在建设部《关于进一步加强建筑业技术创新工作的意见》（建质〔2006〕174号）中被提及，此后，2011年住房和城乡建设部《关于印发建筑业发展“十二五”规划的通知》（建市〔2011〕90号）、2012年住房和城乡建设部《关于印发“十二五”建筑节能专项规划的通知》（建科〔2012〕72号）、2012年科技部《关于印发“十二五”绿色建筑科技发展专项规划的通知》（国科发计〔2012〕692号）等政策，均有提及以装配式建筑为载体推动建筑工业化的发展，这是装配式建筑在政策文件中的早期探索。

2013年，国务院办公厅转发国家发展改革委、住房和城乡建设部《绿色建筑行动方案》（国发办〔2013〕1号），明确建筑行业推行建筑工业化，推广预制装配式建筑体系，加快发展预制和装配技术。2014年，中共中央 国务院、国务院办公厅以及住房和城乡建设部分别出台了《国家新型城镇化规划（2014—2020年）》（中发〔2014〕4号）、《国务院办公厅关于加强城市地下管线建设管理的指导意见》（国办发〔2014〕27号）、《住房城乡建设部关于推进建筑业发展和改革的若干意见》（建市〔2014〕92号）以及《工程质量治理两年行动方案》（建市〔2014〕130号），加速推行建筑工业化，推广管道预构件产品，提高预制装配化率，积极推进装配式建筑的落地实施。2015年工业和信息化部、住房和城乡建设部颁发《促进绿色建材生产和应用行动方案》（工信部联原〔2015〕309号），提出在绿色建材中推广装配式混凝土构件和钢结构、木结构建筑。在此期间，装配式建筑政策逐渐将生态文明放在突出位置，比如《绿色建筑行动方案》《“十二五”绿色建筑和绿色生态城区发展规划》《中共中央 国务院关于加快推进生态文明建设的意见》等文件，加强节约资源能源和保护环境，着力推进以装配式建筑为载体的绿色发展、循环发展和低碳发展。

2016 年 9 月 30 日，国务院办公厅发布《关于大力发展装配式建筑的指导意见》（国办发〔2016〕71 号），以政策形式明确了装配式建筑的定义、内涵及要求，并明确提出“以京津冀、长三角、珠三角三大城市群为重点推进地区，常住人口超过 300 万的其他城市为积极推进地区，其余城市为鼓励推进地区，因地制宜发展装配式混凝土结构、钢结构和现代木结构等装配式建筑。力争用 10 年左右的时间，使装配式建筑占新建建筑面积的比例达到 30%。同时，逐步完善法律法规、技术标准和监管体系，推动形成一批设计、施工、部品部件规模化生产企业，具有现代装配建造水平的工程总承包企业以及与之相适应的专业化技能队伍”的工作目标。此后，国家各部委以及各地方政府积极响应并促进出台了一系列指导性政策、技术政策和配套政策，包括承包模式、工程造价及监管机制、信息化、技术体系创新等，尤其是住房和城乡建设部颁布的《“十三五”装配式建筑行动方案》《装配式建筑示范城市管理办法》《装配式建筑产业基地管理办法》，明确推进装配式建筑的实施目标，并在全国范围推广示范城市和示范基地的建设。2020 年，住房和城乡建设部等 13 部委联合发布《关于推动智能建造与建筑工业化协同发展的指导意见》（建市〔2020〕60 号），装配式建筑进入快速发展时期。

在装配式建筑发展阶段，政策数量得到显著增长，政策内容也更加全面系统，政策体系逐步形成，尤其近几年，装配式建筑创新水平和应用规模取得一定成效，装配式建筑发展前景可观。

3.7.3 装配式建筑市场分析

1. 装配式建筑市场总体情况

2021 年 3 月，住房和城乡建设部通报了 2020 年度全国装配式建筑发展情况，全国 31 个省、自治区、直辖市和新疆生产建设兵团新开工装配式建筑共计 6.3 亿 m^2（不含港、澳、台），较 2019 年增长 50%，占新建建筑面积的比例约为 20.5%，完成了《“十三五”装配式建筑行动方案》确定的到 2020 年达到 15% 以上的工作目标。具体而言，京津冀、长三角、珠三角等重点推进地区新开工装配式建筑面积占全国的比例为 54.6%，积极推进地区和鼓励推进地区占 45.4%，重点推进地区所占比例较 2019 年进一步提高。其中，上海市新开工装配式建筑占新建建筑的比例为 91.7%，北京市为 40.2%，天津市、江苏省、浙江省、湖南省和海南省均超过 30%。

2018 年—2020 年，重点推进地区、积极推进地区以及鼓励推进地区的装配式建筑新开工面积逐年升高，具体如图 3-22 所示。

从结构形式看，2020 年新开工装配式混凝土结构建筑 4.3 亿 m^2，较 2019 年增长 59.3%，占新开工装配式建筑的比例为 68.3%；装配式钢结构建筑 1.9 亿 m^2，较 2019 年增长 46%，占新开工装配式建筑的比例为 30.2%。其中，新开工装配式钢结构住宅 1206 万 m^2，较 2019 年增长 33%，全年装配化装修面积较 2019 年增长 58.7%，但全装修建筑面积有所下降，这与疫情影响下开发商采取“精装改毛坯”策略以缓解资金压力有关。

2018 年—2020 年，新开工全装修与装配化装修建筑面积变化趋势如图 3-23 所示。

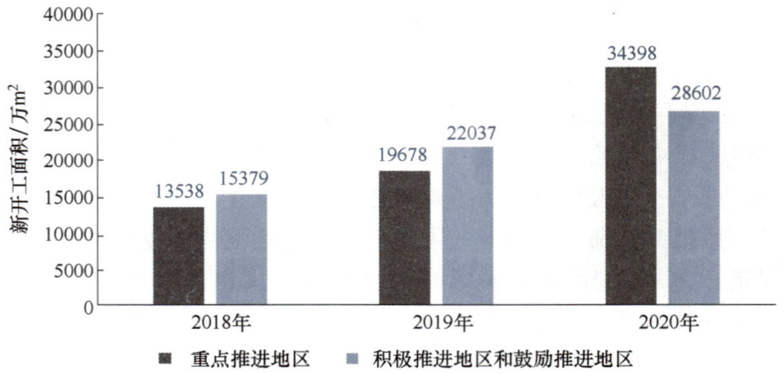

图 3-22　2018 年—2020 年三类区域装配式建筑新开工面积

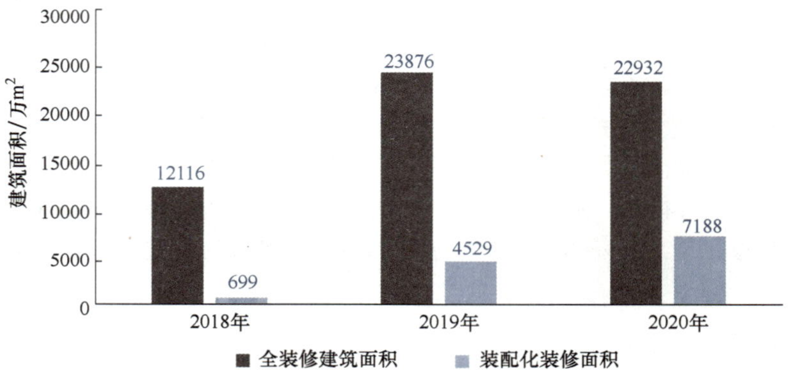

图 3-23　2018 年—2020 年新开工全装修与装配化装修建筑面积

从产业链发展看，截至 2020 年，全国共创建国家级装配式建筑产业基地 328 个，省级产业基地 908 个。在装配式建筑产业链中，构件生产、装配化装修成为新的亮点。其中，构件生产的产能和产能利用率进一步提高。以笔者收集到的数据为基础，将 2019 年装配式混凝土构件生产企业以及钢结构企业的产能情况汇总，情况如图 3-24 和图 3-25 所示。

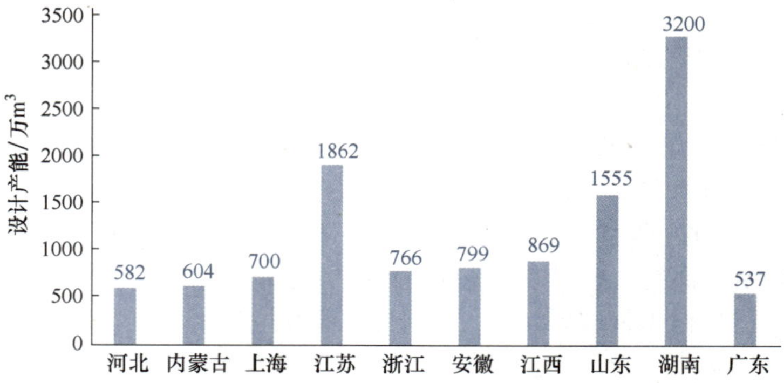

图 3-24　2019 年装配式混凝土构件生产企业及产能情况（产能排名前 10 省市）

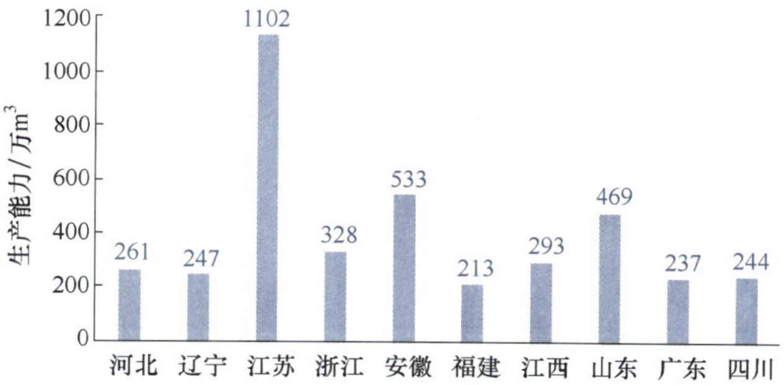

图 3-25 2019 年钢结构企业及产能情况（产能排名前 10 省市）

我国装配式建筑推广规模取得一定成效，然而仍然存在诸多问题和挑战。首先，构件标准化、模数化程度较低，由于设计环节缺乏标准化和模数化的理念指导，因此实际应用中不同规格尺寸的构件多，模具用量大，通用化生产水平低，生产、堆放、运输、安装等各个环节的管理相对困难，生产效率低，模具摊销成本和人工成本高，未能发挥装配式建筑优势。此外，应用 EPC 工程总承包的装配式建筑项目数量较少，工程总承包项目的管理水平也有待提升。多数地区工程总承包相关政策指导文件尚不明确，具有承接工程总承包项目能力的企业数量不足，全产业链各环节协同工作不足，不能实现整体效益最大化。并且，装配式建筑信息化发展滞后，建筑信息模型（BIM）虽有一定的研发和实践，但总体上推进缓慢，基本还停留在设计或模拟、展示层面，缺少对设计、生产、物流、施工全产业链的统筹应用。多数地区未建立信息化管理平台，信息化、智能化总体水平偏低。

2. 装配式建筑类型

（1）结构类型

按照建筑材料划分，我国装配式建筑主要采用钢结构、混凝土结构和木结构三种形式。钢结构体系具有自重轻、延性高、结构抗震性能好、绿色环保等特点，在材料回收、预制化生产方面优势明显，且可以很好地解决我国钢材产能过剩问题，但耐火性和耐蚀性较差，抗剪刚度不足，其在住宅（尤其高层）市场的规模推广受限。木结构体系围护结构与支撑结构相分离，具有隔热保温、隔音等特点，在加拿大应用得较多，主要用于别墅及低层住宅建造。我国人口密度大，森林资源缺乏，且在防火、防潮及防虫害方面面临很多问题，木结构体系不适宜城市高层住宅的使用。

装配式混凝土结构是指部分或全部主体结构使用预制混凝土构件，构件间通过节点连接而成，自重大、刚度高、防火及耐蚀性好，易于预制化生产和机械化施工，在我国装配式建筑市场占据主导地位。装配式混凝土结构体系根据纵向承重构件的不同划分为框架结构体系、剪力墙结构体系及框架-剪力墙结构体系三类，其主要内容及对比分析见表 3-15。

表 3-15 装配式混凝土结构体系主要类型及特点分析

结构体系	主要预制构件	主要特点	适用范围	典型技术体系	典型地区	典型项目
框架结构	预制柱、叠合梁、叠合板、预制外墙板、预制楼梯、预制/叠合阳台等	无承重墙体，内部空间布置灵活；现场吊装方便；高度受限	一级抗震设防烈度：8 度 结构高度：45m	世构体系（法国）； 日本鹿岛体系	深圳、上海，南京，辽宁，河北	沈阳万科春河里 17 号楼、香港理工大学专上学院红磡湾校区

（续）

结构体系	主要预制构件	主要特点	适用范围	典型技术体系	典型地区	典型项目
剪力墙结构	预制剪力墙、预制外墙板、预制/叠合阳台、叠合板、预制楼梯等	室内规整，无梁柱外露，但无法自由变化；工业化程度较高，施工难度大	一级抗震设防烈度：8度 结构高度：100m	大板体系；北京万科预制外墙体系	上海，江苏，北京，安徽，黑龙江，吉林	万科长阳半岛、地杰国际城B街坊（二期）、沈阳万科春河里
框架-剪力墙结构	预制柱、预制剪力墙、预制外墙板、叠合板、叠合梁、预制楼梯、预制/叠合阳台等	内部空间自由度较高，结构抗震性能较好，但施工要求较高	一级抗震设防烈度：8度 结构高度：100m	日本HPC体系；外墙挂板体系	深圳，江苏	南通海门老年公寓、上海浦江基地05-02地块、万科南京南站E-04楼

（2）产品体系

装配式建筑产品以预制构配件与一体化部品形式体现，根据《标准体系构建原则和要求》（GB/T 13016—2018）提出的要求，并结合已有成果，将建筑部品与构配件的产品体系按照四大系统，即结构构件、外围护部品、内装部品、设备管线进行大类划分。产品体系分为四个层次，分别为大类、中类、小类、细类，具体分类见图3-26所示。

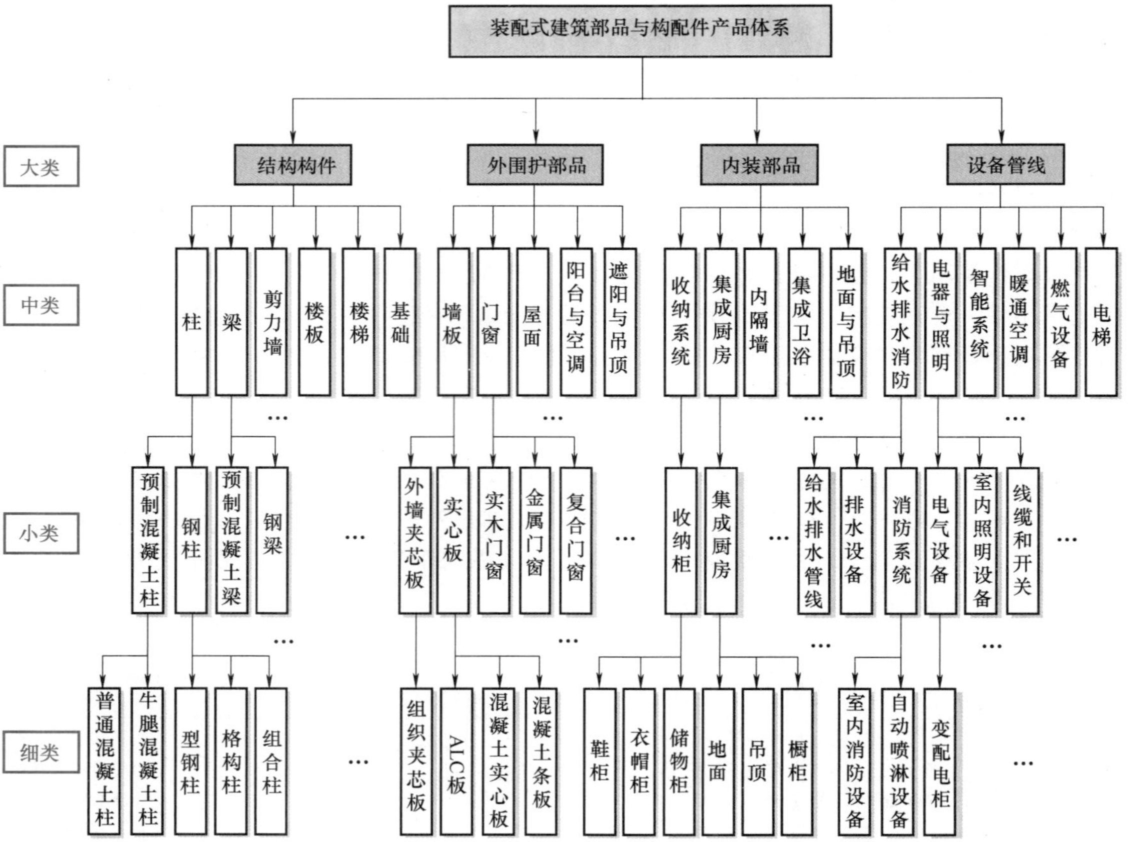

图3-26 装配式建筑部品与构配件产品体系

《装配式住宅建筑设计标准》（JGJ/T 398—2017）、《装配式混凝土建筑技术标准》（GB/T 51231—2016）、《装配式钢结构建筑技术标准》（GB/T 51232—2016）、《装配式木结构建筑技术标准》（GB/T 51233—2016）以及《装配式建筑工程消耗量定额》（TY01-01(01)-2016）等技术性文件为上述产品体系的构建提供支撑。

3. 装配式建筑发展模式

目前，装配式建筑发展模式主要包括四种类型，即房地产开发企业模式、总承包型企业模式、PC 构件企业模式及全产业链型企业模式。具体分析如下：

（1）房地产开发企业模式

房地产开发企业属于住宅产业链的金字塔尖，在住宅产业化的过程中扮演着重要的角色，特别是在当前装配式建筑的建造成本高于常规建造方式的建造成本的前提下。目前国内房地产开发企业在发展装配式建筑方面有着独特的优势，在这方面的代表企业有万科、碧桂园等，这些企业通过建设装配式住宅建筑，提升了建筑品质，缩短了建筑建造周期，提高了资金周转率。只有房地产开发企业将建筑产业化放在重要的位置上，从建筑工程项目全生命周期的高度和深度上来考虑建筑工业化的深远意义，才能不断提供高品质、宜居的住宅。从国际装配式建筑的发展路径来看，房地产开发企业模式可能成为未来装配式建筑的领军企业。

（2）总承包型企业模式

总承包模式，即项目的承建及 PC 构件加工一体化。以部分总承包企业为代表的装配式建筑研究和实践的企业，依托自身的技术力量和业务管理能力，进行了一定层面上的技术开发和研究，并成功将成果应用于实际项目中，取得了较好的效益。通过这种模式来控制质量和成本，使得总承包企业在装配式建筑项目的整体成本控制和市场开拓方面取得了比较有利的局面。总承包企业一般通过自建或合资建设 PC 构件厂，承接工业化住宅项目，但由于不具备市场主动权，一旦缺乏政府扶持，就可能陷入市场恶性竞争，容易出现开工项目不足、工厂产能过剩、价格竞争激烈等问题。

（3）PC 构件企业模式

经历了 20 世纪 80 年代装配式大板结构体系的部分 PC 厂，在新一轮建筑工业化发展之际迎来了又一次蓬勃发展的机遇。通过几十年的持之以恒的发展，这部分 PC 构件企业积累了力量和技术优势，在质量控制和工艺研发方面具备相当的沉淀和优势，使得部分 PC 构件生产在当前装配式建筑初期一直处于饱和状态，从而能保证企业的发展和盈利。由于 PC 构件企业通常仅负责 PC 构件的生产，不参与项目的前期开发、设计、现场施工管理，也无法去整合相应资源，因此相关问题也比较明显：其仅实施 PC 构件加工，而现场安装和施工企业对装配式建筑的技术和工艺并不熟悉，造成现场施工质量问题较多，成本增加，结果就是造成卖构件的企业赚钱而总承包企业赔钱的不利局面，这势必会造成装配式建筑的不可持续生产。PC 构件企业在装配式建筑发展过程中，由于所处的位置是产业链的末端，无法掌握和整合其他重要环节的资源和工作，因此企业发展瓶颈较大，长远发展的风险较高。

（4）全产业链型企业模式

全产业链型企业模式一般通过整合装配式建筑的规划、设计、生产、运输、安装、运维等全过程，实现项目全产业链的资源整合和项目管控。全产业链型企业作为主开发商和承建商，全过程参与，从项目的拿地价格、政府回购价、市场售价、成本测算方面提前准备和咨询。在项目实施阶段，从项目的设计、PC构件标准化、设计优化、成本控制、构件加工、工厂工艺设备选型、现场施工工艺工法等各环节着手，最终实现项目的质量和成本在可接受范围内。

4. 装配式建筑市场前景

在国家高质量、可持续发展战略与行业工业化、信息化与智能化转型的新形势下，装配式建筑市场前景广阔，将在未来很长一段时间内，作为新型建造方式的主流载体，实现越来越多的市场占有量，加速建筑业改革升级。

（1）装配式建筑结构的市场占比趋势

从目前装配式建筑结构的市场占比情况来看，主要以混凝土结构、木结构和钢结构的装配式建筑居多。根据住房和城乡建设部的统计信息，目前混凝土结构装配式建筑市场占比最高，钢结构次之。在未来一段时间内，受政府推广政策的影响，钢结构装配式建筑占比将以更快的速度增加，成为装配式建筑市场的主要结构形式。从市场总体占有率情况来看，装配式建筑还具有较大的提升空间，目前建设项目主要集中在住宅建筑的工业化领域，且以保障性住房居多。在国家政策引导下，各地将继续加快推进装配式建筑的工程建设活动，推进产业基地和示范工程建设，为装配式建筑市场发展注入活力。对于企业而言，需要积极关注装配式建筑市场动态，合理制订发展规划，积极影响国家政策号召，在未来的市场竞争中占据先机。

（2）装配式建筑产业接轨国际市场

虽然我国装配式建筑在近年来得到较快发展，但是与西方发达国家相比，由于我国装配式建筑发展起步较晚，在标准建设等方面还存在明显差距。在未来的装配式建筑发展过程中，我国应尽快与国际市场接轨，汲取先进的技术经验，推动我国装配式建筑产业的发展。比如美国装配式建筑的构件标准化程度非常高，接近于100%，在用户选购商品时，可以直接通过产品目录进行选择。其生产的构件具有良好的通用性，易于机械化生产。英国钢结构和模块化建筑的新建占比已经达到70%以上，而且有较为成熟的供应链管理体系，技术认定体系也较为完整。此外还有法国、德国、日本、新加坡等国家，其装配式建筑市场均较为发达，通过与其展开交流合作，能够加快我国装配式建筑市场发展。

（3）装配式建筑市场规模分析

根据前瞻研究院数据，2012年—2018年，我国装配式建筑市场规模从303亿元增长至6532亿元，年均复合增速66.83%；2018年—2022年，年均复合增速为9.22%，处于高速发展期。装配式建筑开工面积同样保持高速增长，2014年—2019年，我国装配式建筑新开工面积从4760万m^2增长至41800万m^2，年均复合增速为55.42%。

根据弗若斯特沙利文咨询公司数据，预计2019年—2023年PC构件市场规模年均复合增速为83.19%，到2023年规模达3053亿元，为装配式建筑发展提供基础。国内PC构件企业数量呈现爆发式增长。据中国混凝土与水泥制品协会预制构件分会数据：2018年全年新增PC构件企业近300家，新增各类PC生产线500条以上；2019年新增近200家，全国规模在3万m^3以上的企业已超过1000个。中建科技、宝业集团等大型工程总承包商依靠产业链优势，在全国各地布点PC企业，不断提高市场份额。

3.7.4 装配式建筑示范性建设成果

1. 国家住宅产业化基地

2002 年，建设部颁布《国家住宅产业化基地实施大纲》，明确提出建立国家住宅产业化基地。2006 年，建设部发布《国家住宅产业化基地试行办法》，完善了住宅产业化基地的管理办法和审批流程，这是早期开展装配式建筑示范性建设的指导性文件。截至 2015 年，我国在 19 个省份共建立了 70 个国家住宅产业化基地，包括 11 个国家住宅产业化试点城市、57 个国家住宅产业化企业基地和 2 个开发区。

国家住宅产业化示范/试点城市名单见表 3-16。

表 3-16 国家住宅产业化示范/试点城市名单

序号	示范/试点城市	省份
1	沈阳市人民政府	辽宁省
2	深圳市	广东省
3	济南市	山东省
4	绍兴市	浙江省
5	北京市	北京市
6	合肥市	安徽省
7	厦门市	福建省
8	乌海市	内蒙古
9	上海市	上海市
10	长沙市	湖南省
11	广安市	四川省

各省份国家住宅产业化企业基地分布统计见表 3-17。

表 3-17 国家住宅产业化企业基地分布统计

省份	企业基地	开发区	试点城市	总数	省份	企业基地	开发区	试点城市	总数
山东	8		1	9	天津	2			2
江苏	8			8	上海	1		1	2
浙江	6		1	7	福建	1		1	2
广东	6		1	7	新疆	2			2
北京	5		1	6	四川	1		1	2
河北	5			5	内蒙古	1		1	2
黑龙江	4			4	湖北	1			1
湖南	2		1	3	河南	1			1
安徽	1	1	1	3	贵州	1			1
辽宁	1	1	1	3					

国家住宅产业化区域分布如图 3-27 所示。

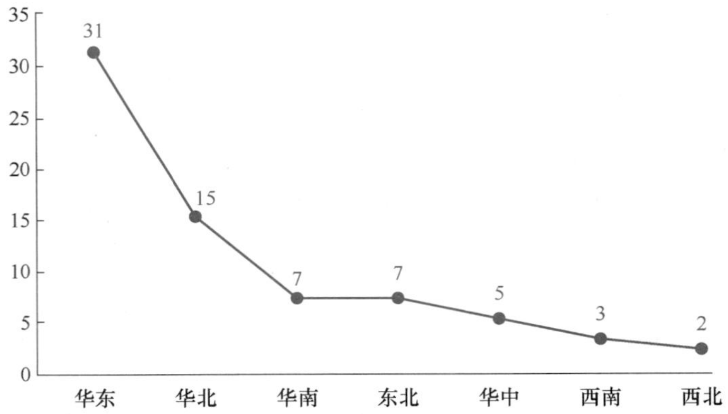

图 3-27　国家住宅产业化区域分布

自2012年以后，装配式建筑蓬勃发展，住宅产业化试点城市及基地的提法逐渐弱化。2017年，住房和城乡建设部在《"十三五"装配式建筑行动方案》中明确提出"到2020年，培育50个以上装配式建筑示范城市，200个以上装配式建筑产业基地，500个以上装配式建筑示范工程，建设30个以上装配式建筑科技创新基地，充分发挥示范引领和带动作用"。

2. 装配式建筑示范城市与产业基地

2017年，住房和城乡建设部公布首批30个装配式建筑示范城市和195个产业基地（183个企业基地，12个科研院所基地），并于2020年认定第二批18个装配式建筑示范城市和133个产业基地（园区类产业基地12个，企业基地121个）。

两批次装配式建筑示范城市名单见表3-18。

表 3-18　两批次装配式建筑示范城市名单

序号	城市	省份	序号	城市	省份
第一批次（2017年）					
1	北京市	北京市	16	沈阳市	辽宁省
2	天津市	天津市	17	包头市	内蒙古自治区
3	合肥市	安徽省	18	满洲里市	内蒙古自治区
4	合肥经济技术开发区	安徽省	19	青岛市	山东省
5	深圳市	广东省	20	济宁市	山东省
6	玉林市	广西壮族自治区	21	济南市	山东省
7	石家庄市	河北省	22	潍坊市	山东省
8	邯郸市	河北省	23	烟台市	山东省
9	郑州市	河南省	24	上海市	上海市
10	新乡市	河南省	25	成都市	四川省
11	荆门市	湖北省	26	广安市	四川省
12	长沙市	湖南省	27	唐山市	河北省
13	海门市	江苏省	28	宁波市	浙江省
14	南京市	江苏省	29	杭州市	浙江省
15	常州市武进区	江苏省	30	绍兴市	浙江省

（续）

序号	城市	省份	序号	城市	省份
第二批次（2020 年）					
1	重庆市	重庆市	10	武汉市	湖北省
2	福州市	福建省	11	西安市	陕西省
3	大连市	辽宁省	12	秦皇岛市	河北省
4	南通市	江苏省	13	扬州市	江苏省
5	台州市	浙江省	14	抚州市	江西省
6	赣州市	江西省	15	日照市	山东省
7	聊城市	山东省	16	宜昌市	湖北省
8	吉首市	湖南省	17	佛山市	广东省
9	贺州市	广西壮族自治区	18	宜宾市	四川省

装配式建筑产业基地数量较多，两批次共计 328 个，明细详见住房和城乡建设部网站发布的装配式建筑示范城市和产业基地名单。

3. 装配式建筑示范工程

伴随装配式建筑快速推进，涌现了大量的装配式建筑示范工程。

（1）北京万科金域缇香项目

该项目是国内首例预制装配整体式剪力墙技术和基础隔震技术相结合的工程，荣获北京市优秀工程勘察设计奖的“装配式专项奖”。

该项目是北京最早一批应用装配式建筑技术的住宅项目，顺应行业发展方向，为装配式技术后续的推广及优化提供了充分的技术储备。同时，在以装配式技术为基础的前提下，该项目充分融合了 BIM、绿色建筑等先进的技术理念，提高了综合效益，并取得了“三星级绿色建筑设计标识证书”。

在建筑的立面设计上，该项目追求相对规整、严谨的效果，以窗作为基础面组织立面关系，使整个立面形成独特肌理。建筑采用装配整体式剪力墙结构，预制构件的类型有预制外墙板、预制内墙板、预制叠合楼板、预制楼梯、预制阳台板和预制阳台挂板，如图 3-28 所示。

该项目 7#楼是国内首例预制装配整体式剪力墙技术和基础隔震技术相结合的工程，提高了全预制装配整体式剪力墙住宅建筑的抗震品质，为突破结构限高提供了可能。

图 3-28 北京万科金域缇香项目现场

（2）上海烘庐湾项目

该项目总建筑面积约 102299.54m^2，其中 1～15 号楼采用装配整体式剪力墙结构，外立面采用预制构件外墙板或预制构件夹芯保温一体化外墙板，拐角及暗柱采用预制构件 F 板，剪力墙、叠合楼板、阳台、设备平台、楼梯均采用预制装配式混凝土构件施工，单体预制率均达到 40% 以上，如图 3-29 所示。

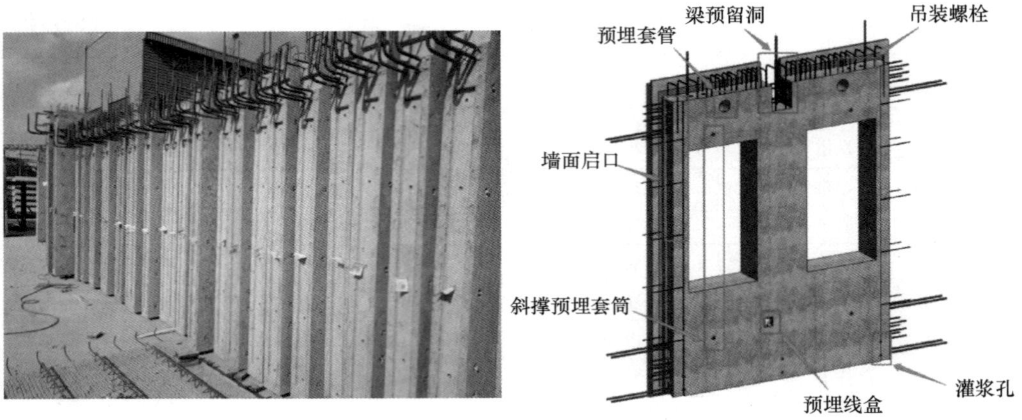

图 3-29 上海烘庐湾项目预制构件

项目特色一：SW 硅墨烯保温材料与结构一体化墙板。该项目 16#楼 KP 站采用保温结构一体化技术，将保温材料在 PC 厂反打至预制外墙上，运送至现场进行吊装组装，为保温材料与结构集成反打提供了新的实现路径，对简化构件制作环节、提高安装工效、降低建设成本、实现建筑外保温长期有效与安全、减低建筑物自重具有深远意义；据说该项技术的工法实践是国内首创，是 PC 建筑体系中的一项创新。

项目特色二：预制构件信息化管理。项目预制构件数量为 13217 块，均可从生产管理系统中拉出，100% 的构件采用信息化生产吊牌。采用工业化企业资源计划（ERP）系统和二维码技术，实现了构件的生产、运输、安装、验收全过程的信息化管理，特别是相应信息等内容，做到了手机移动 App 和计算机网页版均可快速查询，极大地提高了各使用单位操作人员的工作效率。

项目特色三：一体化 BIM 设计。采用土建、机电、装修一体化设计，并配合 BIM 技术及综合图，确保所有预埋点位正确，大大降低各环节出错率。

（3）深圳长圳公共住房及其附属工程项目

该项目是目前全国在建规模最大的装配式公共住房项目之一，全国最大的装配式装修和装配式景观社区之一，也是深圳市建设管理模式改革创新的试点项目。项目总投资约 58 亿元，总建筑面积约 116 万 m^2，建成后将提供近万套人才安居住房。该项目被评为国家可持续发展议程创新示范区的示范小区、国家“十三五”重点研发计划绿色建筑及建筑工业化重点专项的综合示范工程以及全国装配式建筑科技示范工程的三大示范工程之一，同时也是公共住房优质精品标杆、绿色建造标杆、全生命周期 BIM 应用、人文社区、智慧社区、科技住区、高品质住区、城市建设领域标准化运用八大标杆之一，如图 3-30 所示。

项目特色一：“三全 BIM”。采用“云桌面”的工作方式实现点对面的全专业协同模式，基于 BIM 模型辅助算量、虚拟建造、全专业 BIM 模型展示及全景虚拟现实（VR）技术，实现全员全专业的设计变更及流程管理，将线下设计生成的数字孪生建筑通过自主开发的轻量化引擎上传至互联网云平台，支持商务、制造、施工、运维的信息化管理。

项目特色二：无人机自动巡检，机器人三维建模，无人机云端预设航线，对现场无人化自动巡检，通过图形算法自动建立工地矢量化模型，构建了时间和空间维度的工地大数据系统。同时点云三维测绘机器人可以根据 BIM 设计模型自主规划作业路径并完成自主避障，完成项目现场毫米级点云测绘扫描，通过 5G 网络回传数据，于云端自动建立建筑点云模型，并与无人机模型进行整合，实现与 BIM 设计数据自动比对、自动生成质量报告。

图 3-30　深圳长圳公共住房及其附属工程项目

项目特色三：全生命周期构件追溯。BIM 模型轻量化引擎为每一个预制构件生成唯一身份编码，利用二维码技术全过程记录构件生产、施工等信息，实现构件全生命周期信息可追溯，建造过程全要素互联、全数据互通，如图 3-31 所示。

项目特色四：安全行为机器视觉识别。人工智能视觉识别结合自主学习技术和机器视觉技术，捕获现场人员动作和人员穿戴图像，对现场人员不安全行为进行实时识别、实时报警、现场处罚，最后将全过程记录于云端，持续规范现场人员安全行为，降低现场安全隐患。

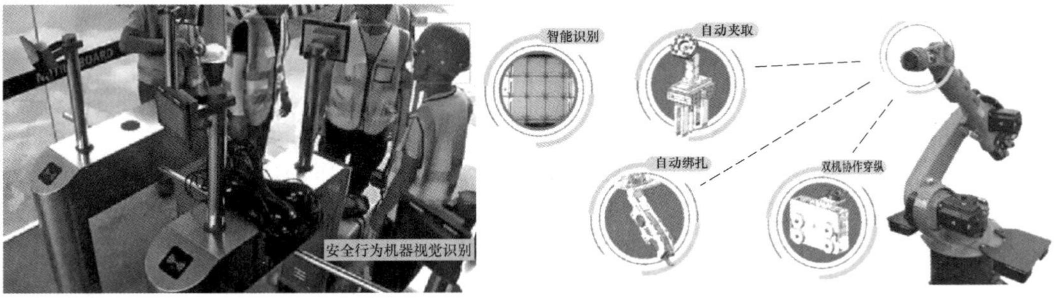

图 3-31　深圳长圳公共住房项目智能设备

3.8 养老地产投资机会

在全球人口老龄化日趋严重的背景下，我国作为人口第一大国，养老问题成为一大社会难题。第七次全国人口普查公报（第五号）数据显示，60 岁及以上人口为 2.64 亿人，占 18.70%，其中 65 岁及以上人口为 1.91 亿人，占 13.50%。从 2010 年第六次全国人口普查到 2020 年第七次全国人口普查的 10 年间，60 岁及以上的人口占比升高了 5.44 个百分点，65 岁及以上人口的比重上升了 4.63 个百分点，这主要与 20 世纪 50 年代第一次出生高峰所形成的人口队列相继进入老年期紧密相关。未来，第二次出生高峰所形成的更大规模人口队列则会相继进入老年期，这使得我国的人口老龄化水平从最近几年短暂的相对缓速的演进状态扭转至增长的“快车道”。

此外，就目前我国养老特征来说，一方面，我国人口老龄化表现出高龄化、空巢化与失能化的特征。全国老龄工作委员会办公室发布的第四次中国城乡老年人生活状况抽样调查成果显示，全国近20%老人为失能或半失能状态，空巢老人的比例高达51.3%。另一方面，实行计划生育以来，我国家庭规模不断缩小，“4—2—1”家庭结构已成为我国社会的主流家庭结构，传统的依靠子女养老的方式在这样的家庭结构中难以为继。所以，眼下我国社会的老龄化趋势和家庭养老功能的弱化注定住房将成为养老的基础需求，未来养老方式的转变必将依托于养老地产的突破与发展。

3.8.1 政策分析

改革开放以来，在党中央、国务院的领导下，我国老龄事业有了较快发展。

1982年3月，经国务院批准，“老龄问题世界大会中国委员会”成立。同年10月，经国务院批准将“老龄问题世界大会中国委员会”名称改为“中国老龄问题全国委员会”。然而，我国老龄工作自1982年国务院批准成立中国老龄问题全国委员会到20世纪90年代初的10多年间，一直没有远期规划，老龄工作的开展处于走一步看一步的状况。随着老龄工作的逐渐深入和人们对人口老龄化问题认识的不断深化，老龄事业发展与缺乏法规、政策、规划指导的矛盾日益突出地摆在了全国老龄工作者面前。

1994年12月，国家计委、民政部等部门联合制定了《中国老龄工作七年发展纲要(1994—2000年)》。它是我国老龄事业发展进程中，第一个全面规划老龄工作和老龄事业发展的重要指导性文件。它的起草发布，标志着我国老龄工作和老龄事业开始步入有计划的发展轨道，对于推动老龄工作和老龄事业的发展起到了重要作用。

1995年2月19日经国务院批准，“中国老龄问题全国委员会”更名为“中国老龄协会”，为国务院副部级事业单位，由民政部代管。

1999年10月，党中央、国务院决定成立全国老龄工作委员会。

2000年8月，党中央、国务院下发了《关于加强老龄工作的决定》（中发〔2000〕13号），有力地推动了我国老龄事业的发展。老年人的经济供养与医疗保障得到改善，老年福利、文化、教育、体育事业有了较快发展，老年人合法权益受到重视，敬老、养老、助老的社会氛围逐步形成，老年人生活质量明显提高，老龄组织健康发展，各级老龄工作委员会及其办事机构正在健全和加强。但是，我国老龄事业总体上仍滞后于人口老龄化的要求和社会经济的发展。社会保障制度不够完善，老年设施、产品与服务短缺，老年精神文化生活不够丰富，侵犯老年人合法权益的现象时有发生，适应社会主义市场经济体制的老龄事业发展机制尚待建立和完善。

2001年7月，国务院印发《中国老龄事业发展“十五”计划纲要（2001—2005年）》(国发〔2001〕26号)，加快老龄事业发展步伐，重点解决老龄事业发展中的突出问题，落实“老有所养、老有所医、老有所教、老有所学、老有所为、老有所乐”，把老龄事业推向全面发展的新阶段。

2005年8月，中国老龄协会与全国老龄工作委员会办公室实行合署办公。在国内以全国老龄工作委员会办公室的名义开展工作；在国际上主要以中国老龄协会的名义开展老龄事务的国际交流与合作（中央编办发〔2005〕18号）。

2006年2月，国务院批准并转发全国老龄工作委员会办公室和发展改革委等部门《关于加快发展养老服务业意见》（国办发〔2006〕6 号）。该意见要求各地区、各部门要充分认识发展养老服务业的重要意义，采取有效措施，推动养老服务业快速发展。

2010 年 5 月，国务院印发《关于鼓励和引导民间投资健康发展的若干意见》（国发〔2010〕13 号），鼓励民间资本参与发展社会福利事业。通过用地保障、信贷支持和政府采购等多种形式，鼓励民间资本投资建设专业化的服务设施，兴办养（托）老服务和残疾人康复、托养服务等各类社会福利机构。

2011 年 9 月，国务院印发《中国老龄事业发展“十二五”规划》（国发〔2011〕28 号），要求以科学发展为主题，以改革创新为动力，建立健全老龄战略规划体系、社会养老保障体系、老年健康支持体系、老龄服务体系、老年宜居环境体系和老年群众工作体系，服务经济社会改革发展大局，努力实现老有所养、老有所医、老有所教、老有所学、老有所为、老有所乐的工作目标，让广大老年人共享改革发展成果。

2012 年 7 月，为贯彻落实国务院《关于鼓励和引导民间投资健康发展的若干意见》（国发〔2010〕13 号）精神，民政部结合当前养老服务发展实际，制定并印发《民政部关于鼓励和引导民间资本进入养老服务领域的实施意见》（民发〔2012〕129 号）。

2013 年 2 月，商务部和民政部共同印发《关于香港、澳门服务提供者在内地举办营利性养老机构和残疾人服务机构有关事项的通知》，允许香港、澳门服务提供者在内地设立营利性养老机构。

2013 年 4 月，为了规范和加强中央专项彩票公益金支持农村幸福院项目管理工作，根据《彩票管理条例》《彩票管理条例实施细则》和《彩票公益金管理办法》（财综〔2012〕15 号）的有关规定，财政部、民政部制定并印发了《中央专项彩票公益金支持农村幸福院项目管理办法》（财综〔2013〕56 号）。

2013 年 6 月，民政部会议通过并公布《养老机构设立许可办法》（民政部令第 48 号）和《养老机构管理办法》（民政部令第 49 号），以规范养老市场和养老机构的管理。

2013 年 9 月，国务院印发《关于加快发展养老服务业的若干意见》（国发〔2013〕35 号），要求各省、自治区、直辖市人民政府，国务院各部委、各直属机构完善市场机制，充分发挥市场在资源配置中的基础性作用，逐步使社会力量成为发展养老服务业的主体，营造平等参与、公平竞争的市场环境，大力发展养老服务业，提供方便可及、价格合理的各类养老服务和产品，满足养老服务多样化、多层次需求。随后，国务院印发《关于促进健康服务业发展的若干意见》（国发〔2013〕40 号），旨在推进医疗机构与养老机构等加强合作，在养老服务中充分融入健康理念，加强医疗卫生服务支撑，建立健全医疗机构与养老机构之间的业务协作机制，鼓励开通养老机构与医疗机构的预约就诊绿色通道。要求各地统筹医疗服务与养老服务资源，合理布局养老机构与老年病医院、老年护理院、康复疗养机构等，形成规模适宜、功能互补、安全便捷的健康养老服务网络。

2014 年 5 月，民政部、国土资源部、财政部、住房和城乡建设部印发《关于推进城镇养老服务设施建设工作的通知》，要求各级民政、财政、国土资源、住房和城乡建设等部门加强组织领导，密切合作，定期开展督促检查，加快推进城镇养老服务设施建设。

2014 年 8 月，国务院印发《关于加快发展现代保险服务业的若干意见》（国发〔2014〕29 号），要求创新养老保险产品服务，为不同群体提供个性化、差异化的养老保障，推动个人储蓄性养老保险发展，开展住房反向抵押养老保险试点，发展独生子女家庭保障计划，探索对失独老人保障的新模式，发展养老机构综合责任保险，支持符合条件的保险机构投资养老服务产业，促进保险服务业与养老服务业融合发展。

2014年9月，国家发展改革委、民政部、财政部、国土资源部、住房和城乡建设部、国家卫生计生委、人民银行、税务总局、体育总局和银监会印发《关于加快推进健康与养老服务工程建设的通知》（发改投资〔2014〕2091号），旨在加快推进健康服务体系、养老服务体系和体育健身设施建设。

2014年11月，商务部印发《关于推动养老服务产业发展的指导意见》（商服贸函〔2014〕899号），旨在充分发挥社会力量的主体作用，扩大养老服务产业规模，推动养老服务产业化发展。该意见要求在健全家政服务体系建设的基础上，加快推动居家养老、社区养老和集中养老的发展，探索以市场化方式发展养老服务产业的新途径、新模式。2014年11月，国务院也印发《关于创新重点领域投融资机制鼓励社会投资的指导意见》（国发〔2014〕60号），鼓励养老产业发展，完善落实建设运营税费优惠政策。2014年11月24日，商务部、民政部印发《关于外商投资设立营利性养老机构有关事项的公告》（2014年第81号），明确了我国政府鼓励外国投资者投资营利性养老机构的态度，并且细化了外国投资者设立营利性养老机构的条件、程序、权利及限制等方面的内容，为外国投资者投资营利性养老机构提供了指引。

2015年2月，民政部、国家发展改革委、教育部、财政部、人力资源社会保障部、国土资源部、住房和城乡建设部、国家卫生计生委、银监会和保监会印发《关于鼓励民间资本参与养老服务业发展的实施意见》（民发〔2015〕33号），旨在充分发挥市场在资源配置中的决定性作用和更好地发挥政府作用，逐步使社会力量成为发展养老服务业的主体。

2015年3月，国土资源部、住房和城乡建设部印发《关于优化2015年住房及用地供应结构促进房地产市场平稳健康发展的通知》（国土资发〔2015〕37号），鼓励增加养老产业用地。随后，国家发展改革委办公厅印发《战略性新兴产业专项债券发行指引》，明确指出要加大债券融资方式对健康与养老服务等七大类重大投资工程包，以及养老健康消费等六大领域消费工程的支持力度。

2015年4月，为贯彻国务院《关于加快发展养老服务业的若干意见》（国发〔2013〕35号）精神，加大企业债券融资方式对养老产业的支持力度，引导和鼓励社会投入，国家发展改革委办公厅印发《养老产业专项债券发行指引》（发改办财金〔2015〕817号）。随后，为了促进社会养老服务健康可持续发展，破解长期以来制约发展的融资难问题，根据国务院《关于加快发展养老服务业的若干意见》等文件精神，民政部和国家开发银行本着“优势互补，促进发展”的原则，决定进一步合作加大对社会养老服务体系建设的支持，提出《关于开发性金融支持社会养老服务体系建设的实施意见》（民发〔2015〕78号）。2015年4月22日，为进一步加快发展养老服务业，国家发展改革委办公厅、民政部办公厅和老龄委办公室综合部印发《关于进一步做好养老服务业发展有关工作的通知》（发改办社会〔2015〕992号）。

2015年11月，为贯彻落实国务院《关于加快发展养老服务业的若干意见》（国发〔2013〕35号）和《国务院关于促进健康服务业发展的若干意见》（国发〔2013〕40号）等文件要求，国务院办公厅转发国家卫生计生委等部门《关于推进医疗卫生与养老服务相结合的指导意见》（国办发〔2015〕84号），以进一步推进医疗卫生与养老服务相结合。随后，国务院办公厅印发《关于加快发展生活性服务业促进消费结构升级的指导意见》（国办发〔2015〕85 号），要求推进医疗机构与养老机构加强合作，发展社区健康养老，以满足日益增长的养老服务需求为重点，完善服务设施，加强服务规范，提升养老服务体系建设水平。2015 年 11 月 23 日，国务院印发《关于积极发挥新消费引领作用加快培育形成新供给新动力的指导意见》（国发〔2015〕66 号），引领养老服务消费升级。

2016 年 3 月，中国人民银行、民政部、银监会、证监会和保监会印发《关于金融支持养老服务业加快发展的指导意见》（银发〔2016〕65 号），积极应对人口老龄化，要求大力推动金融组织、产品和服务创新，改进完善养老领域金融服务，加大对养老服务业发展的金融支持力度，促进社会养老服务体系建设。

2016 年 4 月，民政部和国家卫生计生委印发《关于做好医养结合服务机构许可工作的通知》（民发〔2016〕52 号），旨在推进医养结合进一步发展。

2016 年 10 月，民政部、国家发展改革委等 11 部门联合印发《关于支持整合改造闲置社会资源发展养老服务的通知》（民发〔2016〕179 号），支持利用闲置资源发展养老服务，要求通过整合改造闲置社会资源，有效增加供给总量，推动养老服务业发展提质增效，更好地满足社会日益增长的养老服务需求。

2016 年 11 月，国务院办公厅印发《关于进一步扩大旅游文化体育健康养老教育培训等领域消费的意见》（国办发〔2016〕85 号），要求全面提升养老消费，全面放开养老服务市场，提升养老服务质量，支持整合改造闲置社会资源发展养老服务机构，探索建立适合国情的长期护理保险制度政策框架。

2016 年 12 月，国务院办公厅印发《关于全面放开养老服务市场提升养老服务质量的若干意见》（国办发〔2016〕91 号），以促进养老服务业更好更快发展。2016 年 12 月 31 日，中共中央　国务院印发《关于深入推进农业供给侧结构性改革加快培育农业农村发展新动能的若干意见》（中发〔2017〕1 号），要求发展富有乡村特色的民宿和养生养老基地，完善城乡居民养老保险筹资和保障机制，重点支持乡村休闲旅游养老等产业和农村三产融合发展。

2017 年 1 月，民政部、国家发展改革委等部门印发《关于加快推进养老服务业放管服改革的通知》（民发〔2017〕25 号），要求尽快破除养老服务业发展瓶颈，激发市场活力和民间资本潜力，促进社会力量逐步成为发展养老服务业的主体，推进养老服务业简政放权、放管结合、优化服务改革。

2017 年 2 月，工业和信息化部、民政部和国家卫生计生委印发《智慧健康养老产业发展行动计划（2017—2020 年）》，以加快智慧健康养老产业发展，培育新产业、新业态、新模式，促进信息消费增长，推动信息技术产业转型升级。随后，国务院印发《"十三五"国家老龄事业发展和养老体系建设规划的通知》（国发〔2017〕13 号），积极开展应对人口老龄化行动，推动老龄事业全面协调可持续发展，健全养老体系。

2017 年 3 月，国务院办公厅印发《关于进一步激发社会领域投资活力的意见》（国办发〔2017〕21 号），进一步推动养老产业的发展。

2017 年 6 月，国务院办公厅印发《关于制定和实施老年人照顾服务项目的意见》（国办发〔2017〕52 号），落实党中央　国务院关于老年人照顾服务工作的决策部署，从我国国情出发，立足老年人法定权益保障和服务需求，整合服务资源，拓展服务内容，创新服务方式，提升服务质量。2017年7月，国务院办公厅印发《关于加快发展商业养老保险的若干意见》（国办发〔2017〕59号），要求以完善养老风险保障机制、提升养老资金运用效率、优化养老金融服务体系为方向，依托商业保险机构专业优势和市场机制作用，扩大商业养老保险产品供给，拓宽服务领域，提升保障能力，充分发挥商业养老保险在健全养老保障体系、推动养老服务业发展、促进经济提质增效升级等方面的生力军作用。

2017年8月，财政部、民政部和人力资源社会保障部共同印发《关于运用政府和社会资本合作模式支持养老服务业发展的实施意见》（财金〔2017〕86号），鼓励运用政府和社会资本合作（PPP）模式推进养老服务业供给侧结构性改革，加快养老服务业培育与发展，形成多层次、多渠道、多样化的养老服务市场，推动老龄事业发展。随后，民政部和国家标准委印发《养老服务标准体系建设指南》（民发〔2017〕145号），以加快建立全国统一的养老院服务质量标准和评价体系。

2017年11月，国家卫生计生委办公厅印发《"十三五"健康老龄化规划重点任务分工的通知》（国卫办家庭函〔2017〕1082号），细化老龄事业各项任务及分工，推动养老产业进一步发展。

2017年12月，民政部、全国老龄办等9部委印发《关于加强农村留守老年人关爱服务工作的意见》（民发〔2017〕193号），要求进一步加强农村留守老年人关爱服务工作，加快建立健全农村留守老年人关爱服务体系。

2018年1月，国务院办公厅印发《关于改革完善全科医生培养与使用激励机制的意见》（国办发〔2018〕3号），要求加强对全科医生的中医药和康复医学知识与技能培训，将中医药作为其继续教育的重要内容，鼓励提供中医诊疗、养生保健康复、健康养老等服务。

2018年3月，根据第十三届全国人民代表大会第一次会议批准的国务院机构改革方案，将全国老龄工作委员会办公室的职责整合，组建中华人民共和国国家卫生健康委员会，保留全国老龄工作委员会，日常工作由国家卫生健康委员会承担。

2018年5月，国务院印发《关于建立企业职工基本养老保险基金中央调剂制度的通知》（国发〔2018〕18号），要求加快统一养老保险政策、明确各级政府责任、理顺基金管理体制、健全激励约束机制，不断加大调剂力度，尽快实现养老保险全国统筹。

2018年6月，全国老龄工作委员会印发《〈"十三五"国家老龄事业发展和养老体系建设规划〉评估指标体系》，以推动我国老龄事业进一步发展和养老体系进一步完善。

2018年7月，国务院常务会议决定取消养老机构设立许可等17项行政许可事项。这是国务院深化养老服务业"放管服"改革、优化营商环境的重大决策部署，是进一步激发养老服务业创新活力的重要举措，旨在更大限度激发市场活力、调动人的积极性和社会创造力，聚焦市场主体和人民群众的痛点难点，突出重点，简政放权，营造公平竞争的市场环境，激发创业创新活力。

2018年9月，中共中央　国务院印发《关于完善促进消费体制机制进一步激发居民消费潜力的若干意见》，以刺激养老产业消费增长。同日，住房城乡建设部办公厅发布《关于行业标准〈养老设施智能化系统技术标准〉公开征求意见的通知》，就《养老设施智能化系统技术标准（征求意见稿）》向社会公开征求意见。随后，中共中央　国务院印发《乡村振兴战略规划（2018—2022年）》，要求进一步完善城乡居民基本养老保险制度，加快建立城乡居民基本养老保险待遇确定和基础养老金标准正常调整机制，提升农村养老服务能力，推动农村养老产业进一步发展。接着，国务院办公厅印发《关于调整全国老龄工作委员会组成人员的通知》（国办发〔2018〕96 号），决定根据机构设置、人员变动情况和工作需要，对全国老龄工作委员会组成人员进行调整。

2018 年 10 月，民政部、国家发展改革委和国务院扶贫办印发《深度贫困地区特困人员供养服务设施（敬老院）建设改造行动计划》（民发〔2018〕127 号），要求加强行动计划与养老体系建设规划，改善深度贫困地区供养服务设施条件，提高集中供养服务能力，更好满足照料服务需求。

2019 年 2 月，中共中央办公厅、国务院办公厅印发了《关于促进小农户和现代农业发展有机衔接的意见》，支持小农户利用自然资源、文化遗产、闲置农房等发展养生养老等项目，拓展增收渠道。

2019 年 3 月，国务院办公厅印发《关于推进养老服务发展的意见》（国办发〔2019〕5 号），针对养老服务市场活力尚未充分激发，发展不平衡不充分、有效供给不足、服务质量不高等问题，要求破除发展障碍，健全市场机制，持续完善居家为基础、社区为依托、机构为补充、医养相结合的养老服务体系。

2019 年 4 月，中共中央 国务院印发《关于建立健全城乡融合发展体制机制和政策体系的意见》，要求完善统一的城乡居民基本养老保险制度，构建多层次农村养老保障体系，创新多元化照料服务模式，健全健康养老等新业态培育机制。

2019 年 7 月，国务院办公厅发布《关于同意建立养老服务部际联席会议制度的函》（国办函〔2019〕74 号），进一步加强对养老服务工作的领导，强化统筹协调，形成工作合力，建立养老服务部际联席会议制度。

2020 年 11 月，国务院办公厅发布《关于建立健全养老服务综合监管制度促进养老服务高质量发展的意见》（国办发〔2020〕48 号），明确监管重点、落实监管责任、创新监管方式、加强保障和落实，并明确了养老服务综合监管相关部门职责分工。

2020 年 12 月，国务院办公厅发布《关于促进养老托育服务健康发展的意见》（国办发〔2020〕52 号），指出要健全老有所养的政策体系，扩大多方参与、多种方式的服务供给，打造创新融合、包容开放的发展环境，完善依法从严、便利高效的监管服务，并对重点任务进行了分工。

自 2013 年国务院发布《关于加快发展养老服务业的若干意见》以来至 2015 年，养老政策逐步攀升至一个高峰；2016 年至 2018 年，政策数量有所减少但仍然保持活跃状态，国务院发布了《关于全面放开养老服务市场提升养老服务质量的若干意见》，印发了《"十三五"国家老龄事业发展和养老体系建设规划》，持续推进养老产业发展；2019 年，国务院发布《关于推进养老服务发展的意见》进一步引导养老产业的发展，政策数量再次达到高峰，政策文本也逐渐开始聚焦到具体政策的落实上来；2020 年，国务院办公厅发布《关于建立健全养老服务综合监管制度促进养老服务高质量发展的意见》，对养老相关产业的监督进一步落实细化。

通过政策梳理，一方面可以看到政府更多地站在民生问题的角度解决养老问题，将养老作为改善民生的重点；另一方面也可以看到国务院近 10 年来积极出台养老相关政策，在宏观层面制订长期发展规划，非常重视养老产业的发展。此外，政策文本形式以意见和通知为主，主要为具有指导性或者引导性的规范性文件，这说明我国中央政府正着力推动和引导养老产业规范发展。但是，相关法律条例的空缺使得产业发展缺乏强有力的约束和保障，我国养老产业发展相关的法律体系亟待构建完善。

3.8.2　市场分析

在社会老龄化的巨大压力下，养老地产成为“朝阳行业”，未来市场潜力巨大。然而，养老地产的兴起毕竟才短短十几年，目前还处于初步形成阶段，尚未摸索出成熟的盈利模式，其产品开发、运作运营模式等各有不同。因此，通过对养老地产模式的探讨和分析，能够更好地掌握市场变化，从而觉察市场商机。我国社会投资方也进行了诸多尝试，如北京太阳城开发大型复合养老社区，万科打造养老地产三条产品线（持续照料中心随园、城市全托中心怡园和社区嵌入中心嘉园），上海亲和源开发俱乐部模式的老年公寓等。

1. 养老地产主体多元化

老龄化社会催生的“银发经济”，促使众多保险企业和房企纷纷掘金养老地产项目，通过跨界合作、资源共享的方式，创新养老地产运作模式。大量保险企业、房地产开发企业和外资企业纷纷举资布局我国养老地产。在前景日渐明朗的趋势下，行业资金规模将继续得到扩张，发展趋势乐观。

在养老产业布局上，房地产开发商为第一大参与主体，其拥有的不动产所有权、强大的资金后盾、丰富的开发运营经验、庞大的客群资源为最大的优势，能促进养老地产蓬勃发展。从房企的养老地产布局中可看出，基本以机构养老和社区养老为主，结合不同的创新模式和产品概念，贴近不同老年人的需求，打造复合型、生态型的综合养老服务项目（见表3-19）。

表3-19　房地产开发企业投资的养老地产项目

房地产开发企业	养老地产项目
万科	自理型机构养老为主的CCRC（Continuing Care Retirement Community，持续照料退休社区）模式：随园嘉树（活跃长者公寓）、随园护理院（家庭式长者康复护理中心）、随园之家（社区居家养老服务中心），三者共同形成养老产业生态闭环 护理型机构养老为主：怡园光熙长者公寓 社区型养老（嵌入式养老服务中心）：上海智汇坊、万科幸福家
远洋	高端机构型养老：椿萱茂，失智照护特色
绿城	学院式社区养老：乌镇雅园 机构型养老：颐养公寓
保利	复合型养老：保利·西塘越 机构型养老：和熹会 社区型养老：和熹会生活馆
绿地	社区型养老（嵌入式养老服务中心）：和佑万家居家养老服务中心 机构型养老：21城孝贤坊
复星	机构型养老：星堡中环养老社区 社区型养老：蜂邻健康服务中心 CCRC养老社区：宁波星健兰庭

例如，远洋集团的椿萱茂定位于高端养老，属于机构型养老的一种，面向全龄长者提供生活服务、生活照料服务（生活照料、康复训练、医疗护理）。该项目还与美国领先的失智照护运营商 Meridian 通力合作，推出最高级别的老年失智照护解决方案——“忆路同行”，为失智老人提供特别的照护服务。在国内养老机构普遍不具备接收失智长辈的能力时，椿萱茂老年公寓就已经具备了国际水准的失智照护专业能力。

复星集团也积极布局养老地产。复星首个养老项目——星堡中环养老社区，采用的是国内尚处试水阶段的持续照料退休社区模式，为老年人提供自理、介护、介助一体化的居住设施和服务。为更好地推进养老产业的发展，复星集团成立了全资子公司——星健。星健依托复星集团地产、金融和医药这种“1+1+1”模式的核心优势资源，全方位探索养老产业模式的创新和运营能力的提升。

除了房地产开发商外，不少保险资金和养老服务机构也纷纷“试水”养老地产项目（见表 3-20）。有着丰富闲置资金、丰厚客户资源的保险企业也凭借自身优势与创新能力，推出与养老地产项目比较匹配的保险项目，养老地产成为保险资金聚集地。近年来，泰康人寿、中国人寿、中国平安、新华保险、合众人寿等多家保险企业纷纷拿地，进军养老地产。保险企业通过与房企开发商合作或自主开发养老地产项目，并随之开发养老保险项目，拓宽投资渠道。

表 3-20 保险资金投资的养老地产项目

保险企业	养老地产项目
泰康人寿	泰康之家养老社区
中国平安	养老养生综合体合悦·江南
合众人寿	合众优年养老社区
中国人寿	阳澄湖养老社区
太平人寿	“梧桐之家”颐养社区

而养老服务机构的加入，则赋予了养老地产更为专业的元素。通过优质的服务、专业的技术以及团队的组建，养老服务机构逐渐成为养老产业中不可或缺的一部分，并担当起了养老地产服务配套商的角色。

2. 我国养老地产布局

养老地产产品的类型可以简单地划分为复合型养老、机构型养老、社区型养老、特色主题养老，而从布局及业态规划的产品属性上划分，则可以再细分成各种不同的产品。养老项目类型还包括全龄社区、嵌入式服务中心、老年公寓、医养结合型养老、教养结合型养老、旅游养老等。以上养老地产项目是养老布局的不同形态，在养老地产开发中还存在将以上几种形态结合的多功能产品项目。其中综合型社区基本囊括了养老服务的所有业态，是配备齐全的生活社区，而这也是现今众多房地产开发商及保险资金布局的方向，旨在营造一个养老生态闭环。

3. 我国养老地产的运作与盈利模式

（1）长期持有型

长期持有型养老地产是指项目的产权仍在经营者手里，出售使用权给消费者。其优势在于投资者能够保障项目的管理效果和服务水平，在长期的持有中，根据市场反应调整运营策略，积累项目口碑和知名度，投资者也能获得持续稳定的回报。其劣势在于投资回报周期长，前期资金投入压力大。长期持有型养老地产目前常见盈利模式有三种：押金制、会员制和保单捆绑制。

1）押金制。押金制是指老年人先缴纳一笔押金，然后每月支付租金，押金最后返还。但这种模式会导致前期资金回笼少，容易面临资金链断裂的危险，因此需要保证前期有足够的现金。北京市首个“医养结合”试点养老机构——双井恭和苑正是采用的这种模式。双井恭和苑是北京率先推出“喘息服务”的养老院，服务针对自理、失能、失智老人。老人在入住前需缴纳5万元押金，离院则无偿退回。同时恭和苑也为老人长期购买服务提供优惠，如一次性缴纳几年则可获得优惠折扣。

2）会员制。会员制一般在前期会员缴纳高额会费，这部分收入可以回收一部分的房屋建设成本；然后会员根据所住房型每年缴纳管理费，这部分则成为养老产业的主要收入。这种会员制的管理模式，可以出售长、短租会员卡，对自理、半自理、非自理的客户提供有针对性、个性化的服务，并收取租金。其盈利以房屋出租收益为主，配套产品经营收益为辅。上海亲和源正是典型的会员制高端养老社区，收费包括会费与年费，会员缴纳一次性的入会费和每年的年费就可以入住老年公寓，享受各种设施和服务。老年公寓会员卡分两种：A卡可继承、可转让，有效期与房屋土地的使用年限相同，其本质上就是公寓销售；B卡不可继承、不可转让，具有有效期限，如老人离院时期限未满，剩余年份的费用退还给家属，超过有效期限的，超过的部分免费，其本质上就是公寓出租。由于该项目的大多数会员持有的是B卡，这种以出租为主的运营模式投入高、回收周期长，给该项目的现金流带来很大压力，还需要出售其他项目和部分公寓产权来获得资金回流。

3）保单捆绑制。保单捆绑制是指入住的养老项目与寿险公司的保单挂钩，投保者在购买保险的同时获得入住养老社区的权利。泰康人寿、太平人寿、合众人寿等都是将保险产品挂钩养老社区的。如泰康人寿的“泰康之家”养老社区，与其绑定的是一款高端养老年金产品，缴纳高额的保金后，老人在享有保险利益的同时，还可以享受“泰康之家”养老社区的入住资格。保险合同产生的利益可用来支付社区每月的房屋租金和居家费用。

（2）销售型

销售型养老地产，相对于普通住宅增加了一些适老化设计，或者在社区增加了嵌入式的养老服务中心，然后通过销售物业来回笼资金，且没有后续管理问题。国内养老地产正处于初期发展阶段，盈利模式尚在探索，政策配套尚待完善，因此，销售型养老地产运作模式既能给房地产开发商一个“试水”养老产业的机会，又能降低因投资回报周期过长而产生的资金风险。例如，绿城乌镇雅园、平安和悦·江南、天地健康城等都是此类项目。

首创学院式养老的绿城乌镇雅园项目，有养生养老、健康医疗和休闲度假等主题，并通过整合资源打造一站式养生养老产业链，使产品进入细分化的错位经营领域。乌镇雅园前期采用出售的形式，后期发现为了提供更好的养老服务，出租是更适合的运营方式，因此逐渐演变成租售并举的方式。

（3）租售结合型

租售结合型养老地产通常包括住宅和老年公寓两部分：住宅包括普通公寓和别墅，用来销售，是回收资金的主力，并对持有型物业形成支持；而老年公寓则嵌入普通社区，用于出租。项目社区内通常都配备专门的养老设施，如护理中心、照料中心以及老年娱乐生活设施等。例如，万科幸福汇老年公寓就是采用租售并举的方式，分为两种业态：一是利用商业配套设施建设的“活跃长者之家”，万科作为产权持有者，由上海亲和源负责经营管理，主要用于出租；二是配建于住宅部分的“活跃长者住宅”，直接面向市场销售。这种方式能够降低资金风险，并能进行更为灵活的管理。

4. 养老地产的前景展望

(1) 金融工具优化使用，促进养老资本多样化

尽管养老产业市场前景乐观，吸引了各路资本蜂拥而上，但是，需要注意的是，养老产业才刚起步，市场接受度尚需继续提升，养老群体的多样需求仍需发掘，产品的创新开发仍需完善，盈利模式仍未清晰。据有关统计，全球养老产业一般利润也就在 10% 左右，国内不少养老企业更是难以达到收支平衡。因此，在进军养老市场的路上，企业应当优化使用金融工具，扩宽投融资渠道，如加强政府创投引导基金或养老产业基金、房地产信托投资基金、养老债券、PPP 等，促进养老产业资本多样化。

(2) 创新养老产品，促进开发运营面向连锁化、微型化、精细化

养老地产将逐渐进入理性、有序的发展，以万科、远洋、保利、绿城、泰康等先发企业为代表的养老地产将慢慢走向连锁化运营阶段。例如，保利和熹健康生活馆与保利和熹会一起被打造成保利养老产业全国布局的连锁品牌，并逐步全面在所有保利社区里推进。

同时，在互联网时代，养老地产的发展也必将搭乘高科技的快车，充分发挥创新思维，打通线上线下渠道，打造线上到线下（O2O）物业服务体系，实现“互联网 +”养老地产。

另外，未来产品将更加贴近服务群体的个性化需求，向微型化、精细化发展，精准的定位和产品策略将成为其立足于养老市场的主要竞争力。

(3) 消费场景延伸，打造全面养老产业链

养老产业除了聚焦于老年人的生活场景外，同时还可以延伸至衣食住行、护理、休闲娱乐等各个消费场景，打造全面养老产业链。以养老服务为纽带，上下游延伸、横向拓展，就是一条产业链。在发展养老地产的同时，还可以撬动产业链上的其他板块，实现资源的整合和互补，打造全生态的产业服务链。

3.9 特色小镇投资机会

3.9.1 政策分析

作为推动新型城镇化的重要载体和突破点，近几年特色小镇的建设浪潮席卷了全国各地。为全面促进特色小镇的建设发展，充分发挥特色小镇推进城乡一体化的重要抓手作用，从国家到地方都不断出台各种相关扶持政策。截至 2020 年年底，全国共发布特色小镇相关政策 229 个，其中国家层面共发布 28 个、省级政策 109 个、市级政策 92 个。本节对已出台的国家级政策进行解读。

2016 年 7 月，住房和城乡建设部、国家发展改革委、财政部联合下发了《关于开展特色小镇培育工作的通知》（建村〔2016〕147 号），这是支持特色小镇建设的首个国家层面

政策。自此之后，国家发布政策的密度不断加大，尤其是2017年，更是进入了实质性推动的一年。近两年，国家继续出台政策明确特色小镇建设要求，2019年3月国家发展改革委发布的《2019年新型城镇化建设重点任务》（发改规划〔2019〕617号）中明确支持特色小镇有序发展，坚持政府引导，市场化运作；2020年10月，国务院办公厅同意并转发国家发展改革委《关于促进特色小镇规范健康发展的意见》（国办发〔2020〕33号），提到要加强对特色小镇发展的顶层设计、激励约束和规范管理。通过对国家近两年发布的政策进行分析，发现国家层面的特色小镇政策主要集中在三个方向：加大对特色小镇的金融支持；提高对特色小镇的建设要求；细化各专业领域对特色小镇的建设。

1. 加大对特色小镇的金融支持

我国各地区建设特色小镇的区位条件和产业特色不尽相同，受经济发展因素影响，部分地区尤其是中西部偏远贫困的特色小镇，存在基础设施建设落后、交通条件不佳、人才资源匮乏等情况，需要强大的资金支持。因此，国家通过综合运用财政、金融政策，引导金融机构加大对特色小镇建设的支持力度。目前，国家发展改革委已与住房和城乡建设部联合中国农业发展银行、国家开发银行、中国建设银行等先后提出了支持特色小镇建设的金融政策文件。

国家政策中积极鼓励特色小镇采用特许经营、政府购买服务模式及重点发展的政府和社会资本合作（PPP）等融资模式，引导社会资本参与特色小镇建设项目，推动项目落地。同时，各大银行推出了综合融资方式和创新融资方式，支持特色小镇建设。政策中的相关融资方式见表3-21。与此同时，住房和城乡建设部先后同国家开发银行、中国建设银行、中国光大银行签订了《共同推进小城镇建设战略合作框架协议》，支持特色小镇的建设工作。

表3-21　银行对特色小镇建设的融资方式

时间	银行	部门	金融支持政策名称	融资方式
2016年10月	中国农业发展银行	住房和城乡建设部	《关于推进政策性金融支持小城镇建设的通知》（建村〔2016〕220号）	银行贷款、委托贷款、重点项目建设基金
				特许经营权、收费权、政府购买协议预期收益、质押担保
2017年1月	国家开发银行	住房和城乡建设部	《关于推进开发性金融支持小城镇建设的通知》（建村〔2017〕27号）	投资、贷款、债券、租赁、证券、基金
				特许经营权、收费权和购买服务协议下的应收账款质押等担保类贷款业务
2017年4月	中国建设银行	住房和城乡建设部	《关于推进商业金融支持小城镇建设的通知》（建村〔2017〕81号）	债券、股权投资、基金、信托、融资租赁、保险资金
				特许经营权、景区门票收费权、知识产权、碳排放质押、创业投资基金、股权基金等开展投贷联动

另外，在各个金融支持政策中，各大银行政策的支持范围包括重点支持项目和优先支持项目。重点支持项目的范围总体上包括特色小镇的基础设施和公共服务设施建设、配套设施建设和生态环境建设；对优先支持的特色小镇项目，各大银行有所侧重，能够指导地区特色小镇结合自身优势。银行对特色小镇建设的支持范围具体见表 3-22。

表 3-22 银行对特色小镇建设的支持范围

范围类型	银行	具体支持范围
重点支持项目范围	中国农业发展银行	以转移农业人口、提升小城镇公共服务水平和提高承载能力为目的的基础设施和公共服务设施
		为促进小城镇特色产业发展提供平台支撑的配套设施建设
	国家开发银行	支持基础设施、公共服务设施和生态环境建设
		支持各类产业发展的配套设施建设
		支持促进小城镇宜居环境塑造和传统文化传承的工程建设
	中国建设银行	支持改善小城镇功能、提升发展质量的基础设施建设
		支持促进小城镇特色发展的工程建设
		支持小城镇运营管理融资
优先支持项目范围	中国农业发展银行	贫困地区小城镇建设
	国家开发银行	带头实施“千企千镇工程”的企业等市场主体和特色小镇
		开展特色小镇助力脱贫攻坚建设试点，对试点单位优先编制融资规划，优先安排贷款规模
		优先“住房和城乡建设部公布的第一批特色小镇”确定的 127 个特色小镇
		对纳入全国小城镇建设项目储备库的优先推荐项目，优先提供中长期信贷支持
	中国建设银行	优先“住房和城乡建设部公布的第一批特色小镇”确定的 127 个特色小镇

2. 提高对特色小镇的建设要求

由于特色小镇尚处于起步阶段，部分参与者对特色小镇的打造理念认识不足，因此在建设过程中，很容易出现特色小镇的建设特色不明显、过度依赖房地产、滥用外来文化、盲目追风模仿等现象。针对这些现象，近年来的国家政策中出现了明显的纠偏倾向，更加强调特色产业的核心地位、强调传统文化的传承以及生态环境的保护。例如，2017 年 5 月，住房和城乡建设部发布的《关于做好第二批全国特色小镇推荐工作的通知》（建办村函〔2017〕357 号）中，对以房地产为单一产业，打着特色小镇名义搞圈地开发的建制镇做出了明令禁止，更加注重当地的实际情况以及当地群众的需求，要求引入的项目符合当地实际等，对第二批特色小镇的申报提出了更加严格的要求。又如，2017 年 12 月四部委发布的《关于规范推进特色小镇和特色小城镇建设的若干意见》（发改规划〔2017〕2084 号）中，从严控房地产化倾向和严格节约集约用地两个方面分别提出了要求。

3. 细化各专业领域对特色小镇的建设

2017 年，除住房和城乡建设部统筹推进特色小镇建设外，国家体育总局、农业部、国家林业局率先结合自身相关领域及产业，分别启动了运动休闲特色小镇、农业特色互联网小镇、森林特色小镇的建设试点工作，并在资金方面给予了一定的支持，见表 3-23。

表 3-23　各专业领域提出的特色小镇建设基本要求和政策支持

小镇类型	文件名称	基本要求	政策支持
运动休闲特色小镇	《关于推动运动休闲特色小镇建设工作的通知》（体群字〔2017〕73号）	交通便利，自然生态和人文环境好 体育工作基础扎实，在运动休闲方面特色鲜明 近5年“五无”：无重大安全生产事故、无重大环境污染、无重大生态破坏、无重大群体性社会事件、无历史文化遗存破坏现象 小镇所在县（区、市）政府高度重视体育工作	对纳入试点的小镇，一次性给予一定的经费资助，用于建设完善运动休闲设施，组织开展群众身边的体育健身赛事和活动；为各小镇提供体育设施标准化设计样式，配置各类赛事资源
农业特色互联网小镇	《组织开展农业特色互联网小镇建设试点工作的通知》（农市便函〔2017〕114号）	促进产业融合发展：以农业为核心，促进农村一二三产业融合发展，构建功能形态良性运转的产业生态圈 规划引领合理布局：不以面积为主要参考，控制数量、节约用地 积极助推精准扶贫：以农业特色互联网小镇建设运营，带动贫困偏远地区农民脱贫致富 深化信息技术应用：充分利用互联网理念和技术，加快物联网、云计算、大数据等信息技术在小镇建设中的应用	可申请农业特色互联网小镇专项资金；专项资金按照PPP模式提供项目投资总额70%以内的资金支持；专项资金管理办公室负责监管专项资金的使用进度和类别是否与建设运营方案一致，但不参与具体建设运营工作
森林特色小镇	《关于开展森林特色小镇建设试点工作的通知》（办场字〔2017〕110号）	具有一定规模：森林覆盖率一般应在60%以上，规模较大的国有林场或国有林区林业局建设 建设积极性高：国有林场和国有林区林业局建设积极性较高，当地政府重视森林特色小镇建设工作 主导产业定位准确：重点发展森林观光游览、休闲度假、运动养生以及森林食品、采集和初加工的绿色产业 基础设施较完备：水电路信等基础设施较完善，建设地点原则上要选择在距机场或高铁站50~100km范围内	各级林业主管部门要积极协调有关部门在基础设施建设、项目立项和资金投入、易地搬迁、土地使用审批以及投融资政策等方面予以倾斜，不断优化政策和投融资环境，大力支持小镇建设；国有林场和国有林区林业局是森林特色小镇建设的主体，要创造条件，推进小镇与企业、金融机构有效对接，促进场镇企融合发展、共同成长

综上所述，不同于2016年特色小镇刚兴起时，各种加快特色小镇建设的政策密集出台，现在的政策内容更加务实，具有更细化的指导意义。国家通过支持资金引导、申报政策的限制、引导推进特色产业，来纠正特色小镇发展中出现的各种问题。可以预见，在国家政策的指引下，特色小镇建设将会保持健康持续的发展，而各地方政府及各专业部门也将会成为具体推动特色小镇建设的中坚力量。

3.9.2　市场分析

1. 市场区位分析

截至2018年年底，全国共有特色小城镇数量403个，省级特色小镇数量为996个。从

图 3-32 可以看出，第二批特色小镇数量排在前面的省份依次是江苏、浙江、山东、广东和四川。而在第一批全国特色小镇名单中，这几个省份拥有的特色小镇数量也均居于前列。从图 3-33 可以看出，特色小镇一部分集中于经济发达的华东和华南地区，这是由于特色小镇是命脉产业，不适合建设在经济落后、交通不发达的偏远地区，而应建设在有较好经济基础地区的周边，与城市形成优势互补关系，为特色小镇的发展带来长足的动力。华东和华南地区经济发展程度较高，创新驱动力强，对高新技术等要素的集聚性要求高。相比长三角、珠三角经济发达地区，四川省的经济则相对落后，但由于其拥有丰富的旅游资源，所以四川省特色小镇的发展一直名列全国前茅。“十三五”期间四川省特色小镇的规划数也在 200 个左右，且旅游发展型的占比远远高于其他类型。

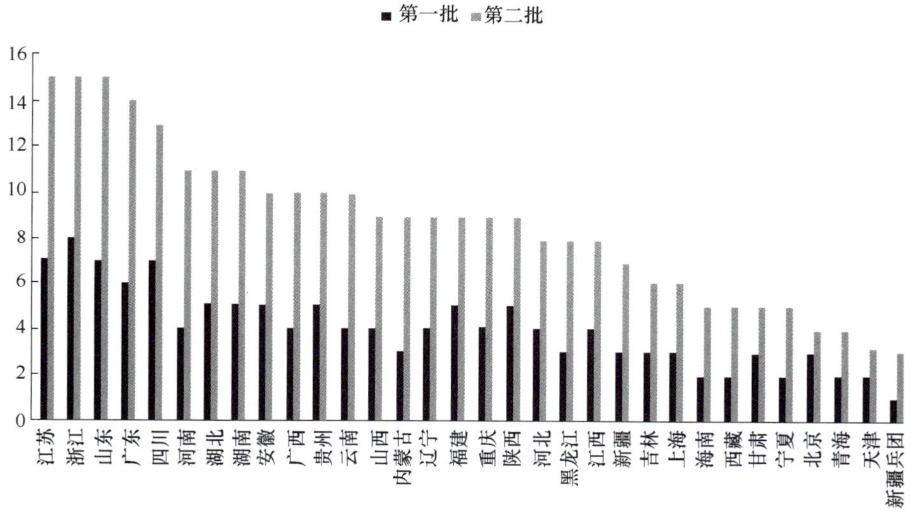

图 3-32 第一批和第二批全国特色小镇所在地分布图

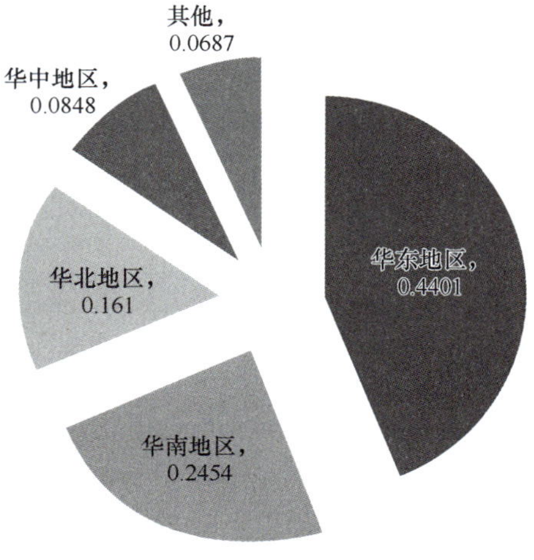

图 3-33 我国特色小镇分布图

2. 产业类型分析

住房和城乡建设部于2016年10月正式公布第一批127个特色小镇，于2017年8月公布第二批276个特色小镇。按其推荐的特色小镇类型，特色小镇可以划分为工业发展型、历史文化型、旅游发展型、民族聚居型、农业服务型和商贸流通型。从第一、二批特色小镇名单来看，旅游发展型的特色小镇数量最多，为144个，占比为35.7%，其次为工业发展型特色小镇，数量为94个，占比为23.3%。

由于制度不完善，有些特色小镇的旅游文化项目不符合当地实情，或者是发展成了单一的房地产项目，产业结构存在问题。因此，在进行第二批全国特色小镇推荐工作时，住房和城乡建设部严格规定旅游文化类项目要符合当地实情，并且所占比例不能超过1/3。对于存在以房地产为单一产业，小镇规划未达到有关要求、脱离实际，盲目立项、盲目建设，政府大包大揽或过度举债，打着特色小镇名义搞圈地开发，项目或设施建设规模过大导致资源浪费等问题的，应禁止推荐。可见，特色小镇的产业结构出现了明显的调整。

3. 延伸产业分析

特色小镇基于当地资源与特质进行产业定位，主要为最具发展基础、发展优势和发展特色的产业，如智能制造、文化旅游、体育等特色产业。除此之外，特色小镇带来了对相关配套设施的建设需求，包括市政交通、水利、生态园林、环境保护等一系列系统性工程，其内容与建筑行业业务具有高度的关联性与协同性。建筑企业承接特色小镇建设具有先天优势与强烈动机，已经有诸多建筑企业布局特色小镇建设，特色小镇的万亿元市场空间将为相关企业带来巨大的市场机遇。特色小镇自身产业及其延伸产业示意图如图3-34所示。

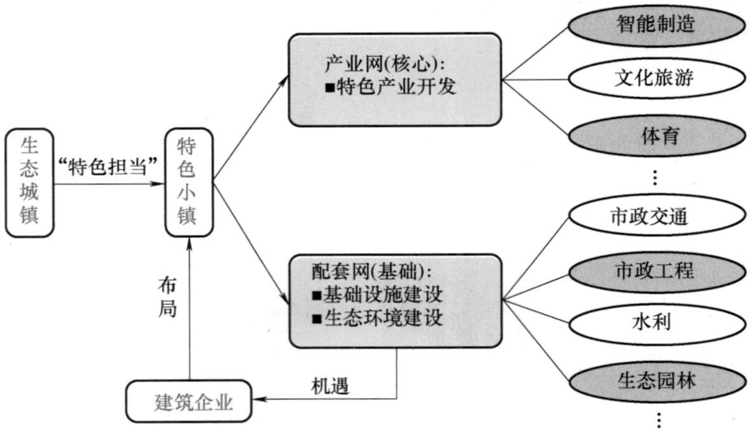

图3-34　特色小镇自身产业及其延伸产业示意图

4. 特色小镇的商业模式

就特色小镇的商业模式来看，目前主要有以房地产企业主导的“销售+持有”的现金流平衡模式和以产业主导的“产业链打造+代建运营”的软硬件结合模式。

（1）“销售+持有”的现金流平衡模式

这一商业模式的最大特色是资金回收期较短。因为从开发运营的本质来看，房地产企业运营的特色小镇核心仍然是地产开发业务，即在满足政府规划要求的基础上，房地产企业通过获得部分可销售住宅和商业用地，通过销售实现现金流回笼，支撑其余部分自持住宅和商业以及整个小镇的整体运营管理，并没有脱离房地产开发的实质。综合而言，这种商业模式的盈利来源主要为二级房产开发取得的收入和城镇建设与公共服务开发取得的收入两类。

（2）“产业链打造 + 代建运营”的软硬件结合模式

从国家层面考虑，建设多个拥有强大比较优势的产业小镇是符合国家创业创新要求的。具有主导产业的特色小镇的最大特点是围绕着优势产业打造产业生态，以产业聚集和产业链延伸为主要的实现形式。从商业模式来看，产业特色小镇的建设都围绕着特定产业，需要政府大力引导，同时企业大量投资。而且，一旦有金融资本的配合，还将面临资金期限与项目收益期限相匹配的问题。产业主导的小镇自身能够依托优势产业形成产业盈利链条，同时与旅游结合实现盈利。因此，这一商业模式的盈利来源主要为产业项目开发取得的收入、产业链整合开发取得的收入以及城镇建设与公共服务开发取得的收入三类。

5. 市场预测

目前，31 个省（市、自治区）几乎都已经发布了特色小镇的相关政策，其中四川、云南计划用 5 年时间建设 200 个左右特色小镇，浙江、江苏、山东、湖南、广东、广西、河北、新疆、河南、陕西、贵州、海南均拟建 100 个特色小镇。对这些特色小镇产业规划进行初步统计，2020 年总计建设特色小镇 2468 个左右（见表 3-24）。截至 2019 年 7 月，云南省特色小镇共完成投资 718 亿元。假设单个小镇建设投资，东部省市为 50 亿元、中部省市为 30 亿元、东北省市为 20 亿元、西部省市为 10 亿元，考虑到实际建设过程中投资额将更大，预计特色小镇的投资规模会更大，经过测算，全国总投资至少约为 6.67 万亿元。以上数据充分说明，特色小镇在未来几年将面临更加广阔的市场空间。

表 3-24 2020 年全国 31 个省（市、自治区）特色小镇规划目标

省（市、自治区）	特色小镇规划数量（个）	投资金额（亿元）	规划年份	省（市、自治区）	特色小镇规划数量（个）	投资金额（亿元）	规划年份
北京	42	2100	2020 年	湖北	50	1500	3～5 年
天津	20	1000	2020 年	湖南	100	3000	2020 年
河北	100	5000	3～5 年	广东	100	5000	2020 年
山西	40	1200	3～5 年	广西	100	1000	2018 年
内蒙古	48	480	2020 年	海南	100	5000	2020 年
辽宁	50	1000	2020 年	重庆	30	300	“十三五”
吉林	80	1600	2020 年	四川	200	2000	2020 年
黑龙江	100	2000	2020 年	贵州	100	1000	2020 年
上海	40	2000	2020 年	云南	200	2000	“十三五”
江苏	100	5000	3～5 年	西藏	100	1000	2020 年
浙江	100	5000	3 年	陕西	100	1000	2020 年
安徽	80	2400	2020 年	甘肃	18	180	2018 年
福建	100	5000	2020 年	青海	20	200	2020 年
江西	60	1800	2020 年	宁夏	40	400	3～5 年
山东	100	5000	2020 年	新疆	100	1000	3～5 年
河南	50	1500	3～5 年				

同时，“大城市 + 特色小镇”的模式已逐渐成为我国区域经济发展的新模式，特色小镇的建设也力求一、二、三产业的高度融合，追求生产、生活、生态“三生”融合。例如，雄安新区发布的 16 个特色小镇规划建设蓝图，以产业为先导，并不是纯农业或旅游小镇，其中不少是高科技小镇。并且这些产业与中期建设的 $200km^2$ 上的高新科技产业相辅相成，

是对于雄安新区城市核心区的产业的延伸与补充。

3.10 综合管廊投资机会

地下综合管廊是指城市范围内供水、排水、燃气、热力、电力、通信、广播电视、工业等管线及其附属设施，是保障城市运行的重要基础设施和生命线。但目前城市管线问题严重，甚至可能直接制约城市的发展，问题主要为大雨内涝、管线泄漏、路面塌陷等，严重影响了人民群众生命财产安全和城市运行秩序。党中央和国务院领导高度重视城市地下管线问题，为切实加强地下管线建设管理工作，2014年6月14日，国务院办公厅下发了《关于加强城市地下管线建设管理的指导意见》（国办发〔2014〕27号）。

3.10.1 政策分析

《关于加强城市地下管线建设管理的指导意见》（简称《意见》）的基本内容主要包括：总体工作要求；加强规划统筹，严格规划管理；统筹工程建设，提高建设水平；加强改造维护，消除安全隐患；开展普查工作，完善信息系统；完善法规标准，加大政策支持；落实地方责任，加强组织领导；等等。该文件明确了其后一段时间我国地下管线建设管理的指导思想、基本原则、重点任务等。《意见》进一步指出，城市地下管线是保障城市运行的重要基础设施和"生命线"。近年来随着城市快速发展，地下管线建设规模不足、管理水平不高，政策法规相对缺乏，导致了很多问题，因此国务院出台指导意见进行规制。《意见》明确了近中远期的总体工作目标，提出了全面加强城市地下管线建设管理的六项重点任务。

当然，从当前经济社会发展的形式来看，加强城市管线的综合管理，有利于城市进一步发展，《意见》的意义主要体现在以下两个方面：

1）强化城市地下管线的建设，有利于城市发展和规划。强化城市地下管线的建设，对城市未来的发展和规模扩大以及城市居民生活质量的提高，都有着十分重要的意义。发展城市地下管线可以解决当前地下管线事故频发、安全隐患突出、应急防灾能力薄弱等问题，意义在于保障城市安全运行。

2）发展城市地下管线可以起到促进经济增长、化解产能过剩的问题。但关键在于提高城市综合承载能力，意义在于提升城镇化发展质量。

城市地下管线建设的指导思想要紧跟党的十八大和十八届二中、三中全会精神。其中，努力建设地下管线主要是适应中国特色新型城镇化需要，把加强城市地下管线建设管理作为履行政府职能的重要内容，统筹地下管线规划建设、管理维护、应急防灾等全过程，综合运用各项政策措施，提高创新能力，全面加强城市地下管线建设管理。

《关于加强城市地下管线建设管理的指导意见》（国办发〔2014〕27号）明确了目标任务。其中最重要的有三个目标任务：第一，在2015年年底前，完成城市地下管线普查，建立综合管理信息系统，编制完成地下管线综合规划；第二，力争用5年时间，完成城市地下老旧管网改造，将管网漏失率控制在国家标准以内，显著降低管网事故率，避免重大事故发生；第三，用10年左右时间，建成较为完善的城市地下管线体系，使地下管线建设管理水平能够适应经济社会发展需要，大幅提升应急防灾能力。这三个目标是环环相扣、不断递进的，因此这三个目标要分别完成，从而进一步完善城市管线建设的总体要求。

另外，工业和信息化部通信发展司负责人在解读该文件时，也强调了加快通信管线改造要做好三个方面的工作：一是将通信管道、杆路等通信基础实施规划纳入城市总体规划和土地利用总体规划，实现与其他城市基础设施同步建设；二是实施市政拆迁、路网改造时，同步考虑通信管道改造和通信架空线路的入地改造问题；三是住宅建设单位、物业服务企业要积极支持光纤入户改造，为光纤入户改造提供便利条件，切实解决光纤入户改造的问题。

3.10.2 市场分析

综合管廊与传统埋设方式的管线相比，具有不少优点：

1）确保道路功能充分发挥。综合管廊的建设可以避免由于敷设和维修地下管线频繁挖掘道路而对交通和居民出行造成的影响和干扰，确保道路交通通畅。

2）有效利用城市地下空间。各类市政管线集约布置在综合管廊内，实现了管线的“立体式布置”，替代了传统的“平面错开式布置”，管线布置紧凑合理，减少了地下管线对道路以下及两侧的占用面积，节约了城市用地。

3）确保城市“生命线”的稳定安全，减少后期维护费用。综合管廊对于城市的作用就犹如动脉对人体的作用，是城市的“生命线”。“生命线”由综合管廊保护起来，不接触土壤和地下水，避免了土壤和地下水对管线的腐蚀，增强了其耐久性；同时，综合管廊内设有巡视、检修空间，维护管理人员可定期进入综合管廊进行巡视、检查、维修管理，确保各类管线的稳定、安全。

4）各种管线的敷设、增减、维修都可以直接在综合管廊内进行，大大减少路面多次翻修的费用和工程管线的维修费用。

5）改善城市环境。综合管廊的设置，能消除通信、电力等系统在城市上空布下的“蜘蛛网”及地面上竖立的电线杆、高压塔等，消除架空线与绿化的矛盾，减少路面、人行道上各种管线的检查井（室）等，有力地改善城市环境。

6）增强城市的防震抗灾能力。即使受到强台风、雨雪、地震等灾害，城市各种“生命线”设施由于设置在综合管廊内，因而可以避免过去由于电线杆折断、倾倒、电线折断而造成的二次灾害。发生火灾时，由于不存在架空电线，有利于灭火活动迅速进行，将灾害控制在最小范围内，从而有效增强城市的防灾抗灾能力。

综合管廊的建设是我国城市建设的拐点和转折点。根据住房和城乡建设部发布的最新统计数据：2020 年我国城市管道长度约 310 万 km，其中供水管道总长度为 100.69 万 km，天然气管道长度为 85.06 万 km，供热管道长度为 42.60 万 km，排水管道长度为 80.27 万 km。如果按照综合管廊的设计模式，将这几种管道设计为一体，建设管线长度约为 78 万 km，在不计算拆迁等成本的情况下，所需资金就将近 9 万亿元。

兴业证券报告指出，地下综合管廊廊体单位千米造价约为 0.56 亿～1.31 亿元。地下综合管廊分为廊体和管线，廊体造价与断面面积和舱位数量有关，按照国家试行投资标准估算，断面面积 10～20m^2、1 舱位的廊体 1km 造价约为 0.56 亿元；断面面积 35～45m^2、4 舱位的廊体 1km 造价约为 1.31 亿元。断面面积越大、舱位数量越多，造价越高。

根据兴业证券测算，廊体建造成本中，施工成本占 1/2，材料成本占比超过 1/3。以断面面积 20～35m^2、2 舱的廊体为计算标准，1km 施工成本约为 0.40 亿元，占比约为 49.83%；1km 材料费用约为 0.28 亿元，占比约为 35.06%；其余为设备购置费与基本预备费。其中，基本预备费是指在投资估算阶段不可预见的工程费用。

但是，目前我国管线建设法律法规不完善、技术规范不健全、投融资和运营模式不明确等问题制约着管线建设的快速发展，也影响到企业的投资积极性。

当然，综合管廊的收益要站到更高的层次去看。住房和城乡建设部部长就此有明确的论述，归纳起来：综合管廊可充分利用地下空间、节约地面空间、盘活土地资产，可以囊括所有地下管道，统一、有规划地使用地下管线空间。

综合管廊一次性投资大，但总体可以节省投资。按照估算，国内地下管线 1km 的投资大约为 1.2 亿元，但已建成的管线，如广州大学城管线 1km 投资为 3000 万元，中间有很大的差距。按全生命周期考虑，如果把管线直埋的累计投资加起来，肯定超过 1.2 亿元/km 的标准，造成的间接损失更是无法计算。

综合管廊按照 1.2 亿元/km 投资，能使用几百年。法国巴黎的地下管线已经运转近 200 年了，目前运行得还很好。总体考虑，综合管廊节省投资的优势显著。

综合管廊建设将拉动经济增长。假设每年能建 8000km，按 1.2 亿元/km 计算，就是约 1 万亿元投资，再加上拉动的钢材、水泥、机械设备等方面的投资，以及大量的人力投入，拉动经济作用明显。

思　考　题

1. 概述项目投资机会的类别。
2. 简述工程项目投资机会的研究程序。
3. 简述工程项目投资机会的研究方法。
4. 简述从“四纵四横”客运网到《国家综合立体交通网规划纲要》期间我国高铁项目投资机会的变化。
5. 对比分析京沪高铁和京沪高铁二线的投资机会。
6. 简述我国高铁网和城市群轨道交通在“综合立体交通网”中的作用和关系。
7. 试从政策导向和市场驱动两方面对上海世界博览会的新能源项目进行投资机会分析。
8. 选择适当的方法对北京奥运会的新能源项目进行投资环境分析。
9. 结合相关政策及市场背景，综合讨论未来水运规划投资机会。
10. 简述“一带一路”倡议对我国海运业的影响。
11. 结合相关政策，分析我国“十四五”期间机场建设对我国经济发展产生的影响。
12. 简述装配式建筑和建筑工业化之间的关系。
13. 论述政策和市场对推广装配式建筑所产生的作用。

3.1 节　3.2 节　3.3 节　3.4 节　3.5 节

3.6 节　3.7 节　3.8 节　3.9 节　3.10 节

第 3 章练习题

扫码进入小程序，完成答题即可获取答案

第4章

项目投资风险

投资总会伴随着风险，项目投资也不例外。项目投资风险是指项目未来投资收益的不确定性，也就是项目在投资中可能会遭受收益损失甚至本金损失的风险。项目投资风险是风险现象在投资过程中的表现。具体而言，就是从做出项目投资决策开始到投资期结束这段时间内，由于不可控因素或随机因素的影响，项目实际投资收益与预期收益的偏离。

为避免投资失误、减少风险损失，同时提高决策水平、增加投资收益，必须了解和掌握项目投资风险的来源、性质和发生规律，制定并执行有效可行的风险管控机制，由此，全过程、全方位地对风险因素进行动态监管，进而实现项目投资效益的最大化。

4.1 项目投资风险识别

项目投资风险识别是指从系统的观点出发，横观建设项目投资所涉及的各个方面，纵观投资建设发展的过程，通过一定的方法，对大量来源可靠的信息进行分析，找出影响项目投资风险管理目标实现的风险因素，分析风险产生的原因，筛选投资决策过程中应予以考虑的风险因素并对其进行归类的过程。风险识别的目的是了解风险的性质、原因及后果，为风险评估和风险决策打下良好的基础。

项目投资风险识别是项目投资风险管理的首要环节，是衡量风险程度、采取有效的风险控制措施以及进行风险管理正确决策的前提条件，因此全面、正确地识别项目投资过程中面临的风险因素对于实现有效的项目风险管理具有重要意义。对于影响项目投资收益的风险因素，应从以下几个方面进行识别：

1）不确定性。不确定性是风险因素的基本特征，应从这个基本特征去识别风险因素。

2）投资项目的不同阶段。投资项目的不同阶段存在不同的风险因素，可行性研究阶段的风险分析应针对决策前涉及的风险因素进行。

3）行业或项目的差异性。风险因素因行业或项目的不同而具有特殊性，因此，风险因素的识别应注意针对性，强调具体项目具体分析。

4）深入风险因素的基本单元。为了将风险因素识别清楚，必须层层剖析，应尽量深入到风险因素的基本单元，以明确风险的根本来源。

5）借鉴历史经验。风险因素的识别应注意借鉴历史经验，特别是项目后评价的经验。同时可运用“逆向思维”的方法来审视项目，寻找可能导致项目不可行的因素，以充分揭示项目的风险来源。

4.1.1 项目投资风险识别特性

1. 个别性

工程项目投资具有差异性，几乎没有哪两个工程项目是完全一样的，即使设计完全一样，也可能因为它们建造的时间不同、承包商不同、所处不同区位等因素，而面临不同的风险。而且任何风险都有与其他风险不同之处，没有两个风险是完全一样的。因此，虽然不同的工程项目投资有不少的共同之处，但一定存在不同之处，在风险识别时尤其要注意这些不同之处，突出风险识别的各异性。

2. 主观性

工程项目投资的风险识别是由人在掌握一定的专业知识、具有一定的实践经验的基础上，通过一定的风险识别的方法来完成的。而不同的人对风险的识别具有很大的差异性，因此，虽然风险是客观存在的，但风险识别却是主观的。风险识别人员在风险识别时要尽量提高风险识别的水平，使主观识别的结果更接近客观的实际情况。

3. 复杂性

由于工程项目投资建设工期长、投入高、参与方众多、建设条件特殊等，因此其所面临的风险因素及风险事件具有复杂性，而且这些风险因素和风险事件相互影响、关系复杂，使得风险识别成为一项复杂的工作。要想充分地识别工程项目投资中的风险，就需要风险识别人员掌握充分的数据及资料。

4. 不确定性

由于风险识别具有主观性和客观性，在实践中，可能因风险识别的结论与实际发生的情况不符而造成损失，这往往是风险识别结论错误导致风险对策决策错误所造成的，因此风险识别具有不确定性。因而避免和减少风险识别的不确定性也是风险管理不可缺少的一部分。

5. 连续性

工程项目投资的投入具有时间性，而事物又是不断变化发展的，随着时间的不断发展，新的风险会不断出现。通过一些风险应对措施，常常可以回避和减少已经识别出的风险，而那些没识别出的风险才是真正的风险。因此，应在工程项目投资的整个生命周期中持续地进行风险识别，以不断地发现新的风险。

6. 全面性

风险识别不能只局限于某个部门、某个环节、某个具体风险，而应该对工程项目投资风险进行全过程、全方位、全要素的识别，即全面风险识别。因此，风险识别具有全面性。

4.1.2 项目投资风险识别的依据与原则

风险识别在整个风险管理过程中都占有重要位置，需要对整个项目进行全方位的审视以确定风险因素和风险事件，达到识别风险的目的。在项目实施中，如果不能进行有效的风险识别，就有可能遗漏风险，会失去有效控制的基础，打乱全盘的风险管理计划。

1. 项目投资风险识别的依据

1）项目的前提、假设和制约因素。项目的建议书、可行性研究报告、设计或其他文件一般都是在若干假设、前提的基础上做出的。这些前提和假设在项目实施期间可能成立，也可能不成立。因此，项目的前提和假设之中隐藏着风险。任何一个项目都处于一定的环境之中，受到许多内外因素的制约，这是项目管理班子不能控制的，其中隐藏着风险。因此，项目的前提、假设和制约因素是风险识别时应参考的依据。

2）项目规划。项目规划中的项目目标、任务、范围、进度计划、费用计划、资源计划、采购计划，以及项目承包方、业主方和其他利益相关者对项目的期望值等都是项目风险识别的依据。

3）工程项目常见风险种类，如政治风险、经济风险、自然风险、技术风险、商务风险、信用风险等。若风险分类罗列全面，则最终的识别结果就不会遗漏，还可避免风险识别时盲目、无从下手的情况。

4）历史资料。项目的历史资料可以是项目人员以前亲身经历过的项目的经验总结，也可以是通过公共信息渠道获得的他人经历项目的历史文档。在过去建设过程中的档案——记录、工程总结、工程验收资料、工程质量与安全事故处理文件，以及工程变更和施工索赔资料等，记载着工程质量与安全事故、施工索赔等的来龙去脉，这对当前工程项目的风险识别是很有帮助的。

2. 项目投资风险识别的原则

1）注重历史数据。应充分利用已有的项目开发经验，并逐步积累和整理全行业的经验和教训，直至形成带有本项目特点的通用风险管理信息数据库系统，这有助于降低风险识别成本并提高识别效果。

2）杜绝凭直觉管理。风险的直觉管理依靠的是管理者的个人能力和经验，而风险具有易于向下传播、难以向上传播的特性，所以直觉管理要有成效必然还要求管理者有相当的个人能力和人格魅力。即便存在这样的管理者，能达到直觉管理的最大成效，也不利于组织的可持续发展。

3）持续的风险管理思想。风险识别的时机固然越早越好，但也要考虑到风险识别的成本和方法。风险识别不是一劳永逸的，应在开发过程的里程碑时点上反复多次进行风险识别。

4）独特的效果评价。风险识别的效果体现在没有遗漏掉可能威胁项目的重大事件，而不在于已经找到了多少风险。因为无论消除了多少个风险因素，留下来的任一条致命威胁都会葬送整个项目，所以对风险识别功过的评价与对足球守门员的评价类似。

5）识别的不完全性。识别风险意味着预测未来，不得不带有概率性。这也就是说认定了的风险不一定就会出现，反过来也可以说，完全识别所有风险是不现实的。

4.1.3 项目投资风险识别程序

1. 确定风险识别对象

风险识别的第一步就是确定风险识别对象，要对投资项目生命周期的各个阶段的主要作业过程进行分解，尽量不出现漏项。

2. 收集并处理与风险有关的信息

风险识别中的很多方法都需要建立在大量数据的基础上，一般认为风险是因数据和信息不完备而引起的。因此，收集并处理项目投资过程中与风险有关的各种信息一般是很困难的。但是，风险事件总不是孤立的，可能会存在一些与其直接相关的信息，或是与其有间接联系的信息，或是与本项目可以类比的信息。例如，可以收集项目环境方面的数据资料、类似项目的有关数据资料等。

3. 不确定性分析与判断

运用收集、处理生成的信息，结合风险管理人员的经验，对项目投资所面临的不确定性进行分析与判断。

4. 选择风险识别技术与工具

结合风险对象的特性，选择有效的识别方法。有时可能只需要一种技术与工具，有时则可能需要多种技术与工具结合使用。

5. 确定风险事件并分类

使用之前选择的风险识别方法确定风险事件，并根据建设项目风险分类的方法，结合现有的风险信息和风险管理人员的经验，对确定出的风险进行分类分析，以便全面识别风险的各种属性。

6. 预测风险事件的发展过程及结果

结合实践经验对分类后的风险事件进行推断与预测，以判断风险何时发生及引发其发生的原因何时会出现，以哪种形式出现，发生后会如何发展，结果如何等。

7. 风险识别报告

每进行一次风险识别，都要在最后给出一份风险识别报告。该报告不仅要包括项目现有的风险清单，而且要有风险的分类、原因分析和说明、风险后果及其价值量的表述，以及全部风险的控制的优先序列等。风险识别报告的具体形式可根据具体项目的规模和情况而定。

4.1.4 项目投资风险识别方法

关于项目投资风险的识别方法很多，综合而言可分为两大类：一类是基于主观信息源的风险识别方法；另一类则是基于客观信息源的风险识别方法。

项目投资风险识别方法

1. 基于主观信息源的风险识别方法

(1) 头脑风暴法

头脑风暴法（Brainstorming）又称集体思考法，是以专家的创造性思维来索取未来信息的一种直观预测和识别方法。此方法由美国人奥斯本（Osborn）于1939年首创，从20世纪50年代起就得到了广泛应用。头脑风暴法一般在一个专家小组内进行，以宏观智能结构为基础，通过专家会议，发挥专家的创造性思维来获取未来信息。这就要求专家会议的主持人在会议开始时的发言中能激起专家们的思维灵感，促使专家们想要急切回答会议提出的问题，通过专家之间的信息交流和相互启发，诱发专家们产生“思维共振”，以达到互相补充并产生“组合效应”，获取更多的未来信息，使预测和识别的结果更准确。头脑风暴法于20世纪70年代末被引入我国，并得到重视和广泛运用。

(2) 德尔菲法

德尔菲法 (Delphi Method) 又称专家调查法，它是 20 世纪 50 年代初美国兰德公司 (Rand Corporation) 研究美国受苏联核袭击风险时提出的，此后在世界上迅速盛行。它是依靠专家的直观能力对风险进行识别的方法，现在此方法的应用已遍及经济、社会、工程技术等各领域。用德尔菲法进行风险识别的过程是由项目风险小组选定项目相关领域的专家，并与这些适当数量的专家建立直接的函询联系，通过函询收集专家意见，然后加以综合整理，再匿名反馈给各位专家，再次征询意见。这样反复经过 4 ~5 轮，逐步使专家的意见趋向一致，作为最后风险识别的依据。我国在 20 世纪 70 年代引入此方法，目前许多项目管理活动中已应用此方法，并取得了比较满意的结果。

(3) 情景分析法

情景分析法 (Scenarios Analysis) 是由美国科研人员皮埃尔·沃克 (Pierre Wack) 于 1972 年提出的。它是根据发展趋势的多样性，通过对系统内外相关问题的系统分析，设计出多种可能的未来前景，然后用类似于撰写电影剧本的手法，对系统发展态势做出自始至终的情景和画面描述。当一个项目持续的时间较长时，往往要考虑各种技术、经济和社会因素的影响，此时可用情景分析法来预测和识别其关键风险因素及其影响程度。情景分析法对以下情况特别有用：提醒决策者注意某种措施或政策可能引起的风险或危机性的后果；建议需要进行监视的风险范围；研究某些关键因素对未来过程的影响；提醒人们注意某种技术的发展会给人们带来哪些风险。情景分析法是一种适用于可变因素较多的项目进行风险预测和识别的系统技术，它在假定关键影响因素发生的基础上，构造出多重情景，提出多种未来的可能结果，以便采取适当措施防患于未然。情景分析法从 20 世纪 70 年代中期以来在国外得到了广泛应用，并衍生出目标展开法、空隙添补法、未来分析法等具体应用方法。一些大型跨国公司在对一些大项目进行风险预测和识别时都陆续采用了情景分析法。但因其操作过程比较复杂，目前此方法在我国的具体应用并不多见。

(4) 工作分解结构

风险识别要减少项目结构的不确定性，就要弄清项目的组成、各个组成部分的性质、它们之间的联系以及项目同环境之间的关系等。项目工作分解结构是完成这项任务的有力工具。它是按等级把项目分解成子项目，子项目再分解成更小的工作单元，直至最后分解成具体工作的系统方法。用工作分解结构识别风险，可根据工程项目一般的分解方法，将工程项目分解为单项工程、单位工程、分部工程、分项工程，甚至可分解到具体的工序。然后，从工程项目的最小单元开始逐步识别风险。项目管理的其他方面，如范围、进度和成本管理，也可以使用项目工作分解结构，因此，在风险识别中利用这个已有的工具并不会给项目管理增加额外的工作量。

2. 基于客观信息源的风险识别方法

(1) 核对表法

核对表法一般根据项目环境、产品或技术资料、团队成员的技能或缺陷等风险要素，将经历过的风险事件及来源列成一张核对表。核对表的内容可包括：以往项目成功或失败的原因；项目范围、成本、质量、进度、采购与合同、人力资源与沟通等情况；项目产品或服务说明书；项目管理成员技能；项目可用资源等。这种方法揭示的风险绝对量也许要比其他方法少一些，但是该方法可以识别其他方法不能发现的某些风险。

（2）流程图法

流程图法需要建立一个项目的总流程图与各分流程图，它们要展示出项目实施的全部活动。流程图可用网络图来表示，也可利用工作分解结构来表示。它能统一描述项目的工作步骤，显示出项目的重点环节；它能将实际的流程与想象中的状况进行比较，便于检查工作进展情况。这是一种非常有用的结构化方法，可以帮助分析和了解项目风险所处的具体环节及各环节之间存在的风险。运用这种方法完成的项目风险识别结果，可以为项目实施中的风险控制提供依据。

（3）财务报表法

通过分析资产负债表、营业报表以及财务记录，项目风险经理就能识别本企业或项目当前的所有财产、责任和人身损失风险。将这些报表和财务预测、经费预算联系起来，项目风险经理就能发现未来的风险。这是因为，项目或企业的经营活动要么涉及货币，要么涉及项目本身，这些都是风险管理最主要的考虑对象。运用相关财务报表识别的项目风险具有可靠性和客观性，能够直观地将风险单位的投资能力和投资水平反映出来，有助于预测风险管理投资后获得的安全保障水平，可以为风险投资和风险融资提供依据。

（4）故障树分析法

故障树分析法是系统安全分析中被广泛运用的一种方法。它是利用图解的形式，演示故障事件发生的原因及其逻辑关系。它将大的故障分解为各种小故障，并对各种引起故障的原因进行分析。故障树分析法经常用于技术性强、较为复杂并且直接经验较少的风险识别。

（5）SWOT 分析法

SWOT 分析法[⊖]是一种环境分析方法，该方法在对企业内部条件优势与劣势分析的基础上，结合项目的自身特点，判断项目实施过程中所存在的外部机会和威胁，对环境做出准确的判断，进而制定项目的实施战略、计划以及对策等。SWOT 分析法是进行项目投资风险识别与管理的有效工具。

4.1.5　项目投资风险分类

为了深入、系统、全面地认识项目投资风险，从而使投资者能更好地针对具体项目进行风险分析，并有的放矢地对其进行监控和管理，对项目投资风险进行分类就显得非常有必要。

按照不同的角度、不同的标准，项目投资风险有多种分类方法。有些方法简单地将风险分为内部风险和外部风险，而较通用的分类方法是将风险进一步细分为政治风险、金融风险、财务风险、市场风险、决策风险、社会风险、法律风险、安全和环境保护风险等，此外还可以按照项目阶段以及风险层级等对项目投资风险进行分类。

1. 按项目阶段分类

由于一般建设项目（如商业地产、保障性住房等）与 PPP 项目（如隧道桥梁、机场港口等）在融资、开发及运营模式等方面存在差异，故基于项目阶段分类的投资风险也应区别对待，见表 4-1 和表 4-2。

⊖ SWOT 分析法的介绍详见本书 3.1.3 节。

表 4-1 按项目阶段分类的一般建设项目投资风险

项目阶段	风险因素
前期策划决策阶段	城市发展规划风险
	土地规划政策风险
	房屋购买政策风险
	国家税收政策风险
	产业发展政策风险
	金融息率政策风险
	地区消费观念风险
	社会习俗风险
	社会动荡风险
	经济增长形态风险
	项目开发方式风险
	货币流通风险
	市场供给需求风险
	项目投资类别风险
	项目区位选址风险
	项目市场界定风险
	项目投资时机风险
实施前期	土地购买风险
	招商引资风险
	资金融通风险
	勘察设计风险
	招标投标风险
	合同签订风险
施工阶段	项目质量风险
	项目完工风险
	人员及财产安全风险
	追加成本风险
	地震等自然风险
	战争等社会风险
	技术工艺风险
销售出租阶段	市场定价风险
	宣传营销风险
	租赁合同风险
	销售时机风险
后期管理阶段	运营风险
	物业管理风险

表 4-2 按项目阶段分类的 PPP 项目投资风险

项目阶段	风险因素	细分
决策阶段	PPP 模式选用不恰当风险	凭主观偏好选用 PPP 模式；选用 PPP 模式失误；PPP 经验不足；夸大 PPP 模式的适用范围
	强烈的公众反对/敌意风险	社会投资方缺乏社会责任感；社会投资方投资行为短期化；降低消费者福利；“宁国勿民”的观念阻碍以及项目对当地生态、环境、移民、交通、生活等问题产生不利的影响
	项目决策延误风险	决策过程冗长；项目审批延误
	土地获取风险	土地获取困难；土地获取成本和时间超过预期
	土地价值	通货膨胀引起的土地价值变化；发展引起的土地价值变化
融资阶段	招标失败风险	项目对投资者的经济吸引力弱；缺乏私人提供公共服务的意识和传统等
	竞标成本增加风险	为参加竞标付出的额外成本
	项目公司选择方式不当风险	公开招标、邀请招标、竞争性谈判、询价、单一来源采购等方式选择不当
	招标文件不完备风险	招标文件深度不够；招标文件错误、模糊不清；变更范围不明确；风险分摊不合理；权利、义务不明确
	招标竞争不充分风险	招标投标程序不公正、不公平、不透明；招标项目信息不充分或不够真实；缺少足够的竞标者；市场主体恶性竞争；故意压低价格竞标
	评标不科学风险	评标方法不当；评标专家组成不合理；评标过程不规范
	合同文件风险	合同内容不完整；责任、权利、义务不明确；合同存在不公平条款；合同履行不当或监控不当；合同档案管理不到位；合同纠纷处理不当；项目相关人员合同意识较差
	获准风险	初步方案获准不及时；详细设计批准不及时
	融资风险	融资结构不合理；金融市场不健全；融资的可及性低；资金筹措困难
	融资成本高风险	市场利率变动；外汇汇率变化；外汇可兑换；通货膨胀导致的物价水平整体上升
建造阶段	建设管理体制风险	施工过程控制过于严格；建设监理制的推行；公共部门引入第三方对项目进行监督
	设计错误、遗漏风险	项目公司由于数据、资料、PPP 项目经验不足等原因，使得项目设计中存在许多错误或设计存在遗漏，造成后期设计变更
	设计变更风险	设计方案的后期变更
	技术风险	采用新的技术标准；技术不成熟；工艺流程选用不当
	质量风险	工程质量达不到国家标准的规定和合同的约定；不能通过质量检验和验收
	完工风险	工期拖延；成本超支；项目投产后达不到设计规定的预定目标；现金流入不足；不能按时偿还债务
	进度风险	行政干预（如政府要求工程变更）；不可抗力等原因；施工设备不足；施工组织混乱；施工管理不科学；生产调度不科学；法定节假日过长

（续）

项目阶段	风险因素	细分
建造阶段	现场数据风险	总承包商没有核实业主提供的资料
	供应与采购风险	劳动力供应不充足；资源、能源及机器设备的供应不及时；设备采购体制和模式不合理
	建设成本超支风险	物价上涨；劳动力工资上涨；施工工艺落后；资源利用效率低；管理不规范；设备损坏
	天气条件风险	气候条件恶劣；多雨、异常高温、极寒等
	地质条件风险	不利的工程地质条件；不利的水文地质条件，如未预期的地下断层、山地施工、施工地面为软土
运营阶段	运营收入风险	需求低于预期；收费价格下降；运营效率低下
	运营成本超支风险	外购原材料费、外购辅助材料费、外购燃料费、外购动力费、工资、修理费等上涨；通货膨胀引起货币实际购买力下降；运营经验不足；管理不规范；运营效率低
	维修成本超支风险	维护成本高于预期；维修过于频繁
	费用支付风险	政府或用户资金不足；无法按时支付费用
	竞争性风险	政府或其他投资人新建或改建相似项目造成的实质性商业竞争
	征用/公有化风险	政策多变；政府信誉差；内乱；灾害救险
	特许经营期收回/违背	政府违背合同规定提前收回项目
	残值风险	设备、技术的过度使用使设备材料所剩不多，影响项目继续运营
	项目不唯一性风险	政府批准其他特许项目的建立
	特许经营期不合理风险	政府规定的特许经营期过短使项目收益不足
	竞争性风险	政府或其他投资人新建或改建相似项目造成的实质性商业竞争
跨生命周期各阶段	认知风险	政府或项目发起者对项目要素把握不准
	政治风险	强烈的政治反对/敌意；不稳定的政府（朝野争斗、政府内派系斗争、政府独裁专制、受制外来势力等）；征用/公有化
	法律法规的变更风险	法律的变更；税收制度的变更；行业标准的改变
	法律法规健全程度及执行程度风险	法律法规不健全；有法不依、执法不严
	不可抗力风险	社会不可抗力（战争、恐怖主义、敌对行动、爆炸物资、电离辐射或放射性污染等）；自然不可抗力（地震、洪水、海啸、泥石流、台风等）
	环境保护风险	施工垃圾排放不达标；环境污染；不利的环保法律法规的出台
	腐败风险	行贿受贿；审计程序不严格
	信用风险	政府部门信用缺失；社会资本方信用缺失；社会信用体系不完善
	合同风险	政策法规变化；合同条款不严密；合同文件冲突/不完备；合同管理差
	组织结构风险	项目公司内部的部门设置不完善；人员配置不合理；组织结构形式（公司、项目部内部两部分），项目部各部门、交叉部位之间职责不清

（续）

项目阶段	风险因素	细分
跨生命周期各阶段	内部沟通（公司、项目部内部）	报表资料不完全、不及时；汇报关系不明确；沟通程序不合理；层次不清；责任不明确；信息传递不及时、内容歪曲、渠道缺陷或者认知差异
	组织协调风险	管理体制混乱落后；组织风险；协调风险
	罢工风险	工资低；要求改善工作环境、作息时间、安全性、工作强度
	政治干预风险	违反/取消执照；更新审批辨识力的失败；征用、税收、进口限制；政府任意终止特许权；政府任意定义服务关税
	项目测算方法主观风险	特许期、服务价格的设置与调整；政府补贴等项目参数的测算过于主观，使得项目没有达到理想的效果
	第三方赔偿风险	由于安全事故、违约等原因对第三方的赔偿
	第三方延误/违约风险	政府和项目公司以外的项目参与者拒绝履行合同约定的责任和义务；履行时间有误
	项目财务风险	资金使用不合理；资金不足
	政府保证风险	政府在投资回报率、政府风险规避、经营期间、项目的后勤保障、竞争保护、外汇平衡、税收优惠等方面的保证不落实、不能量化
	接口风险	项目全生命周期不同阶段（工作）之间接口风险

2. 按风险层级分类

近年来，随着我国企业综合实力的提升，境外项目投资成了各企业业务拓展的一个重要方向。就国际型建设项目投资而言，可以从EPC项目和PPP项目两个方面，按风险层级对其风险因素进行分类，见表4-3和表4-4。

表4-3 按风险层级分类的国际EPC项目投资风险

风险层级	风险因素	细分
国家级风险	自然风险	不可抗力风险
		地理环境风险
		地质条件风险
	政治风险	政治局势变化
		战争和骚乱
		业主国对外关系
		法律和政策稳定性
	经济风险	国家债务繁重
		通货膨胀
		外汇管制及汇率变化
		经济形势恶化
	社会风险	语言障碍、宗教差异、文化差异
		社会风气与习惯
		社会秩序和治安

（续）

风险层级	风险因素	细分
市场级风险	市场风险	原材料价格
		设备租赁价格
		员工待遇提高
		施工管理费
项目级风险	EPC 管理风险	EPC 合同管理能力
		EPC 总承包协调
		分包管理
		施工管理落后
		物资管理混乱
		财务管理不当
		HSE（健康、安全、环境）管理风险
	EPC 技术风险	设计变更
		不熟悉规范
		设计缺陷及错误
		施工工艺落后
		安全措施不当
		施工方案欠妥
	EPC 合同风险	支付条件苛刻
		罚则苛刻
		合同需上级审批
		固定工期风险
		保护主义条款过多
	EPC 典型风险	报价失误
		不熟悉招标文件
		不熟悉现场情况
		设备供应拖延
		设备质量问题
		安装失误
		设备材料运输风险
		与设备供应商的关系
		设计、采购、施工衔接风险
		设计技术接口传递风险
		投料试车安全风险
		开车方案风险

（续）

风险层级	风险因素	细分
项目级风险	EPC其他风险	业主付款意愿不强
		业主付款能力差
		业主缺乏履约诚意
		分包商违约
		信息来源不准确
		代理人不可靠

表4-4　按风险层级分类的国际PPP项目投资风险

风险层级	风险因素
国家级风险	批准和许可：地方政府延迟或拒绝项目的批准和许可
	法律变化：地方政府在实施新法律法规上的不一致
	严格执法：执法不严或法庭判决无法生效
	政府对争议的影响：法院在处理有关项目争议时，当地政府对其施加不必要和不公正的影响
	腐败：腐败官员索取贿赂或不正当报酬
	征用：迫于政治、社会、经济的压力，当地政府接管外国公司运营的设施而不给予合理的补偿
	配额分配：不能从当地政府获得公平的进出口配额
	政治动荡：政府的频繁改变、政府的变化或国家内部不同政党或组织之间的权力斗争而引起的动荡
	政府政策：政府对外国公司的政策，例如，强制风险联盟，强制技术转让，对外国公司的不同税收
	文化差异：外国公司和当地合作伙伴在工作文化、教育、价值、语言、种族等方面的差异
	环境保护：严厉的法律法规将对忽视环境问题的建筑公司产生影响
	公众形象：公众偏见（源于地区生活标准、价值观、文化和社会系统等的差异）的受害者
	不可抗力：外国公司和当地合作伙伴不能控制环境变化，如洪水、火灾、暴风雨雪、瘟疫、战争、敌意对抗和禁运
	政府信用：由于政府不履行或拒绝履行合同约定的责任和义务而给项目带来直接或间接的危害
	法律与监管体系：现有PPP立法层次较低、效力较差、相互之间存在某些冲突、可操作性差等原因造成的风险
市场级风险	人力资源：外国公司在雇用、保持合适的、有价值的雇员时面临困难
	当地合作伙伴的信用状况：当地合作伙伴的财务账户不清晰、财务不稳健、外汇兑换不自由、员工不可靠
	公司作假：收入出乎意料的增长，财务顾问的意外辞职，信用函件近乎合理完美的数字，被审计师、银行家或债权人有意无意地忽视
	联营终止：当地合作伙伴在终止风险联盟协议时对外国公司在资产、股份及其他权益上应获得的收益给予不公正的分配
	外汇兑换及可兑换性：汇率的波动和（或）兑换困难

（续）

风险层级	风险因素
市场级风险	通货膨胀和利率：由于当地欠发达的经济和银行系统而难以预测通货膨胀和利率
	市场需求：对市场需求的不恰当预测
	竞争：其他国际投资者、开发商和建筑商的竞争
项目级风险	成本超支：没有充足的现金流、不正确的计量方法和工程清单定价、有缺陷的计划以及业主的延期支付
	不当设计：难以预料的设计变更，由于当地设计习惯和惯例的不同而产生详细设计（初步设计）上的错误
	低生产率：当地合作伙伴落后的技术及实践，以及当地劳动力技能落后和不正确管理而导致劳动生产率低下
	现场安全：在施工和运转阶段较高的事故频率
	不当质量控制：当地合作伙伴对缺陷和低质量的容忍程度
	不当项目管理：不恰当的项目计划、预算，不合理的项目组织结构，低效的项目管理团队
	知识产权保护：以前的雇员、合作伙伴和（或）第三方窃取公司的知识产权，包括商业机密和专利

4.2 项目投资风险估计

项目投资风险估计是指在风险识别的基础上，对项目投资过程中的风险进行量化，据以确定风险的大小和高低，并为下一步确定风险的影响程度奠定基础。项目投资风险估计要解决两个问题：一是确定风险事件发生的可能性或概率；二是确定风险事件导致损失后果的严重程度，如风险事件导致经济损失的具体数额等。

项目投资
风险估计

对项目投资风险进行估计的必然前提，就是建设项目投资风险的可量化性。这就需要主观判断和客观统计相结合：一方面，根据大量的历史资料，用统计的方法计算出描述纯粹风险大小的客观数值；另一方面，由相关专家对难以计量的投资风险做出合理的估计。

4.2.1 项目投资风险估计理论

1. 大数法则

大数法则为风险估计奠定了理论基础，它阐述了大量随机现象的平均结果呈现出稳定性的规律。根据大数法则，只要被观察的风险单位足够多，就可以对损失发生的概率、损失的严重程度做出相应的度量。

2. 类推原理

在进行项目投资风险估计时，往往没有足够的风险统计资料，而且有时因为客观条件的限制，很难甚至不可能取得所需要的足够的风险资料。因此，根据事件的相似关系，利用类推原理，借鉴已掌握的整体或局部类似项目的风险统计资料，就可以估计目标风险载体的风险状况。

3. 概率推理原理

建设项目投资风险事件发生是随机的，造成损失的程度也是不确定的，但就总体而言，投资中风险事件的发生又呈现出统计学上的规律性。因此，在项目投资风险估计中，利用概率推理原理，通过判断随机变量的取值特点和其他特性，判断随机变量符合何种概率分布，确定参数，从而估计出风险事件出现状态的各种概率。

4. 惯性原理

由于事物的发展具有延续性，即惯性，因此可以利用这个特征来进行部分项目投资风险因素的估计。实际运用时，该原理要求系统具有相对的稳定性，且能够保持其发展的基本趋势。在利用过去的风险资料估计未来可能发生的状态时，一方面要抓住惯性发展的趋势，另一方面还要预测可能出现的偏离和偏离程度，从而对估计结果进行处理，提高估计的可靠度。

传统上，经济学家认为人们在进行风险估计时，需要严格遵循以上四个原理。而实际上，在行为经济学家卡尼曼和特韦尔斯基看来，人们通常没有能力对风险环境做出基于经济学理论和概率推断的总体严格分析，人们的推断往往靠某种顿悟或经验，因此在进行风险估计时经常会产生系统性偏差。

就项目投资风险估计而言，由于项目投资各参与方在经济学、统计学等相关知识上的欠缺，往往会存在偏差。

相对于上文提到的大数法则，人们在进行风险估计时往往倾向于运用小数法则，即人们认为小样本中某事件发生的概率与总体概率相接近。而根据大数法则，只有当所分析样本接近于总体样本时，样本中某个事件发生的概率才与总体概率相接近。当人们运用小数法则时，通常会夸大小样本与总体的相似性，而低估了大样本与总体的相似性。这种方法易导致两种误差，即先验概率误差和样本规模误差。

（1）先验概率误差

先验概率误差是指在风险估计中往往容易忽视先验概率（即以往存在的知识）而只注重条件概率（即直接观察到的现象），包括一些具体的、特殊的信息。而根据概率论贝叶斯定理中的大数法则，一个理性的推断行为不仅会使用大样本的所有信息，也会利用所有的先验信息。但是在进行项目投资风险估计时，往往不能将二者有效地结合起来，从而导致错误的结论。

（2）样本规模误差

样本规模误差是与大数法则联系在一起的。根据大数法则，当所分析样本接近于总体时，样本中某事件发生的概率将渐近于总体概率。若忽略了大数法则，就会在项目投资风险估计中出现样本规模误差。

（3）可利用性偏差

可利用性偏差是指在进行项目投资风险估计时，估计主体往往会通过很容易想起或亲身经历的风险事件来进行概率的推断，最终赋予这些事件比统计数据更大的重视程度。例如，如果某国际建设项目投资方在某一个国家投资，亲身经历了该国家发生的暴力事件。虽然这是一个概率很小的政治风险事件，但是作为事件亲身经历者的投资方，当对这个国家的投资环境进行评价时，可能会因为这一风险事件的影响，而不根据统计数据做出客观的估计，往往会过高地估计未来该国家发生政治风险的概率。

由此可知，在进行项目投资风险估计时，可能会出现一些系统性偏差，只有让项目投资各参与方都熟悉和掌握估计偏差可能出现的原因，并且采取一定的具体措施减少偏差的影响范围，才能提高风险估计的准确度，为下一步的风险评价与决策分析打下基础。

4.2.2 项目投资风险估计流程

一般情况下，项目投资风险估计需要经过以下几个步骤：

1）确定项目投资风险估计的目的与要求。

2）收集、整理风险资料。资料是风险估计的基础，风险估计资料包括与项目投资有关的风险历史资料以及现有的项目投资风险资料。

3）选择风险估计方法。风险估计方法有很多，不同的风险估计方法得出的结论形式也有所区别，因而应根据风险估计标的的风险状态特点以及后续的风险处置需要，选择合适的风险估计方法。

4）估计风险发生概率，并结合风险产生的原因，估计风险可能导致损失的严重程度。

5）修正偏差并得出结论。项目投资风险估计过程涉及主观概率，并会因为风险估计中人们倾向于采用小数法则而产生系统性偏差，所以要对风险结论进行检验和修正，以使风险估计结果更为客观。

项目投资风险估计流程如图 4-1 所示。

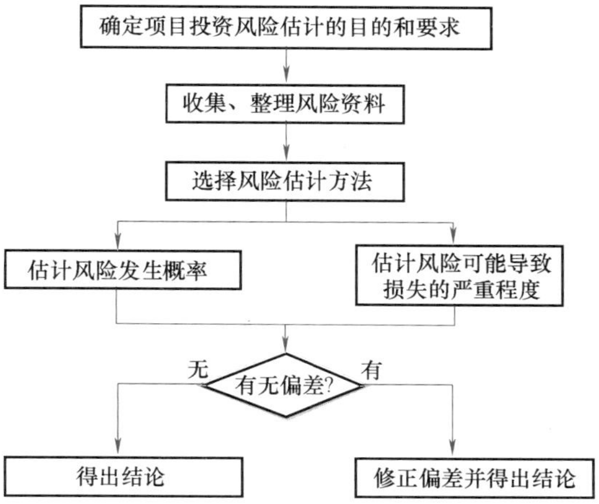

图 4-1 项目投资风险估计流程

4.2.3 项目投资风险估计方法

1. 综合推断法

综合推断法是指利用已有数据并结合主观分析判断，来估计项目投资风险发生概率的一种综合性风险估计方法。综合推断法又可分为前推法、后推法及旁推法。

（1）前推法

所谓前推法，就是根据以前的项目经验和历史数据推断风险事件发生的概率和后果。例如，欲在某个国家进行项目投资，需要考虑项目所在地区可能因为地震、海啸、地质条件等而引起的风险。这时，可根据该地区自然灾害的历史记录进行前推。如果历史数据所反映的自然灾害呈现出明显的周期性或规律性，即可据此数据直接对风险做出估计；如果从历史数据中看不出自然灾害明显的周期性，就需要用曲线法和分布函数法来拟合这些数据再进行外推，从而估计出项目投资面临的自然灾害风险。由于历史记录往往有失误或不完整的地方，而且气候和环境因素也在不断地发生变化，所以应使用前推法进行风险估计。此外，有时还需要从逻辑上的可能性及实践经验出发，去推断过去未发生的事件在将来是否有可能发生。

（2）后推法

如果没有直接的历史经验数据可供使用，则可以采用后推的方法，即把未知想象的事件及后果与某一已知的事件及后果联系起来，也就是通过有数据可查的造成这一风险事件的一些起始事件来推断未来风险事件，在时间序列上是由前向后推算。由于项目投资具有一次性和不可重复性，因此在项目投资风险估计时常使用后推法。例如，对项目投资自然灾害风险估计，如果没有该地区自然灾害方面的直接历史数据，可将自然灾害的概率与一些自然灾害资料联系起来考虑，估算出足以引起自然灾害的“假象大雨”或“假象风暴”等。根据这些假象灾害发生的概率，就可以对建设项目投资中的自然风险做出风险估计。

（3）旁推法

旁推法就是利用情况不同但基本相似的其他地区或项目的数据，对本地区项目的风险进行推断。例如，可以通过收集类似项目的资料来估计本项目所面临经济风险、合同风险等发生的概率和损失程度。当然，这同样需要考虑新环境的各种变化。用某一项目的风险数据去预测其他项目投资风险的状态，是项目投资风险估计常用的方法之一。

2. 层次分析法

层次分析法（Analytic Hierarchy Process，AHP）是决策的有效工具，是由萨蒂（T. L. Saaty）于20世纪70年代中期研究出来的。层次分析法是从多方面考虑各种可能引起风险的因素，并对其进行细致的分解，以形成有序的递阶层次结构，而后通过两两比较判断的方式确定每一次层次中各因素的相对重要性。

在风险估计阶段，对很多风险因素的估计都是以人的主观定性判断为主，要直接比较这些风险的发生概率及其产生后果的严重性很困难。层次分析法是一种综合定性与定量分析的方法，它将以人的主观判断为主的定性分析进行量化，从而可以作为决策者评价风险状况的依据。利用层次分析法进行风险估计的基本思路与步骤是：

1）利用递阶层次结构识别建设项目投资存在的主要风险因素。

2）由多位专家从风险损失额和风险发生概率等方面判断风险因素的相对重要性，并形成相对矩阵。

3）在此基础上对专家评判矩阵进行一致性检验。若未能通过一致性检验，则组织专家重新评判，得到新的评判矩阵，再进行一致性检验，反复进行直至最后通过检验。

4）根据相对矩阵计算相对重要度的排序，得出项目投资风险估计结论。

除此之外，项目投资风险估计的方法还有很多，如主观估计法、客观估计法、损失估计法、相关效益估计法等，在此不一一赘述。

4.3 项目投资风险评价

项目投资风险的大小取决于两个因素：一是风险事件可能发生的概率，称为风险概率；二是风险事件发生后的损失值，称为风险潜在损失值。风险估计的任务是对风险概率和风险潜在损失值的测算，而风险评价的工作则是根据风险概率与风险潜在损失值计算风险的大小，并据此评价风险事件对项目的影响程度。

项目投资
风险的测算

由此可知，项目投资风险评价是指在风险识别与风险估计的基础之上，综合考虑风险属性、风险管理的目标以及项目主体的风险承受能力，确定投资中面临的风险对系统的影响程度。

为了将风险事件对投资项目的影响程度表示出来，可采用风险量或风险系数作为衡量风险大小的特征量。其定义如下：

$$R=f(p,q)$$

式中 R——风险量或风险系数；

p——风险概率；

q——风险潜在损失值。

进行项目投资风险评价时，由于很难建立起如上式的合理解析表达式，因此在实际操作中，应针对具体项目选用合适的评价方法来测算风险事件对投资项目的影响程度。

4.3.1 项目投资风险等级

根据风险因素对项目的影响程度，可将风险划分为一般风险、较大风险、严重风险和灾难性风险四个等级。

1. 一般风险

风险发生的可能性不大，或者即使发生造成的损失也较小，一般不影响项目的可行性。

2. 较大风险

风险发生的可能性较大，或者一旦发生造成的损失较大，但损失程度还在项目本身可以承受的范围之内。

3. 严重风险

有两种情况：①风险发生的可能性大，而且一旦发生造成的损失也大，使项目由可行变为不可行；②风险一旦发生造成的损失严重，但是发生的概率很小，只要采取足够的防范措施，项目仍可行。

4. 灾难性风险

风险发生的可能性很大，一旦发生将产生灾难性后果，项目是不能接受的。

4.3.2 项目投资风险评价标准

项目投资风险评价标准就是项目主体针对不同类型的风险确定的可以接受的风险率（或风险量等）。项目投资风险评价标准具有以下特性：

1. 不同项目主体有不同的风险评价标准

就同一个项目，不同的项目主体有不同的项目管理目标。例如，建设项目业主对建设项目的工期、成本和质量有一个整体的目标，在此基础上，进而对各子项目工程在工期、成本和质量方面有较为具体的目标。同样是这一建设项目，承担项目施工的承包人又有不同的管理目标。

2. 项目投资风险评价标准与项目目标的相关性

项目投资风险评价标准总是与项目目标相关的。项目目标多种多样，如工期最短、利润最大、成本最小、风险损失最少、销售量最大、周期波动最小、树立最好的形象、使服务质量达到最好、使公司的威信达到最高、雇员最大限度的满意、生命和财产损失最低等。显然，不同的项目目标也应具有不同的风险评价标准。以“销售量最大”目标为例，可以把某个销售收入金额或产品的某个售出数目定作评价基准。项目风险评价标准包括单个风险评价标准和整体风险评价标准。

3. 项目投资风险评价标准的两个层次

项目投资风险的概念总是与概率相关的，因此，将 100% 实现项目目标作为风险评价的标准并不科学。项目投资风险评价标准应分为计划风险水平和可接受风险水平两个层次。

(1) 计划风险水平

计划风险水平就是在项目实施前分析估计得到的或根据以往的管理经验得到的并认为是合理的风险水平。对这一风险水平，在无须采取特别控制措施的条件下，项目目标基本能够得以实现。

(2) 可接受风险水平

可接受风险水平就是项目主体可以接受的、经过一定的努力采取适当的控制措施后项目目标能够实现的风险水平。

4. 项目投资风险评价标准的形式

项目的具体目标多种多样，因此，项目投资风险评价标准的形式也有风险率、风险损失、风险量等多种类型。例如，进度风险常用风险率，也就是将不能按目标工期完工的概率作为评价标准；质量风险可用质量事故发生后费用损失或工期损失作为评价标准；费用风险可用风险量作为评价标准。

4.3.3　项目投资风险评价的原则

建设投资项目的全过程中伴随着各种不确定性，这些不确定性会促进或者阻碍项目目标的实现。建设项目投资风险分析就是对可能出现的各种不确定性、可能带来的各种结果以及影响程度进行合理的分析与评估 。通过分析各种不确定性，揭示风险产生的影响，分析潜在的风险，评估风险对项目投资的影响，采取相应的措施，以减少风险发生的可能性，尽可能地消除风险带来的不利影响。建设工程项目投资的风险评价应该遵循以下原则：

(1) 科学性原则

对风险的分析评价要体现理论与实际的结合，风险分析是对客观实际的抽象描述。对风险客观实际抽象描述得越清楚、越简练、越符合实际，风险分析结果的科学性也就越强。进行风险分析时，各个风险分析指标的概念不仅要科学、准确，还要有一定的内涵和外延。

(2) 系统性原则

建设工程项目投资的风险性不仅受企业自身内部因素的影响，同时还受到外部政治、经济等各种环境的影响。因此，要想对项目投资风险做出全面、客观、合理的评价，就必须坚持系统设计、系统评价的原则。

(3) 可行性原则

对建设工程项目投资进行风险分析时，要注意与该项目的实际情况相结合。首先，风险分析指标体系要简繁适中，计算评价方法简便、明确，易于操作；其次，各项指标及相应的计算方法、各项数据都要标准化、规范化。

(4) 定性与定量相结合原则

风险是一个抽象的概念，在综合评价建设工程项目投资风险时应该考虑影响投资风险的定性和定量的指标，对定性指标要明确其含义，并按照某种标准对其赋值，使其能够恰如其分地反映指标的性质。定性指标和定量指标都必须有明确的概念和确切的计算方法。因此，在进行项目投资风险评价时，应选取有代表性、操作性强的要素作为评价指标。所选择的单个评价指标，虽仅反映项目投资风险的一个侧面或某一方面，但整体评价指标体系却能够详细地反映该项目整体风险的全貌。

4.3.4 项目投资风险评价的流程

项目投资风险评价流程是依据项目目标和风险评价标准，对识别和估计的结果进行系统分析，明确项目投资风险之间的因果联系，确定风险整体水平和风险等级等。具体的项目投资风险评价流程介绍如下：

1. 系统研究项目投资风险因素

系统研究项目投资风险因素，即所有影响风险的因素都必须加以考虑，对可能影响风险发生的因素可采用头脑风暴法或其他风险识别方法进行识别。

2. 确定风险评价标准

风险评价标准就是项目主体针对每一种风险后果确定的可接受水平。单个风险和整体风险都要确定评价标准，可分别称为单个评价标准和整体评价标准。风险的可接受水平可以是绝对的，也可以是相对的。

3. 确定风险水平

确定风险水平包括确定单个项目风险水平和整体项目风险水平。整体项目风险水平是综合了所有单个项目风险水平之后确定的。

在确定整体项目风险水平时，有必要明确各单个项目风险之间的相互作用和转化关系。风险的可预见性、发生概率和后果大小三个方面会以多种方式组合，使整体项目风险水平评价变得十分复杂。帕累托（80/20）定律表明，20% 的风险构成了对项目严重威胁的 80%。一般情况下，项目面临的各种风险的严重性和发生频率都呈现这种分布规律，即后果严重的风险出现的机会少，可预见性低；出现机会多的风险后果不严重，可预见性也相当高。项目的所有风险中，只有一小部分对项目威胁最大，会造成项目停顿。但是，如果一种风险可预见性很高，且损失或损害后果相当严重，那么就必须考虑其中是否有风险的耦合作用——当两个或更多的风险以某种方式联系在一起时，就会发生耦合作用。

4. 风险水平的比较

将单个项目风险水平与单个评价标准、整体项目风险水平与整体评价标准对比，判断项目风险是否在可接受的范围之内，进而确定该项目应该就此止步还是继续推行。

（1）单个项目风险水平与单个评价标准进行比较

单个项目风险水平和标准的比较通常十分简单。例如，某子项目可能会滞后 5 天，此时仅需与网络分析计算的时间参数相比较：当该子项目的自由时差大于 5 天时，一般认为该子项目的滞后是可接受的；当该子项目的自由时差小于 5 天时，这一滞后就会影响到后续子项目的正常开始；若进一步，当这滞后的 5 天还大于其总时差时，可能会影响项目的关键路径，因为该子项目的滞后会影响项目工期。

（2）整体项目风险水平与整体评价标准进行比较

在进行整体项目风险水平和评价标准的比较时，先要注意到两者的可比性，即整体项目风险水平的评价原则、方法和口径要与整体评价标准所依据的原则、方法和口径基本一致，否则其比较就无实际意义。当整体项目风险水平小于整体评价标准时，总体而言，风险是可接受的，项目或项目方案是可行的；当项目整体风险水平大于整体风险评价标准，甚至大得较多时，则风险是不可接受的，就需要考虑是否放弃这个项目或项目方案。

（3）进行综合性比较

进行综合性比较即将单个项目风险水平与其相应的评价标准相比较的同时，也将整体项目风险水平与整体评价标准相比较。当整体项目风险水平小于或等于整体评价标准，且主要的单个项目风险也能被接受时，则项目可以按计划开始；若整体项目风险可以接受，只有个别次要的单个项目风险水平大于相应的评价标准，则可以进行成本效益分析或其他权衡方法，看是否有其他风险小的替代方案。当整体项目风险水平比整体评价标准大很多时，风险不可接受，因此就要认真考虑是否放弃该项目；若整体项目风险可接受，但主要的某些单个项目风险不可接受，此时就应从全局出发做进一步的分析，当确认机会多于风险时，对项目或项目的方案可做适当调整后再开始实施。

4.3.5 项目投资风险评价方法

项目投资风险评价一般在可行性研究阶段进行，并且可以采用多种评价方法。其中一类方法是针对单个风险因素进行分析，计算各种风险因素对项目的影响程度，并可以评价风险因素的重要程度。常用方法为专家评价法和风险因素取值评定法。这两种简单评价方法比较适用于项目投资机会研究和预可行性研究阶段。另一类方法是对项目整体进行风险分析，计算各种风险因素同时随机变化时对项目目标值的影响。常用方法为概率分析法和蒙特卡洛模拟法，这两种方法比较适用于项目可行性研究和项目评估阶段。此外，项目投资风险评价方法还包括风险评价指数法、总风险暴露指数法等。

1. 专家评价法

专家评价法是以发函、开会或其他形式向相关领域的专家权威调查、咨询，对项目风险因素及其风险程度进行评定，多位专家的意见集中起来形成分析结论。为减少主观性和偶然性，专家人数宜为20人左右，一般不少于10人。具体操作上可请每位专家凭借经验，独立对各类风险因素的风险程度做出判断。最后，将所有专家的意见归集起来。该方法比一般的经验识别法更具客观性，因此应用也更为广泛。

在运用这种方法时，可以根据专家对所评价项目的了解程度、知识领域等，为专家评分的权威性确定一个适宜的权重。最后的风险度值为每位专家评定的风险总分乘以各自权威性的权重值，所得乘积合计后再除以全部专家权威性的权重值的和。

按风险程度将风险分为灾难性风险、严重风险、较大风险、一般风险，并编制项目投资风险因素和风险程度分析表（见表4-5）。

表4-5 风险因素和风险程度分析表

序号	风险因素名称	风险程度				说明
		灾难性风险	严重风险	较大风险	一般风险	
1	市场风险					
1.1	市场需求量					
1.2	竞争能力					
1.3	价格					
2	资源风险					

（续）

序号	风险因素名称	风险程度				说明
		灾难性风险	严重风险	较大风险	一般风险	
2.1	资源储量					
2.2	品位					
2.3	采选方式					
2.4	开拓工程量					
3	技术风险					
3.1	先进性					
3.2	适用性					
3.3	可靠性					
3.4	可得性					
4	工程风险					
4.1	工程地质					
4.2	水文地质					
4.3	工程量					
5	资金风险					
5.1	汇率					
5.2	利率					
5.3	资金来源中断					
5.4	资金供应不足					
6	外部协作条件风险					
6.1	交通运输					
6.2	供水					
6.3	供电					
7	社会风险					
8	其他风险					
8.1	政治条件变化					
8.2	经济条件变化					
8.3	政策变化					
⋮	⋮					

2. 风险因素取值评定法

风险因素取值评定法是一种专家定量评定方法，是就风险因素的最乐观估算值、最悲观估算值、最可能估算值向专家进行调查，将期望值的平均值与可行性研究中所采用的数值（简称可研采用值）相比较，求得两者的偏差值和偏差程度，编制风险因素取值评定表（见

表4-6）据以判别风险程度。偏差值和偏差程度越大，风险程度越高。

表4-6　风险因素取值评定表

专家号	最乐观估算值（A）	最悲观估算值（B）	最可能估算值（C）	期望值（D） $D=(A+4C+B)/6$
1				
2				
3				
⋮				
n				
期望平均值				
偏差值				
偏差程度				

注：1. 期望平均值 $=\frac{1}{n}=\sum_{i=1}^{n}D_i$ 其中 i 表示专家号，n 表示专家人数。

2. 偏差值 = 期望平均值 − 可研采用值。

3. 偏差程度 $=\frac{偏差值}{可研采用值}$。

简单估计法只能就单个风险因素判定风险程度，若要进一步确定风险因素导致项目损失的概率和对项目效益的影响程度，必须进行概率分析。

3. 概率分析法

概率分析法是借助现代计算技术，运用概率论和数理统计原理，对风险因素的概率分布和风险因素变化对评价指标影响的定量分析方法。

风险事件发生的概率和概率分布是风险估计的基础。因此，对项目整体进行风险分析，计算各种风险因素同时随机变化对项目目标值的影响时，首要工作是预测风险因素发生各种变化的概率，将风险因素作为自变量，预测其取值范围和概率分布，再将选定的经济评价指标作为因变量，测算评价指标的相应取值范围和概率分布，计算评价指标的数学期望值和项目成功或失败的概率。一般来说，风险事件的概率分布应当由历史资料和全面、可靠的信息来确定。研究概率分布的时候，需要注意充分利用已获得的各种信息和资料进行估测和计算。当项目主体没有足够的资料和信息来确定风险事件的概率分布时，要根据主观判断和近似的方法来确定概率分布进行风险评价，具体采用何种分布应根据项目风险特点而定。

概率分析法一般按下列步骤进行：

1）选定一个或几个评价指标。通常将内部收益率、净现值等作为评价指标。

2）选定需要进行概率分析的风险因素。风险因素通常有产品价格、销售量、主要原材料价格、投资额以及外汇汇率等。针对项目的不同情况，通过敏感性分析，选择最为敏感的因素作为概率分析的风险因素。

3）预测风险因素变化的取值范围及概率分布。单因素概率分析，设定一个因素变化，其他因素均不变化，即只有一个自变量；多因素概率分析，设定多个因素同时变化，对多个自变量进行概率分析。

4）根据测定的风险因素取值和概率分布，计算评价指标的相应取值和概率分布。

5）计算评价指标的期望值和项目可接受的概率。

6）分析计算结果，判断其可接受性，研究减轻和控制不利影响的措施。

风险因素概率分布的测定既是概率分析的关键，也是概率分析的基础。风险因素概率分布测定方法应根据评价的需要、资料的可得性及费用限制来选择，或由专家调查法确定，或用历史统计资料和数理统计分析方法进行测定。

评价指标的概率分布可采用理论计算方法或模拟计算方法。对于概率服从离散型分布的风险因素，可采用理论计算法，即根据数理统计原理，借助计算机，用数值解法，计算得出评价指标的相应数值和概率分布、期望值方差、标准差等。当随机变量的风险因素较多，或者当风险因素取值服从连续分布，不能用理论计算法计算时，可采用模拟计算法，即以有限的随机抽样数据模拟计算评价指标的概率分布，其中应用较多的是蒙特卡洛模拟法。

4. 蒙特卡洛模拟法

蒙特卡洛模拟法又称统计模拟方法，是 20 世纪 40 年代中期基于科学技术的发展和电子计算机的发明而提出的一种以概率统计理论为指导思想的数值计算方法。该方法适用于所有随机事件的仿真计算，也是分析和评价各类风险因素及其影响程度的重要工具。

蒙特卡洛模拟法的基本思想是针对所要求解的工程技术、项目管理等方面的问题，建立一个随机过程的概率模型，以原问题解的指标为此模型的参数，通过对该随机过程的概率模型的观察或抽样试验，来计算解的指标的统计特征，进而得出解的指标的近似值及其精度。

蒙特卡洛模拟法在项目投资风险评价中的应用步骤一般为：

1）选取随机变量（风险因素），并以净现值作为各类风险因素对项目影响程度的度量。

2）确定各随机变量的概率分布。

3）为各随机变量抽取随机数。

4）将抽得的随机数转化为各输入变量的抽样值。

5）将抽样值构成一组项目评价基础数据。

6）根据基础数据计算出一种随机状况下的评价指标值。

7）重复上述过程，进行反复多次模拟，得出多组评价指标值。

8）整理模拟结果，得到评价指标的期望值、方差、标准差、概率分布及累计概率分布，绘制累计概率图，同时，检验模拟次数是否满足预定的精度要求。

根据上述结果，分析各随机变量（风险因素）对项目收益的影响。

5. 风险评价指数法

众所周知，风险量值的最基本表示方法就是意外（危险）事件发生的可能性（概率）和后果的严重性的乘积。在绝大多数情况下，人们无法得到某一意外事件的可能性和严重性的精确数值，因此也就不能直接用二者的乘积来定量计算该事件的风险量值。为了避免这种完全定量化带来的实际应用的困难，在风险评价方法中，产生了一种广为应用的方法——风险评价指数（RAC）法，即用危险的可能性和严重性来表征风险的特性，进而建立起相应的二维评价矩阵。

RAC 法是一种定性或半定量的风险评价方法，可用来根据评价后的风险等级对风险、风险来源或风险应对措施进行排序。它通常作为一种简便的筛查工具，以确定哪些风险需要更细致的分析，或是应首先处理哪些风险。当然它也可以用来筛选出那些此时无须进一步考虑的风险。换句话说，根据评价结果所处的 RAC 法矩阵的位置或分值大小，可确定给定的风险是否被接受或不被接受。

（1）定性评价 RAC 法

由 RAC 法构成的矩阵有两个因素：一个因素是危险的可能性，即危险事件发生的概率；另一个是危险的严重性，即某种危险可能引起事故的损失程度。

危险可能性可用单位时间的事件数、人数或项目数来表示，也可以用单位时间的活动中可能产生危险的次数来表示。危险严重性考虑的是由人为失误、设计缺陷、规程缺陷、环境条件或系统（子系统或部件）故障（失效）引起的最严重事故的定性度量。在确定定性评价矩阵时，必须将危险可能性与危险严重性分别划分出若干等级。

常用的 RAC 法将危险严重性划分为四级（见表4-7），危险可能性划分成五级（见表4-8）。

表4-7　危险严重性等级表

说明	等级	定义
灾害性	Ⅰ	死亡、系统报废、严重环境破坏
严重性	Ⅱ	严重伤害、严重职业病、系统或环境的较严重破坏
轻度性	Ⅲ	轻度伤害、轻度职业病、系统或环境的轻度破坏
可忽略性	Ⅳ	轻于轻度伤害及轻度职业病、轻于系统或环境的轻度破坏

表4-8　危险可能性等级表

说明①	等级	单个项目	整体②
频繁（$X \geqslant 0.1$）	A	可能经常发生	连续发生
很可能（$0.1 > X \geqslant 0.01$）	B	在寿命期内出现若干次	频繁发生
偶然（$0.01 > X \geqslant 0.001$）	C	在寿命期内可能有时发生	发生若干次
很少（$0.001 > X \geqslant 0.0001$）	D	在寿命期内不易发生，但可能发生	不易发生，但有理由可能预期发生
几无可能（$0.0001 > X$）	E	不易发生，可认为不会发生	极难发生，但还有可能发生

① 说明词的定义可根据有关数值修改。

② 应定义整体的大小。

按可能性与严重性两个因素建立起二维矩阵，矩阵的每一个元素都对应一个可能性和严重性等级，并用一个描述语或代码表示，称为“风险评价指数”，用其表示风险的大小。常用定性评价 RAC 矩阵见表4-9。

表4-9　常用定性评价 RAC 矩阵

危险等级	Ⅰ	Ⅱ	Ⅲ	Ⅳ
A	ⅠA	ⅡA	ⅢA	ⅣA
B	ⅠB	ⅡB	ⅢB	ⅣB
C	ⅠC	ⅡC	ⅢC	ⅣC
D	ⅠD	ⅡD	ⅢD	ⅣD
E	ⅠE	ⅡE	ⅢE	ⅣE

在表4-9中，将风险评价指数按风险的大小分为四类，每一类应采取的管理控制原则

如下：

1）ⅠA、ⅠB、ⅠC、ⅡA、ⅡB、ⅢA，其风险程度是不可接受的，必须予以控制和降低。

2）ⅠD、ⅡC、ⅡD、ⅢB、ⅢC，其风险程度是不希望的，需要管理评审和控制。

3）ⅠE、ⅡE、ⅢD、ⅢE、ⅣA、ⅣB，其风险程度是可接受的，但也需要进行管理评审以进一步确定是否控制。

4）ⅣC、ⅣD、ⅣE，其风险程度是完全可接受的，无须管理评审和控制。

必须指出的是，划分风险程度区域的方式并不唯一，表 4-9 给出的只是相对常见的一种。人们在利用 RAC 法时，可以参考各种划分方法，从中选定更适合于评价对象的。

（2）半定量评价 RAC 法

危险严重性和可能性的划分等级仍然采用表 4-7 和表 4-8 的方法，对表 4-9 中的每个矩阵元素按相对风险性高低各赋予一个数值，即可构成半定量化的 RAC 矩阵，见表 4-10。

表 4-10　半定量化的 RAC 矩阵

危险类别	Ⅰ	Ⅱ	Ⅲ	Ⅳ
A	1	3	7	13
B	2	5	9	16
C	4	6	11	18
D	8	10	14	19
E	12	15	17	20

表 4-10 给出的风险量值是从 1 至 20 的整数，其数值越小，代表的风险越大，反之风险越小。与表 4-9 类似，各数值所表示的应采取的管理控制原则如下：

1）1～5——风险程度是不可接受的，必须予以控制和降低。

2）6～10——风险程度是不希望的，需要管理评审和控制。

3）11～17——风险程度是可接受的，但也需要进行管理评审以进一步确定是否控制。

4）18～20——风险程度是完全可接受的，无须管理评审和控制。

4.4 项目投资风险应对策略

对项目投资风险进行识别、估计和评价的目的，在于通过认识项目投资风险及其发生的概率和严重程度，采取必要的风险应对和防范措施，规避或改变可预期的不利因素，提高项目成功的可能性。

项目投资风险应对策略研究就是对项目投资风险提出处置意见和方法。通过对项目投资风险的识别、估计和评价，把项目投资风险发生的可能性与后果以及其他相关因素综合起来分析，再将分析的结果同公认的项目安全指标相比较。这样就可以确定出项目的危险等级，从而决定应采取什么措施以及控制措施的轻重缓急。

4.4.1 项目投资风险应对策略

对于风险，与其消极地等待其发生，不如积极地采取预防措施来应对。应对风险，可从改变风险的性质、风险发生的概率或风险后果的大小三方面提出多种策略。在预测主要风险因素和风险程度之后，应根据不同风险提出相应的规避防范对策，力争将风险损失降到最低限度。常用的项目投资风险应对策略主要有以下几种类型：

1. 风险回避

风险回避是彻底规避风险的一种做法，即断绝风险的来源。对投资项目可行性研究而言，风险回避意味着提出彻底改变原方案甚至否决项目的建议，或是以风险较低的解决方案削减并替代高风险或中等程度风险的方案。例如，风险分析显示产品市场存在严重风险，若采取回避风险的对策，应做出缓建（待市场变化后再予以考虑）或放弃项目的建议。需要指出的是，回避风险对策虽然最大限度地避免了风险的发生，但这种措施也有许多局限性：首先，有些风险是无法回避的；其次，采取回避风险对策也意味着丧失了项目可能获利的机会。因此，只有在风险可能造成的损失相当严重或者采取措施防范风险代价昂贵、得不偿失的情况下，才采用风险回避对策。

2. 风险控制（风险分散）

风险控制是指通过采取有效措施避免风险产生，从而减少损失。风险管理机构或决策人员应就识别出的主要风险因素逐一提出技术上可行、经济上合理的预防措施，以将风险损失控制在最低限度。

对那些可驾驭和控制的风险，提出降低风险发生可能性和降低风险损失程度的措施，并从技术和经济相结合的角度论证其可行性与合理性。这种策略在很大程度上要看风险是已知风险、可预测风险还是不可预测风险。

已知风险可以在很大程度上被控制，通过动用项目现有的资源降低风险。例如，可以通过压缩关键工序的时间、加班或采取“快速跟进”来降低项目进度风险。可预测风险或不可预测风险是项目管理班子很少或根本不能够控制的风险，因此有必要采取迂回策略。例如，政府投资的公共工程，其预算不在项目管理班子直接控制范围内，则可能存在政府在项目进行中削减项目预算的风险。在实施降低风险策略时，最好将项目的每一个具体风险都降低到可接受的水平。具体风险降低了，项目整体失败的概率就会下降，成功的概率就会提高。实施降低风险策略时，应设法将已识别的可预测或不可预测的风险变为已知风险。这样，项目管理班子就可以对其进行控制，进而利用项目的资源降低风险。

风险控制在应用过程中应该注意以下几个事项：

（1）在成本与效益分析的基础上选择措施

任何风险控制措施都是有成本的，而风险对策研究的目标之一是风险成本最小化。因此，项目风险控制的成本应低于该风险发生时造成的损失。如果控制某种风险的成本过高，就可以考虑是否可采取风险转移等其他方法。

（2）不能过分依赖风险控制

风险控制措施是由机械或人员来实施的，而二者都不是万无一失的：机械可能发生故障，人员也可能存在道德风险。例如，施工现场火警装置失灵，项目监督人员玩忽职守等。因此，对某些影响较大的风险，尤其是巨灾风险，要考虑是否需要融资型措施相配合。

（3）新风险产生的可能

风险控制措施一般是针对某一类型的风险，采取风险控制措施在抑制了该风险因素的同时，也可能带来新的风险因素。

3. 风险转移（合伙分担风险）

风险转移的目的不是降低风险发生的概率和不利后果的大小，而是借用合同或协议，在风险事故发生时将损失的一部分转移到项目以外的第三方身上。

实行这种策略要遵循两个原则：①必须让承担风险者得到相应的回报；②对于具体风险，谁最有能力管理就让谁分担。

风险转移可分为保险转移和非保险转移两种。保险转移是向保险公司投保，将项目风险损失转移给保险公司承担；非保险转移是将项目风险转移给项目承包方，如项目技术、设备、施工等可能存在风险，可在合同谈判中增加索赔性条款，将风险损失转移给合同对方承担。

风险转移主要有四种方式：出售、发包、开脱责任合同、保险与担保。

（1）出售

通过买卖契约将风险转移给第三方。例如，项目可以通过发行股票或债券筹集资金，股票或债券的认购者在取得项目一部分所有权的同时，也承担了一部分风险。很多情况下，出售类似于风险回避。虽然将有风险的项目部分出售是一种很好的摆脱风险的方式，但同时这部分的收益也转移给了第三方，某些情况下，这种方法可能是不被允许或不经济的。

（2）发包

通过从项目执行组织外部获得货物、工程或服务而把风险转移出去。发包又可以在多种合同形式中选择，如建设项目的施工合同按计价形式划分，有总价合同、单价合同和成本加酬金合同。一般来讲，实现发包行为的前提是受让方在对某种风险的处理能力上高于出让方。

（3）开脱责任合同

在合同中列入开脱责任条款，要求对方在风险事故发生时，不要求项目管理班子本身承担责任。很多项目都存在失败的风险，一些风险虽然发生概率很低，但一旦失败，后果严重。项目实施方可以同主管单位签订免责协议，由主管单位承担风险。这样，带有风险的活动虽然没有转移，但与之相关的责任风险却转移了出去。

（4）保险与担保

保险的首要目的是当参保的项目实施方遭受不可预期的损失时，可按照保险合同从保险公司获得经济补偿，从而为其迅速恢复生产提供保障。保险是转移风险常用的一种方式，项目管理班子只要向保险公司缴纳一定数额的保险费，当风险事故发生时就能获得保险公司的补偿，从而将风险转移给保险公司（实际上是转移给保险公司所有的投保人）。保险过程中，由于保险费的支付是定期的、均匀的，因此对项目运营影响不大，同时，保险费是以全社会的损失率为基础计算出来的，只要保险条件合理，也可使投保者处理风险的费用趋于最小。除保险外，还可以采取其他方式转移风险，如经济生活中的担保、租赁等，都可以使项目所承担的潜在损失最小化。

4. 风险自留

风险自留是将风险损失留给拟建项目投资者自己承担。风险自留依靠项目单位自身的财力来负担未来可能的风险损失。这适用于已知有风险存在，但为获高额利润甘愿冒险的项目，或者风险损失较小，可以自行处置解决的项目。风险自留可以是主动的，也可以是被动的。在风险管理规划阶段对一些风险已有准备，当风险事故发生时马上执行应急计划，这是主动接受风险。被动接受风险是指在风险事件造成的损失数额不大、不影响项目大局时，项目班子将损失列为项目的一种费用，费用增加，项目的收益自然要受其影响。风险自留是最省事的一种风险应对方法，在很多情况下也最节省资金。当采取其他风险应对方法的费用超过风险事件造成的损失数额时，可采取风险自留的方法。

风险自留包括两个方面的内容：承担风险和自保风险。承担风险主要是指项目运营中风险发生所带来的损失由项目单位直接承担。承担风险必须考虑到企业的财务承受能力。承担风险与自保风险的区别在于后者需要建立一套正式的实施计划和一笔特别的损失储备基金，而前者无须建立这种计划和基金，当损失发生时，直接将损失摊入成本。自保风险就是企业处理那些损失较大、无法直接摊入成本的风险的一种手段。它通常根据未来风险损失的测算（测算时可以应用风险系数的方法，如项目评估人员凭借自己以往的经验，参照类似的项目，将所评估项目的各种数据乘以一个风险系数，作为对可能遗失的风险信息的补偿），采用定期摊付、长期积累的方式在企业内部建立起风险损失基金，用以补偿这种风险损失。自保风险与保险经营的原理是一致的，但由于前者损失成本的分摊是在一个项目单位内部进行的，因而项目单位实际上只支付了事实损失额，免除了保险公司的管理费和利润。

5. 风险组合

这种处理项目风险的方法以西方经济学中债券投资组合方法作为理论基础，将许多类似的但不会同时发生的风险集中起来考虑，从而能较为明确地预测未来损失发生的状况，并使该组合中发生风险损失的部分能得到其他未发生损失部分的补偿。保险事业就是利用风险组合的方法来处理风险的。根据大数定律将全社会类似的风险损失集中起来，以风险发生的状况为依据制定出保险费率和补偿标准进行补偿。这里需要引起项目单位重视的是，并非所有的投资组合都能分散风险，有些投资组合甚至会增强风险，只有收益或风险变化方向不完全相同的金融资产构成的投资组合，其风险才可以被部分冲抵。因此，投资者在形成有效投资组合时有两条途径：①在一些具有相同期望收益的投资品种中选择一些相关程度较低、风险变化不完全相同的投资品种进行资产投资组合；②在一些相关程度（或风险冲抵程度）相同的组合中选择预期收益较高的一组作为投资的资产组合。

6. 后备措施

有些风险要求事先制定好后备措施，必要情况下应提前制定紧急事件应急预案。一旦项目的实际进展情况与计划不同，就需动用后备措施（主要有费用、进度和技术三种）。紧急事件应急预案的主要作用是在突如其来的风险出现以前，制定一套应付此类风险事故的补救办法，尽量减少突发风险所造成的各种损失。在项目的各个阶段，尤其是具体的操作阶段应该根据实际情况制定不同风险等级的应急预案，一旦风险出现就马上执行。

（1）预算应急费

预算应急费是一笔事先准备好的资金，用于补偿差错、疏漏及其他不确定性造成的预算偏差估计精确性的影响。预算应急费在项目预算中要单独列出，不能分散到具体费用项目之下，否则，项目班子就会失去对支出的控制。另外，预算人员由于缺乏经验而在各个具体费用下盲目地预留余地也是不允许的。盲目地预留，一方面会由于项目预算估计过高而在投标中丢掉机会；另一方面会使不合理预留的部分以合法的名义白白花费出去。预算应急费一般分为实施应急费和经济应急费两类。实施应急费用于补偿估价和实施过程中的不确定性，经济应急费用于应对通货膨胀和价格波动。

(2) 进度后备措施

对于项目进度方面的不确定性因素，项目各方一般不希望以延长时间的方式来应对。因此，就要设法制订出一个较为紧凑的进度计划，争取项目在各方要求完成的日期前完成。从网络计划的观点来看，进度后备措施就是在关键线路上设置一段时差或浮动时间。项目工序不确定程度越高，任务越含糊，关键线路上的时差或浮动时间也就应该越长。

(3) 技术后备措施

技术后备措施专门用于应对项目的技术风险，它可以是一段时间或一笔资金，当预想的情况未出现并需要采取补救行动时就可以动用。技术后备措施相对于预算应急费和进度后备措施来说使用较少，只有当不大可能发生的事件发生，需要采取补救行动时，才动用技术后备措施。

4.4.2 项目投资风险控制过程

风险控制过程包括以下几个方面：①制定风险控制目标。②选择风险控制策略。在风险识别和评估的基础上，根据风险控制目标，选择合适的风险控制策略，进行最佳组合，使用经济合理的方法处理风险。一般而言，风险控制的手段主要有风险避免、损失预防、损失减少、风险转移、风险自留等。③执行风险控制策略。风险控制策略的制定是从目标确定、方案选择到实施的整个动态过程。即便制定了好的风险管理方案和控制策略，但如果执行不力，那么风险控制的目标也就无法实现。

风险控制发生在企业风险管理的全过程中，根据风险发生的时间顺序可分为如下三种：

1. 事前风险控制

企业在做出经营决策之前对其内部条件因素和外部环境因素进行详尽分析，综合估计各种风险因素，对决策结果进行趋势预测，如果发现可能出现的风险因素，则提前采取预防性的纠偏措施，保证决策始终沿着正确的轨道进行，从而达成企业目标。风险回避策略显然属于事前风险控制，它可以有效地消除产生不必要风险的条件和机会，从而达到不需过多的精力和成本投入就能避免风险发生的目的。有效避免风险的措施理论上可以完全解除某种风险，即完全消除某种损失的可能性，但事前风险控制措施的采用受到一定的限制，如：当其涉及放弃某项活动时，同时也就是部分或全部地丧失了从事该活动可能带来的利益。

2. 事中风险控制

在决策实施过程中或风险发生过程中，企业对自身的决策行为和形势变化进行检查，对照既定的标准判断是否合适，如果发现了风险成因，就立即采取措施，快速反应，对企业的决策行为进行调整、修正。这种方式类似于开关功能，故被称为开关型风险控制。由于风险随时可能发生，并且风险事件的发生时间极其短暂，因此事中风险控制需要企业决策者具有高度的风险感知度，能够及时处理风险事件。

3. 事后风险控制

事后风险控制要求企业将决策结果与预测结果进行比较与评价，然后根据偏差情况查找具体的风险成因，总结经验教训，对错误或过失进行弥补，同时调整企业的后续经营决策。事后风险控制需要完成两项任务，其一是尽可能地减少风险损失，其二是调整企业决策，减少风险再次发生的可能性。

4.5 项目投资风险监控

任何项目风险都有一个发生、发展的过程，因此必须对项目投资过程进行实时监控，以动态地掌握项目投资风险及其变化情况。项目投资风险监控是建立在项目投资风险阶段性、渐进性和可控性基础上的一种项目管理工作。当风险事件发生时，实施风险管理计划中预定的应对措施；当项目情况发生变化时，重新进行风险分析，并制定新的应对措施。一个好的风险监控系统可以在风险发生之前就提供给决策者有用的信息，并使之做出有效的决策。

4.5.1 项目投资风险监控概述

项目投资风险监控是指跟踪已识别的风险、监视残余风险、识别新出现的风险、修改风险管理计划、保证风险计划的实施、评估风险降低的效果等风险管理工作的总和。它存在于整个项目投资管理过程中，包括风险监督和风险控制两层含义。

无论预先计划好的策略和措施是否付诸实施，风险监督工作都不可或缺。如果发现已做出的决策是错误的，则一定要尽早反思，并及时采取纠正行动。如果决策正确，但是结果未能达到预期，也不要惊慌，不要过早地改变正确的决策；频繁地改变主意，不仅会缺乏应急用的后备资源，而且会增加风险事件发生的可能性，加重风险事件的不利后果。

风险控制是为了最大限度地降低风险事故发生的概率和减小损失程度而采取的风险处置技术。为了控制项目风险，通常认为可采取以下措施：①根据风险因素的特性，采取一定措施，使其发生的概率接近于零，从而预防风险因素的产生；②减少已存在的风险因素；③防止已存在的风险因素释放能量；④改变风险因素的空间分布，从而限制其释放能量的速度；⑤在时间和空间上把风险因素与可能遭受损害的人、财、物隔离；⑥借助人为设置的物质障碍将风险因素与人、财、物隔离；⑦改变风险因素的基本性质；⑧加强风险部门的防护能力；⑨做好救护受损人、物的准备等。

从过程的角度来看，项目投资风险监控贯穿于项目投资风险管理流程的全过程，是项目投资风险管理的重要内容。一方面，项目投资风险监控是对风险识别、分析和应对等管理活动的继续；另一方面，通过投资风险监控获得的信息也对上述活动具有反馈作用，从而形成了一个项目投资风险管理的动态过程。正因如此，项目投资风险监控应该面向项目风险管理的全过程，它的任务是根据整个项目风险管理过程规定的衡量标准，全面跟踪并评价风险处理活动的执行情况。缺乏项目投资风险监控的风险管理是不完整的风险管理。

项目投资风险监控的意义主要表现在以下三个方面：

（1）有助于适应项目投资风险变化的情况

根据风险的有关定义可知，风险的存在是不确定性造成的，即人们无法知道将来项目发展的情况。但随着项目的进展和时间的推移，这种不确定性逐渐变得清晰，原来分析处理的风险会发生变化。因此，需要随时监控项目投资风险，以掌握风险变化情况，并根据风险变化情况决定如何对其进行处理。

（2）有助于检验已采取的风险处理措施

已采取的风险处理措施是否适当，需要通过风险监控对其进行客观的评价。若发现已采取的处理措施是正确的，则继续执行；若发现已采取的处理措施是错误的，则尽早采取调整行动，以减少不必要的损失。

（3）适应新的风险需要进行风险监控

采取风险处理措施后，项目投资风险可能会留下残余风险或产生以前未识别的新风险。对于这些风险，需要进行风险监控以掌握其发展变化情况，并根据风险发展变化情况决定是否采取风险处理措施。

4.5.2 项目投资风险监控的依据与原则

1. 风险监控的依据

风险监控的主要依据包括以下几个方面：

1）风险管理规划。风险管理规划规定了风险监控的方法和技术、指标、时间和工作安排，是风险监控的指导性计划。

2）风险应对计划。风险应对计划提供了关键风险、风险应对措施等风险监控的具体内容和对象。

3）环境的变化情况。环境变化包括系统外部环境的变化和系统本身的变更。如果系统出现大的变更，则应该进行新的风险分析和风险应对。在风险管理执行过程中，各种日常的反馈信息也是进一步采取风险处置措施的依据。

4）新识别的风险。新识别出的风险包括原先风险不大的风险成为关键风险和原先不存在或没有识别出来的新风险因素或新风险事件。对于二级风险识别和分析，尤其是对未曾识别的风险要予以特别重视。

5）发生了的风险事件和已实施的风险应对计划。风险事件发生要求实施风险控制，已实施的风险应对计划也要求进行风险监视。

风险反应与监控就是计划—决策—监控不断交替进行的、循环反复的一个过程，通过实施风险反应与监控将目标风险控制在一定限度内，以确保各项活动的正常实施和顺利建成。

2. 风险监控的原则

进行风险监控一般要遵守以下原则：

（1）及时性

这种及时性体现在两个方面：一是在进行风险监控的时候要及时发现风险；二是在风险监控的时候要及时采取有效措施，在风险尚未造成巨大损失的时候消除风险或将风险控制在可以接受的范围之内。通常风险监控通过设立风险预警和应急预案系统对有可能出现的风险，采取超前或预先防范的管理，一旦在监控过程中发现风险的征兆，就及时采取校正行动并发出预警信号，以最大限度地控制不利后果的发生。

（2）持续性

因为风险是时时刻刻存在的，所以风险监控是贯穿整个系统生命周期的，是一个持续的过程。随着时间的推移，原有的系统环境可能发生变化，新的风险可能出现，原来的次要风险可能转化为主要风险，这时再按照以前制订的风险管理计划和风险应对计划进行风险监控就不能满足风险管理的要求了，必须根据环境的变化对风险监控进行动态调整。

（3）可操作性

在风险监控中采取控制措施，必须结合风险管理主体自身的能力和资源状况，必须具有可操作性。一般来讲，控制措施分为两类。第一类措施为主动的、积极的进攻策略，也称为风险调控措施，是针对治本性风险管理目标设定的策略。它是指主动出击，抵消风险的作用力，防范风险事件的发生，堵塞风险事件发生的缝隙，积极地控制风险、引导风险。第二类措施为被动的、消极的防守策略，也称为风险处理对策，是针对治标性风险管理目标而制订的策略。它是指对项目风险做出回避、转移等处理，使项目投资者减少损失，改善所处的环境，摆脱被动局面。风险管理主体要根据自身的特点合理选择控制措施。

4.5.3 项目投资风险监控目标

1）及早识别项目风险。项目投资风险监控的首要目标，就是通过开展持续的项目风险识别和度量工作，及早发现投资项目所存在的各种风险。这也是进行项目投资风险监控的前提。

2）避免项目投资风险事件的发生，即规避风险。除了做好投资前准备，还要对整个过程进行监控，保持风险意识。此外，也要加强投资决策科学化，制定合理的投资决策流程与决策方法。

3）消除项目投资风险带来的消极后果。主要方式有以下三种：①接受风险，即将风险保持在现有水平。可通过调控其他因素，补偿风险成本，抵消风险。②降低风险，即利用政策或措施将风险降低到可接受的水平。借助内部流程或行动，将不良事件发生的可能性降低到可接受的程度，以控制风险。③转移风险，即将风险转移给其他方。

4）充分吸取项目投资风险管理中的经验和教训。积极开展项目后评价工作，反思项目管理过程中是否有疏漏环节，及时总结经验教训。

4.5.4 项目投资风险监控流程

1）建立项目投资风险监控体制。主要包括项目投资风险责任制、项目投资风险信息报告制、项目投资风险监控决策制、项目投资风险监控沟通程序等。

2）确定要监控的项目投资风险事件。

3）确定项目投资风险监控责任。所有需要监控的风险都必须落实到人，同时明确岗位职责，对项目投资风险监控应实行专人负责。

4）确定项目投资风险监控的行动时间。这主要是指对项目投资风险监控要制订相应的时间计划和安排，计划和规定出解决项目投资风险问题的时间表与时间限制。

5）制定具体项目投资风险监控方案。根据项目投资风险的特性和时间计划制定出各具体项目投资风险监控方案，找出能够控制项目投资风险的各种备选方案，然后要对方案做必要性、可行性分析，以验证各方案的效果，最终选定拟采用的风险控制方案或备选方案。

6）实施具体项目投资风险监控方案。要按照选定的具体项目投资风险监控方案开展项目投资风险监控工作。

7）跟踪具体项目投资风险的控制结果。要收集风险事件控制工作的信息并给出反馈，即通过跟踪去确认所采取的项目投资风险控制活动是否有效，项目投资风险的发展是否有新的变化等，以便不断提供反馈信息，从而指导项目投资风险监控方案的具体实施。

8）判断项目投资风险是否已经消除。若认定某个风险因素已经消除，则该风险的控制作业已完成；若判断该风险因素仍未消除，就要重新进行项目投资风险识别，重新开展下一步的项目投资风险监控作业。

4.5.5 项目投资风险监控方法

由于项目投资风险具有复杂性、变动性、突发性、超前性等特点，因此风险监控应该围绕项目投资风险的基本问题，制定科学的风险监控标准，采用系统的方法，建立有效的风险预警系统，做好应急计划，并实施高效的项目风险监控。

然而，目前项目投资风险监控还没有一套公认的、单独的技术方法可供使用。风险监控的方法不如风险识别、估计和评价方法成型，但在实践中也形成了一些监控方法，这些方法大都源自对项目管理其他方面方法的借鉴。在项目投资风险监控中，常见的方法主要有风险图表法、审核检查法以及偏差分析法。

1. 风险图表法

风险图表法就是根据风险评价的结果，从项目的所有风险中挑选出若干因素（如前 10 个最严重的）列入监视范围，然后每月都对这些因素进行检查，同时写出风险规避计划，说明用于规避风险的策略和措施是否取得了成功。与此同时，以图表的形式列出当月优先考虑的风险因素，其中每一个都写上当月的优先顺序号、上个月的优先顺序号以及它在风险图表中存在的时期。如果发现图表上出现了以前未出现过的新风险，或者有的风险情况变化很小，那么就要考虑重新进行风险分析。需要注意的是，使用该方法发现问题后应及时采取措施，不要让风险由小变大，进而失去控制。同样重要的是，要及时注意和发现在规避风险方面取得的进展，因此也要把已成功控制住的风险记在图表中。

另外，还要跟踪列入图表中的风险因素类别的变化。如果新列入图表的风险以前被划入未知或不可预见的类别，那么就预示着项目有很大的可能要出现麻烦。这种情况还表明原来做的风险分析不准确，项目实际面临的风险要比当初考虑的大。表 4-11 说明了风险图表的使用方法。

表 4-11 项目投资风险图表

风险因素	上月优先序号	当月优先序号	风险类别	应对策略
进度拖延	1	3	可预见	降低
要求变更	2	4	可预见	降低
功能未达到要求	3	2	已知	降低
费用超预算	4	1	已知	后备措施
人员无经验	10	10	已知	转移

2. 审核检查法

审核检查法是监控风险的首选方法。该方法用于项目的全过程，从项目建议书开始，直至项目结束。项目建议书、项目产品或服务的技术规格要求、项目的招标文件、设计文件、实施计划、必要的实验等都需要审核。审核时要查出错误、疏漏、不准确、前后矛盾、不一致之处。审核还会发现以前他人未注意或未想到的地方和问题。审核会议要有明确的目标且需多方面人员参加，会议中所提问题要具体。参加者不要审核自己原来负责的那部分工作，而是审核被分配的他人的工作。审核结束后，要把发现的问题及时交代给原来负责的人员，让其马上采取行动予以解决。问题解决后要签字验收。

检查是在项目实施过程中进行的，而不是在项目告一段落时进行的。检查是为了把各方面的反馈意见立即通知有关人员，一般以已完成的工作成果为对象，包括项目的设计文件、实施计划、实验计划、在施的工程、运到现场的材料设备等。

3. 偏差分析法

偏差分析法是一种测量预算实施情况的方法。该方法将实际已完成的项目工作同计划的项目工作进行比较，确定项目在费用支出和时间进度方面是否符合原定计划的要求。偏差分析法计算、收集三种基本数据：计划工作的预算费用、已完工作的实际费用以及已完工作的预算费用。按照单位工作的预算价格计算出的已经完成实际工作量的费用，称为已完工作预算费用。常用的偏差分析方法有横道图法、时标网络图法、表格法和曲线法。其中表格法是一种进行偏差分析的最常用方法。应用表格法分析偏差，是将项目编号、名称、各个费用参数及费用偏差值等综合纳入一张表格中，可在表格中直接进行偏差的比较分析。

对于建设工程这样庞大、复杂的投资项目，为保证项目的建设和运营，及时发现和化解各种可能出现的风险，必须增强管理人员的风险管理意识，建立有效的项目管理和风险管理的制度和措施，设立强有力的项目建设管理机构和运营管理机构，设置必要的部门和专业人员，对项目从前期可行性研究、设计、施工、验收到运营的整个项目过程中的各项活动进行有机的计划、组织、控制、协调，对工程的设计标准、建设质量、进度、计量、费用等关键项目风险控制因素进行严密的控制，将各项指标控制在预期的范围之内。实施过程中若发生偏离现象，要及时预警并制定相应的措施，以保证项目的顺利实施和高效运营。

思 考 题

1. 建设项目投资风险管理的一般步骤是什么？
2. 简述建设项目投资风险识别程序和识别方法。
3. 简述建设项目投资风险估计流程和估计方法。
4. 简述建设项目投资风险评价流程和评价方法。
5. 简述建设项目投资风险应对策略。
6. 简述建设项目投资风险监控流程和监控方法。

第4章练习题

扫码进入小程序，完成答题即可获取答案

第5章

项目投资决策

本章分别从项目投资决策基础、项目投资可行性研究和投资决策指标体系与方案比选几方面构建项目投资决策的知识体系。首先阐述了项目投资决策的相关理论和概念；然后阐述了项目投资可行性研究的重要性与意义，并介绍了项目投资可行性研究的工作程序；最后从方法论的角度介绍了项目投资决策的方法，构建了科学的投资决策指标体系，阐述了多方案下的方案比选方法。

5.1 项目投资决策基础

5.1.1 建设项目投资的相关概念

1. 投资的概念

投资（Investment）是指投资人（政府、企业、非营利机构或个人）根据详尽的分析，在确信本金安全和回报满意的情况下，垫付目前所拥有的金钱或资源，以换取未来的利益的活动。投资活动主要表现出主体多元化、目的广泛性、结果不确定的特征。

投资包括直接投资和间接投资。

直接投资是指对厂房、机械设备、交通工具、通信、土地或土地使用权等各种有形资产的投资活动和对专利、商标、咨询服务等无形资产的投资活动。间接投资是指投资者以其资本购买公司债券、金融债券或公司股票等各种有价证券，以期获取一定收益的活动，由于其投资形式主要是购买各种各样的有价证券，因此间接投资也被称为有价证券（Securities）投资。

2. 建设项目投资的概念

建设项目投资属于直接投资的范畴，且有广义和狭义之分。广义的建设项目投资是指项目法人受项目主办方委托，通过形成综合生产或服务能力获取投资效益，而垫付资本或其他资源于某工程建设项目的活动。这里的项目法人通常是一个确定的法律实体，它是为了项目的建设和满足市场需求而建立的自主经营、自负盈亏的经营实体。项目主办方又称项目发起人，是项目公司的投资者，是股东，项目主办方投入的资本金形成项目公司的权益。现代社会项目发起人大致可分为四类：企业、政府、非营利机构及个人。投资效益包括财务、经济、社会、环境四个方面。狭义的建设项目投资一般是指进行某项工程建设花费的全部费用。

3. 建设项目投资的要素

建设项目投资包含四大要素：投资主体、投资项目、投资环境以及投资效益。

（1）投资主体

投资主体是指垫付权益资本、承担投资风险和还贷风险、享受直接投资收益的项目法人和项目主办方（项目发起人或项目投资者）。项目法人包括新设法人和既有法人。新设法人是指为项目新设一个法人单位来承担项目建设，建设项目所需资金来源于项目公司股东投入的资金和项目公司承担的债务资金。既有法人是指仍由该项目本身来承担项目建设，建设项目所需资金来源于原有既有法人内部融资、新增资本和新增债务金。

（2）投资项目

投资项目是建设项目法人实现既定设想的载体。由于不同类型投资主体的目标存在明显差异，因而其选择投资项目的类别也不同。例如，政府的目标一般是通过提供社会服务来改善环境，包括社会经济的可持续发展、就业水平的提高、法制的建立健全、社会安定、币值稳定、环境保护、经济结构的改善、收入分配公平等。因此，政府投资项目主要是基础性项目和公益性项目。企业的目标以实现利润为主，包括利润最大化、市场占有率、应变能力和品牌效应等。因此，企业投资项目主要是竞争性项目。

（3）投资环境

投资环境是指影响投资的客观条件，既包括经济体制、政治体制、法律制度、诚信道德、传统文化、精神文明、国际一体化、金融服务、市场进入与退出条件以及劳动力市场弹性等社会政治经济条件组成的投资软环境，也包括自然地理条件、交通运输、邮电通信、供水供电等物质技术条件组成的投资硬环境。投资环境是可以改变的，设施不断完善、环境日益优美、社会和谐安定的投资环境，能有效提高投资效果，增加对投资的吸引力，是促进区域经济发展的先决条件。

当然，建设项目投资在一定的时空中也受到自然、技术、经济等方面的制约，自然条件决定了投资的客观物质基础，技术、经济条件显示了投资活动成果的价值。建设项目投资固然要遵循自然环境中的各种规律，因为只有这样才能赋予物品或服务使用价值，但是物品或服务的价值取决于其带给人们的效用，效用大小往往要用人们愿意为此付出的货币数量来衡量。无论技术系统设计得多么精良，如果生产出来的物品或服务不受市场上消费者的青睐，或者成本太高，这样的建设项目投资效益都会很低。

（4）投资效益

投资效益是指投资活动所取得的成果与所占用或消耗的投资之间的对比关系。投资效益包括财务效益（微观经济效益）、国民经济效益（宏观经济效益）和社会效益。

投资的财务效益是指投资项目的投入与产出相比较，能否获得预期的盈利，它从投资主体的角度衡量投资活动是否值得。投资的国民经济效益是指投资项目对国民经济有效增长、结构优化的贡献。投资的社会效益是指投资项目的建设和运行对社会发展、资源、生态、环境、就业、分配等方面带来的影响。

一项投资活动的财务效益、国民经济效益和社会效益有时会是冲突和对立的。例如，在一个经济欠发达地区进行开发和建设时，如果只进行低水平的资源消耗类生产，就有可能在取得企业财务效益的同时，造成严重的环境污染和生态平衡的破坏。

人类社会的一个基本任务，就是要根据对客观世界运动变化规律的认识，对自身的活动进行有效的规划、组织、协调和控制，最大限度地提高投资活动的收益水平，降低或消除负面影响，而这正是建设项目投资决策的主要任务。

5.1.2 建设项目投资决策

1. 决策的概念、构成要素和特点

(1) 决策的概念

对决策概念的界定有很多种，归纳起来基本有以下三种理解：

1) 人们为实现特定目标，根据客观可能性，在一定量的信息和经验的基础上，借助一定的工具、技巧和方法，对影响目标实现的诸多因素进行分析，进而提出问题、确立目标、设计和选择方案的过程。这是广义的理解。

2) 把决策看作从几种备选的行动方案中做出的最终抉择，是决策者的拍板定案。这是狭义的理解。

3) 认为决策是对不确定条件下发生的偶发事件所做的处理决定，这类事件既无先例，又没有可遵循的规律，做出选择要冒一定的风险。也就是说，只有冒一定风险的选择才是决策。这是对决策概念最狭义的理解。

决策的核心是从拟从事的计划或活动所要达到的多个目标和多个执行方案中做出最合理的抉择，以寻求达到最满意的效果。

决策是一个被广泛使用的概念，每一个人、营利组织、非营利组织或政府机构都离不开决策。个人决策关系到个人成败得失，组织决策关系到组织生死存亡，国家决策关系到国家的兴衰荣辱。

(2) 决策的构成要素

决策通常涉及以下五个构成要素：

1) 决策主体。决策主体分为分析人员和决断人员两类。分析人员既可以是系统内部的人员，也可以是接受委托的系统外部人员，他们在决策过程中承担提出问题、优化系统和评价方案的任务。决断人员往往是系统组织中的领导者，他们在决策分析过程中能够也必须进行最后的拍板定案。

2) 决策目标。决策目标是决策主体综合考虑客观环境和内部资源而确定的希望达到的目标。决策是围绕着目标展开的，决策的开端是确定目标，终端是实现目标。决策必须至少有一个希望达到的目标。

3) 决策方案。决策必须至少有两个为达到的目标而制定的备选方案。备选方案既可以是只有约束条件的控制性规划方案，也可以是具体明确的设计方案、实施方案或运营方案。

4) 自然状态。自然状态也称结局，每个决策中的备选方案实施后可能发生一个或几个可能的结局。如果每个方案都只有一个结局，就称为“确定性”决策；如果每个方案至少产生两个及两个以上可能的结局，就称为“风险型”决策或“不确定性”决策。

5) 效用。每个方案各个结局的价值评估值称为效用。通过比较各个方案效用的大小可以评估方案的优劣。

(3) 决策的特点

投资决策的过程是动态的、不断修正并不断调整的，整个过程都会受到各方因素的影响。投资决策是在投资实践活动进行之前的一种主观认识活动；投资决策以具体的投资目标为指导，包括对投资方案进行制定、选择、评价直至得出最优方案等全部活动；投资决策是一个不断修正、不断完善的动态过程。投资决策具有以下两个显著特点：

项目投资决策的特点

1）不确定性。任何一项决策都是面向未来的，都存在一定的不确定性。事实上，决策的后果完全符合预期情况的很少，总是或多或少地偏离原先期望，甚至截然相反。这就要求决策者必须具有较强的洞察力和前瞻性，深谋远虑、高瞻远瞩，并能正确认识和对待决策后果与预期目标的偏差。

2）追求成功率。技术问题往往允许进行大量试验，可以经历数百次失败，只要最后成功就是胜利。而决策特别是战略决策多属于一次性活动，失败有可能导致难以逆转的严重后果。这就要求决策者必须学习科学决策的基本理论，掌握并正确应用科学决策的方法和技术，不断总结经验，改善决策质量。

2. 决策的分类

由于经济社会活动非常复杂，因而决策也具有不同的类型。

(1) 按决策的作用分类

项目投资决策的分类

1）战略决策。战略决策是涉及组织生存与发展的全局性、长远性重大方案的论证和选择，如新项目的建设、新产品的研制和新市场的开发等。战略决策具有以下特点：一般都是系统顶层管理部门的重大决策；常涉及系统内复杂关系的处理；决策问题一般都具有半结构化或非结构化的特征；决策水平的高低与高层管理人员的素质关系密切。

2）管理决策。管理决策是指为保证组织总体战略目标的实现而解决局部问题的策略决策，由中层管理人员做出。例如，新建的钢铁联合企业中厂区道路系统的设计、工艺方案和设备的选择。

3）业务决策。业务决策是指基层管理人员根据管理决策的要求为解决日常工作和作业任务中的问题所做的执行决策。例如，生产中产品合格标准的抉择、日常生产调度的决策等。

(2) 按决策的结局分类

按决策过程中影响决策结局的自然状态的多少及信息条件的充分程度，决策可分为确定型决策、风险型决策和不确定型决策。

1）确定型决策。确定型决策是指那些自然状态唯一确定，有精确、可靠的数据资料支持的决策。

2）风险型决策。风险型决策是指那些具有多种自然状态，且能得到各种自然状态发生的概率，但难以获得充分可靠信息的决策。

3）不确定型决策。不确定型决策是指那些难以获得多种自然状态发生的概率，甚至对未来状态都难以把握的决策。

现实的战略决策一般都属于风险型决策和不确定型决策，确定型决策只能存在于某些假设下，作为风险型和不确定型分析的基础，或存在于管理决策和业务决策中。

还有其他分类方式，如：根据项目问题的影响程度和范围，可分为总体决策（或称战略决策）和局部决策（或称策略决策）；根据决策目标的数量，可分为单一目标决策和多目标决策；根据决策问题重复情况，可分为重复性（或称常规型、程序化）决策和一次性（或称非常规型、非程序化）决策；根据决策中所涉及的方案个数及相互关系，可分为独立方案决策和相关方案决策。

3. 建设项目投资决策的特征

建设项目投资决策是指在进行建设项目的投资活动时，项目投资者为了实现预期的投资目标，按照一定的程序，确定投资目标、选择投资项目、拟订投资方案，同时运用科学的理论和方法对各个备选方案进行综合评价，选择能实现预期投资目标的最优方案，并做出决策的过程。这一过程可概括为对拟建投资项目的必要性、可行性、合理性进行技术经济分析和评价，对各个备选的投资方案进行综合评价，最终做出选择。投资决策具有以下特征：

（1）属于上层管理部门的战略决策

上层管理部门不仅是指中央、省、市等领导部门，而且是指任何系统的上层管理部门。一个企业、一个学校以及任何一个单位的战略决策可以有很多，但其建设项目投资决策几乎毫无例外地都被作为战略决策，因为这涉及其未来生存和发展的方针和谋划。

（2）具有全局性和长远性影响

由于建设项目投资决策解决的问题都是涉及系统全局性发展的重大问题，常常反映了系统一定时期要达到的主要目的和目标及所要采取的步骤和措施。所以，其后果必将影响系统全局的发展或系统一个较长时期的发展。

（3）涉及系统内复杂的组织关系的处理

建设项目投资决策一般都涉及系统内多个部门和方面的利害关系。例如，三峡工程决策必须处理好上下游两个地区间的矛盾关系，以及航运、发电、防洪、旅游等方面的矛盾关系。所以，建设项目投资决策过程不仅贯穿于本部门的活动中，而且必然受到其他部门或力量的制约和干预，常常不得不利用一些手段去处理大量复杂的组织关系问题。

（4）一般都是半结构化或非结构化的决策

建设项目投资决策要考虑的大量因素中，除极少数的可以定量分析外，大多数都因受政治、权力、情感以及决策者个性和素质等因素的影响，而无法结构化为规范性的问题去求解。这是建设项目投资决策最显著地区别于日常决策的方面。

（5）决策结果与分析人员和决策者的因素关系密切

日常决策可以按照经验、惯例、固定的程序和方法进行，即使决策者的素质不高，决策也不会出现大问题。建设项目投资决策由于影响重大，涉及许多组织、行为和心理因素，而且很难结构化，故其决策的质量很大程度上依赖于决策分析人员和决策者的素质。这就要求决策分析人员具有敏锐的洞察和谋划能力，决策者要有开拓精神、创新意识和判断能力。

4. 建设项目投资决策及其必要性

世界上任何一个国家在经济腾飞的过程中，都必须兴建一大批建设项目，只有这样才能构成独立的、系统的、有特色的国民经济体系。例如，我国 1950 年—1998 年，累计完成基本建设投资 72112 亿元，更新改造投资 32466 亿元，建成投产的基本建设项目 120 多万个，其中大中型项目约 6200 个。

建设项目投资的效果可分为两类。一类是对国民经济的迅速发展起到积极的推动作用。正是通过这些项目的成功建设，才使我国的经济增长速度和一些主要产品产量都跃居世界前列，我国综合国力明显增强，人民生活不断改善，经济发生了翻天覆地的变化。另一类则是效益不佳、亏损严重，使国民经济发展背上“包袱”。近年来，在美国纳斯达克上市的公司股票，数量最多时曾超过5000只，现在只有2000只左右，有的降级转入场外交易市场，有的退市摘牌，乃至破产关门。可见，建设项目的成败与这些建设项目投资决策紧密相关。

当今社会正处在世界一体化、经济全球化、信息网络化的时代，建设项目投资将处于更大的风险范围中，决策因素众多，相互关系复杂，环境变化莫测，后果影响重大而深远，这使得建设项目投资决策变得越来越困难，并且对决策的正确性提出了越来越高的要求。为了防止在大型建设项目决策上的片面性和盲目性，避免由于决策的失误而造成社会资源浪费，很有必要研究建设项目投资决策问题。

为了保证建设项目决策的科学化和民主化，我国建设项目主管部门规定，各类投资主体都要根据自身的特点建立科学的投资决策程序，严格按程序进行投资决策。国有企业和集体所有制企业的重大投资决策，要听取职工意见。政府投资决策要经过咨询机构评估，重大项目要实行专家评议制度，特殊重大项目要经过人民代表大会审议。同时，要进一步强化和完善法人治理结构，建立严格的责任约束机制，投资成败要与决策者的考核和奖惩挂钩。

5. 项目投资决策应遵循的原则

项目投资者进行决策时，应遵循以下几个方面的原则：

（1）最优化原则

决策的核心内容就是在特定的环境条件及资源的约束下，寻求最优目标以及能够达到目标的最优化方案，一个没有经过优化的决策是毫无意义的。在进行建设项目的投资决策时，首先要遵循的原则就是最优化原则，就是说要以最小的资源消耗获得最大的经济效益，以最低的成本取得最大的收益。当然，并不是所有的项目都具有最优的实施方案，由于投资环境及客观世界的变化，许多问题没有或无法求出最优解，所以常采取被多数人普遍接受的满意的标准，这种原则就称为“满意”原则，也就是“次优”原则。

（2）系统原则

建设项目的投资决策环境是一个大系统，这个系统在形式、层次上复杂多变、相互联系、相互制约。它又包含无数个子系统，这些子系统又处于相互联系的结构之中。因此，在进行建设项目的投资决策时，必须运用系统工程的理论与方法，以系统的总体目标为核心，以满足系统的优化为准则，突出系统配套、系统完整和系统平衡，从整个系统的角度出发权衡整个投资带来的利弊。

（3）可行性原则

建设项目的投资决策必须要满足可行性要求，一个不可行的项目是不能实现预期的投资目标的。因此，在项目投资决策前必须进行可行性研究。可行性研究必须从技术、财务、社会效益以及环境效益等方面进行全面考虑，不同建设项目的可行性研究内容是不尽相同的。在项目的投资决策中，要做好充分的可行性研究，强调科学的决策，杜绝非科学的决策，这样才能减少决策失误。

（4）信息准全原则

虽然科学的决策方法是一个建设项目成功实施的重要保障，但在如今这样一个高速发展的信息社会，准确、全面、及时的信息同样也是项目决策不可或缺的资源。信息是决策成功的必要条件，不仅在决策前要使用信息，决策后也要使用信息。信息的及时反馈不但能够帮助决策者了解决策环境及相关政策的变化，同时也有助于决策者了解决策实施后果与目标的偏离情况，以便及时调节，不断修改决策实施方案。

（5）集团决策原则

随着科学技术的迅猛发展，社会、经济、环境等许多问题呈现出日益复杂的变化趋势，不少问题的决策已经不能仅由决策者个人或少数几个人来完成，而必须依靠大多数人或集团的智慧共同完成。因此，集团决策原则是建设项目投资决策必不可少的原则。所谓集团决策，是指不是依靠少数投资者的个人意愿，而是依靠集体决策者（含专家）的智慧和经验，对要决策的投资项目进行充分的论证和评估，提出切实可行的方案，通过对比分析选择最优方案。这种决策融合了决策者与专家的集体智慧，是较为科学的决策，能更好地实现投资目标。

5.1.3 建设项目投资决策程序

如上所述，建设项目投资决策是一个发现问题、分析问题和解决问题的过程。建设项目投资决策就是从根据国民经济发展需求确定投资决策目标开始，到工程建设方案的确定和实施控制为止的全过程。这一过程包括建设项目决策目标确定、方案创造、综合评价和过程控制四个阶段。

建设项目决策目标确定是指在一定外部环境和内部环境条件下，在市场调查和研究的基础上，预测达到的结果。决策目标是根据所要解决的问题来确定的，因此必须把握所要解决问题的要害。只有明确了决策目标，才能避免决策失误。这一阶段的决策任务是要确定什么时间、什么地点、建设什么样的项目。要考虑国民经济现状和发展，国际局势的变化，国内外市场的变动，我国经济在国际经济中的地位、实力，还要考虑国民经济发展战略和生产力布局等。

决策目标虽然要考虑每个具体工程的可行性，但其重点仍在于考虑总体布局的合理性、协调性和经济性，对某个建设项目只能给出一个较粗略的结论。因此，具体的建设项目还需要在战略部署的指导下进行方案的创造。

初步方案确定后，就可估算建设项目可能产生的后果和影响，然后根据定量和定性的结果，对建设方案进行客观、全面的综合评价，选择满意的建设实施方案。

每个建设项目从立项到竣工都有一个较长的建设期，在此期间会出现一些不可预料的变化因素对建设项目投资目标产生影响。因此，必须在项目的设计阶段、发包阶段、施工阶段以及竣工阶段，随时纠正发生的偏差，以保证建设项目决策目标的实现。

建设项目投资决策不是独立的一次性事件，而是贯穿于建设项目每个阶段的整体的、渐进的动态过程，上一个阶段决策的成果是下一个阶段决策的依据，下一个阶段的决策又是上一个阶段的延续和深化，即上一阶段决策指导下一阶段决策，下一阶段决策不断修改完善并补充上一阶段的工作，使其逐步完善、达到目标。

在进行项目的投资决策时，要想达到良好的投资效果，必须严格执行科学的决策程序，具体流程如下：

1. 发现决策问题

任何决策都是从发现问题开始的，决策的目的就是针对问题提出要达到的具体目标和实现目标的实施方案。因此，决策者要针对具体的决策问题做好调查研究，按照轻重缓急，分期分批进行解决。

2. 确定决策目标

决策问题确定以后，要针对提出的问题确定所要达到的具体目标，建设项目投资决策的最终目的就是要达到项目投资的预期目标。在确定决策目标的过程中，应注意以下几点：

(1) 一切从客观实际出发

确定目标时，要本着一切从客观实际出发的原则，对目标的可实施性进行反复的、充分的论证，为科学的决策提供依据，只有经过详细论证的目标才具有实际性和可实现性。

(2) 决策目标必须具体明确

不论是单目标决策还是多目标决策，都要保证每个目标只有一种解释，不能模棱两可。因此，在对目标进行阐述时，应尽量避免多义性，尽可能地使目标数量化，完成的时间具有确定性。

(3) 要明确目标的约束条件

大多数投资项目的目标都具有约束条件（如资源限制、资金限制、时间限制等），无约束条件的目标是极少数的。因此，在进行项目的决策时，必须了解清楚项目的约束条件。

(4) 确定目标要从大局出发

决策目标的确定要有全局观点，以大局为重，要首先考虑国家及社会的利益，不能损人利己，更不能把企业或个人的利益建立在损害国家利益、社会利益的基础之上。

3. 进行信息收集

决策者所掌握的信息量和对时间的把握直接影响到决策的成功与否，要尽量保证收集到的信息及时且真实、有效，要尽可能地避免花费过多时间和精力去收集没有价值的信息。除此之外，决策者还要保持与外界的有效沟通，这样有助于更加及时地收集信息，做出比较明智的决策。

4. 确定价值标准

根据项目所要达到的最终目标确定它的各级价值标准，作为进行备选方案抉择的判别准则，各级价值标准必须一目了然、层层递进。例如，一个建设项目是否应该上马，应考虑它的技术价值、经济价值、社会价值、环境价值等，每类指标还可以细分为若干项，形成一个价值链。决策者必须设定合理的价值标准，如果标准欠妥，将导致决策的失误。

5. 创建可供选择的方案

根据要实现的决策目标，参照价值标准创建可供选择的方案。在这个过程中要充分运用智囊技术，如最常用的“头脑风暴法”，这一类技术有利于突破旧的思维定式、开辟新视野、提出新方案，具有很明显的效果。

6. 评价备选方案

对已创建的备选方案，要根据价值准则，结合项目实施的具体背景和情况，从决策的目标出发，全面分析各备选方案所需的人力、物力、技术、资金等条件，评价备选方案的优劣，筛选出切实可行的方案，以备决策。

7. 选择最优方案进行决策

项目择优是整个决策过程的中心环节。选择最优方案的方法可分为两大类：一类为经验判断法，另一类为数学分析法。要正确、有效地进行项目评价，就必须掌握项目的决策方法。

8. 方案实施，控制决策的执行情况

根据所选定的方案进行决策以后，要拟定达到目标的手段、步骤和措施，并将方案付诸实施。在决策方案实施后，要进行跟踪检查，保证执行结果与决策时的期望值一致。

9. 信息反馈，必要时实行追踪决策

决策方案实施后，还必须注意对方案实施情况的信息反馈。例如：客观环境的变化是否引起决策方案的实施与决策目标偏离；主观条件的变化是否造成决策目标的重大偏离等。如果有重大偏离，必须停止原方案的实施，重新论证并做出相应的科学决策。这种决策称为追踪决策。

5.2 项目投资可行性研究

可行性研究是在建设项目的投资前期，对拟建项目进行全面、系统的技术经济分析和论证，从而对建设项目进行合理选择的一种方法。对建设项目进行可行性研究是基本建设管理中的一项重要的基础工作，是保证建设项目以最小投资换取最佳经济效果的科学方法。投资业主和国家审批机关主要根据可行性研究提供的评价结果，确定对此项目是否进行投资和如何进行投资。

项目投资可行性研究是在对建设项目进行深入细致的技术经济论证的基础上做多方案的比较和优选，提出结论性意见和重大措施建议，为决策提供科学依据。因此，它的内容应能满足作为项目投资决策的基础和重要依据的要求。建设项目投资可行性研究报告的内容大体分为三部分：首先是市场研究，对产品的市场调查和预测研究，解决项目的“必要性”问题；其次是技术研究，即技术方案和建设条件研究，解决项目在技术上的“可行性”问题；最后是效益研究，即经济效益的分析和评论，这是可行性研究的核心部分，解决项目在经济上的“合理性”问题。

建设项目投资可行性研究一般应包括以下内容：总论（项目背景及研究依据等）、市场需求预测及拟建规模、资源状况、建设条件和选址方案、技术工艺和设备选型、环境保护和劳动安全、劳动组织及人员配备、项目施工计划和进度要求、投资估算和资金筹措、项目的经济评价（财务评价和国民经济评价、综合评价与结论等）。

5.2.1 可行性研究的目的和意义

进行项目投资的目的，就在于最大限度地实现社会效益和经济效益。任何投资决策的盲目性或失误，都可能导致重大损失。可行性研究的目的就在于对项目的建设条件、生产技术的可靠性以及产品的竞争能力等，进行深入的调查论证，然后对项目的实施和前景做出科学的预测，以减小决策失误的风险，保证项目效益的实现。

在社会主义市场经济条件下，若干个建设项目所实现的经济效益组成了固定资产投资经济效益的有机整体。每一个具体的投资项目实施状况都与整个国民经济的发展速度、发展规模、发展比例以及生产力布局等因素密切相关。单个投资项目的成功建设、预期经济效益的取得，都能从整体上提高固定资产投资的宏观经济效益，从而促进国民经济健康发展，提高全社会的经济效益。尤其是重大的投资项目，其作用更加显著。反之，如果项目决策失误，不仅会对局部的经济发展造成损失，还有可能影响到国民经济的整体效益，甚至贻误国民经济的发展。错误的项目决策一旦发生，即使在施工建设中做出极大努力，也很难完全挽回造成的损失，投资效果自然也难以保证。

我国在开创社会主义事业、实现社会主义现代化的过程中，必然会遇到许多新情况、新问题。这些情况和问题既涉及复杂的自然科学及生产技术，也包含烦琐的社会科学理论。任何一个建设项目的成功与否，不仅要看技术上是否先进可靠，更要看经济上是否合理，是否能够带来足够的潜在效益；不仅要看项目本身的经济效益，还要看它对整个国民经济的贡献。现代化的大型项目投资多、规模大、技术复杂，单凭良好的愿望和知识，已远远不能适应要求。更何况科学技术迅猛发展，产品更新换代迅速，市场竞争激烈，甚至有的产品尚未进入市场就已过时。这就要求充分做好科学的预测分析，做好项目的可行性研究，只有这样才能实现项目的投资效益，逐步提高国民经济效益，促使国民经济整体沿着社会主义现代化的方向顺利发展。

对投资项目进行可行性研究，是我国进行社会主义经济建设的客观需要。针对一般性投资项目来说，可行性研究具有如下重要意义：

1. 进行风险管理的内在需要

并非每一项投资设想都天然地符合客观经济规律，经过研究，必然会发现一些不可行的项目，或是察觉到原有方案中存在的障碍。这些投资项目可行性研究的成果，实质上排除了项目投资的盲目性，避开了风险，争取了时间，进而实现了风险管理中风险最小化的目标。因此，进行可行性研究是商品经济的客观要求。另外，耗资巨大、花费时间相对较长、涉及领域较广的投资项目，也必然要求进行可行性研究。只有在明了相关情况的基础上再进行投资建设，才能达到预期的目的，实现期待的收益。

2. 系统化管理方法的要求

首先，社会化大生产的特点决定了在投资决策时必须全面考虑各方面的影响因素，如生产资料的配置和投入、需求方面的制约等；其次，在投资决策中，不仅要注重企业个体所实现的经济效果，还必须考虑国民经济整体可能经受的影响；最后，如果是涉及国际市场的投资项目，在投资决策时还必须充分估计国际市场的变化、国际上技术变化（技术周期）、新产品的开发和盈利能力（产品周期）以及汇率变动等方面的影响。总之，一个科学的投资项目管理过程，必然包含可行性研究工作。

5.2.2 建设项目投资决策可行性研究的必要性

1. 可行性研究是决定项目决策的直接依据

可行性研究实质上是一个方案的具体确立和构造，是一个项目投资与否的最重要的环节。社会主义市场经济投资体制为由国家、地方、单位和个人组成多元投资格局，因此，投资业主和国家审批机关主要根据可行性研究提供的评价结果，确定是否投资和如何投资，这是项目建设单位的决策性文件。

2. 可行性研究是编制项目设计文件的依据

可行性研究的审批通过，意味着该项目正式批准立项，可以进行初步设计，为下一步实施项目设计提出具体的操作方案。初步设计不能违背可行性研究已经论证的原则。在可行性研究中，对项目选址、建设规模等方面都进行了深入、详尽的论证研究，设计文件的编制应以可行性研究报告为依据。

3. 可行性研究是建设单位融资，特别是向银行贷款的重要依据

凡是向银行贷款的项目，必须向有关部门报送项目的可行性研究报告。研究报告中需要详细预测项目的财务效益、经济效益及贷款偿还能力。而批准的可行性研究是项目建设单位筹措资金，特别是向银行申请贷款或向国家申请补助资金的重要依据，也是其他投资者的合资依据。银行及国家有关部门可把此作为申请项目贷款的先决条件，通过对可行性研究报告的审查，对建设项目进行全面、细致的审查，认为项目确实可行后，方可决定是否贷款。例如，世界银行等国际金融组织以及我国建设银行、国家开发银行等金融机构都要求把提交可行性研究报告作为建设项目申请贷款的先决条件。

4. 已批准的可行性研究是项目建设单位向国土开发等土地管理部门申请建设用地的依据

因为可行性研究对拟建项目如何合理利用土地的设想提出了办法和措施，报告中含有总图布置、环境及生态保护方案等方面的论证作为依据。国家开发部门和土地管理部门可根据可行性研究具体审查用地计划，审查建设是否符合城市规划以及对环境的影响，决定是否办理土地使用手续。可行性研究报告为确保项目达到环保标准，在环境保护方案中根据要求明确环保治理措施和方法。这些信息可作为环保部门对项目进行环境评价、具体研究治理措施和签发建设许可文件的依据。

5. 可行性研究是项目建设期项目管理的依据，是工程建设管理工作中的重要环节

可行性研究不仅要对拟建的项目进行系统分析和全面论证，判断项目是否可行，是否值得投资，还要进行反复比较，寻求最佳建设方案，避免项目方案的多变造成人力、物力、财力的巨大浪费和时间的延误。这就需要严格项目建议书以及可行性研究报告的审批制度，以确保可行性研究报告的质量和足够的深度。假如在设计初期不能提出高质量、切合实际的设计任务书，不能将建设意图用标准的技术术语表达出来，自然也就无法有效地控制设计全过程。如果工程的初步设计起不到控制工程轮廓及主要功能的作用，或在只有一个粗略方案的情况下便草率地进入施工图设计，设计项目管理与施工肯定会出问题。可行性研究中总体目标如果控制不好，在设计过程中朝令夕改，使设计者无所适从、顾此失彼，就往往会造成产品先天不足。因此，初步设计概算必须在可行性研究报告估算的控制范围之内。初步设计未获批准，不得进入施工图设计阶段，重大设计变更必须报原批准机关审批，避免工程建设中不断追加投资使工程管理失控，造成“半拉子工程”“胡子工程”，给国家及投资业主带来巨大损失。

在现实经济环境中，一些业主建设单位希望降低工程造价，特别是一些民营、个体业主，他们缺乏懂技术的专家为项目进行认证、研究，也不愿花高价聘请具有资质的咨询机构进行项目的可行性研究，草率上项目，从而导致项目中隐藏着一些在可行性研究中未解决的问题，只走形式，不重实质，不能为设计阶段提供良好的设计环境，造成设计工作不应有的反复，甚至在施工中产生过多的设计变更，造成部分工程废弃及延误工期。因此，做好可行性研究是做好设计项目管理的前提。如果决策失误，不但建设项目没有经济效益，而且可能损失惨重。可行性研究是避免设计项目管理决策失误、保证建设项目建设及投产后经营效益责任的重要手段。

6. 可行性研究是项目后评估的依据

建设项目后评估是指在项目建成运营一段时间后，评价项目实际运营效果是否达到预期目标。建设项目的预期目标是在可行性研究报告中确定的，因此，后评估应以可行性研究报告为依据，来评价目标的实现程度。

5.2.3　可行性研究工作程序

投资项目可行性研究涉及内容广泛，同时涉及众多学科，往往要进行多学科论证，对工作要求极高。因此，这项工作的进行不仅需要项目相关方面的专家来主持，而且还需要财务管理、工程技术、工程管理、市场分析以及企业管理等多方面的专业人士参加，并且按照一定的工作程序协同进行。

1）策划和调研等相关前期准备工作。由各地区、各部门、各企事业单位或投资者根据国民经济和社会发展的长远规划、行业规则和地区规划的要求，结合资源情况，在广泛调查研究、收集资料、勘察建设地点、周密市场预测、资源条件及技术经济分析的基础上，明确项目提出的背景和项目目标，提出需要进行可行性研究的具体项目的项目建议书。以此对拟建项目提出一个轮廓设想，鉴别项目的投资方向，明确研究的任务、内容和范围，制订工作计划。

2）项目建议书被批准之后，即可进行可行性研究。根据先前的初步计划对项目涉及的各个技术经济问题进行实地调查和分析研究，并对这些调研结果分别做出评价。综合初步研究的结果，并对各个方面的结论进行组合，设计出可供选择的多个方案，经过比选后推荐出最佳方案。

对选出的最佳方案进行更为详细的分析研究，以明确项目实际运行过程中产生的财务数据，对项目的经济和财务状况做出评价。同时，为了验证项目的投资效果和风险抵御能力，还需要对项目进行不确定性分析，进而得出成本、价格、销量等变量对投资效果的影响。

国家投资项目，其可行性研究一般采取主管部门下达计划，或者有关部门、建设单位向设计单位或咨询机构进行委托的方式，向承担可行性研究的组织说明建设项目的总目标、要求、资金来源、产品市场、原料供应等问题的设想，由承担可行性研究的组织进行投资项目可行性研究工作，并实事求是地编制可行性研究报告，提交项目主管部门或有关部门进行报批。

3）项目可行性研究报告的筹资方案，如需要银行贷款，应事先同有关银行取得联系，并将可行性研究报告送至银行进行评估。

4）负责审批可行性研究报告的部门，在预审时应委托有资格的咨询公司，组织专家进行项目评估。如果结论可行，则可编制和批准设计任务书，完成投资决策；如果结论不可行，则撤销项目。

5）除了参与可行性研究及报告撰写过程的专家外，投资项目的可行性研究还需要项目主管部门、审批部门以及提供相关贷款和资源的金融机构及上下游企业的协作。多个部门按照相应的规定协力合作，才能保证项目前期工作的顺利进行。

5.2.4　可行性研究的要求

1. 应具有科学性、公正性和严肃性

可行性研究是一项政策性、技术性和经济性很强的综合研究工作。为保证它的科学性、客观性和公正性，必须坚持实事求是，在调查研究的基础上，进行方案分析和比较，按客观实际情况进行论证评价，应本着对国家、对人民高度负责的精神和严肃认真的态度对待这项工作，防止主观臆断和行政干预；切忌事先定调子、画框框，为“可行”而“研究”，将可行性研究作为争投资、争项目、列计划的“通行证”，使可行性研究流于形式。可行性研究是一种科学方法，为保证可行性研究的质量，编制单位应保持独立和公正的客观立场。

2. 承担可行性研究的单位应通过资格审定

可行性研究的内容涉及面广、收集资料量大、内容深度要求高，它又是起决策作用的基本文件。因此，为保证质量，要求可行性研究应由实际经验丰富、技术力量雄厚、经国家或总公司正式批准颁发证书的设计单位或工程咨询公司承担。可行性研究报告应有编制单位的行政、技术、经济负责人签字，他们对该报告的质量负责。若发现工作中有弄虚作假，则要追究有关负责人的责任。

3. 可行性研究的深度应达到标准要求

虽然不同项目的可行性研究的内容和深度各有侧重和区别，但其基本内容要完整，文件要齐全，研究深度应达到国家规定的标准，按照原国家计委颁发的《关于建设项目进行可行性研究的试行管理办法》和《建设项目经济评价方法与参数》等文件的要求进行编制。这样才能保证质量，以满足项目投资决策的要求和起到作为编制设计任务书依据的作用。按照要求，如果项目可行性研究的内容和质量达不到规定要求，则评估单位可不予受理，或退回重做。

5.2.5 做好可行性研究的措施

1. 健全项目投资决策可行性研究的咨询机构

为适应社会主义现代化建设和市场经济体制改革的需要，我国勘察设计及工程咨询单位必须实现两大转变：一是改企转制，由过去的附属于部门的事业单位转变为独立的市场竞争主体，并建立现代企业制度；二是转变经营机制，由过去局限于特定行业开展单一业务的职能型机构，转变为面向投资建设全过程服务，并按照市场机制进行的社会中介机构。当前加强工程咨询勘察设计企业内部改革，努力提高队伍素质，具有十分重要的现实意义。如今，外国工程咨询设计机构进入我国，国际竞争国内化的形势迫在眉睫。这就要求工程咨询设计机构要勇敢地走向市场，使可行性研究与设计工作上一个新台阶，技术人员要转变观念、加强管理、增强责任感。设计是将科学技术转化为生产力的桥梁，设计图上每一条线、每一个点和数字都代表着技术责任和一定数量的资金，设计质量的优劣与工程建设有直接的联系。可行性研究要以质量控制为核心，应实事求是、科学地分析项目的规模、建设标准、工艺布局、产业规划、技术进步等方面。从事可行性研究的人员要真正树立为国家、为建设单位服务的精神，熟悉国家和地方有关项目建设的法律、政策、规定，准确掌握有关专业知识，不断学习新技术，真正做到科学地、独立地、不受任何干扰地把握好产业的发展方向，提高可行性研究的深度和质量，为社会提供质量优良的产品。

2. 进一步提高对可行性研究作用的认识

国内外投资项目多年的建设实践证明，即使耗费一定资金进行的可行性研究最终证明项目不可行，也胜于不做可行性研究就盲目进行项目建设投资。对项目整体效益的影响而言，项目前期投入可行性研究的费用较少（通常为投资总额的 1% ~3%），项目的主要投入在施工阶段；项目前期可行性研究对项目生命期的影响最大，稍有失误就会导致项目的失败，造成不可挽回的损失，而施工阶段的工作则对项目生命期的影响很小。由此可见项目前期可行性研究工作对投资的影响有多么重要。因此，不断提高对投资项目可行性研究工作重要性的认识、认真扎实地做好投资前期的研究论证工作十分必要。要重申可行性研究在经济建设中的作用，可行性研究作为一种科学的方法，在投资决策中有着非常重要的作用。从宏观上讲，可行性研究关系到国民经济发展、产业结构调整、技术进步和可持续发展；从微观上讲，可行性研究关系到投资项目的成败、企业的成败。从发达国家的实践来看，可行性研究是一种行之有效的投资决策手段，所有的投资项目都应进行客观、公正的可行性研究，并通过可行性研究取舍项目。

3. 改革经济体制和项目管理体制，增强主体宏观经济效率意识

要加强经济体制改革，培育完善的市场，疏通生产要素各流通环节，使生产要素能够自由、迅速流动，使整体生产要素的流动与局部生产要素的流动都凸显出来，使人们意识到项目分析如果忽视宏观经济资源配置就会失败，以逐渐消除计划体制的残余影响。建立一套财务效益与国民经济效益并重的项目管理体制，在“四大体制”尤其是“项目法人责任制”中加入项目参与者对项目国民经济效益负责的内容，并确立其法律地位，把项目国民经济效益纳入项目分析、审批、实施和验收等项目管理的各个环节中。

4. 探索项目可行性研究的方法，并制定相应的行业标准

完善项目分析和验收规范，突出经济分析和国民经济效益。在项目分析规范设计方面，要改变目前只规范财务分析、不规范经济分析的做法，国家有关项目分析的文件中要增加经济分析的内容，包括经济分析的方法和评价指标，做到可行性分析结论以财务分析和经济分析结论为基础，并主要以经济分析结论为依据。在项目验收规范设计方面，一方面要设立和完善考核项目国民经济效益的指标；另一方面要明确项目验收时应考核项目国民经济效益指标的达标情况，以此促使项目主体在项目实施过程中重视项目国民经济效益。总之，可行性论证处于项目实施的概念阶段，可以说是项目概念阶段的核心内容。要确定项目的可行性，对项目所涉及的领域、总投资、经济效益、技术可行性、环境情况、资金、政策支持、社会效益等方面要进行全方位的论证和评估。项目可行性论证工作对项目成败及投入的收益将产生直接、巨大的影响；决定项目立项与否的项目可行性论证包含着丰富的内涵，要求可行性研究报告客观、全面、真实、科学与公正。

5.3 投资决策指标体系与方案比选

建设项目投资决策是一项复杂、系统的工程，这就要求决策者在进行建设项目投资决策时要建立一套综合、科学、合理的决策指标体系，在考虑项目技术要求和经济效益的同时还应兼顾社会、环境等多方利益，对项目的必要性、可行性、合理性做出较为科学、正确的判断。只有建立一套科学而合理的投资决策指标体系，才能对项目实施后带来的利弊做出较为准确的判断，使投资资金和社会资源充分发挥作用。

5.3.1 建设项目投资决策指标体系

由于建设项目的范围较广，决策需要考虑的因素众多，而除了经济因素之外，许多社会因素和环境因素无法定量化地进行分析，这就导致决策者在进行项目的投资决策时存在一定困难。所以，本书尽量选取具有代表性和参考性的指标作为依据，在实际中，具体项目需根据具体情况进行具体分析。

投资决策指标是指用于衡量和比较投资项目可行性，以便据以进行方案决策的定量化标准与尺度。建设项目投资决策所用的指标通常有投资收益率、投资利润率、投资回收期、净现值、净现值率、内部收益率、差额内部收益率、等额年值、费用现值和等额年费用等。按照计算时是否考虑资金的时间价值，可将其分为静态指标和动态指标。

1. 静态指标

静态指标是指没有考虑资金的时间价值因素的指标。

（1）静态投资回收期（P_t）

静态投资回收期是指在不考虑资金时间价值的条件下，以项目方案的净收益回收项目全部投入资金所需要的时间。静态投资回收期一般自项目建设开始年算起，但也可以自项目投产年算起。若自项目投产年算起，应予以注明。自建设开始年算起，静态投资回收期的计算公式如下：

$$\sum_{t=0}^{P_t}(\mathrm{CI}-\mathrm{CO})_t=0 \tag{5-1}$$

式中　P_t——静态投资回收期；

CI——现金流入量；

CO——现金流出量；

$(\mathrm{CI}-\mathrm{CO})_t$——第 t 年的净现金流量。

（2）总投资收益率（ROI）

总投资收益率表示总投资的盈利水平，是指项目达到设计能力后正常年份的年息税前利润或运营期内年平均息税前利润（EBIT）与项目总投资（TI）的比率。其计算公式如下：

$$\mathrm{ROI}=\frac{\mathrm{EBIT}}{\mathrm{TI}}\times 100\% \tag{5-2}$$

式中　EBIT——项目正常年份的年息税前利润或运营期内年平均息税前利润；

TI——项目总投资。

一般情况下，当求出的静态投资收益率大于或等于其他行业（或部门）的标准投资收益率时，则认为该方案是可接受的。

（3）差额投资收益率（ΔR）

差额投资收益率是单位追加投资所带来的成本节约额，有时候也称作追加投资收益率。其计算公式如下：

$$\Delta R=\frac{C_1-C_2}{I_1-I_2} \tag{5-3}$$

式中　ΔR——差额投资收益率；

C_1、C_2——两种方案的年成本；

I_1、I_2——两种方案的总投资。

当计算出的差额投资收益率大于社会折现率或财务基准收益率时，投资大的方案较优。

（4）差额投资回收期（ΔP）

差额投资回收期是指通过成本节约收回追加投资所需要的时间，有时候也称作追加投资回收期，是差额投资收益率的倒数。其计算公式如下：

$$\Delta P = \frac{I_1 - I_2}{C_1 - C_2} \tag{5-4}$$

式中　ΔP——差额投资回收期；

C_1、C_2——两种方案的年成本；

I_1、I_2——两种方案的总投资。

当计算出的差额投资回收期小于或等于基准投资回收期时，投资大的方案较优。

2. 动态指标

动态指标是指考虑了资金的时间价值因素的指标。

（1）净现值（NPV）

净现值是投资项目净现金流量的现值累计之和。用净现值进行方案比选的公式如下：

$$\mathrm{NPV} = \sum_{t=0}^{n} (\mathrm{CI} - \mathrm{CO})_t (1 + i_c)^{-t} \tag{5-5}$$

式中　NPV——净现值；

CI——各年收益；

CO——各年支出；

t——时间；

i_c——基准收益率。

如果判断项目的可行性，则 NPV≥0 的拟建方案可以考虑接受；如果进行方案比选，则净现值大的方案较优。

（2）净现值率（NPVR）

净现值率是投资方案的净现值与投资现值的比率，它表明单位投资的盈利能力和资金的使用效率。由于用净现值指标进行多个项目的比选时，没有考虑各个项目投资额的大小，因而不能直接反映资金的利用效率。为此，通常采用净现值率指标作为净现值的辅助指标。其计算公式如下：

$$\mathrm{NPVR} = \frac{\mathrm{NPV}}{I_p} \tag{5-6}$$

式中　NPVR——净现值率；

NPV——净现值；

I_p——投资现值。

如果判断项目的可行性，则 NPVR > 1 的拟建方案可以考虑接受；如果进行方案比选，则净现值率大的方案较优。

（3）差额投资内部收益率（ΔIRR）

差额投资内部收益率是两个方案各期净现金流量差额的现值之和等于零时的折现率。其计算公式如下：

$$\sum_{t=0}^{n} [(\mathrm{CI} - \mathrm{CO})_t^A - (\mathrm{CI} - \mathrm{CO})_t^B](1 + \Delta\mathrm{IRR})^{-t} = 0 \tag{5-7}$$

式中　ΔIRR——差额投资内部收益率；

$(\mathrm{CI} - \mathrm{CO})_t^A$——$t$ 时期方案 A 净现金流量；

$(\mathrm{CI} - \mathrm{CO})_t^B$——$t$ 时期方案 B 净现金流量；

n——开发经营期。

用这种方法比选的实质是将投资大的方案和投资小的方案进行比较，判断其增加的投资能否通过增量的收益回收。进行方案比选时，按照上述公式计算出 ΔIRR，然后将 ΔIRR 与投资者的最低可接受收益率（MARR）进行比较。当 ΔIRR≥MARR 时，以投资大的方案为优选方案；反之，则以投资小的方案为优选方案。在进行多方案比较时，先将投资额按照由小到大的方式进行排序，然后依次对相邻方案进行两两比较，从中选出最优方案。

(4) 等额年值（AW）

将项目投资方案的净现值通过资金的等值，换算为项目计算期内各年的等额年金，即等额年值。用等额年值进行多方案比选的方法即等额年值法。等额年值是考查项目投资盈利能力的指标。其计算公式如下：

$$AW = NPV\frac{i_c(1+i_c)^n}{(1+i_c)^n-1} \tag{5-8}$$

AW 可以看作 NPV 的等价指标，它们在项目方案比选中的结论是一致的，也是等效的。NPV 表示方案在整个生命期内获取的超出最低期望盈利的超额收益现值，而 AW 表示在整个项目方案生命期内每年相等的超额收益。在进行方案比选时，AW 大的方案应为优选方案。

(5) 费用现值（PC）

与净现值和等额年值指标的关系类似，费用现值与等额年费用也是一对等效评价指标。费用现值是把项目计算期内的各年投入的资金按基准收益率折现成的现值，是一种特定情况下的净现值法。其计算公式如下：

$$PC = \sum_{t=0}^{n}(C-B)_t(1+i_c)^{-t} \tag{5-9}$$

式中 PC——费用现值；

C——第 t 期投入总额；

B——期末余值回收；

n——开发经营期；

i_c——基准收益率。

在进行方案的比选时，费用现值小的方案较优。

(6) 等额年费用（AC）

将项目计算期内的所有费用现值，按事先选定的基准收益率，折算为每年等额的费用，即为等额年费用。其计算公式如下：

$$AC = PC\frac{i_c(1+i_c)^n}{(1+i_c)^n-1} \tag{5-10}$$

用等额年费用进行方案比选时，选择等额年费用小的方案为优选方案。当项目基本相似或者效益基本相同时，主要考虑项目的投资额及未来的维护、使用成本额。由于这二者发生的时间不同，因而通常需要通过动态等值变换，换算为费用现值或等额年费用。

5.3.2 建设项目方案比选

建设项目备选投资方案主要有独立方案、互斥方案和混合方案三种。一般来讲，这三种类型的投资方案所采用的比选指标和比选过程有所不同，以下分别进行介绍。

1. 独立方案的比选

一组方案中，各个方案之间相互独立、互不排斥，对一个方案的选择结果对其他方案的选择不产生重大影响，这些方案便是独立方案。独立方案的特点是各个方案之间没有排他性，只要资金等条件允许，而且每个投资方案自身可行（或者盈利），就可以几个方案同时并存。例如，某开发商有足够的人、财、物等实力，想同时开发几个项目，每个项目都可行，则这些开发方案之间的关系就是相互独立的，可以同时存在。就一组完全独立的方案而言，其存在的前提条件是：

1）投资资金总量一般无限制。

2）投资资金无优先使用的排列。

3）各投资方案所需的人力、物力均能得到满足。

4）不考虑地区、行业之间的相关性及其影响。

5）某投资方案是否可行，仅取决于该方案的经济指标。

（1）无资金限制的独立方案比选

当投资者资金充裕、不受资金限制约束时，投资方案的选择可以按照单方案的经济评价方法来进行，即

NPV$\geqslant$0 或 IRR$\geqslant i_c$ 时，投资方案可行。

NPV$<$0 或 IRR$<i_c$ 时，投资方案不可行。

（2）有资金限制的独立方案比选

当各方案相互独立时，最常见的情况是投资资金有限制、资金不足以分配到全部经济合理的方案。这时就出现了资金的最优分配问题，或者说资金约束条件下的优化组合问题，即以资金为约束条件，来选择最佳方案组合，使有限的资金得到充分运用，并能获得最大的总体经济效益，即$\sum$NPV（i_c）最大。

对于有资金限制的独立方案比选而言，最好的比选方法是互斥组合法，即把所有方案的组合都罗列出来，每个组合代表一个满足约束条件（如资金及内部收益率约束）的项目总体中相互排斥的一个方案，这样就可以利用互斥方案的经济评价方法来选出最优的组合方案。

在实际的方案比选工作中，尤其是独立方案的比选中，经常出现这种情况，即所有单个备选方案都不能让人满意：要么投资方案的风险溢价水平和决策者的风险偏好不配比；要么投资风险太大，盈利多少难以把握；要么风险虽小，但是收益水平欠佳；要么各单个的投资方案都没有充分利用现有资源，造成浪费。在实际的投资中，取得完美的投资方案只是一个理想情况。很少有方案能够同时在财务效益、社会效益和投资风险等各方面都能够让人满意。因此，最终所选择的投资方案通常也要经过一定的修正，甚至是几个备选方案的组合。当然，对这个组合方案也要做可行性论证。

本质上，投资方案的组合是一次方案再造，组合后的方案从内容到形式到预期的投资结果都截然不同于原有的任何一个方案。组合的投资方案既降低了投资风险，又满足了各种类型物业彼此的互补性需要，同时还能最大限度地利用开发商的资金等资源，满足对投资的现金流安排和规划上的需要。互斥组合法在方案比选中应用的一般步骤是：

1）列出独立方案的所有可能组合。

2）剔除不满足约束条件的投资组合。

3）按投资额从小到大排列投资方案组合。

4）计算各组合投资方案的 NPV（或 ΔIRR）。

5）用 NPV（或 ΔIRR）最大作为选择标准，选出最优方案组合。

2. 互斥方案的比选

互斥方案是指一组方案中的各个方案互相关联、互相排斥，彼此可以相互替代。采纳方案组中的某一方案，就会自动排斥这组方案中的其他方案。房地产投资者拥有的资金和土地资源的有限性，使其难以实施所有的投资方案，而必须在各个方案之间做出选择。与独立方案相对应，互斥方案存在的主要前提是：

1）投资资金总量有限制。

2）投资资金有优先使用的排列。

3）各投资方案所需的人力、物力不能同时得到满足。

4）需要考虑地区、行业之间的相关性及其影响。

（1）互斥方案的比选原则

互斥方案比选有以下四个原则，只有在这四个原则的基础上，才能进行互斥方案的比选。

1）现金流量的差额评价原则。该原则认为，在评价互斥方案时，应该首先计算两个方案的现金流量之差，然后再考虑某一方案比另一方案增加的投资在经济上是否合算。

2）比较基准原则。比较基准原则认为，在多个互斥方案比选时，均应以某一给定的基准收益率 i_c 作为方案比选的基准。

3）环比原则。环比原则认为，在互斥方案的比选中，必须将各方案按投资由小到大排序，依次比较，在此基础上进行方案比选；而不能将各方案与投资最小的方案进行分别比较，最后选择差额指标最好的方案为最优方案。

4）时间可比原则。时间可比原则认为，在比选互斥方案时，各方案的生命期（计算期、开发经营期）应该相等，否则必须利用某种方法进行方案生命期的变换，以保证各方案具有相同的比较时间。

（2）不同类型互斥方案的比选

1）项目计算期相同的互斥方案比选。对于项目计算期相同的互斥投资项目而言，可直接用净现值、差额投资内部收益率或等额年值指标进行比选。

2）项目计算期不同的互斥方案比选。当项目计算期不同时，一般宜采用等额年值指标进行比选。如果要采用差额投资内部收益率指标或净现值指标进行方案比选，必须对各可供比选方案的项目计算期和计算方法按有关规定做适当处理，然后再进行比选。

① 用差额投资内部收益率指标或净现值指标进行方案比选。一些情况下，被比较的几个互斥投资方案的计算期往往不同。例如，建造的建筑物结构形式（如砖混结构、钢结构、钢筋混凝土结构等）不同，其投资额与生命期就会不同。此时如果直接用差额投资内部收益率指标或净现值指标进行方案比选，就会因为互斥方案之间没有可比性而使方案的比选显得困难。为了比较这类项目计算期不同的方案，理论上有最小公倍数法和最短计算期法两种方法，以使各方案的现金流量具有时间上的可比性。

方法 1：最小公倍数法。其做法是选择若干方案的投资活动有效期的最小公倍数作为这些方案共同的有效期。因此，这些方案都有可能重复数次（实际中未来的情况很难预测，因此只能假设重复)，而每次重复（方案重置）时都假定投资与现金流量不变，即不考虑方案重置过程中可能具有的通货膨胀与技术进步等问题。在这个基础上，进行若干互斥方案的比选。这种方法适用于最小公倍数较小情况下的方案比选。

方法2：最短计算期法。其做法是直接选取一个适当的分析期作为各个方案共同的计算期，通过比较各方案在该计算期内的净现值来对方案进行比选。这里的分析期的选取没有统一规定，但一般以方案中计算期最短者为分析期，以使计算简便，同时可以避免过多的重复型假设（过多的方案重复是不经济的，甚至是不可能的)。这种方法适用于最小公倍数较大情况下的方案比选。

② 用等额年值指标进行互斥方案的比选。等额年值具有等额不变的特性。一个方案无论重复多少次，其等额年值都是不变的。因此，采用等额年值的方法不需要重复方案就可以使项目计算期不同的方案具有可比性。这样，通过直接计算和比较项目计算期不同方案的净现值，就可以做出方案的决策。

3. 混合方案的比选

混合方案是独立方案和互斥方案的混合结构，具体而言，它是指在一定约束条件下（人、财、物等)，有若干个相互独立的方案，在这些独立方案中又分别包含几个互斥方案。以房地产项目投资为例，某房地产投资开发商想投资开发几个独立的房地产项目，而每个项目又分别有几个互斥的开发方案，如甲地块有开发住宅和写字楼两个互斥方案，乙地块有开发写字楼、商场和酒店三个互斥方案，丙地块有开发住宅、写字楼、商场和酒店四个互斥方案。开发商资金有限，几个地块的土地资源也有限，几种物业类型的市场情况好坏不一，为了充分利用已有资源，获得最大的投资效益，开发商就必须面临混合方案的选择问题。在方案选择前搞清这些方案属于哪种类型至关重要，因为方案类型不同，其选择、判断的尺度也不同，最终选择的结果就会不同，最后项目的投资效益也可能相差甚远。

混合方案的比选与独立方案的比选一样，也分为有资金约束和无资金约束两种情况。无资金约束的混合方案比选方法是从各个独立项目中选择互斥方案净现值（或等额年值）最大的方案加以组合即可；而有资金约束的混合方案比选的指标为净现值和差额内部收益率。

4. 建设项目投资方案比选决策的内容与程序

(1）确定投资目标

建设项目投资方案比选决策的目的就是要达到预定的投资目标。因此，确定投资目标是方案比选决策的前提。如果投资的目标不明确或不适应环境的需要，最终的决策也就不可能正确。确定投资目标的关键在于，进行深入的市场调研和预测，通过周密的分析研究，发现问题和认清问题的本质，从而确定解决问题后所期望达到的结果。

(2）拟订决策备选方案

根据确定的投资目标，拟订多个可行的备选方案，这是方案比选决策的关键。在决策过程中，一定要通过各种途径和方法探求各种可能的方案，同时还要考虑各种比选方案的可行性。评价一个方案是否可行，总的原则是要看它是否满足技术上先进、生产上可行、经济上合算、财务上盈利的要求。

(3）对备选方案进行优选

决策备选方案拟订出来后，下一步的工作就是对这些方案进行充分的比较、分析和评价。具体来说，就是要对每一备选方案的技术、经济、社会、环境等方面的条件、因素和潜在问题进行可行性分析，并与预先确定的目标进行比较，做出备选方案的全面评价。在此基础上，选出符合要求的方案以供实施，即可行方案的优选。

方案优选的关键之一是要掌握方案的选择标准。由于现实中有很多限制和影响因素，因此，所谓“利润最大”“成本最低”“回收期最短”等“最优”评判标准在实践中很难操作，需要以“满意”来取代“最优”作为方案优选标准，这也是现代决策理论的重要观点。方案优选的关键之一是优选方法的实际运用。在整个方案比选决策中，最终选定的方案是否科学合理，很大程度上取决于是否正确选用优选方法。

(4) 执行决策方案

最终选定的方案是否科学合理，只有经过实践的检验才能得到最终验证。

(5) 反馈调整决策方案

在执行方案的过程中，需要根据环境和目标的变化，不断对投资方案做出相应的修订或者调整，使投资方案趋于科学化、合理化。

思　考　题

1. 请结合建筑行业阐述建设项目投资决策的特点。
2. 项目投资决策的主要任务有哪些？分为哪几个阶段？
3. 可行性研究的内容有哪些？探讨如何在项目的可行性研究中保持科学性。
4. 在项目投资决策指标体系中，静态指标和动态指标的区别是什么？试从自己的理解阐述各指标的内涵。
5. 简述建设项目投资方案比选的步骤。

第 5 章练习题

扫码进入小程序，完成答题即可获取答案

第6章

项目投资估算

6.1 项目投资估算概述

6.1.1 项目投资估算的概念

项目投资估算是指对项目投资额进行粗略估计，该项目从研究启动开始直至项目的设计概算和施工图预算，都可以包括在项目投资估算范畴内。从狭义上讲，项目投资估算是指在项目投资决策过程中，依据现有资料和一定的方法，对建设项目的投资额（包括工程造价和流动资金）进行的估计。投资估算总额是指从项目筹建、施工直至建成投产的全部建设费用，其包括的内容应视项目的性质和范围而定。

6.1.2 建设项目投资的构成

2017 年 9 月，我国住房和城乡建设部发布了《建设项目总投资费用项目组成（征求意见稿）》，其中对建设项目总投资费用项目组成及相关费用的计算方法进行了重新定义与规定。

首先，建设项目总投资是指为完成建设项目建设并达到使用要求或生产条件，在建设期内预计或实际投入的总费用，包括工程造价、增值税、资金筹措费和流动资金（见图 6-1）。

工程造价是指建设项目在建设期预计或实际支出的建设费用，包括工程费用、工程建设其他费用和预备费。

增值税是指应计入建设项目总投资内的增值税。

资金筹措费是指在建设期内应计入的利息和在建设期内为筹集项目资金发生的费用，包括各类借款利息、债券利息、贷款评估费、国外借款手续费及承诺费、汇兑损益、债券发行费用及其他债务利息支出或融资费用。

流动资金是指运营期内长期占用并周转使用的营运资金，不包括运营中需要的临时性营运资金。

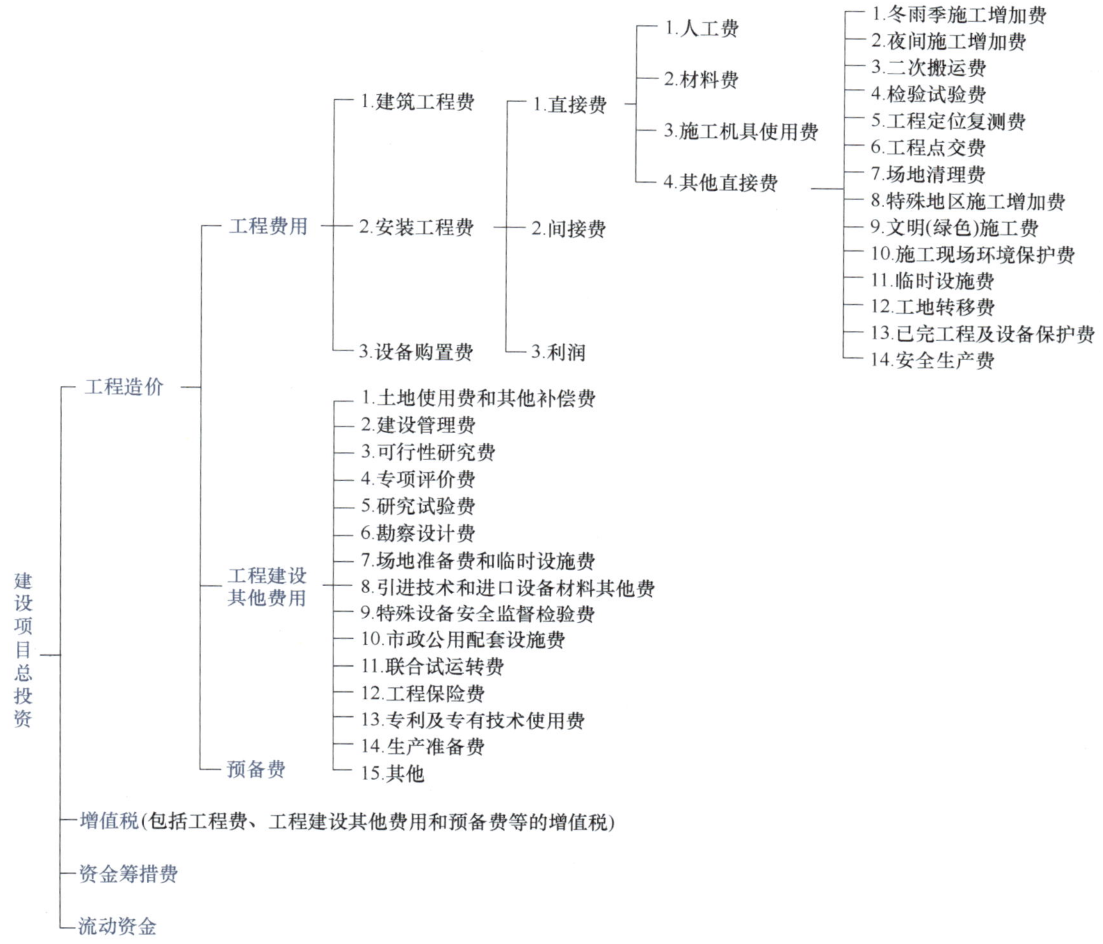

图 6-1 建设项目总投资费用项目构成

6.1.3 项目投资估算的作用

投资估算是进行项目开发的一个必不可少的步骤，是项目建议书、可行性研究的重要组成部分，是项目开发人员决策的基本参考，也是政府机关进行行政审批的重要依据。它不仅对可行性研究的质量有很大影响，而且关系到下一阶段设计概算、施工图预算的编制，并对建设项目的资金筹措有直接影响。在建设项目开发过程中，投资估算的作用有以下几点：

1）投资估算是投资决策的依据。项目可行性研究阶段的投资估算所确定的项目建设与运营所需的资金量，是项目方案选择和投资决策的重要依据，是确定项目投资水平的依据，是正确评价建设项目投资合理性的基础。同时，投资者也可以根据自己的财力和信用状况做出是否投资的决策。

2）投资估算是制定项目融资方案的依据。项目决策分析与评价阶段投资估算所确定的项目建设与运营所需的资金量，是项目制定融资方案、进行资金筹措的依据。投资估算准确与否，将直接影响融资方案的可靠性，直接影响各类资金在币种、数量和时间要求上能否满足项目建设的需要。

3）投资估算是进行项目经济评价的基础。经济评价是对项目的费用与效益做出的全面分析评价，而项目所需投资是项目费用的重要组成部分，是进行经济评价的基础。投资估算准确与否，将直接影响经济评价的可靠性。在投资机会研究和初步可行性研究阶段，虽然对投资估算的准确度要求相对较低，但投资估算仍然是该阶段的一项重要工作。投资估算完成之后才有可能进行经济效益的初步评价。

4）投资估算对工程设计概算起控制作用。可行性研究报告被批准之后，其投资估算额作为设计任务书中下达的投资限额，即作为建设项目投资的最高限额，一般不得随意突破，用以对各设计专业实行投资切块分配，作为控制和指导设计的尺度或标准。

5）合理、准确的投资估算是进行工程造价管理改革，实现工程造价事前管理、主动控制的前提条件。

6.2 项目投资估算阶段

在我国，投资估算贯穿于整个建设项目投资决策过程之中。项目决策分析与评价过程可划分为项目的投资机会研究或项目建议书阶段、初步可行性研究阶段及详细可行性研究阶段，因此，投资估算工作也分为相应的三个阶段。不同阶段所具备的条件和掌握的资料不同，对投资估算的要求也各不相同，因而投资估算的精度在不同阶段也不同，进而每个阶段投资估算所起的作用也不同。

1. 投资机会研究或项目建议书阶段

这一阶段主要是选择有利的投资机会，明确投资方向，提出概略的项目投资建议，并编制项目建议书。该阶段的工作比较粗略，投资额的估计一般是通过与已建类似项目的对比得来的，因而投资估算的误差率可在30%左右。这一阶段的投资估算用来作为相关管理部门审批项目建议书、初步选择投资项目的主要依据之一，对初步可行性研究及其投资估算起指导作用，决定一个项目是否真正可行。

2. 初步可行性研究阶段

这一阶段主要是在投资机会研究结论的基础上，弄清项目的投资规模、原材料来源、工艺技术、厂址、组织机构和建设进度等情况，进行经济效益评价，判断项目的可行性，做出初步投资评价。该阶段是介于项目建议书和详细可行性研究之间的中间阶段，误差率一般要求控制在20%左右。这一阶段是决定是否进行详细可行性研究的依据之一，同时也是确定某些关键问题是否需要进行辅助性专题研究的依据之一，这个阶段可对项目是否真正可行做出初步决定。

3. 详细可行性研究阶段

详细可行性研究阶段也称为最终可行性研究阶段，主要是进行全面、详细、深入的技术经济分析论证，评价选择拟建项目的最佳投资方案，对项目的可行性提出结论性意见。该阶段要求研究内容详尽，投资估算的误差率应控制在10%以内。这一阶段的投资估算是进行经济评价、决定项目可行性、选择最佳投资方案的主要依据，也是编制设计文件、进行初步设计以及控制初步设计概算的主要依据。

项目决策分析与评价的不同阶段对投资估算的精度要求见表6-1。

表 6-1 项目决策分析与评价的不同阶段对投资估算的精度要求

序号	项目决策分析与评价的不同阶段	投资估算的允许误差率
1	投资机会研究（项目建议书）阶段	±30% 以内
2	初步可行性研究阶段	±20% 以内
3	详细可行性研究阶段	±10% 以内

尽管投资估算在具体数额上允许存在一定的误差，但必须达到以下要求：

1）估算的范围应与项目建设方案所涉及的范围、所确定的各项工程内容相一致。

2）估算的工程内容和费用构成齐全、计算合理，不提高或降低估算标准，不重复计算或者漏项少算。

3）估算应做到方法科学、基础资料完整、依据充分。

4）估算选用的指标与具体工程之间存在标准或者条件差异时，应进行必要的换算或调整。

5）估算的精度应能满足建设项目决策分析与评价不同阶段的要求。

6.3 项目投资估算准备

6.3.1 投资估算的原则

为保证投资估算合理，发挥投资估算应有的作用，在进行投资估算的过程中应坚持以下原则：

（1）实事求是原则

实事求是是实现投资估算价值的基础。在进行投资估算的过程中，一定要坚持实事求是原则，只有这样才能保证投资估算正确。

（2）调查原则

投资估算是否正确，是否满足实际需求，需要相关工作人员在正式估算之前深入基层了解情况。这就需要坚持调查原则，全面了解和掌握与建设项目相关的一系列内容。

（3）合理原则

虽然资源种类相对多样，但并不是任何资源都能被应用到建设项目中，如果所选资源达不到建设要求，势必会造成浪费，也会影响投资估算的顺利完成。因此，在投资估算中应坚持合理原则，只有这样才能充分发挥其价值。

（4）技术原则

现代社会各种技术被应用到生产建设中，这不仅节省了一定比例的投入，还提升了投资估算效率，强化了资料存储能力。因此，在投资估算中应加大对技术原则的关注，只有这样才能保证投资估算顺利完成，这也是现代建设项目所提出的要求。

6.3.2 投资估算的要求

1）应根据建设项目设计的阶段和深度，以及所采用的施工工艺的成熟度，以编制单位所掌握的投资估算相关资料和数据的完整性、可靠度为保证，采用适当方法进行估算。

2）应确保工程内容和费用内容的完整，不抬高或压低估算标准，合理计算，不重算，不漏算。

3）应根据口径统一的原则，在质与量上合理选择项目的设计参数、投资估算参数及估算指标，并将这些参数和指标调整到项目所在地及估算编制年份的实际水平。

4）应充分考虑市场变动及其他敏感性因素对造价的影响。

5）投资估算的精度应能达到下一阶段造价（初步设计概算）的要求。

6.3.3　项目投资估算的依据

1）专门机构发布的建设工程造价费用构成、估算指标、计算方法以及其他有关工程造价的文件。

2）专门机构发布的工程建设其他费用估算办法和费用标准，以及有关机构发布的文件。

3）专门机构发布的工程建设其他费用估算办法和费用标准的物价指数。

4）部门或行业制定的投资估算办法和估算指标。

5）拟建项目所需土地、设备、材料的市场价格。

6）拟建项目建设方案确定的各项工程建设内容及工程量。

7）土地出让金及地价款等有关政府部门制定的有关规定及相关的市场资料。

8）地方政府制定的有关取费用标准。

6.3.4　项目投资估算的步骤

1）分别估算各单项工程所需要的建筑工程费、设备及工器具购置费、安装工程费等。

2）在汇总各项工程费用的基础上，估算工程建设其他费用和基本预备费。

3）估算涨价预备费和建设期利息。

4）估算无形资产投资和开办费支出。

5）汇总各项估算，计算建设总投资额。

6.4　项目投资估算方法

由上述建设项目总投资费用组成可知，建设项目投资估算主要需要针对以下费用进行估算：

建设项目总投资 = 工程造价 + 增值税 + 资金筹措费 + 流动资金

工程造价 = 工程费用 + 工程建设其他费用 + 预备费

增值税应按工程费、工程建设其他费、预备费和资金筹措费分别计取。

资金筹措费的估算包括：

1）自有资金额度，应符合国家或行业有关规定。

2）建设期利息，根据不同资金来源及利率分别计算。

3）其他方式资金筹措费用，按发生额度或相关规定计列。

6.4.1　建设投资的估算

作为项目费用重要组成部分的建设投资（也就是上述的工程造价），是进行项目投资财务分析的基础数据。其估算根据项目前期研究不同阶段、对投资估算精度要求以及相关规定加以确定。估算方法主要有单位生产能力估算法、生产能力指数法、系数估算法、比例估算法、概算法等。

1. 单位生产能力估算法

单位生产能力估算法是根据已建成的、性质类似的建设项目（或生产装置）的工程造价和生产能力，以及拟建项目（或生产装置）的生产能力，做适当的调整之后得出拟建项目估算值。其计算公式如下：

$$C_2 = (C_1/Q_1)Q_2 f \tag{6-1}$$

式中 C_1——已建项目的工程造价；

Q_1——已建项目的生产能力；

C_2——拟建项目的工程造价；

Q_2——拟建项目的生产能力；

f——总和调整系数。

该方法一般只能进行粗略的、快速的估计。因为不同项目的时间、空间等因素存在差异，所以往往生产能力和造价之间并不是一种线性关系，在实际应用时应该有所选择。

2. 生产能力指数法

生产能力指数法同单位生产能力估算法的原理一样。但是，它相对于单位生产能力估算法的改进之处在于，将生产能力和造价之间的关系考虑为一种非线性的指数关系，在一定程度上提高了估算的精度。其计算公式如下：

$$C_2 = C_1(Q_2/Q_1)^n f \tag{6-2}$$

式中 C_1——已建项目的工程造价；

Q_1——已建项目的生产能力；

C_2——拟建项目的工程造价；

Q_2——拟建项目的生产能力；

f——总和调整系数；

n——生产能力指数，$0 \leqslant n \leqslant 1$。

关于 n 的取值，当已建类似项目和拟建项目规模相差不大，比值关系在 0.5～2 时，n 取 1；当已建类似项目和拟建项目规模相差不大于 50 倍，且拟建项目生产规模的扩大仅靠增大设备规模来达到时，n 取 0.6～0.7，若是靠增加相同规模设备的数量达到时，n 取 0.8～0.9。

该方法计算简单、速度快，往往只需知道工艺流程及规模即可，其精度相较于单位生产能力估算法有较大提高。但是，该方法要求估算资料可靠、条件基本相同，一般用于总承包工程估价的旁证。

3. 系数估算法

系数估算法也称因子估算法，它是以拟建项目的主体工程费或主要设备费为基数，以其他工程费占主体工程费的百分比为系数来估算项目总投资的方法。系数估算法的方法较多，有代表性的包括设备系数法或主体专业系数法、朗格系数法等。分别介绍如下：

（1）设备系数法或主体专业系数法

该方法以拟建项目的设备费为基数，根据已建成的同类项目中建筑安装工程费和其他工程费（或建设项目中各专业工程费用）等占设备价值的百分比，求出拟建项目建筑安装工程费和其他工程费，进而求出项目总投资。其计算公式如下：

$$C=E(1+f_1P_1+f_2P_2+f_3P_3+\cdots)+I \tag{6-3}$$

式中　C——拟建项目的工程造价；

E——拟建项目的设备费；

P_1，P_2，P_3，…——已建项目中建筑安装工程费和其他工程费（或建设项目中各专业工程费用）等占设备价值的百分比；

f_1，f_2，f_3，…——因时间、空间等因素变化的总和调整系数；

I——拟建项目的其他费用。

（2）朗格系数法

该方法以拟建项目的设备费为基数，乘以适当的系数来推算项目的建设费用。其计算公式如下：

$$C=E(1+\sum K_{\mathrm{i}})K_{\mathrm{c}} \tag{6-4}$$

式中　C——拟建项目的工程造价；

E——拟建项目的主要设备费；

K_{i}——管线、仪表、建筑物等项费用的估算系数；

K_{c}——管理费、合同费、应急费等项费用的总估算系数。

其中，$L=(1+\sum K_{\mathrm{i}})K_{\mathrm{c}}$ 称为朗格系数。不同的项目的朗格系数有不同的取值，其包含的内容见表6-2。

表6-2　朗格系数

项目		固体流程	固流流程	流体流程
朗格系数 L		3.1	3.63	4.74
内容	（1）包括基础、设备、油漆及设备安装费	$E\times1.43$		
	（2）包括上述在内和配管工程费	（1）×1.1	（1）×1.25	（1）×1.6
	（3）装置直接费	（2）×1.5		
	（4）包括上述在内和间接费，即总费用 C	（3）×1.31	（3）×1.35	（3）×1.38

朗格系数法较为简单，只要对各大类行业设备费中各上述分项所占比重有比较规律的收集，估算精度就可以达到较高的水平。但是，朗格系数法由于没有考虑设备规格、材质的差异，所以在某些情况下又会表现出较低的精度。

4. 比例估算法

该方法是根据统计资料，先求出已有同类企业主要设备占项目总造价的比重，然后估算出拟建项目的主要设备投资，即可以按比例求出拟建项目的建设投资。其计算公式如下：

$$C=\sum(Q_iP_i)/K \tag{6-5}$$

式中　C——拟建项目的工程造价；

K——主要设备投资占项目总造价的比重；

Q_i——第 i 种主要设备的数量；

P_i——第 i 种主要设备的单价。

5. 概算法

建设投资由工程费用、工程建设其他费用和预备费三部分构成。其中，工程费用又由建筑工程费、设备购置费（含工器具及生产家具购置费）和安装工程费构成；工程建设其他费用内容较多，随行业和项目的不同而有所区别；预备费包括基本预备费和涨价预备费。

概算法将建设项目进行系统分解，将其逐渐细分为单项工程、单位工程，先对每个单位工程按照相关规定进行建设投资的估算，并予以汇总，在此基础上，再估算工程建设其他费用及预备费，从而求得建设项目总投资。

（1）建筑工程费

建筑工程费的估算方法有单元估算法、单位指标估算法、工程量近似匡算法、概算指标估算法、概预算定额法等，也可以根据类似工程经验进行估算。具体估算的方法应视资料的可取性和费用支出的情况而定。

1）单元估算法。单元估算法是指以基本建设单元的综合投资乘以单元数，得到项目或单项工程总投资的估算方法。例如，以每间客房的综合投资乘以客房数估算一家酒店的总投资，以每张病床的综合投资乘以病床数估算一家医院的总投资等。

2）单位指标估算法。单位指标估算法是指以单位工程量投资乘以工程量，得到单项工程投资的估算方法。一般来说，土建工程、给水排水工程、照明工程可按建筑平方米造价计算，采暖工程按耗热量（kcal/h）指标计算，变配电安装按设备容量（kcal/h）指标计算，集中空调安装按冷负荷量（kcal/h）指标计算，供热锅炉安装按每小时产生蒸汽量（m^3/h）指标计算，各类围墙、室外管线工程按长度（m）计算，室外道路工程按道路面积（m^2）指标计算。

3）工程量近似匡算法。工程量近似匡算法采用与工程概预算类似的方法，先近似匡算工程量，配上相应的概预算定额单价和取费，近似计算项目投资。

4）概算指标估算法。概算指标估算法采用综合的单位建筑面积和建筑体积等建筑工程概算指标计算整个工程费用。常使用的估算公式如下：

$$直接费 = 每平方米造价指标 \times 建筑面积$$

$$主要材料消耗量 = 每平方米材料消耗量指标 \times 建筑面积$$

（2）设备购置费

设备购置费由设备购置费，工具、器具及生产家具购置费组成。设备购置费是指为投资项目购置或自制的达到固定资产标准的各种国产或进口设备、工具、器具的购置费用。它由设备原价和设备运杂费构成。设备原价是指国产设备或进口设备的原价；设备运杂费是指除设备原价之外的设备采购、运输、途中包装及仓库保管等方面支出费用的总和。在生产性工程建设中，设备购置费用占建设投资比重的增大，意味着生产技术的进步和资本有机构成的提高。

（3）安装工程费

安装工程费一般包括各种需要安装的机械设备和电气设备等工程的安装费用。安装工程费通常根据行业或专门机构发布的安装工程定额、取费标准所综合的大指标估算。

$$安装工程费 = 设备原价 \times 安装费率$$

$$安装工程费 = 设备吨位 \times 每吨安装费$$

$$安装工程费 = 安装工程实物量 \times 每单位安装实物工程量的费用$$

附属管道量大的行业，有的要求单独估算管道工程费用，并单独列出主材费用。

在项目决策分析与评价阶段，根据投资估算的深度要求，也允许安装费用按单项工程分别估算。

（4）工程建设其他费用

工程建设其他费用是指从工程筹集开始到工程竣工验收交付使用为止的整个建设期间，除建筑工程费用、设备购置费及安装费以外的，为保证工程建设顺利完成和交付使用后能够正常发挥效用而发生的各项费用。它由土地使用费，与项目建设有关的费用（建设单位管理费、勘察设计费、研究试验费、临时设施费、工程监理费、工程保险费、供电贴费等），以及与未来企业生产经营活动有关的费用（联合试运转费、生产准备费、办公和生活家具购置费等）组成。

其投资估算的方法很多，应根据项目的具体特点、当时掌握的资料和研究深度估算，力求准确。通常希望投资项目决策前的估算误差在10%以内。

（5）工程建设预备费

工程建设预备费包括基本预备费和涨价预备费。基本预备费是指在可行性研究阶段难以预料的费用，又称工程建设不可预见费。它主要是指设计变更及施工过程中可能增加工程量的费用。基本预备费估算以建筑工程费、设备购置费、安装工程费以及工程建设其他费用之和为基数，按行业主管部门规定的基本预备费率估算。其计算公式如下：

基本预备费 =（建筑工程费 + 设备购置费 + 安装工程费 + 工程建设其他费用）× 基本预备费率

涨价预备费是指为建设工期较长的项目在建设期内价格上涨可能引起投资增加而预留的费用，也称为价格变动不可预见费。涨价预备费以建筑工程费、设备购置费、安装工程费之和为基数加以计算。其计算公式如下：

$$PC = \sum_{t=1}^{n} I_t[(1+f)^t - 1] \tag{6-6}$$

式中　PC——涨价预备费；

I_t——第t年的建筑工程费、设备购置费、安装工程费之和；

f——建设期价格上涨指数；

n——建设期。

建设期价格上涨指数按有关部门的规定执行。

概算法的编制依据有：

1）建设项目、单项工程的设计文件及附图规定的建筑工程结构特征及工程量一览表，设备及主要器材清册规定的设备及主要器材类型、型号、规模、数量一览表。

2）主管部门公布的投资估算指标及相关部门颁发的投资估算指标。

3）住房和城乡建设部颁发的《建设工程造价指标指数分类与测算标准》（GB/T 51290—2018）。

4）其他有关计算工程造价的文件。各类单位工程投资估算是单项工程投资估算的基础，单项工程投资估算又是建设项目投资估算的基础。

概算法依据构成项目的相关工程的造价进行逐项计算，并以预备费的形式考虑其中的变动因素，具有细致具体、估算值相对准确等特点，但估算的成本较高，一般在项目的详细可行性研究时予以采用。

6.4.2　资金筹措费估算

资金筹措费的组成部分中，重点需要估算的部分为建设期利息。建设期利息也称资本化利息，是指项目在建设期内发生的借款所产生的并计入固定资产原值的利息，包括借款利息和其他融资费用。要计算建设期利息，必须先理解货币的时间价值。

1. 货币的时间价值

货币价值是时间的函数，随时间的推移而增值，其增值的部分就是原有货币的时间价值。

货币之所以具有时间价值，是因为投资者进行项目投资意味着放弃现在的消费机会，其目的在于项目能够在未来创造更多的财富，增加投资者的未来消费，并且获得的未来消费要比做投资所牺牲的现在消费具有更大的价值。因此，资金使用者只有为投资者现在所做的牺牲提供足够的补偿，才能说服投资者进行项目投资。所以，货币的时间价值是指货币所有者因放弃现在使用货币的机会而可以得到的按放弃时间长短计算的报酬，或者是指因货币占有者占用该笔货币所有者现在使用货币的时间推移，而使该笔货币实现的增值部分，也就是借贷过程中的利息，即债务人支付给债权人超过原借贷金额的部分：

$$I = F - P \tag{6-7}$$

式中　I——利息；

F——目前债务人应付（或债权人应收）总金额，即还本付息总额；

P——原借贷金额，常称为基本金。

未来消费与现在消费在一个时间点上的货币交换率，就是利率。如果说利息额的多少是衡量资金时间价值的绝对尺度，那么利率就是衡量资金时间价值的相对尺度。其含义是在单位时间内所得利息额与原借贷金额之比，通常用百分数表示：

$$i = \frac{I_t}{P} \times 100\% \tag{6-8}$$

式中　i——利率；

I_t——单位时间内所得的利息额。

用于表示计算利息的时间单位称为计息周期。计息周期通常为年、半年、季、月、周或天。

要获得更多的未来消费，就必须牺牲更多的现在消费，货币的时间价值必将随之增加，即对于每一次现在消费的连续减少，投资者可能要求越来越高的最低未来回报，因为其放弃的每个单位货币的现状消费的价值呈现递增趋势，每个单位货币增加的未来消费的价值呈现递减，而表现为同等数量货币的长期利率要高于短期利率。

货币的时间价值对正确评价项目投资效益至关重要。货币时间价值的存在决定了发生在不同时点的同等数量的资金不能直接进行比较，而必须与时间结合才能显示出其真正的价值。在实践中，项目投资者为充分利用并最大限度地获得货币的时间价值，需要加速资金周转，及早回收资金，并不断从事利润较高的投资活动。

2. 计息方式

金额相同的货币经过相同的时间，其时间价值不一定相等，因为货币的时间价值不仅与利率大小有关，还与计算方式有关。利息计算方式有单利、复利两种。

1）单利只对本金计息，不对利息计息，即通常所说的“利不生利”的计息方法。其计算公式如下：

$$I_t = P \times i_0 \tag{6-9}$$

式中　I_t——第 t 计息周期的利息额；

P——本金；

i_0——计息周期单利利率。

单利的年利息额仅由本金产生，其新生利息不再加入本金产生利息，因而它没有完全反映资金的时间价值。我国银行存款是以单利计算，计算周期为年或月，但在投资项目分析中较少使用。

2）相对于单利而言，复利不仅对本金计息，对利息也计息，即“利生利”“利滚利”的计息方式。其计算公式如下：

$$I_t = F_{t-1} i \tag{6-10}$$

式中　i——计息周期复利利率；

F_{t-1}——第（$t-1$）期期末复利本利和。

而第 t 期期末复利本利和的表达式为

$$F_t = F_{t-1}(1+i) \tag{6-11}$$

同一笔借款，在利率和计息周期均相同的情况下，用复利计算出的利息金额比用单利计算出的利息金额大，本金越多，利率越高，计息周期越多，二者差距就越大。为真实地反映资金运营情况，在投资项目分析中，一般采用复利计算。我国的基本建设贷款等按复利计息。

3. 建设期利息的具体估算

1）估算建设期利息，应先根据项目进度计划，提出建设投资分年计划，列出各年投资额，并明确其中的外汇和人民币需求量。

2）估算建设期利息，应注意名义利率和实际利率的换算。当建设期用自有资金按期支付利息时，可以不进行换算，直接采用名义年利率计算建设期利息。为简化计算，建设期到息时通常假定借款均在每年的年中支用，借款当年按半年计息，其余各年份按全年计息。采用自有资金付息时，按单利计算，计算公式如下：

各年应计利息 =（年初借款本金累计 + 本年借款额/2）× 名义年利率

采用复利方式计息时，计算公式如下：

各年应计利息 =（年初借款本息累计 + 本年借款额/2）× 实际年利率

3）有多种借款资金来源时，每笔借款的年利率各不相同的项目，既可分别计算每笔借款的利息，也可先计算出各笔借款加权平均的年利率，并以加权平均年利率计算全部借款的利息。

4）通常贷款机构对贷出的长期贷款有一个宽限期。在此期间，不要求借款者还本，甚至还有不要求立即支付利息的优惠，但要把利息作为本金看待再计算利息，直至宽限期结束，形成一个本金加上利息之和的新的本金，再按这个本金进行还本付息。

5）对投资者来说，在筹建期间，投资项目一般没有还本付息的资金来源，即使按要求还款，其资金也可能是通过再申请借款来支付的。当筹建期长于一年时，需要在建设期支付借款利息，项目需从其他地方筹集资金来支付利息，但新借资金的利率可能等于也可能不等于原来借款利率。其利息计算可按下列方法处理：

① 当支付建设期利息所筹集借款的利率 i_2 与建设投资借款利率 i_1 相等时，建设期利息可按下式计算：

$$I_{建设} = \sum_{k=1}^{n}\left[\sum_{t=1}^{k-1}(L_t + I_t) + \frac{L_k}{2}\right]i_1 \tag{6-12}$$

式中 $I_{建设}$——建设期 n 年年末累计总利息；

L_t——第 t 年工程用款借款额；

I_t——第 t 年利息；

i_1——建设投资借款利率。

② 当支付建设期利息所筹集借款的利率 i_2 与建设投资借款利率 i_1 不等时，建设期利息可按下式计算：

$$I_{建设} = I_{建设1} + I_{建设2} \tag{6-13}$$

$$I_{建设1} = \sum_{k=1}^{n}\left(\sum_{t=1}^{k-1}L_t + \frac{L_k}{2}\right)i_1 \tag{6-14}$$

$$I_{建设2} = \sum_{k=1}^{n}\left(\sum_{t=1}^{k-1}I_t\right)i_2 \tag{6-15}$$

式中 $I_{建设1}$——支付投资借款的利息；

$I_{建设2}$——为支付投资借款的利息所筹集的借款的利息。

6）当项目移交生产时，尚有一部分工程未完全竣工，即移交生产后尚有部分工程仍需建设及部分设备尚需购买，这时建设期利息包括以下两个部分：

① 移交生产前的建设期利息，在移交生产时全部计入固定资产价值（这也是一种近似的算法），它们在移交生产后发生的建设投资借款利息计入生产期的财务费用。

② 移交生产后仍在建设的建设投资借款利息，仍应计为建设期利息，直至移交生产后各在建工程逐个交付使用，才分别停止投资借款建设期利息的资本，在清算期间的，计入清算损益。

7）建设期利息除借款利息外，还包括为获得某些债务资金发生的手续费、承诺费、管理费、信贷保险费等融资费用，它们被称为其他融资费用。其他融资费用应按该债务资金的债权人的要求单独计算，并计入建设期利息。在项目建议书阶段，可简化做粗略估算后计入建设投资；在可行性研究阶段，不涉及国外贷款的项目，也可简化做粗略估算后计入建设投资。

6.4.3 流动资产估算

1. 流动资金的概念

固定资产本身不能产生收入和利润，但运用这些资产创造收入和利润的活动即营业活动则能够创造价值并形成收入。流动资金是指项目投产后，为进行正常运营，用于购买原材料、燃料，支付工资及其他经营费用所必不可少的资金。它是伴随固定资产投资而发生的永久流动资产投资，等于项目投产运营后所需全部流动资产投资，等于项目投产运营后所需全部流动资产减去流动负债后的余额。项目在运营期间存在的经营活动是采购（获取原材料）、生产（将原材料转化为产成品）、销售（将产品销售给顾客），最后从顾客手中回收现金的循环，如图6-2所示。

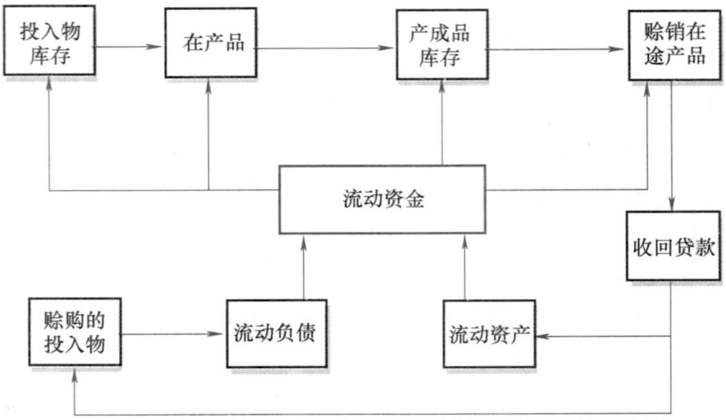

图6-2　流动资金循环

在项目可行性研究阶段，流动资产可简单地划分为应收账款、存货和现金。应收账款是指企业因销售产品应向购买者收取而于期末尚未收回的账款余额。存货是指期末结存在库的、在途的和在加工中的各项存货的实际成本，包括原材料、燃料、在产品和产成品的库存。现金是指各项准备金，即为预付工资、设备维修、管理和销售而准备的资金。流动负债仅为应付账款一项。应付账款则是指企业因购买材料、物资、燃料等而在期末尚未向供应者清偿的账款。项目从投产到达产需要经历一个过程，随着年产量的增加，企业占用的流动资金也相应增加，当年流动资金净增额等于当年流动资金占用额与上年流动资金占用额的差值。

2. 流动资金的特点

流动资金在项目投产前准备，终止时收回；其金额随着项目生产规模的扩大而增加，随着周转时间的缩短而减少，周而复始地在货币与实物之间转化。现金循环的营业周期如图6-3所示。

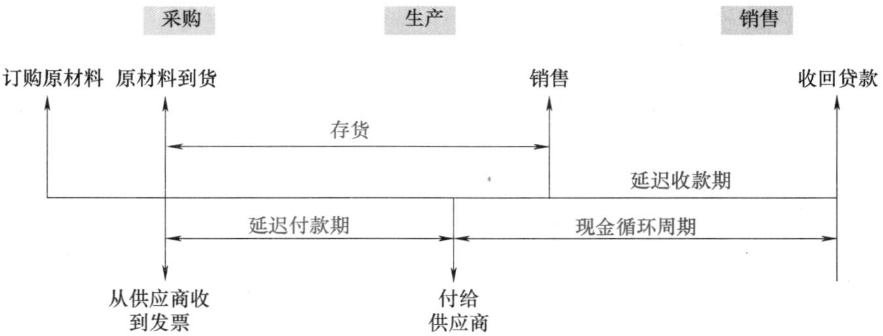

图6-3　现金循环的营业周期

一般而言，项目在运营期间虽然有产出并形成销售收入，但考虑到市场销售和客户关系，通常允许客户延迟支付货款。因此，项目并不能立即收回全部销售收入所对应的现金，形成收回的销售收入——应收账款；同样，项目本身在采购供应商的原材料、燃料等时，通常也不会立刻付款给供应商，而随之产生应付账款。

项目为扩大或减少缺货损失需要持有一定数量的产成品，正在加工过程中的产品以及为制造项目产品而外购的原材料、燃料等，构成了项目评价中的存货。与此同时，为了保证项目顺利进行，确保某些重要而紧缺的原材料、燃料等及时供应，往往需要在收到货物或提前给供应商付款而形成预付账款。

在这个循环中，向供应商付款发生在向客户收款之前，项目持有存货（原材料、半成品和制成品）和应收账款债权的这段时期比付款延迟的期限长，付款日和收款日之间的这段时间就是现金循环周期。现金循环周期的存在，决定了项目的运转需要相应的资金支持。项目投资分析中，将这种为维持生产而占用的全部周转资金称为流动资金。上述各种必要的现金、存款、应收及预付款项和存货构成流动资产，而应付账款和预收账款则构成流动负债，流动资产与流动负债的差额就构成项目的流动资金。

3. 流动资金的估算方法

流动资金的估算，不仅要考虑应付账款、预收账款对流动资金的抵减作用，还需要考虑资金周转效率。资金周转得越快，需要的流动资金越少；反之，需要的流动资金越多。

流动资金一般应在项目投产前开始筹措，为了简化计算，流动资金可在投产第一年开始安排。流动资金的估算方法可采用扩大指标估算法和分项详细估算法。

（1）扩大指标估算法

扩大指标估算法应用于项目可行性研究的早期，根据项目的特点和以往已建成运行的同类项目的数据，按销售收入、经营成本或固定资产投资比例来估算，或按单位产量占用净营运资金的比率来确定流动资金的数量，即

流动资金额 = 各种费用基数 × 相应的流动资金所占比例（或占营运资金的数额）

式中，各种费用基数是指年营业收入、年经营成本或年产量等。

例如，百货零售商店的净营运资金可按年销售收入的 10% ~15% 估算；机械制造项目可按年经营成本的 15% ~20% 考虑；钢铁联合企业可按固定资产投资的 8% ~10% 估算等。但因为项目的加工深度、原料供应和销售渠道各不相同，这种估算方法误差较大。随着项目投资分析与研究的深入，有必要对其进行分项的详细估算。

（2）分项详细估算法

分项详细估算法就是对流动资产和流动负债的主要构成要素，即存货、现金、应收账款、预付账款、应付账款和预收账款等几项内容分别进行估算，然后加以综合的计算方法。流动资金估算的具体操作是先计算各分项周转次数，再分项估算，最后予以综合。

1）周转次数。应收账款、应付账款、存货等流动资产与流动负债项目，都存在一定的周转时间，要转化为现金需求都需要考虑其周转情况和周转次数。

$$周转次数 = \frac{360}{最低周转天数}$$

各项目类流动资产和流动负债的最低周转天数取值对流动资金估算的准确程度有较大影响，在确定其数值时，应参照同类企业的平均周转天数，并结合项目特点确定，或按部门（行业）规定，在确定最低周转天数时应考虑储存天数、在途天数，并考虑适当的保险系数。

2）流动资产估算。计算公式如下：

$$流动资产 = 应收账款 + 存货 + 现金$$

① 存货的估算。计算公式如下：

$$存货 = 外购原材料 + 外购燃料 + 在产品 + 产成品$$

$$外购原材料、燃料 = \frac{年外购原材料、燃料费}{年周转次数}$$

$$其他材料 = \frac{年其他材料费用}{其他材料年周转次数}$$

$$在产品 = \frac{年外购原材料、燃料动力费用 + 年工资及福利费 + 年修理费 + 年其他制造费用}{在产品年周转次数}$$

$$产成品 = \frac{年经营成本 - 年营业费用}{产成品周转次数}$$

② 应收账款估算。计算公式如下：

$$应收账款 = \frac{年经营成本}{应收账款周转次数}$$

③ 预付账款估算。预付账款是指企业为购买各类材料、半成品或服务所预先支付的款项。计算公式如下：

$$预付账款 = \frac{外购商品或服务年费用金额}{预付账款周转次数}$$

④ 现金需要量估算。现金是指为维持正常生产运营必须预留的货币资金。计算公式如下：

$$现金 = \frac{年工资及福利费 + 年其他费用}{现金周转次数}$$

$$年其他费用 = 制造费用 + 管理费用 + 营业费用 - (以上三项费用中所含的工资及福利费、折旧费、摊销费、修理费)$$

4. 流动负债的估算方法

流动负债估算只考虑应付账款和预收账款两项。

$$流动负债 = 应付账款 + 预收账款$$

$$应付账款 = \frac{外购原材料、燃料动力及其他材料年费用}{应付账款周转次数}$$

$$预收账款 = \frac{预收的年营业收入}{预收账款周转次数}$$

$$流动资金 = 流动资产 - 流动负债$$

$$流动资金本年增加额 = 本年流动资金 - 上年流动资金$$

6.5 项目投资估算控制与优化

6.5.1 项目投资估算影响因素

一般来说，项目信息越详细，估算的误差越小，如有些项目本身相当复杂，没有或者很少有已建类似项目资料，就容易过高或者过低估计费用。项目投资估算主要影响因素有以下几个方面：

1. 宏观因素

宏观因素主要是指国家的宏观环境，如国家政治、经济及其他各方面的因素。这些因素是企业无法控制的，其对企业的影响往往也是十分巨大的。

（1）地区工程造价指数

地区工程造价指数包括各个时期的基准利率，主要反映在人工、材料、机械等各种生产资料的价格上涨。这一指标可以反映出不同时期工程造价的变化趋势，也是建设项目成本管理和动态结算的重要依据之一。

（2）工程造价信息的颁布及变动

例如，新颁布的工程量清单计价模式、工程材料信息价的变动等，都会极大地影响投资者在估算投资风险时的态度。

2. 微观因素

微观因素主要是由企业自身经营和管理造成的因素，这些因素是企业能够控制的。通过管理者的努力，还可通过采取相关措施，来消除这些因素对建设项目投资估算的影响。

（1）项目本身技术经济指标的可靠性

具有一定深度的项目技术经济历史资料是提高投资估算准确度的保障，这些资料是靠日积月累、采用科学的方法编制而成的，随着生产力的发展要进行不断修正，以便能正确反映当前生产力水平，为指导现实服务。

（2）投资估算人员的知识经验、编制水平

投资估算误差在所难免，投资估算人员要充分利用工程造价资料，借助专家意见，并结合自身的知识经验，使投资估算尽可能准确。

6.5.2 编制投资估算应注意的问题

要做好投资估算编制工作，应熟悉适用的相关政策和各类造价信息，同时还要了解和掌握本项目各阶段的已批复文件。

选用的基础资料、计算数据要可靠准确。要对建设项目进行全面的了解和掌握，要全面收集并认真分析投资估算所需要的本项目各种资料和数据。

在参考历史数据资料和同类型项目时，要注意所参考数据的时效性和准确性。使用各项参考数据资料和估算指标时，要注意与当前项目的定额标准、指标、项目具体情况、工料机的价格水平等进行对比，如果有偏差，则要进行调整。

与各相关专业密切配合，对各专业提供的设备材料表及建安工程量进行确认。还要与建设单位和其他各方密切配合，对各方提供的资料数据加以综合整理，对有疑问的要及时沟通交流。

6.5.3 控制投资估算的方法

1）做好市场调研，及时与设计人员沟通，了解方案设计人员的设计意图。

在一开始就进行详细的市场调研，进行市场需求预测、厂址选择、工艺流程、现行的市场价格及费用标准分析。使用估算指标编制投资估算时不能生搬硬套，要经过实事求是的调整与换算后再进行估算，以保证估算的准确性。完成市场调研以后，要结合项目的实际情况，在满足设计生产的前提下，以“效益最大化”为基本原则了解设计意图，熟悉工艺设计方案，及时与方案设计人员沟通交流，密切配合方案设计人员并在降低工程费用上下功夫，使方案设计人员在优化设计的基础上重视经济效益，避免设计过程中的投资浪费。

2）灵活运用有关标准、规范，充分考虑所建项目的实际情况，在满足生产最终目标的前提下，注意设备之间的行业配套，尽量减少进口设备的采购。

在设备的选用中，项目的方案设计人员应根据所确定的生产规模、方案、工艺流程、选址等，先采用经济合理、高质低价的设备，同时应充分考虑项目的附属工程所需设备，注意设备之间的行业配套。在保证质量的前提下，应首选国内设备，减少进口设备的采购；估算人员在计算设备费用的时候除了考虑设备本身价格外，还应考虑为购置设备而耗费的其他附属费用（如运输、包装、采购等费用），将其一并列入设备购置费中。

3）充分了解方案设计人员的意图以及建设项目的必备功能。

尽量准确、细致地计算附属于被安装设备的管线敷设等工作产生的安装工作量，防止漏算。

4）做足准备，确保项目所用土地的性质合法，实行资产保全原则，并时刻关注国家新发布的政策法规，保证估算的正常化。

做好项目前期的准备工作，获得项目所需土地时，尽量一步到位取得土地的使用权，防止二次续租或者转征产生项目的追加投资额。另外，根据资产保全原则，凡是参与项目建设的各类资金要素和费用都要形成资产。因此，在进行估算时，要实行资产保全原则，无论是购置的还是自有的土地使用权，均应作价列入建设投资中。另外，估算人员要时刻关注国家新发布的政策法规，同时也要关注国家废除了哪些政策法规，防止估算中多算、漏算。

5）做好各项费用的估算，使预备费的计算基数尽量准确、有据可依。

预备费是以建安工程费、设备费、工程建设的其他费用为基数进行计算的，因此，应该对项目的建设规模、技术方案、设备方案、工程方案等各部分的规模、数量进行准确的估算。另外，必须对项目进行事前风险因素分析、费用估算及概率分析，逐步形成预备风险金的估算机制，同时，更好地应用历史资料，有效提高该项费用估算的精确度。

6）采用适合项目资金运作的计息方式，以做到贷款节息。

建设期内只计息而不付息时，应使用实际利率按复利计算；建设期内用项目自有资金付息时，应使用名义利率或实际利率按单利计算，这样将有效保证贷款利息计算的正常化。

6.5.4　优化投资估算的方法

1）加快投资估算指标的更新速度，扩大投资估算指标的覆盖面。投资估算指标往往根据历史的预算、决算资料和价格变动等资料编制，其编制基础依照的是预算定额、概算定额和估算指标。由于科学技术的不断进步，新材料、新工艺、新技术不断涌现，定额的时效性问题突出，满足不了建设发展的需要，因此建议对估算指标应加快更新速度，及时吸收新技术、新经验，不断提高质量水平。

2）保证设计深度，增强设计人员责任感。应强化设计人员的经济意识，加强技术与经济的有机结合。使他们认识到，造价控制不只是工程经济专业的事情，它贯穿于项目建设的全过程，设计专业也有义不容辞的责任。设计文件不仅要在技术上可行，而且必须达到国家规定的设计深度，严格执行设计标准，保证工程质量。建立健全质量保证体系，增强设计责任感。

3）建立价格信息网络，加强设备材料的动态管理。面对庞大的建筑市场，仅靠各地造价部门采集价格显然是不够的，应当建立一套以标准定额信息中心为核心的，各地造价管理部门、设备生产厂家、材料销售部门参加的价格信息网络系统。设备及一些新型建筑材料（国内一些大型建筑刚刚采用过的）由信息中心采集价格，其他材料由各地造价管理部门采集价格，设立信息特派员，及时提供和反馈价格信息。视市场变化情况，设备价格指数每半年或一年发布一次，材料价格每季度发布一次，形成一套较完整的价格体系，为设备、材料价格的动态管理提供可靠依据。

4）编制人员应了解工艺流程，谨防估算漏项。凡是生产性建设项目，均有其工艺生产流程，并有与之配套的辅助生产设施。就编制人员而言，在操作时应做到：

① 认真了解生产工艺流程，亲临类似生产现场，目睹工艺生产流程，关注生产设施以及相应辅助公用设施。

② 紧密结合设计方案的条件，合理运用有关工程的概预算资料，尽量避免出现漏算、少算现象。

5）及时积累已完工程，总结经验。知识就是积累起来的，经验也是积累起来的。开展估算工作，如果不注意积累与总结，不去发现问题、弄清原因，即使一年内编制几十项投资估算书也无法提高业务水平。

思 考 题

1. 什么是项目投资估算？它具体由哪几部分组成？
2. 简述建设项目投资估算阶段。
3. 简述建设项目投资估算的一般步骤。
4. 简述建设项目投资估算的种类与对应的方法。
5. 简述建设项目投资估算控制与优化策略。

第 6 章练习题

扫码进入小程序，完成答题即可获取答案

第 7 章

工程项目融资概述

工程项目建设的首要任务就是解决建设资金的筹集问题。在长期的投资建设实践中，为筹集资金所进行的种种努力形成了资金筹集模式和途径的多样性。工程项目融资是 20 世纪 70 年代末至 80 年代初国际上兴起的一种新的融资方式。与传统的筹资方式相比，工程项目融资方式能更有效地解决大型基础设施建设项目的资金问题，因此，它被世界上越来越多的国家所采用。我国早在 20 世纪 80 年代就采用工程项目融资的方式进行了工程建设，如深圳沙角 B 电厂就采用 BOT 方式进行投资建设。当今，世界各国越来越多地采用这种融资方式。特别在我国，随着市场经济的建立和完善，工程项目融资运用得日益广泛，因此，认真研究工程项目融资的理论与实践具有重要的现实意义。

7.1 工程项目融资的基本概念

7.1.1 工程项目融资的定义

工程项目融资作为学术用语，迄今为止还没有一个公认的定义。纵观现已出版的中、外文书籍，对工程项目融资定义的表述有多种。尽管表述各异，但总体而言，可把其定义分为广义和狭义两类：从广义上讲，一切针对具体工程建设项目所安排的融资都称为工程项目融资；而狭义的工程项目融资只将具有有限追索形式的融资活动当作工程项目融资。本书以后各章讨论的内容均指狭义的工程项目融资，因为我国当前有大量的资本密集型工程项目，如基础设施项目的建设急需资金投入，研究具有有限追索权的融资方式将更有现实意义。

美国银行家彼得 · K. 内维特（Peter K. Nevit）所著的《项目融资》（*Project Financing*）（1995 年第 6 版）一书中的定义是：项目融资就是为一个特定经济实体所安排的融资，其贷款人在最初考虑安排贷款时，满足于使用该经济实体的现金流量和收益作为偿还贷款的资金来源，并且满足于使用该经济实体的资产作为贷款的安全保障。

国家计委与外汇管理局共同发布的《境外进行项目融资管理暂行办法》（计外资〔1997〕612 号）中的定义是：项目融资是指以境内建设项目的名义在境外筹措外汇资金，并仅以项目自身预期收入和资产对外承担债务偿还责任的融资方式。它应具有以下性质：

①贷款人对建设项目以外的资产和收入没有追索权；②境内机构不以建设项目以外的资产、权益和收入进行抵押、质押或偿债；③境内机构不提供任何形式的融资担保。

由我国著名学者胡代光、高鸿业主编的《西方经济学大词典》中，对项目融资的定义是：为耗资巨大的大型工程项目在国际上融资的重要途径。贷款者所看重的是项目的资产及未来收益在清偿债务上的能力。这种融资手段有别于传统的资金融通，其特点主要是：项目为独立法人，资本的绝大部分靠贷款，风险大，需要第三方担保，但风险可通过多种途径转移，融资的发起者所负担的风险有限，其本身的资产负债状况所受的影响较小。

上述定义虽然表述不同，但都涵盖了两个最基本的内容：①项目融资是以特定项目为主体安排的融资，项目的导向决定了项目融资的最基本的方法；②项目融资中的债务偿还来源仅限于融资项目本身的现金流量和收益，融资的安全保证是特定项目的资产。换言之，偿还项目贷款资金的来源被限制在融资项目本身的经济强度之中，即项目未来可用于偿还债务的净现金流量和项目本身的资产价值。将归还债务资金来源限定在特定项目的收益和资产范围之内，是项目融资的最主要特点。

之所以称为工程项目融资，是由于对“项目”这个概念的理解存在歧义。许多人习惯把具有一个特定内容的工作也称为项目，认为项目是一项要在一定时间、在预算规定范围内达到预定质量水平的一次性任务，如扶贫项目、科技攻关项目等。本书中所提及的项目，均特指工程建设项目。

总结上述狭义项目融资的含义，可以对狭义的工程项目融资给出如下简明定义：以特定工程建设项目的现金流量和资产为融资基础，由项目的参与各方分担风险的，具有有限追索权的特定融资方式。

7.1.2　工程项目融资的功能

工程项目
融资的功能

工程项目融资与传统公司融资方式相比，突出了以下四大功能：

1. 筹资功能

凡是大型工程项目，就投资而言，少则几亿元，多则上百亿元资金。一般投资者仅凭自己的筹资能力，几乎很难筹集到工程项目所需的全部资金；同时，由于大型工程项目需要巨额投资，随之而来的投资风险也很大。这两点就决定了采用传统的融资方式是行不通的，而采用工程项目融资能更有效地解决大型工程项目的筹资问题。因为工程项目融资通常是有限追索形式的贷款，项目融资的能力大大超过投资者自身筹资能力，从而解决了大型工程项目的资金问题。例如，20 世纪 80 年代中期澳大利亚西北部海上石油天然气项目，第一期工程投资已超过 14 亿美元，远远超出当时该项目任何一个投资者本身的融资能力，而采用项目融资则顺利地解决了该项目的资金问题。

2. 风险分担功能

工程项目融资的风险分担功能包括两个方面的内容：①工程项目融资的有限追索使项目的风险与项目发起人有效地隔离，这是传统融资方式所不具备的优点；②工程项目融资可以使项目的风险分散化，而风险分散化的结果是有效地降低了风险或者规避了风险。工程项目融资之所以能实现这一功能，是因为在设计融资方案时，就已明确了工程项目融资的参与者必须共同分担风险。这种风险分担功能一方面使项目发起人不会因为项目的失败而破产；另一方面也由于各参与方的风险收益的紧密相关性，提高了对项目的关注度，从而有助于项目运行的成功。

3. 享受税收优惠功能

目前，世界上许多国家的贷款利息是免税的，而股权收益却必须纳税，因而高水平的负债结构在某种程度上意味着资本成本的降低。工程项目融资可以允许项目发起人投入较少的股本，进行高比例的负债，从而可以较多地享受税收优惠。此外，由于在许多国家新企业享受资本支出的税收优惠和一定的免税期，所以成立单一目的的公司进行项目融资还可以享受新企业的税收优惠政策。为了充分享受税收优惠待遇，有时项目融资模式的变化也出于对税收的考虑。例如，在英国有对机器和设备的税收优惠，因而在融资时，经常采用融资租赁。

4. 杠杆效应功能

工程项目融资给其带来的收益主要体现在通过杠杆效应提高资本金内部收益率，在投入较少资金的前提下获得较大金额的银行贷款，从而解决大型工程项目的资金问题。项目融资重点要解决项目债务资金问题，但在整个结构中也需要适当数量和适当形式的股本金和准股本金作为结构的信用支持。与传统公司融资要求债务比例在75%～80%相比，工程项目融资允许较高水平的杠杆结构，债务比例可高达90%～100%。资本结构中的高杠杆要求和强制项目公司满足债务偿付要求或对基础设施项目的风险控制，在合理控制负债的情况下，能够充分发挥财务杠杆的正面效应，从而有助于项目的成功运行。

7.2 工程项目融资的特点

1. 以特定工程项目为导向

以特定工程项目为导向安排融资是工程项目融资的一个显著特点。安排融资的依据是工程项目未来的现金流量和项目资产，而不是项目投资者或发起人的资信。贷款人的注意力主要放在工程项目贷款期间能够产生多少现金流量用于偿还贷款。因此，贷款的数量、融资成本、融资结构与项目未来的现金流量、项目资产的价值直接相联系。

由于项目融资具有以工程项目为导向的特点，一些投资者很难借到的资金可以利用工程项目来安排融资。特别是对一些大型、复杂的工程项目，项目的投资风险超出了投资者所能够承担的程度。在这种情况下，若采用传统的公司融资方式，投资者将会望而却步，因为一旦项目失败，投资者受到的损失不仅仅是项目中已有的投入，还会涉及其他资产和业务，甚至导致破产。工程项目融资利用工程项目自身的现金流量和资产价值安排有限追索贷款，使这类大型工程项目的融资成为可能。另外，工程项目融资的贷款期可以根据项目投资者的具体要求和项目的经济寿命期统筹设计，从而获得较长的贷款期，如有的项目贷款期长达20年，甚至更长的期限。

以工程项目为导向的融资方法也为本来由政府投资兴建的基础设施项目开辟了灵活多样的融资渠道。一方面，政府要加快基础设施建设，以满足国民经济快速增长的需要；另一方面，政府往往受到财政预算的严格限制，不能举债过多。政府通过工程项目融资可以较为灵活地处理债务对财政预算的影响。例如，政府不以直接投资者和直接借款人的身份参与项目，而把基础设施项目授予企业经营，获得特许权的企业负责项目的融资、建设和生产经营，承担项目的债务责任和投资风险，并在特许期满后将基础设施项目移交给政府。

2. 有限追索

有限追索是工程项目融资的第二个特点。在某种意义上，它是区分工程项目融资与传统公司融资的标志。传统的公司融资中，贷款人为企业提供的是完全追索形式的贷款，即贷款人主要依赖于借款人自身的资信情况，而不是项目的经济强度。而作为有限追索的工程项目融资，贷款人可以在工程项目的某一特定阶段或在规定范围内（如项目的建设期和试生产期）对项目借款人进行追索。但除此之外，无论项目出现什么问题，贷款人均不能追索到项目借款人除项目资产和现金流量以及所承担的义务以外的任何财产。

有限追索的实质是由于工程项目本身的经济强度还不足以支撑一个“无追索”的结构，因而还需要项目借款人在项目的特定阶段提供一定形式的信用支持。影响工程项目融资追索程度的因素主要有项目的性质，现金流量的强度及其可预测性，借款人的经验、信誉、管理能力，以及借贷双方对未来风险的分担方式。对于一个具体的融资项目，其追索程度由借贷双方通过谈判来确定。由于工程项目风险的程度及其表现形式在项目实施的不同阶段有所不同，因此，贷款人对追索的要求也会随之调整。例如，项目贷款人通常要求项目借款人承担项目建设期的全部或大部分风险，而在项目进入正常生产阶段之后，将追索仅局限于项目的资产及其未来现金流量上。

3. 风险分担

为了实现工程项目融资的有限追索，对与项目有关的各种风险因素，需要以某种形式在项目贷款人、借款人和其他参与者或项目利益相关者之间进行分配，这是工程项目融资的第三个特点。一个成功的工程项目融资结构应该将项目的各种风险在项目的主要参与者和其他利益相关者之间进行合理的分配。借款人、融资顾问在组织项目融资的过程中，要在识别和分析项目各种风险因素的基础上，确定项目各参与者承担风险的能力和可能性，充分利用一切可以规避风险的方法或策略，设计出具有最低追索的融资结构。

尽管工程项目融资使项目风险分散化，在一定程度上减轻了项目公司和项目投资者承担风险的压力，但是，项目风险在各项目参与人之间进行合理分配是一项十分复杂的工作，这是因为它涉及众多的项目参与人、法律文件以及相关因素，如贷款人与投资者之间的风险分配取决于贷款人对债务的追索程度，项目承建者与项目投资者之间的风险分配取决于承包合同的形式和担保类型等。同时，由于工程项目融资是有限追索融资，风险识别不充分、风险分配不当，将给项目的实施和合同的执行留下隐患。

4. 信用结构多样化

在工程项目融资中，支持贷款的信用结构的安排是灵活、多样化的，这是项目融资的第四个特点。一个成功的项目融资，可以将贷款的信用支持分配给各项目参与者和利益相关者，贷款信用支持的分配与项目风险在项目参与者和利益相关者之间的分配是相联系的。工程项目融资的信用支持主要来自工程项目的产品市场、工程建设、原材料和能源供应方面。工程项目产品市场方面的信用支持主要是通过与对项目产品感兴趣的购买者签订长期购买合同，其信用支持的力度取决于合同的形式和购买者的资信。这种信用支持的有效性源于购买者为项目提供了一个基本的现金流量。在工程建设方面，为了减少项目实施中的风险，项目公司通过严格的招标方式优选承包商，并要求工程承包公司提供固定价格、固定工期的合同，或“交钥匙”工程合同，将项目实施中的部分风险转嫁给承包商；项目公司还可以要求设计者提供工程技术保证。在原材料和能源供应方面，可以要求供应商在保证供应的前提下，在原材料和能源的定价上，根据项目产品的价格变化设计具有合理浮动价格的供货合同，以使项目产品的成本不因原材料和能源价格波动而出现大幅上涨，从而保证项目的最低收益。

5. 利用税务优惠

充分利用税务优惠，降低融资成本，提高工程项目的综合收益率和项目的偿债力，也是工程项目融资的一个特点，它贯穿于工程项目融资的各个阶段。充分利用税务优惠是指在项目所在国法律允许的范围内，通过精心设计投资结构、融资模式，将项目东道国政府对投资的税务优惠政策在项目参与者中进行最大限度的分配和利用，以此降低融资成本，提高项目的偿债能力。不同的国家有不同的税务优惠政策，通常包括加速折旧（Accelerated Depreciation）、利息成本、投资优惠以及其他费用抵税的政策法规。

6. 允许高水平的杠杆结构

工程项目融资允许高水平的杠杆结构，这也是工程项目融资的一个特点。项目融资本质上是一种长期项目贷款，项目融资的债务资金用途为支付项目成本。在采用工程项目融资的情形下，支付工程项目成本的资金来源是股本资金和债务资金。传统融资方式一般要求负债比率在40%～60%，投资者自由资金的比率至少要达到40%才能融资。而工程项目融资可以允许高水平的杠杆结构，项目发起人可以投入较少的股本，进行高比率的负债，工程项目融资对投资者的股权出资所占的比率要求不高。一般而言，股权出资占项目总投资的30%即可，而具体的债务比率根据项目的经济强度、融资规模等因素而发生变化，结构严谨的项目融资可以实现90%以上的负债比率。因此可以说，项目融资是一种负债比率较高的融资。由于大多数国家规定贷款利息是免税的，而股权收益则必须在税后利润中支付，因此负债比率的提高将降低整个项目的资金成本。此外，很多国家规定新企业享受资本支出的税收优惠和一定的免税期，这也会鼓励项目发起方考虑项目融资的方式。项目融资的结构设计中，税收的考虑通常占有重要位置。

7. 融资成本较高

与传统的公司融资方式比较，工程项目融资存在的一个主要问题是筹资成本较高、组织融资的时间较长。项目融资涉及面广、结构复杂，需要做许多方面的工作，如项目的风险分配、结构设计、资产抵押等一系列技术性工作，筹资文件比一般公司融资往往要多出几倍，需要几十个甚至上百个法律文件才能解决问题。这就必然造成两方面的后果：

1）组织工程项目融资花费的时间要长一些，通常从开始准备到完成整个融资计划需要3～6个月的时间（贷款金额大小和融资结构复杂程度是决定安排融资时间长短的重要因素），有些大型工程项目融资甚至需要几年的时间。这就要求所有参与者都有足够的耐心和合作精神。

2）工程项目融资的大量前期工作和有限追索性质导致融资的成本要比传统融资方式高。融资成本包括融资的前期费用（融资顾问费、贷款建立费、承诺费以及法律费用等）和利息两个主要组成部分。融资的前期费用与项目的规模有直接关系，一般占贷款金额的0.5%～2%，项目规模越小，前期费用所占融资总额的比例就越大。工程项目融资的利息成本一般要高出同等条件公司贷款的0.3%～1.5%，其增加幅度与贷款银行在融资结构中承担的风险以及对项目借款人的追索程度是密切相关的。然而，这也不是绝对的。国外的一些案例表明，如果在一个项目中有几个投资者共同组织工程项目融资的情况下，合理的融资结构和较强合作伙伴在管理、技术或市场等方面的优势可以提高项目的经济强度，从而降低较弱合作伙伴的相对融资成本。

工程项目融资的这一特点限制了其使用范围。在实际运作中，除了需要分析工程项目融资的优势之外，也必须考虑工程项目融资的规模经济效益问题。

7.3 工程项目融资的使用范围

从工程项目融资产生到发展的进程看，无论是发达国家还是发展中国家，采用工程项目融资方式都比较谨慎。尽管这种方式具有筹资能力强、风险分散等优点，但毕竟风险较大、融资成本高，因而工程项目融资主要应用于基础设施建设项目。

工程项目融资的使用范围

从全世界范围看，无论是发达国家还是发展中国家，工程项目融资应用最多的是基础设施建设项目。一方面是由于这类项目的投资规模巨大，完全由政府出资或者单独由一个公司出资都比较困难；另一方面也是商业化运营的需要，只有商业化运营，才有可能产生良好的效益，使这类项目得以发展。基础设施项目可分为三种：①公共设施项目，包括电力、电信、自来水、污水处理等；②公共工程，包括铁路、公路、海底隧道、大坝等；③其他交通工程，包括港口、机场、城市地铁等。

在上述三种项目中，国际上已经成功运作的项目大多集中在电力、公路、海底隧道等项目上。例如：电力项目有美国霍普威尔火力电站项目、巴基斯坦赫布河燃油发电厂项目、菲律宾大马尼拉汽轮机发电厂项目等；公路项目有马来西亚南北高速公路项目、泰国曼谷二期高速公路项目等；海底隧道项目有英法合作的英吉利海峡隧道项目、澳大利亚悉尼海底隧道项目和土耳其的博斯普鲁斯海底隧道项目等。

我国从20世纪80年代初开始尝试运用工程项目融资方式。按照我国政府目前的有关规定，工程项目融资主要适用于投资规模大、贷款偿还能力强、有长期稳定预期收入的部分基础设施和少数基础产业建设项目，部分工业和资源开发项目。通常采用政府与社会资本合作协议等形式，用以建设发电工程、电信、城市供水厂及污水处理厂、交通基础设施（公路、隧道、桥梁、铁路、水利设施）、水力发电项目、港口设施和集装箱码头等，涉及公共领域、公共工程、城市交通三个领域。部分工程项目融资业务为工业或资源的开发项目，诸如油田、输气管道、矿业开采、流水线工程、酒店和度假村开发。近年来许多养老服务设施建设项目也越来越多地运用工程项目融资的方式。

世界各国的工程项目融资也相对集中于基础设施建设领域，这一方面为政府减轻了基础设施领域需要大量资金投入而造成的沉重负担；另一方面，由于这类项目大都可以商业化经营，通过项目建成后的收益收回投资，因此可将规范的运作机制引入政府项目之中。正因为如此，许多发达国家采用工程项目融资建设的基础设施项目都获得了成功。

7.4 工程项目融资的产生与发展

7.4.1 工程项目融资的起源

早在约4000年前，项目融资的思想就已经存在了。根据《汉谟拉比法典》的记载，船主为造船进行筹资所使用的形式是抵押融资，即船舶抵押合同，船主用进行商业贸易产生的收入来偿还造船贷款。如果在贷款还清之前，船只在航行过程中损毁，那么船主欠贷款人的剩余债务就一笔勾销。这就是项目融资的雏形。贷款人或投资者基于航海贸易可能产生的巨额利润而参与船主发起的造船项目，且仅以此船的航海贸易未来可能产生的现金作为收回贷款或投资的来源。如果航海贸易没有预期的盈利或船只在航海过程中损毁，贷款人和投资者是不能要求船主偿还贷款和返还投资的。显而易见，这种模式对贷款人和投资者来说风险很大，尤其是在几千年前，风险分配和管理控制还不能做到像现在这么科学。

在17世纪，英国的私人业主建造灯塔的投资方式与工程项目融资中的BOT模式就极为相似。当时，私人业主建造灯塔的过程是：私人业主首先向政府提出建造和经营灯塔的申请，在申请获得政府批准后，私人业主向政府租用土地建造灯塔，在特许期内管理灯塔并向过往船只收取过路费，特许期后由政府收回灯塔并移交给领港公会管理和继续收费。不过由于种种原因，这种投资建设方式一直没有引起人们的重视。

1858年苏伊士运河的融资是今天许多工程项目融资的先驱，尽管苏伊士运河的融资与当今的项目融资有明显的不同。例如，英国和法国特许经营商是苏伊士运河建设的发起人，从埃及政府获得了长达99年的对运河进行建设、运营和维修的特许权，而现如今超过30年的特许权都是少见的。到1869年年底，苏伊士运河从融资结束到建成投入使用花费了11年时间，如此长的建设周期，很难想象在现如今能否成功取得工程项目融资。

20世纪70年代末至80年代初，随着世界各国经济的发展，无论是发达国家还是发展中国家，都先后出现了大规模基础设施建设与资金短缺的矛盾。为此，人们也在不断寻求一种新的融资模式，例如能否依靠项目本身的收益去获得建设所需贷款的设想。在这方面首开先河的是土耳其总理厄扎尔。1984年，在讨论土耳其公共项目的私营问题时，厄扎尔提出了BOT的概念，而BOT融资模式恰恰是用得最多的一种特定的工程项目融资模式。运用此种模式，土耳其建设了火力发电厂、机场和博斯普鲁斯第二大桥。此后，BOT融资模式作为基础设施项目建设的一种有效融资模式逐渐流行起来，并得到了广泛的推广。迄今为止，在许多发达国家和地区，BOT融资模式越来越多地被用于大型基础设施建设中。近年来，一些发展中国家，如土耳其、菲律宾、泰国、马来西亚及我国等也相继采用BOT融资模式进行基础设施建设。

7.4.2 工程项目融资发展的原因

1. 发达国家和地区采用工程项目融资的原因

从经济发展的历史看，许多发达国家和地区以往的基础设施项目主要由国家财政预算安排，由政府直接拨款建设。进入20世纪80年代，这些国家和地区经济发展的现实迫使它们不得不改变传统的做法：①随着经济的快速发展、人口增长和城市化水平的提高，各国对交通、电力及供水等基础设施的需求日益增长，但同时各国也都面临财政赤字、债务负担过重、政府投资能力下降等困境，无力承担耗资巨大的基础设施建设任务。②一些发达国家和地区企业私有化程度较高，而政府又允许私人企业和投资进入基础设施建设领域，这既调动了私人投资的积极性，又缓解了国家财政困难，这些都为工程项目融资的发展和应用提供了较好的客观条件。③采用工程项目融资能够提高大型工程项目的社会效益与服务效率，高度资产专用性、资本结构的高杠杆，要求或强制管理者加强对项目的风险控制，进而提高基础设施建设和服务的效率。因此，减轻政府财政负担、吸引社会资本参与基础设施建设，提高服务效率，是发达国家和地区采用工程项目融资的根本原因。

2. 发展中国家采用工程项目融资的原因

发展中国家的基础设施项目在第二次世界大战后都是通过财政拨款、政府贷款和国际金融机构贷款建设的。但进入 20 世纪 70 年代后，发展中国家大量举债导致国际债务危机加剧、对外借款能力下降、预算紧张。在这种情况下，政府很难拿出更多的资金投资需求日益增加的基础设施建设项目。经济要发展，基础设施建设必须加强，此时工程项目融资作为新的资金来源和融资方式呼之欲出。进入 20 世纪 80 年代，发展中国家的基础设施项目已经开始使用工程项目融资，以解决国内资金不足但又要引进设备和技术的矛盾。与此同时，发展中国家大多存在国有部门效率低下、基础设施管理不善等问题。为解决这些矛盾和问题，许多国家制定了引进民间资本和国外资金进行基础设施建设的政策，以此缓解财政上的紧张局面，并促进国有部门提高效率。正是在这样的经济背景下，工程项目融资不但被广泛采用，而且还成为引进外资的一种新形式。

7.4.3 工程项目融资在我国的发展

20 世纪 70 年代后期，我国开始实行改革开放政策，这为我国的金融活动和投资行为带来了过去无法比拟的发展机遇。工程项目融资作为一种重要的金融工具，在 20 世纪 80 年代中期被引入我国的企业界和金融界，并在一些大型工程项目中得到了成功运用。

扫码观看“新中国第一支海外债券凭证”的故事，了解我国项目融资的发展历程。

我国第一个采用项目融资模式的工程项目是广东省沙角火力发电厂 B 厂（通常称为“深圳沙角 B 电厂”），以 BOT 模式建设，于 1984 年签署合资协议，1986 年完成融资安排并动工兴建，1988 年建成投入使用。该项目总投资额为 42 亿港元，资本结构包括股本资金、从属性贷款和项目贷款三种形式。投资方为深圳特区电力开发公司（A 方）和一家在香港注册的公司——合和电力（中国）有限公司（B 方），项目合作期为 10 年，合作期满，B 方将电厂无偿转让给 A 方，广东省政府同意在整个特许权期间以固定价格供煤，并在同期内购买占设计容量 60% 的电力。该项目被认为是我国最早的一个有限追索的项目融资案例，标志着我国利用工程项目融资方式进行建设的开始。由于该项目是在改革开放初期运作的，所以项目结构比较简单，加上国内缺乏 BOT 项目融资形式的运作经验，遗留了一些问题。因此，虽然该项目开创了我国基础设施融资的新途径，但并没有使 BOT 方式在国内得到大范围推广。为尽快解决能源、交通、通信等基础设施严重不足的问题，加快基础设施的建设步伐，改变过去基础设施建设单纯依靠国家财政投资的传统做法，大胆尝试工程项目融资新模式，中央政府在制订“八五”计划时，国家计委首次提出了运用 BOT 模式加快基础工业发展和基础设施建设方面的新思路。但在具体实践中，由于多方面的原因，我国工程项目融资方式发展十分缓慢。

新中国第一支海外债券凭证

进入 20 世纪 90 年代，我国陆续出现了一些以 BOT 方式进行建设的项目，如上海黄浦江延安东路隧道复线工程、广州至深圳高速公路、上海大场水处理厂、海南东线高速公路、三亚凤凰机场、重庆地铁、深圳地铁、北京京通高速公路、广西来宾电厂 B 厂等。这些项目虽然相继采用 BOT 模式进行建设，但只有重庆地铁、深圳地铁、北京京通高速公路等项目被国家正式认定为采用BOT模式的基础设施项目。广西来宾电厂B厂BOT项目是经国家批准的第一个试点项目，经过各方多年的努力，该项目已取得了全面成功，被国际上很有影响的金融杂志评为最佳项目融资案例，在国内被誉为“来宾模式”。

为使我国工程项目融资尽快走上正轨，并按国际惯例进行运作，1994年5月和11月，国家计委分别与世界银行、亚洲开发银行联合召开了两次吸引外国投资我国基础设施的国际研讨会，并组织了有关人员对印度、泰国、菲律宾、澳大利亚、英国、挪威、奥地利、匈牙利等国家和我国香港地区，就吸引社会资本投资基础设施特别是BOT投资方式的政策导向、操作方式、管理办法、经验教训等问题进行了考察。国家对外贸易经济合作部于1994年发布了《关于以BOT方式吸收外商投资有关问题的通知》。1995年8月，国家计委、电力部和交通部联合下发了《关于试办外商投资特许经营权项目审批管理有关问题的通知》，确定将采用BOT方式试办外商投资的基础设施项目，其范围为：规模为2×30万kW以上的火力发电厂，25万kW以上的水力发电厂，30～80km的高等级公路，1000m以上的独立桥梁和独立隧道及城市供水厂项目。国家计委、国家外汇管理局也于1997年4月发布了《境外进行项目融资管理暂行办法》，连同以前公布的《指导外商投资方向暂行规定》和《外商投资产业指导目录》一起，基本构成了我国BOT项目融资的法律框架。

1996年10月，我国第一个采用投资者通过项目公司安排项目融资模式的项目——山东日照电厂建设项目开工。1996年，在福建省泉州市，我国国内第一家以民营企业投资兴建的BOT项目——刺桐大桥工程项目开始建设。该项目由福建省泉州市民营企业名流实业股份有限公司（简称名流公司）和市政府授权投资机构按照60%：40%的比例出资，依法设立“泉州刺桐大桥投资开发有限公司”（简称大桥公司），投资2亿元兴建刺桐大桥，名流公司对该大桥公司控股，大桥公司全权负责大桥项目前期准备、施工建设、经营管理的全过程，经营期限为30年（含建设期），期满后全部设施无偿转交给市政府。这种方式以少量的国家投资，带动了大量的私有资本参与基础设施建设，对引导私有经济投资于基础设施领域起到了积极的作用。该项目也被称为“国产”BOT，开创了利用国内资金进行项目融资的先例。1997年5月，我国重庆市政府与“亚洲证券化和基础设施担保公司”及“豪升ABS（中国）控股公司”签订了我国第一个以城市为基础的ABS计划合作协议，揭开了我国以ABS方式融资的序幕。

随着越来越多的基础设施项目采用BOT模式进行融资，建设部在2004年颁布了《市政公用事业特许经营管理办法》，初步规定了特许经营的适用范围涉及城市供水、供气、供热、公共交通、污水处理、垃圾处理等行业，参与特许经营权竞标者应当具备的条件、竞标程序，以及特许经营协议的主要内容等。这标志着特许经营模式在市政基础设施领域试点推广。随后，北京、深圳、天津、济南等城市相继发布了基础设施特许经营办法，也都对特许经营的相关事项做出规定。2008年，由于受到金融危机影响，中央政府为刺激经济，实施积极的财政政策，制订实施了“四万亿”投资计划，地方政府为筹措配套资金，采取了扩大政策性贷款、加大城投债发行规模等措施扩展项目融资渠道。2009年，中央首次发文支持地方政府通过融资平台公司筹集资金，由此地方融资平台数量扩张进入一个井喷期。此阶段也是我国快速推进城市化时期，以地方融资平台为基础的“土地财政”成为城市化主要资金来源。地方政府融资平台在一定程度上打破了地方政府财政预算的刚性约束，极大地降低了地方政府通过特许经营模式引入社会资本的动机。因此，这一阶段的特许经营模式发展处于反复阶段。此时，地方政府开始利用BT模式作为项目融资渠道发展基础设施，即由社会资本投资建设基础设施，在建设完工后即将设施移交给地方政府，由后者负责项目的运营和维护工作。2013 年审计署报告显示，地方政府负有偿还责任的债务来源中，BT 模式债务金额仅次于银行贷款，达到 1.2 万亿元，采用 BT 模式的项目回购资金成为地方政府债务主要来源之一。此时，基于地方政府融资平台的负债经营模式的不可持续性开始显现，由此带来的管理风险逐渐增大。

自 2013 年，我国开始探索推广 PPP 模式发展基础设施建设。2014 年，以财政部发布《关于推广运用政府和社会资本合作模式有关问题的通知》和《关于印发政府和社会资本合作模式操作指南（试行）的通知》，国家发展改革委发布《关于开展政府和社会资本合作的指导意见》等政策文件为标志，我国 PPP 模式作为工程项目融资的一种重要载体，在城市供水、供电、供水、供热、污水及垃圾处理等市政设施，公路、铁路、机场、城市轨道交通等交通设施，医疗、旅游、教育培训、健康养老等公共服务项目，以及新型城镇化试点项目、保障性安居工程、地下综合管廊、水利、资源环境和生态保护等方面得到全面推动，掀起一轮新的 PPP 热潮。

截至 2017 年，我国中央政府和各级地方政府在基础设施建设和基础服务设施领域广泛实施了 PPP，运用社会资本和政府投资相结合的运作方式，大力推进了我国高速铁路、高速公路、水务工程、新能源设施等领域的快速发展。然而，经过几年的实践，在项目落地难问题逐步被解决的同时，一些不规范的项目给 PPP 模式的可持续发展埋下隐患。

2017 年年末起，为了规范发展 PPP 模式，国家有关部委相继出台监管和规范政策，力求 PPP 模式行稳致远，由此我国 PPP 模式发展进入“强监管重规范”阶段。2017 年《财政部关于印发政府和社会资本合作（PPP）综合信息平台信息公开管理暂行办法的通知》对 PPP 项目库做了大刀阔斧的清理整顿，PPP 模式的运用进入了慢车道，许多不适合采用 PPP 模式的项目纷纷退库。2018 年《关于进一步加强政府和社会资本合作（PPP）示范项目规范管理的通知》对核查存在问题的 173 个示范项目分类进行处置，并要求切实强化信息公开，接受社会监督，建立健全长效管理机制。2019 年《财政部关于推进政府和社会资本合作规范发展的实施意见》首次明确了规范的 PPP 项目六大条件、三个要求和 10% 的红线。2019 年《国家发展改革委关于依法依规加强 PPP 项目投资和建设管理的通知》提出了对 PPP 项目要“全面、深入”开展可行性论证和审查，提出了严格履行决策程序、严格实施方案审核、严格防控债务风险的“三严格”要求，所有 PPP 项目必须依法依规纳入全国投资项目在线审批监管平台统一管理，依托在线平台建立全国 PPP 项目信息监测服务平台，加强 PPP 项目管理和信息监测及公开。

由于我国经济体制尚处在转型期，各种经济法规不够完善，如 2017 年 7 月，国务院法制办发布了《基础设施和公共服务领域政府和社会资本合作条例（征求意见稿）》（简称 PPP 条例），但至今尚未出台正式的条例。同时，工程项目融资又涉及国家金融、财税、法制和政策的方方面面，在谈判中往往由于概念不清、缺乏共同语言，因此很难在项目程序、融资和风险的确定与分摊，以及政府和行业主管部门的可能承诺和支持政策等主要问题上达成共识，谈判旷日持久，社会资本方顾虑较多。因此，项目一般都要求由资信可靠、实力雄厚的建筑工程业的知名大型公司担任重要组织者。随着改革开放的继续和深入，我国的法律法规逐步得到完善，我国经济将持续获得高速增长，工程项目融资必将在我国的基础设施建设中发挥更大的作用。

7.5 工程项目融资成功的基本条件

工程项目融资的成功之处在于通过复杂的投资结构、融资结构和信用担保结构等方面的设计，将项目相关各方的利益有机地结合起来，在各参与方之间合理地分摊风险，并实现项目相关各方的利益要求，将其他筹资方式下难以筹资建设的大型项目变成可能。然而，项目的投资、风险特性和风险分配的复杂性决定了工程项目融资设计的复杂性。投资者除了具备项目可行性研究和投资决策的知识和技术外，还要掌握工程项目融资的原理，熟悉项目所在国的法律环境和金融环境，能够进行项目相关各方的利益和风险均衡，并具备丰富的谈判经验和技巧。

从工程项目投资者的角度，工程项目向民间融资成功的条件可以概括为以下四个方面：

1. 科学评价和分析工程项目风险

项目评价既是项目投资决策的基础，也是项目获得债务资金的前提。在项目准备阶段，投资者对项目的可行性、合理性等方面进行科学的分析和预测，将有利于银行对项目的风险和收益形成正确的认识，并有利于获得债务资金。同时，项目风险的分析和风险管理方案的制定，有利于银行判断其在项目中的风险与收益是否相当，以及是否存在影响项目正常建设和运营的风险因素，并关系到银行能否提供贷款以及提供贷款的条件。

项目评价和项目风险分析，既相互联系又相互区别。项目评价中的可行性研究涉及项目风险分析，而项目风险分析更侧重于与项目融资密切相关的风险因素分析，以及这些风险因素对融资结构的影响。项目风险存在于项目的各个阶段，有完工风险、信用风险、金融风险、政治风险、市场风险和环保风险等。能否将这些风险合理分担和严格管理，是项目融资最终成功的关键所在。因此，对项目风险不仅需要进行准确的定性分析，而且要对其做出准确的定量分析，即将各种风险因素对项目现金流量的影响数量化，在此基础上确定项目的最大融资能力，设计出为项目融资各参与方所接受的共同承担风险的融资结构。

2. 设计严谨的工程项目融资法律结构体系

工程项目融资要求有健全的法律体系作为保证。因为无论是项目的融资结构，还是项目融资的参与者在融资结构中的地位、权利、责任及义务，都是通过一系列法律文件确定的。这些文件少则几十个，多则上百个。显然，法律文件能准确无误地反映项目各参与方在融资结构中的地位和要求，以及各个法律文件之间的结构关系是否严谨，是保证项目融资成功的必要条件。项目的投资者和贷款银行，对法律文件的关注是有区别的：前者会更多地注意有关知识产权、贸易公平和生态环境保护等方面的法律保证；后者则要考虑担保履行以及实施接管权利等有关的法律保护结构的有效性问题。

3. 明确项目的主要资金来源

工程项目融资的投资特性和风险特性决定了其筹资难度大，因此，其权益资金和债务资金的来源必须尽早确定并落实，才有可能消除项目立项方面的不确定性，从而才能够准确地确定投资可行性分析结论；银行也可以据此判断各类资金提供者的责任、义务及分担的风险，进而做出贷款决策。同时，考虑到融资项目风险较大、融资成本较高等特点，在确定项目的筹资总额和项目的资金来源时，还应该出于保守的原则，适度增加筹资额度，并考虑备选资金来源和不确定资本补充方案。

4. 充分调动项目各参与方的积极性

在工程项目融资阶段可能会产生许多无法避免的困难和问题，谈判在所难免，有的项目谈判时间可能长达几年。因此，在工程项目融资的组织过程中，自始至终需要保持所有的项目参与者在项目中的利益追求和工作热情，注意分析这些参与者对项目的期望以及对风险的承受极限，保持其参与项目的热情。过分地追求分担风险和降低融资成本，有可能造成某些参与者退出项目，最终导致整个工程项目融资前功尽弃。除此之外，项目投资者还应该考虑到多个项目投资者之间、项目投资者和项目经营管理公司之间、项目投资者和项目参与方之间所形成的各种关系是否达到激励相容，即是否已经建立一套科学合理的激励与约束机制，以保证所有的项目参与方在追求各自利益的同时，能够保证项目的稳定运营和利益的最大化。

7.6 工程项目融资组织及投融资结构

7.6.1 工程项目融资的参与人

工程项目融资的参与者一般包括项目发起人、项目公司、贷款银行、财务顾问、技术专家、律师、保险公司、东道国政府、项目承建商、项目运营维护商、项目使用者、项目供应商、项目担保方等。

1. 项目发起人

项目发起人也称为项目主办方，是项目的倡导者和实际投资者。项目发起人通过组织工程项目融资获得资金，经过项目的投资获取投资利润和其他利益，实现投资者的最终目标。在有限追索的融资结构中，项目发起人除拥有项目公司的全部股权或部分股权，提供一定的股本金外，还应以直接担保或间接担保的形式为项目公司提供一定的信用支持。项目发起人通常仅限于发起项目，而不负责项目的建设和运营。

项目发起人在项目融资过程中主要负责争取或协助项目公司取得项目所需的政府批文及许可证。例如，建筑、外汇、兑换、营业执照、设备进口、融资及环境等方面的批准。

项目发起人可以是政府部门，也可以是一家公司，还可以是由多方组成的集团，例如由承包商、供应商、项目产品的购买方或项目产品的使用方等，以及政府部门等多方构成的联合体。项目发起人也可能是项目的利益相关者，包括项目的直接受益者和间接受益者。从项目发起人的国别来看，项目发起人既可以是东道国境内的企业，也可以是境外的企业或投资者。一般来说，项目发起人中包括至少一家境内企业会有利于项目的批准与实施，降低项目的政治风险。

2. 项目公司

项目公司是为了项目建设和运营的需要，由项目发起人组建的独立经营的法律实体。项目公司直接参与项目投资和管理，承担项目债务责任和项目风险。项目公司架起了项目发起人和项目其他参与者之间的桥梁。成立项目公司的优越性表现在：

1）将工程项目融资的债务风险和经营风险大部分限制在项目公司中，使有限追索权的项目融资得以实现，项目公司对偿还贷款承担直接责任，这是实现有限追索融资的关键。

2）根据一些国家的会计制度，成立项目公司进行融资，可以避免将有限追索的融资安排作为债务体现在项目发起人的资产负债表上，实现非公司负债型融资。

3）对于有多国参加的项目来说，成立项目公司便于把项目资产的所有权集中在项目公司本身，由于它拥有必备的生产技术、管理、人员等条件，有利于集中管理。

4）从贷款人的角度看，成立项目公司便于银行在项目资产上设定抵押担保权益。

3. 贷款银行

项目融资的参与者中，必不可少的就是提供贷款的银行。由于项目融资需求的资金量很大，一家银行很难独立承担贷款业务。另外，基于对风险的考虑，几乎任何一家银行都不愿意为一个大项目承担全部的贷款，通常情况下是由几个银行组成一个银团共同为项目提供贷款。银团贷款除了能够分散贷款风险、扩大资金的供应量外，还有另外一个优点，就是可以分散东道国的政治风险，避免东道国政府对项目的征用和干涉，因为东道国政府可能不愿意因此破坏与多家银行的经济关系。根据经验，如果项目贷款的总额达到3000万美元以上，就可以考虑采用银团贷款的形式。

在工程项目融资的实施中，根据银团组织中各家银行在贷款中的作用不同，可将其划分为以下五种不同类型的银行：

（1）安排行

安排行是最初与项目公司签订贷款协议并销售全部或部分贷款的银行。由于安排行先与项目公司签订贷款协议，之后再与银团签订销售协议，因此，安排行承担后期无法全部售出其贷款协议的风险。按照惯例，安排行一般由专业力量强、实际操作经验丰富的几家大银行组成。

（2）代理行

代理行是指负责项目贷款日常事务管理的一家或数家银行。其主要职能是有效地管理贷款，但要收取一定的管理费。

（3）参与行

参与行是指参加银团，并按照各自先前承诺的份额向项目公司提供贷款的银行。

（4）技术行

技术行是指负责处理与项目贷款有关技术问题的银行。

（5）保险行

保险行是指专门处理项目融资中保险问题的银行。其主要职责是从贷款银行利益出发，聘请保险顾问与保险公司联系和协商。其目的是减少贷款银行因商业和政治风险而产生的损失。

4. 财务顾问

项目公司在金融市场上筹集资金，往往聘请金融公司、投资银行等为其策划和操作，这些金融机构就是项目公司的财务顾问。财务顾问必须熟知国际、国内金融市场的操作规则，并且了解项目所在地的情况，依据当地的政治、法律和市场环境等对项目融资结构提出参考意见。通过财务顾问的工作，项目公司可减少风险和降低成本。此外，财务顾问还可为项目公司向外界推荐项目。

5. 技术专家

采用工程项目融资方式筹集资金的项目通常工程量大并且技术复杂，因而在项目的设计和施工中有大量的技术问题，需要各方面的专家提供咨询意见。项目发起人、贷款银行和财务顾问等都要聘请一些专家，帮助他们进行可行性研究，对项目进行管理、监督和验收。特别是在项目发生分歧时，专家可作为仲裁人。

6. 律师

工程项目融资涉及的参与者众多，融资关系复杂，通常在项目一开始，就需要相应的律师介入。其职责主要包括对项目合同有效性等法律问题，以及合理避税等税务问题提供建议，并起草各类合同文件，检查项目融资结构与措施是否符合东道国的有关规定，以规避法律风险。

7. 保险公司

工程项目融资的巨大资金数额以及未来难以预料的许多风险，要求项目各方准确地认定自己面临的主要风险，及时为它们投保，并与保险公司或保险经纪公司保持密切的联系和良好的工作关系，以减少可能发生的损失。这使得保险公司成为项目融资中必不可少的参与者。特别是在贷款方对借款人或发起人的资产只有有限追索权的情况下，保险赔款就成了贷款方一个最主要的抵押。保险公司收取保费，并为项目分担风险。

8. 东道国政府

项目东道国政府有时在项目融资中可以起到关键的作用。采用工程项目融资方式建设的项目，通常都是投资规模大、投资回收期长的项目，这就需要项目所在国政府及其有关机构在项目审批、产品价格确定、项目实施等方面提供支持和保证，否则项目实施可能很难进行。有关的政府机构在项目融资中扮演着间接而重要的角色。例如：在宏观方面为项目建设提供良好的投资环境；在微观方面给予有关的批准和特许运营，制定相关的税收政策、外汇政策等，为工程项目融资提供优惠待遇等。但在大多数情况下，政府并不直接参与到项目融资中，即使在以 BOT 形式进行的融资活动中也是如此。有时，项目所在地政府及其所属机构，会应发起人的请求，向贷款银行等有关方出具一种非保证作用的书面支持信或安慰信，表明对有关项目的支持。当然，政府机构可能通过代理机构进行权益投资，或成为项目产品的最大买主或用户。

9. 项目承建商

项目承建商负责项目的设计和建设。承建商可以通过与项目公司签订固定价格的“一揽子承包合同”，从而成为项目融资的重要信用保证者。项目承建商的资金状况、工程技术水平、财务能力、经营业绩、资历和信誉在很大程度上影响贷款银行对项目建设风险的判断，信誉良好的承建商有利于项目按期完成并保证质量，可以大大降低贷款的商业风险，是工程项目融资成功的有力保证。

10. 项目运营维护商

项目进入运营期以后，更需要专业的运维服务，因此项目运营维护商承担着项目合同中规定的项目公司应对东道国政府承担的运营义务，即按照项目合同中规定的要求水准对项目进行运营和维护，提供项目合同中规定的产品或服务，例如物业管理、商业配套开发、管线入廊服务等。运营维护商通常是项目发起人，若项目发起人的地方子公司为项目运营维护商，项目发起人将为运营维护合同提供担保。

11. 项目使用者

项目使用者就是项目产品的购买者或者项目提供服务的使用者。当项目建成进入经营阶段，是否能够拥有大量稳定的现金流量还本付息，在很大程度上取决于项目使用者。在工程项目融资的实践中，项目使用者通过与项目公司签订长期购买协议，尤其是“照付不议”（Take or Pay）或“提货与付款”（Take and Pay）性质的购买合同，保证了项目产品市场和未来现金流量的稳定性。项目使用者为项目融资提供重要的信用支持，成为项目融资的重要参与者之一。一般情况下，项目使用者可以由项目发起人本身、对项目产品有需求的第三方或者政府有关机构承担。

12. 项目供应商

项目供应商主要包括项目所需设备供应商和能源、原材料供应商。

项目所需设备供应商是指为项目提供各种机械和运输设备的公司、厂商。设备供应商通常通过延期付款或者低息优惠出口信贷安排，构成项目资金的一个重要来源，为项目融资提供信用保证。

项目所需能源、原材料供应商是指长期为项目提供稳定能源、原材料的公司。能源、原材料供应商为了寻求长期稳定的市场，在一定条件下愿意以长期的优惠价格为项目提供能源、原材料，以减少项目建设和运营期间的能源、原材料供应风险，为项目融资提供便利条件。

项目供应商在保证项目建设按期竣工和正常运营方面的作用十分重要，它的信誉和经济状况是贷款银行在评估风险时必须慎重考虑的，因而项目供应商也是工程项目融资的重要参与者之一。

13. 项目担保方

为了保证项目公司按照合同约定偿还债务，项目担保方以自己的信用或资产向贷款银行做出项目公司按约还款的保证。在有效担保期内债权无法实现时，贷款银行就可以要求担保方履行担保义务。项目融资的担保方可以是项目发起人、项目东道国政府，也可以是资信等级较高的商业担保公司。与一般商业贷款中的担保方不同的是，工程项目融资的担保方主要是为了保证项目按时完工、正常经营，能够产生足够的现金流来偿还贷款。如果项目经营失败，贷款银行可以在担保条件下直接占有或经营项目资产，也可以通过出售项目资产或权益来使自己的债务得到清偿。

7.6.2 工程项目的投资结构

工程项目的投资结构，即项目的资产所有权结构，主要是指项目发起人对项目资产权益的法律拥有形式和发起人之间的法律合作关系。工程项目的投资结构对项目融资的组织和运行方式有着重要的影响，项目发起人在项目融资之前必须明确采用何种投资结构，尤其是存在多个发起人的情况下，必须选择合理的项目投资结构。基础设施建设项目，由于需要投入巨额资金，项目周期也很长，单一投资者难以承担项目的风险，因此，有必要由多个主体共同投资建设，共同承担风险，形成互补性效益，利用不同投资者的信用等级和所在国的优惠政策吸引项目贷款。目前常见的工程项目投资结构包括股权式投资结构、契约式投资结构和有限合伙制投资结构。

1. 股权式投资结构

股权式投资结构是由合作各方共同组成股份有限公司，共同经营、共负盈亏、共担风险，并按股额分配利润。在以工程项目融资方式筹措项目资金时，项目公司作为借款人，将合资企业的资产作为贷款的物权担保，以企业的收益作为偿还贷款的主要资金来源。项目发起人除了向贷款人做出有限担保外，不承担为项目公司偿还债务的责任。

（1）股权式投资结构的优点

1）公司股东承担有限责任。投资者作为公司股东的责任仅限于投入公司的股本金额，在偿还债务时，项目公司承担直接的还贷责任，公司股东不承担任何连带追索的风险。这就是所谓的“风险隔离”，它使投资者的风险大大降低，实现了对项目投资者债务的有限追索。

2）资产负债表外融资。根据一些国家的会计制度，项目公司融资可以不将有限追索的融资债务列入项目发起人自身的资产负债表，实现非公司负债型融资，从而降低项目发起人的债务比率。

3）项目资产所有权的集中性。项目公司作为一个独立法人，可以拥有项目所需的生产技术、管理资源和人力资源，项目资产所有权集中于项目公司，而不是分散于各个投资者，以便于项目的经营和管理。这也是项目融资可以建立在项目资产之上的一个法律基础。

4）投资转让的灵活性。项目公司的股票代表着每一个投资者所拥有的权益。投资者只要转让其手中的股票，就可以达到转让公司投资的目的，这比转让项目资产要容易得多，同时也不影响项目公司的存续。

（2）股权式投资结构的缺点

1）投资者对项目的现金流量缺乏直接控制。

2）不能利用项目公司的亏损去冲抵投资者其他项目的利润。

因为任何一个投资者都不能完全控制该项目公司，项目开发前期的亏损只能保留在公司中，所以这就可能出现项目公司如果在几年内不盈利，亏损不能用来抵消投资者税款的情况。

3）存在“双重征税”的问题。项目公司获得盈利时要缴纳公司所得税，项目投资者取得股东红利后还要缴纳公司所得税或个人所得税，存在对同一笔盈利征收两次所得税的情况。

我国基础设施项目所需资金数额大，并且开发经营前景好，因此吸引了不少外国资本。合作经营和合资经营是当前我国利用外国直接投资的主要形式，项目公司也不例外。在我国已批准的工程项目融资中，中外合作和合资经营的项目公司有很多。对一些重要的基础设施和具有战略价值的项目，外商往往愿意通过合资控股掌握项目的经营调度权，进而谋得更大的利益。所以，在中外股权式合资经营的项目公司中，我国对中外股权的比例和控股问题要加以重视。

2. 契约式投资结构

契约式投资结构是一种较常见的工程项目融资主体组织形式。契约式投资结构也称作合作式投资结构，是项目发起人为实现共同的目的，通过合作经营协议结合在一起的、具有契约合作关系的投资结构。契约式投资结构不一定成立一个法人实体，每一个投资者都可以直接拥有项目部分资产，有权独立处理与其投资比例相当的项目最终产品。可以说，合作不是单纯以获取利润为目的，而是根据合作协议，使每一个投资者从项目中都可以获得相应份额的产品，即合作生产产品，或者为取得产品而合作。采用该投资结构时，一般由项目发起人根据自身资金实力和税务结构独立地安排项目融资，筹集其所需投入的资金，这是因为法律不允许以合作结构或者项目管理公司的名义举债。

契约式经营结构可分为法人式和非法人式两种类型。法人式合作经营是指合作各方组成具有法人资格的合营实体，这个实体有独立的财产权，法律上具有起诉权和被起诉的可能，设有董事会作为最高权力机构，并以该法人的全部财产为限承担债务责任。非法人式合作经营是指合作双方不组成具有法人资格的合营实体，双方都是独立的法人，各自以自身的法人资格按合同规定的比例在法律上承担责任。合作双方可以组成一个管理机构来处理日常事务，也可以委托一方或聘请第三方进行管理。一般的做法是，项目发起人根据合资协议组成非公司型合资结构，并按照投资比例合资组建一个项目管理公司来负责项目的建设和生产运营，项目管理公司同时也作为项目发起人的代理人负责项目的产品销售。

（1）契约式投资结构的优点

1）可以充分利用税收优惠。如果契约式投资结构不成立法人实体，项目本身不必缴纳所得税，其经营业绩可以完全合并到各投资者自身的财务报表中。投资者可以将项目建设期和试生产期的亏损以及各种投资优惠，用于冲抵自己公司的所得税。

2）为投资者提供一个相对独立的融资空间。由于投资者在该结构中直接拥有项目资产和产品，能直接控制项目现金流量，可以独立设计项目的税务结构，每一个投资者都能按照自身的发展战略和财务状况安排项目融资。

3）投资结构设计灵活。世界上大多数国家目前还没有专门的法律来规范契约式投资结构的组成和行为，因此完全可以根据投资者的财务、产品、利润目标等要求来设计投资结构和协议。

（2）契约式投资结构的缺点

1）投资转让程序复杂，交易成本高。在契约式投资结构中，投资转让的是投资者在项目中直接拥有的资产和合约权益，因此与股权式投资结构相比，其转让涉及契约各方的利益，需要通过谈判得到合作方的同意，这样导致转让的过程比较艰难。

2）合作协议内容构成复杂。参与契约式投资的各方，其权益主要依靠合作协议得到保护，必须在该协议中对所有的决策和管理问题进行详细的规定。这使得协议的内容应尽可能全面，从而提高了协议的复杂性。

3. 有限合伙制投资结构

在有限合伙制投资结构中，至少包括一个一般合伙人和一个有限合伙人。其中，一般合伙人负责项目的组织、经营和管理，对合伙制项目的债务承担无限责任；有限合伙人不参与项目的经营管理，以其投入合伙制项目中的资本承担有限债务责任，主要责任就是提供一定的资金，常被称为“被动项目投资者”。

有限合伙制投资结构中，一般合伙人与有限合伙人相互合作、扬长避短。一般合伙人大多是在该项目领域具有技术管理特长，并准备利用这些特长从事项目开发的公司。但由于资金、风险、投资成本等多种因素的制约，一般合伙人愿意组织一个有限合伙制的投资结构，吸引更广泛的有限合伙人参与到项目中来，以共同分担项目的投资风险和分享项目的投资收益。有限合伙人通常是拥有雄厚资金实力的投资公司和金融机构等，为项目的前期开发提供资金支持。

（1）有限合伙制投资结构的优点

1）税务安排灵活。有限合伙制投资结构本身不是一个纳税主体，其在一个财政年度内的净收入或亏损可以全部按投资比例直接转移给合伙人，合伙人单独申报自己在合伙制结构中的收入，并与其他收入合并后确定最终的纳税义务。

2）每个一般合伙人都有权直接参加项目的管理，有利于发挥各合伙人的专长和管理能力，做到资源的充分利用。

（2）有限合伙制投资结构的缺点

1）权责不分。当一个一般合伙人以合伙制名义对外签约时，其他合伙人都要受到这一合约的约束，容易造成权责不分。

2）融资安排复杂。有限合伙制投资结构在法律上不拥有项目的资产，在安排融资时需要每个一般合伙人同意将项目中属于自己的一部分资产权益作为抵押或担保，各合伙人分别与贷款银行之间存在借贷法律关系。对于贷款银行而言，需要分别与每一个合伙人谈判，针对不同的贷款银行，确定不同的合同条件，这导致项目融资的成本增加，使得融资安排比较复杂。

3）不同国家的规定有差异。不同国家对有限合伙制投资结构的规定不同，如果结构安排不好，有限合伙制可能被作为公司制结构处理，就失去了采用合伙制的意义。此外，有限合伙人有可能由于被认为“参与管理”而变成承担无限连带责任的一般合伙人，从而增加其在项目中的投资风险。

欧洲迪士尼乐园项目就是运用有限合伙制投资结构的一个典型案例。为了达到对项目的控制，欧洲迪士尼财务公司选择了有限合伙制投资结构。美国迪士尼公司作为唯一的一般合伙人，对项目承担无限责任，但拥有项目的经营管理权；其他投资者作为有限合伙人，承担有限责任，不参与项目的经营管理。最终，美国迪士尼公司虽然股权很少，但达到了控制项目的目的。

有限合伙制投资结构的一般合伙人可以是自然人或法人，有限合伙人则要求必须是独立的法人。有限合伙制投资结构通过合伙人之间的法律合约建立起来，没有法定的形式。所有合伙人按照协议共同经营、管理项目资产，约定资本投入、项目管理权力、风险的承担方式、利润分配及亏损的承担。有限合伙避免了普通合伙的连带责任问题，规避了连带责任的风险问题。目前的《中华人民共和国合伙企业法》对有限合伙没有做出明确规定，特别是在我国加入世界贸易组织（WTO）之后，在吸引国外资金方面就会出现立法空白。我国可以根据项目融资的具体需要，积极做出相应规定，使有限合伙制投资结构在项目融资中得到应用。

4. 工程项目投资结构设计

工程项目投资结构设计是一个非常复杂的过程，涉及诸多因素和关系。对于一个具体的项目来说，应该考虑几个主要影响因素：

（1）项目债务的隔离程度

对于投资者来说，项目债务的隔离程度越高，其承担的融资风险就越小，但是同时获得的投资回报也相对较少。因此，投资者应当权衡利弊，考虑项目风险和债务责任的承担形式，以决定合理的项目投资结构。

如果项目投资者不愿意承担直接的风险和责任，希望将债务屏蔽于自身之外，可以通过股权式投资结构成立法人实体，即项目公司。采用该投资结构，投资者的风险仅限于投入项目公司中的股本资金和承诺的担保责任，项目融资是以项目公司的预期收益和资产为基础实现的，债权人只能进行有限追索。

如果项目投资者的资信水平高、资金实力强，并且愿意承担较大风险和债务责任，以期获得较高收益，对项目债务的隔离程度要求不高，则可以采用契约式或有限合伙制投资结构。在这类投资结构中，投资者按照投资协议和投资比例承担直接的债务责任，直接拥有并有权独立处理按其投资比例获得的项目最终产品。

(2) 潜在投资者的数量

股权式投资结构成立有项目公司，因此，投资者只需要依据对项目经济强度的判断和自身的经济实力，决定投入公司的资金数量，而不得随意干预项目公司的正常经营活动，也不能随意撤回投资。在这种投资结构下，投资者之间的关系容易确定，特别适合存在较多潜在投资者的情况。而契约式或有限合伙制投资结构必须通过协议明确各方的权利和义务，所以比较适合只有少数几个大的投资者共同参与项目投资的情况。如果存在大量投资者，采用这类投资结构就会使合作谈判过程变得异常艰难和复杂。

(3) 项目融资的便利性

在股权式投资结构中，项目公司作为独立的法人实体，可以将项目资产抵押给贷款银行来安排融资，同时也可以控制项目的现金流量，因此以项目公司为主体安排的融资比较容易。而在契约式投资结构中，投资者分别直接拥有项目的部分资产，项目资产不能作为一个整体向银行申请贷款，并且各个投资者分别享有税收好处和其他投资优惠条件，分别控制项目现金流量。这时项目融资就比较复杂。

(4) 项目的经济强度

如果项目经济强度不高，出现经营困难时，可能会要求投资者注入一定的资本金。当经常出现这种情况时，一般倾向于选择股权式投资结构，这样便于增资扩股。而如果项目的经济强度较高，出现财务困境的可能性很小，则可以考虑采用契约式或有限合伙制投资结构。

在我国，目前利用外资的三种形式是中外合资经营企业、中外合作经营企业和外商独资企业。项目融资如果要吸引外资，可以考虑采用中外合资或中外合作经营企业的形式；而在基础设施项目融资中，采用外商独资的形式要慎重，因为能源、公路、机场、桥梁等基础设施项目关系国计民生，如果全部由外商投资并控制，可能会影响我国的经济安全和国防安全。

7.6.3　工程项目融资结构

工程项目融资结构是工程项目融资的核心部分，是指组成工程项目融资的各部分的搭配和安排。每个项目都有其独特性，工程项目融资在具体实施过程中有很多模式，不同模式的融资结构和实施过程差异很大。因此，要依据项目自身的特点选取适合的项目融资结构。工程项目融资结构主要包括以下几种类型：

1. PPP项目融资

PPP项目融资是指政府与社会资本方通过PPP项目合同建立伙伴关系，组建项目公司来负责PPP项目的融资、建设、运营维护等工作，合作期满将项目移交给政府的形式。

2. ABS融资

ABS融资是以项目所拥有的资产为基础，以该项目资产可以带来的预期收益为保证，通过在资本市场上发行债券筹集资金的一种项目融资方式。

3. REITs项目融资

REITs项目融资是以发行收益凭证的方式公开或非公开地汇集特定多数投资者的资金，

交由专门投资机构进行房地产投资经营管理，并将投资综合收益按比例分配给投资者的一种项目融资方式。

4. 项目融资租赁

项目融资租赁是以项目的资产、预期收益或权益为保证取得的一种有限追索权的融资租赁模式。

7.6.4 工程项目的资本结构

工程项目融资的资本结构是工程项目融资结构设计中的一个重要内容，是指在项目中股本资金、准股本资金和债务资金之间的比例关系。确定工程项目的资本结构，首先要选择工程项目融资的资金来源。工程项目融资的资金来源主要有股本和准股本、商业银行贷款和国际银行贷款、国际债券、租赁融资、发展中国家的债务资产转换等。由于各种资金来源在成本和风险等方面存在差异，因此资本结构问题往往会影响到工程项目融资的成败及效果。

工程项目融资需要重点解决的一个问题就是项目的债务资金来源，在整个结构中也需要适当形式的股本资金和准股本资金作为结构的信用支持。工程项目的资本结构很大程度上受制于工程项目的投资结构、融资模式和信用保证结构。通过恰当地安排项目的资金构成比例，选择适当的资金形式，可以达到减少项目投资者自身资金的直接投入和提高项目综合经济效益的双重目的，获得工程项目融资资金成本和风险的合理平衡。

确定工程项目的资本结构实质上就是确定股本和贷款的比例。从国内外典型工程项目融资案例中可以直观地了解目前实践中的资本结构，见表 7-1。

表 7-1 国内外典型工程项目融资案例的资本结构

项目名称	投资额（美元）	股本金（美元）	债务资金（美元）	股本和贷款的比例
澳大利亚悉尼港隧道	5.5 亿	3400 万	6% 利率债券 3.54 亿 + 政府 30 年无息贷款 1.62 亿	6:94
英国 Danford 大桥	3.42 亿	3600 万	从属性贷款债券 1.21 亿 + 贷款 1.85 亿	12:88
中国深圳沙角 B 电厂	5.396 亿	1670 万	股东从属贷款 3850 万、中方从属贷款 9240 万 + 日方出口信贷 2.614 亿 + 商业贷款 1.306 亿	3:97
中国广西来宾电厂	6.16 亿	1.54 亿	COFACE 贷款 3.06 亿 + 商业贷款 1.56 亿	33:67
巴基斯坦水电站	1.333 亿	4000 万	贷款 0.933 亿	43:57
泰国曼谷公路	10.6 亿	2.16 亿	贷款 8.44 亿	25:75

通过分析股本和贷款的比例可以发现，在工程项目融资中，贷款占总资金的比例通常在 70% 以上。这说明在工程项目融资中，债务资金通常是最重要的资金构成，这也正是工程项目融资区别于传统融资的一个重要特点。

同时，根据对相关数据的统计研究，工程项目融资在不同的行业中，也延续了这样的一种特点，即项目的贷款占总资金的比例为 30% ~80% 不等，并且在大部分行业中，项目的贷款一般都在 50% 以上。表 7-2 总结了不同行业工程项目融资的贷款所占比例。

表 7-2　不同行业工程项目融资的贷款所占比例

项目类型	贷款占总资金的比例（%）
高速公路	60～70
电厂	60～70
电力和煤气输送	70～75
通信	30～40
煤矿	40～60

总体来说，由于工程项目融资往往采用了合理的融资机制和担保结构，因此目前国际上大型项目的资本结构多为股本∶贷款＝30∶70。根据《国务院关于调整和完善固定资产投资项目资本金制度的通知》（国发〔2015〕51号）相关规定，城市轨道交通项目、铁路、公路、保障性住房和普通商品住房项目、电力等其他项目的资本金比例不得低于20%；港口、沿海及内河航运，机场项目，其他房地产项目不低于25%；煤炭项目不低于30%；水泥项目不低于35%；钢铁项目不低于40%。

7.6.5　工程项目融资的信用保证结构

工程项目融资的信用保证结构是指工程项目融资中所采用的一切担保形式的组合。对于银行和其他债权人而言，工程项目融资的安全性来自两个方面：一方面来自项目本身的经济强度；另一方面来自项目之外各种直接或间接的担保。项目本身的经济强度与项目的信用保证结构是相辅相成的。项目的经济强度高，融资所要求的信用保证结构就相对简单，保证条件相对宽松；反之，要求的信用保证结构就相对复杂和严格。

工程项目融资的信用保证结构是以各种担保关系为主体结构的。这些担保关系，有的属于法律意义上的担保范畴，如项目资产抵押，有的则是非法律意义上的担保，如长期供货协议、政府安慰函等意向性担保等。工程项目融资的信用保证种类繁多、体系庞杂。这些担保可以是直接的财务保证，如完工担保、成本超支担保、不可预见费用担保；也可以是间接的或非财务性的担保，如长期购买项目产品协议、技术服务协议、以某种定价公式为基础的长期供货协议等。所有这一切担保形式的组合，就构成了工程项目融资的信用保证结构。值得注意的是，在以我国为代表的发展中国家进行的工程项目融资的信用保证结构中，有时政府对项目某些事项的支持函起着非常重要的作用。

在工程项目融资理论中，通常将工程项目的投资结构、融资结构、资本结构和信用保证结构称为工程项目融资的整体结构。工程项目融资的四种结构不是孤立的，而是相互联系、相互影响的，在进行工程项目融资结构整体设计时，必须把这四大结构综合在一起考虑。工程项目的投资结构确定了项目投资者对项目资产及其之间的法律关系，合理的投资结构设计能够较好地满足不同投资者的要求，为项目平稳运作提供组织保证。在确定投资结构的基础上，就可以选择适当的融资结构。融资结构主要是指项目融资模式的选择，融资模式是工程项目融资结构设计的核心，项目的其他结构都将围绕此结构展开。一旦确定了项目的投资结构和融资模式，就可以确定项目的资本结构和信用保证结构。工程项目融资的资本结构是指权益资本与债务资金的比例关系及其来源渠道。项目融资中，通常发起人的投入只占总投资的一小部分，其余需要通过各种融资渠道筹集。不同渠道的资金成本、风险及期限都是不一样的，因此，需要对融资渠道有很好的认识，而资本结构的确定可能会对融资及项目未来的运作产生影响。由于工程项目融资的有限追索特性，除了项目本身的经济强度之外，项目的信用保证结构有助于降低相关投资者的风险，进而增强项目的吸引力。

思考题

1. 简述工程项目融资的内涵。
2. 工程项目融资的主要功能是什么？
3. 工程项目融资的特点有哪些？
4. 在我国的基础设施发展中，采用工程项目融资有哪些好处？
5. 工程项目融资的主要参与者有哪些？这些主要参与者的权责是什么？
6. 项目公司的组织形式有哪几种？
7. 工程项目融资的组织结构有哪些？

第 7 章练习题

扫码进入小程序，完成答题即可获取答案

第 8 章

工程项目融资模式

工程项目融资模式是工程项目融资整体结构组成中的核心部分。工程项目融资模式的设计需要与项目投资结构的设计同步考虑，并在项目投资结构确定下来之后进一步细化完成融资模式的设计。目前，国际上主要的工程项目融资模式有 PPP 项目融资模式、ABS 项目融资模式、REITs 项目融资模式、项目融资租赁模式等。由于工程项目在行业领域性质、投资结构、收益分配与风险分担等方面的差异，以及投资者在项目的信用支持、融资战略等方面的不同，每种工程项目融资模式的运作程序及特点各不相同。

8.1 工程项目融资模式的设计原则

设计项目的融资模式，首先需要确定设计原则，并与项目投资结构的设计同步考虑，在项目的投资结构确定之后，进一步细化完成融资模式的设计工作。

1. 有限追索原则

有限追索是指贷款人可以在某个特定时间阶段（如项目建设期或试生产期）对项目借款人实行追索，或者在一个规定的范围内（如金额或者形式的限制）对项目借款人实行追索。除此之外，无论出现任何债务清偿问题，贷款人均不能追索到借款人除项目资产、现金流量以及有关方所承诺的义务之外的任何形式的资产。

实现融资对项目投资者的有限追索，是设计工程项目融资模式的一个最基本的原则。追索的形式和程度与贷款银行对一个项目的风险评价以及项目融资结构的设计有关，通常取决于项目所处行业的风险系数、投资规模、投资结构、项目开发阶段、项目经济强度、市场安排，以及项目投资者的组成、财务状况、生产技术管理、市场销售能力等多方面因素。同样条件的一个项目，如果上述因素不同，项目融资的追索形式或追索程度就会有所变化。因此，对于一个非公司型合资结构的项目，如果几个投资者分别安排项目融资，其中有的投资者可能需要承担比其他投资者更为严格的贷款条件或者更多的融资追索责任，这种情形的存在是毫不奇怪的。

为了限制融资对项目投资者的追索责任，需要考虑的问题有以下三个方面：

1）项目的经济强度在正常情况下是否足以支持融资的债务偿还。

2）项目融资是否能够找到强有力的来自投资者以外的信用支持。

3）对于融资结构的设计能否做出适当的技术性处理。

2. 项目风险分担原则

保证投资者不承担项目的全部风险责任，是工程项目融资模式设计的第二条基本原则。其问题的关键是如何在投资者、贷款银行以及其他与项目利益有关的第三方之间有效地分配项目的风险。项目在不同阶段中的各种性质的风险有可能通过合理的融资结构设计将其分散。例如，项目投资者（有时包括项目的工程承包公司）可能需要承担全部的项目建设期和试生产期风险。但是，在项目建成投产以后，投资者所承担的风险责任将有可能被限制在一个特定的范围内，如投资者（有时包括对项目产品有需求的第三方）有可能只需要以购买项目全部或者绝大部分产品的方式承担项目的市场风险，而贷款银行也可能需要承担项目的一部分经营风险。这是因为即使项目投资者或者项目以外的第三方产品购买者以长期协议的形式承购了全部的项目产品，对于贷款银行来说，仍然存在两种潜在的可能性：①有可能出现国际市场产品价格过低从而导致项目现金流量不足的问题；②有可能出现项目产品购买者不愿意或者无力继续执行产品销售协议而造成项目的市场销售问题。一旦项目融资结构确定下来，这些潜在问题所造成的风险就是贷款银行必须承担的，除非贷款银行可以从项目投资者那里获得其他信用保证支持。

3. 成本降低原则

工程项目融资的金额大、周期长，在融资模式设计与实施的过程中应该考虑的一个重要问题就是如何降低成本，这里最主要的是一些经济手段的运用。例如，世界上多数国家的税法都对企业税务亏损的结转问题有规定（即税务亏损可以结转到以后若干年使用，以冲抵企业的所得税），但是，这种税务亏损的结转不是无限期的（个别国家例外），短则 3 ~ 5 年，长的也只有 10 年左右时间。同时，许多国家政府为了发展经济，制定了一系列投资鼓励政策，这些政策很多也是以税务结构为基础的（如加速折旧）。大型工程项目投资资本密集程度高、建设周期长，项目前期产生数量十分可观的税务亏损是很常见的。要利用这些税务亏损降低项目的投资成本和融资成本，可以从项目的投资结构和融资结构两方面着手考虑。但是，项目投资结构在税务方面实际上解决的是一个税务流向问题（或者说是税务在项目投资者之间的分配问题）。对首次在一个国家开展业务的外国公司，或者对一个短期内没有盈利的公司而言，单纯解决税务流向问题是不够的，还需要有更为有效的结构来吸收这些税务亏损，以降低项目的资金成本。特殊的项目融资模式设计在一定程度上可以实现这一目的。除此之外，降低成本还可以从项目的投资结构和融资结构两个方面入手：①完善项目投资结构设计，增强项目的经济强度，降低风险，以获取成本较低的债务资金；②合理选择融资渠道，优化资本结构和融资渠道。

4. 完全融资原则

任何项目，包括采用工程项目融资安排资金的项目的投资，都需要项目发起人注入一定的股本资金作为对项目的支持。然而，在工程项目融资中，这种股本资金的投入可以比传统的公司融资更为灵活。这就为设计工程项目融资模式时，为实现项目发起人对项目投入较少的股本资金提供了条件。例如，项目发起人除了可以以认购项目公司股本或提供一定出资金额的方式提供股本资金外，还可以以担保存款、信用证担保等非传统方式代替实际的股本资金投入。因此，如何使项目发起人以最少的资金投入获得对项目最大限度的控制和占有，是设计工程项目融资模式必须考虑的。

5. 工程项目融资与市场安排相结合原则

工程项目融资与市场安排之间的关系具有两层含义：一是长期的市场安排是实现有限追索项目融资的信用保证基础，如果没有这个基础，项目融资就很难组织起来；二是以合理的市场价格从投资项目中获取产品是很大一部分投资者从事投资活动的主要动机。然而，从贷款银行的角度，低于公平价格的市场安排意味着银行要承担更大的风险；但对于项目投资者来说，高于公平价格的市场安排意味着全部或部分地失去了项目融资的意义。因此，能否确定以及如何确定项目产品的公平市场价格，对于借贷双方来说都是处理融资市场安排的一个焦点问题。

国际工程项目融资在多年的发展中，积累了大量处理融资与市场安排之间关系的方法和手段。其中除了已多次提到的"无论提货与否均需付款"和"提货与付款"类型的长期市场合约以及政府特许权合约等直接性市场安排以外，也包括一些将融资与项目产品联系在一起的结构性市场安排，如产品支付、产品贷款等多种形式。如何利用这些市场安排的手段，最大限度地实现融资利益与市场安排利益相结合，应该成为项目投资者设计项目融资模式的一个重要考虑因素。

6. 近期融资与远期融资相结合原则

大型工程项目的融资一般都是7～10年的中长期贷款，近些年最长的甚至可以达到20年左右。有的投资者愿意接受这种长期的融资安排，但是，更多的投资者考虑采用项目融资的出发点并非如此。这些投资者选用项目融资可能是出于对某个国家或某个投资领域不十分熟悉，对项目的风险及未来发展没有十足的把握而采取的一种谨慎策略，或者是出于投资者在财务、会计或税务等方面的特殊考虑而采取的一种过渡性措施。因此，他们的融资战略将会是一种短期战略。如果决定采用项目融资的各种基本因素变化不大，他们就长期地保持项目融资的结构；然而，一旦这些因素朝着有利于投资者的方向发生较大变化时，他们就会希望重新安排融资结构，放松或取消银行对投资者的种种限制，降低融资成本。在所有的项目融资中，由于贷款银行的偿债资金来源在很大程度上依赖于项目的现金流量，因此贷款银行对投资者在运用项目资金方面有诸多限制，融资成本相对较高，这会使投资者感到很不方便。这就是在项目融资中经常会遇到的重新融资问题。基于这一原因，在设计项目融资结构时，投资者需要明确选择项目融资模式的目的，并对重新融资问题加以考虑，决定在进行结构设计时是否把这一问题作为一个重点。不同的项目融资结构在重新融资时的难易程度是有区别的，有些结构比较简单，有些结构会非常复杂，例如以税务安排为基础的项目融资结构就属于后一种类型。

7. 表外融资原则

工程项目融资过程中的表外融资就是非公司负债型融资。实现公司资产负债表外融资，是一些投资者运用项目融资模式的重要原因之一。虽然通过设计项目的投资结构，在一定程度上也可以做到不将所投资项目的资产负债表与投资者本身的资产负债表合并，但在多数情况下，这种安排只对共同安排融资的合资项目中的某一个投资者而言是有效的。如果是投资者单独安排融资，情况就会变得复杂，就会出现一些管理上的混淆。因此，必须通过项目融资模式的合理设计来解决这一问题。例如，在工程项目融资中，可以把一项贷款或一项为贷款提供的担保设计成为"商业交易"的形式，按照商业交易来处理，既实现了融资的安排，又达到了不把这种贷款或担保列入投资者资产负债表的目的。因为商业交易在国际会计制度中是不必进入资产负债表的。又如 BOT 融资模式中，政府以特许权协议为手段，利用私人资本和工程项目融资兴建本国的基础设施，一方面达到了改善本国基础设施状况的目的，另一方面有效地减少了政府的直接对外债务，避免了政府所承担的义务以债务形式出现。

8.2 PPP 模式

8.2.1 PPP 项目模式概述

近年来，世界各国逐渐开始采用 PPP 融资模式提供公共产品和服务。PPP 是 Public（政府）、Private（私人资本）、Partnership（合伙）三个英文单词第一个字母的缩写，在国内经常被翻译为“公私合作（或公私合伙）”，代表了政府和市场中的私人资本共同合作提供基础设施或公共服务的过程。在我国，由于政府方和市场的界限并不十分清晰，众多国有企业和融资平台公司也参与到 PPP 项目中。因此，在我国的 PPP 模式中，“Private”被称为社会资本，即 PPP 是指政府和社会资本的合作过程。在 PPP 模式中，国家或地方政府部门委托通过招标选定的社会资本方进行项目的融资、建造、运营和维护。在一些 PPP 项目中，政府与社会资本方共同出资成立项目公司，在项目进行过程中，根据出资股份拥有相应的决策权。

有些学者认为，PPP 模式是从 BOT 和私人主动融资（PFI）模式发展而来的，可以应用的范围更为广泛，并且特别适合大型基础设施项目。目前，PPP 模式无论在发达国家还是发展中国家都获得了非常广泛的应用，被认为可以提高基础设施项目建设的效率，促进利益相关者之间风险的合理分担。欧盟、联合国、经济合作与发展组织（简称经合组织，OECD）以及世界银行的国际组织正在将 PPP 的理念和经验在全球范围内大力推广。近年来，我国也开始从 BOT 转向使用 PPP 概念和模式，例如，我国香港和内地从 2004 年在基础设施项目融资领域开始引入 PPP 概念，香港迪士尼主题公园和北京地铁四号线就采用了 PPP 模式。

随着 PPP 的不断发展，其定义和内涵也逐渐产生变化。不同的国家、组织和学者对 PPP 的定义也不尽相同，目前还尚未形成一个统一的定义。表 8-1 归纳了国内外相关组织机构对 PPP 的定义。这些 PPP 的定义包含以下三个通用核心要素：公共部门与私人部门（社会资本方）之间的合作；长期契约关系；提供满足需求的公共产品和公共服务。根据上述核心要素，可以将 PPP 定义为政府和社会资本为提供基础设施和公共服务通过契约实现的长期合作关系。这种长期合作关系意味着 PPP 模式更加注重运营阶段，因此，通过对项目全生命周期的优化，实现节省项目成本、提高项目效率。

表 8-1　PPP 的定义

定义来源	定义描述	
联合国训练研究所	为满足公共产品需要而建立的公共和私人倡导者之间的各种合作关系 为满足公共产品需要，公共部门和私人部门建立伙伴关系进行的大型公共项目的实施	
世界银行	《PPP 指南（第 1 版）》（2012）	私人部门和政府机构之间为提供公共基础设施和服务而建立的长期契约关系。在契约中，私人部门需要承担较大的风险和管理责任

（续）

定义来源	定义描述	
世界银行	《PPP 指南（第 2 版）》（2014）	私人部门和政府机构之间为提供公共基础设施和服务而建立的长期契约关系。在契约中，私人部门需要承担较大的风险和管理责任，并根据项目绩效获得回报
欧盟委员会	公共部门和私人部门之间的一种合作关系，其目的是提供传统上由公共部门提供的公共项目或服务	
亚洲开发银行	公共机构（国家、州、省市或地方机构）与私营实体之间的契约关系。该契约关系以互补的方式分配公私机构的技能、资产和（或）财务资源，实现风险共担和利益共享，为公民提供最优服务和产品价值	
加拿大 PPP 协会	公共部门和私人部门之间的一种合作经营关系。它建立在双方各自经验的基础上，通过适当的资源分配、风险分担和利益共享机制，最好地满足事先清晰界定的公共需求	
美国 PPP 国家委员会	介于外包和私有化之间并结合了两者特点的一种公共产品的提供方式。它充分利用私人资源对公共基础设施进行设计、建设、投资、运营和维护，并提供相关服务以满足公共需求	
我国财政部	在基础设施及公共服务领域建立的一种长期合作关系。通常模式是由社会资本承担设计、建设、运营、维护基础设施的大部分工作，并通过使用者付费及必要的政府付费获得合理的投资回报；政府部门负责基础设施及公共服务价格和质量监管，以保证公共利益最大化	
我国国家发展和改革委员会	政府为增强公共产品和服务供给能力、提高供给效率，通过特许经营、购买服务、股权合作等方式，与社会资本建立的利益共享、风险分担及长期合作关系	

8.2.2 PPP 融资模式的运作形式

1. PPP 项目狭义定义

PPP 项目可以被狭义地理解为一系列项目融资模式的总称，它是为了提供基础设施及公共服务，政府通过特许经营、购买服务、股权合作等方式吸引社会资本承担设计、建设、运营、维护基础设施的大部分工作并取得合理回报的项目运作模式，包含 BOT、TOT、BOOT 等多种模式。

2. PPP 项目广义定义

PPP 是英文“Public-Private-Partnerships”的简写，中文直译为“公私合伙制”，简言之是指公共部门通过与私人部门建立伙伴关系提供公共产品或服务的一种方式，包含 O&M、MC 等模式。

按照公共责任和项目风险向社会资本转移的程度，PPP 分为不同的运作方式，如图 8-1 所示，主要包括：委托运营（O&M）、管理合同（MC）、转让-运营-移交（TOT）、建设-运营-移交（BOT）、改建-运营-移交（ROT）、建设-拥有-运营（BOO）。这些方式可以单独应用，也可以组合应用。

广义的 PPP 项目模式主要有以下典型运作形式：

（1）O&M 形式

委托运营（Operations & Maintenance，O&M），是指政府将存量公共资产的运营维护职责委托给社会资本或项目公司，但社会资本或项目公司不负责用户服务的政府和社会资本合

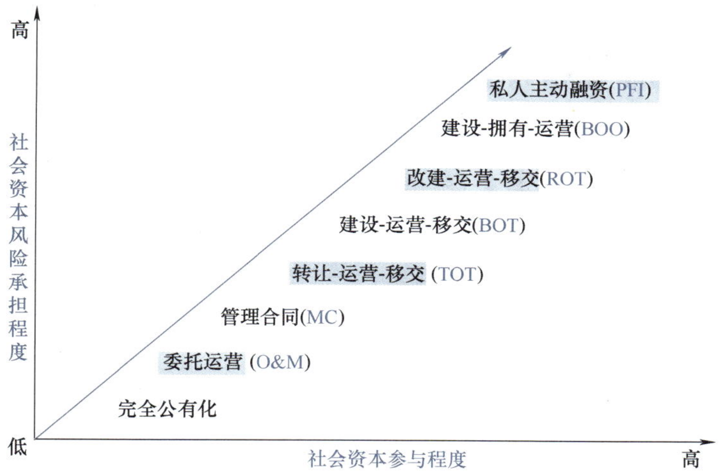

图 8-1 广义的 PPP 项目运作方式分类

作项目运作方式。政府保留资产所有权，只向社会资本或项目公司支付委托运营费。合同期限一般不超过 8 年。

（2） MC 形式

管理合同（Management Contract，MC），是指政府将存量公共资产的运营、维护及用户服务职责授权给社会资本或项目公司的项目运作方式。政府保留资产所有权，只向社会资本或项目公司支付管理费。管理合同通常作为 TOT 的过渡方式，合同期限一般不超过 3 年。

（3） TOT 形式

转让-经营-移交（Transfer-Operate-Transfer，TOT）即转让-经营-移交模式，是一种通过出售现有资产以获得增量资金进行新建项目融资的一种新型融资方式，在这种方式下，首先私营企业用私人资本或资金购买某项资产的全部或部分产权或经营权，然后作为购买者对项目进行开发和建设，在特许期内通过对项目的经营收回全部投资并取得合理的回报，特许期结束后，将所得到的产权或经营权无偿移交给原所有人。合同期限一般为 20 ~ 30 年。

（4） BOT 形式

建设-运营-移交（Build-Operate-Transfer，BOT），是指由社会资本或项目公司承担新建项目融资、设计、建造、运营、维护和用户服务职责，合同期满后将项目资产及相关权利等移交给政府的形式。合同期限一般为 20 ~ 30 年。一般情况下，采用 BOT 形式开展的 PPP 项目由项目公司以其名义进行有限追索项目融资，同时项目公司负责设计、建造、运营维护等，并负责向用户提供产品和服务，其在运营项目过程中行使管理职能和权力，但一般不具备项目资产的所有权。

（5） ROT 形式

改建-运营-移交（Rehabilitate-Operate-Transfer，ROT），是指政府在 TOT 模式的基础上，增加改扩建内容的项目运作方式。合同期限一般为 20 ~ 30 年。

ROT 模式可以理解为是 BOT 与 TOT 两种模式复合运作的一种方式。只是将需要全部新建的设施，转变为对已经建成但已陈旧过时的设施、设备等，按照政府要求进行部分技术改造、改建或扩建，以满足基础设施和公共服务项目为社会公众提供合格服务的需要。其与

BOT 模式的差别在于将“建设”改为“改建”，与 TOT 的差别在于将“转让”改为“附加条件的转让”。

(6) BOO 形式和 BOOT 形式

建设-拥有-运营（Build-Own-Operate，BOO），该类型是由 BOT 方式演变而来的，两者的区别主要是 BOO 方式下社会资本或项目公司拥有项目所有权，但必须在合同中注明保证公益性的约束条款，一般不涉及项目期满移交。

建设-拥有-运营-移交（Build-Own-Operate-Transfer，BOOT）则是在项目建成后，社会资本或项目公司在规定的期限内拥有所有权并进行经营，期满后将项目移交给政府。

(7) PFI 形式

私人主动融资（Private Finance Initiative，PFI）具体是指政府部门根据社会对公共基础设施的需求，提出需要建设的项目，通过招投标，由获得特许权的社会资本方负责筹措项目资金，进行公共基础设施项目的建设与运营，并在特许期结束时将所经营的项目完好地、无债务地归还政府，而社会资本方则从政府部门或接受服务方收取费用以回收成本的项目融资方式。

英国在发展 PFI 时，引入物有所值评价（Value For Money，VFM）来判断项目采用 PFI 形式是否比采用传统政府模式更加经济和有效率，而其他如 BOT、BOOT 等形式起初不需要进行物有所值评价，这也是它们之间的一大区别。现阶段，我国相关政策要求，不论是 BOT、BOOT 还是其他形式，PPP 项目在识别或准备阶段也开展物有所值评价，通过计算并比较项目全生命周期内政府方净成本的现值（PPP 值）和公共部门比较值（PSC 值）的大小并结合以全生命周期整合程度、风险识别与分配、绩效导向与鼓励创新、潜在竞争程度、政府机构能力、可融资性等为指标的定性评价，判断是否采用 PPP 模式代替政府传统投资运营方式提供公共服务项目的一种评价方法。

(8) 其他形式

采用 PPP 模式进行融资的项目按照社会资本方或项目公司具体承担的工作，还可以应用如下形式：

采用 PPP 模式进行融资的项目按照社会资本方或项目公司具体承担的工作，还可以采用设计-建设-融资-运营-移交（Design-Build-Finance-Operate-Transfer，DBFOT）、转让-拥有-运营（Transfer-Own-Operate，TOO）、改建-运营-拥有（Rehabilitate-Operate-Own，ROO）等形式。

由于项目融资为狭义的 PPP 项目的主要融资手段，以下描述均以狭义的 PPP 项目为对象。鉴于 BOT 项目模式为我国 PPP 项目的主要类型，本书以后各章讨论的 PPP 项目均指 BOT 项目模式。

3. 付费机制

根据 PPP 项目付费机制的不同，PPP 项目可分为政府付费、使用者付费和可行性缺口补助。付费机制关系着 PPP 项目的风险分配和收益回报。实践中，需要根据各方的合作预期和承受能力，结合项目所涉的行业、运作方式等实际情况，因地制宜地设置合理的付费机制。

(1) 政府付费

政府付费（Government Payment）是指政府直接付费购买公共产品和服务。在政府付费机制下，政府可以依据项目设施的可用性、产品或服务的使用量以及质量向项目付费。政府付费是公用设施类和公共服务类项目中较为常用的付费机制，在一些公共交通项目中也会采用这种机制。

（2）使用者付费

使用者付费（User Charges）是指由最终消费用户直接付费购买公共产品和服务。项目公司直接从最终用户处收取费用，以回收项目的建设和运营成本并获得合理收益。高速公路、桥梁、地铁等公共交通项目以及供水、供热等公用设施项目通常可以采用使用者付费机制。

（3）可行性缺口补助

可行性缺口补助（Viability Gap Funding，VGF）是指使用者付费不足以满足项目公司成本回收和合理回报时，由政府给予项目公司一定的经济补助，以弥补使用者付费之外的缺口部分。可行性缺口补助是在政府付费机制与使用者付费机制之外的一种折中选择。在我国实践中，可行性缺口补助的形式多种多样，具体可能包括土地划拨、投资入股、投资补助、优惠贷款、贷款贴息、放弃分红权、授予项目相关开发收益权等其中的一种或多种。

8.2.3 PPP 项目模式的参与者

PPP 融资模式的参与者主要包括政府、社会资本方、项目公司、融资方、承包商、专业运营商、原料供应商、产品或服务购买方、保险公司以及专业机构等。各参与者之间的权利义务关系依托各种合同和协议。其中，政府与社会资本方或项目公司签订的 PPP 项目合同为核心合同。

1. 政府

政府在不同形式的 PPP 项目中承担的具体职责也不同，总体而言，主要角色为 PPP 项目合作者和监管者。其中，项目所在地县级（含）以上地方人民政府或接受其委托的实施机构负责项目准备、采购、监管和移交等工作；发展改革部门、财政部门等政府职能部门负责项目有关审查审批、物有所值评价、财政承受能力论证等工作。

2. 社会资本方

社会资本方是指依法设立且有效存续的具有法人资格的企业，包括民营企业、国有企业、外国企业和外商投资企业，但不包括项目所在地本级人民政府下属的政府融资平台公司及其控股的其他国有企业（上市公司除外）。社会资本方是 PPP 项目的实际投资人，但实践中社会资本方通常专门成立针对项目的项目公司，作为 PPP 项目合同及其他相关合同的签约主体，负责项目融资、建设和运营维护的具体实施。

3. 项目公司

项目公司是指依法设立的自主运营、自负盈亏的具有独立法人资格的经营实体。它是社会资本方专门为特定 PPP 项目设立的特殊目的公司，由社会资本方（一家企业或者多家企业组成的联合体）出资设立，也可由政府和社会资本方共同出资设立，以实现项目融资的有限追索。

4. 融资方

PPP 项目的融资方是指为项目提供资金的机构，通常为商业银行、出口信贷机构、多边金融机构、信托公司以及相关基金等。根据 PPP 项目的融资规模，融资方可以是一两家，也可以是多家组成的财团，具体可以采用贷款、债券、资产证券化等多种融资形式。

5. 承包商

PPP 项目中的设计、物资设备采购、施工等均可委托承包商具体实施。根据项目需求和规模，常见的承包商有 EPC 总承包商、DB 总承包商、施工总承包商、采购承包商、设计承包商以及专业分包商等。项目公司有时也会将部分运营维护事务委托专业运营商负责。

6. 专业运营商

根据不同 PPP 项目运作方式的特点，项目公司有时会将项目的部分运营和维护事务交给专业运营商负责。但根据项目性质、风险分配以及运营商资质能力等不同，专业运营商在不同项目中所承担的工作范围和风险也会不同。例如，在一些采用政府付费机制的项目中，项目公司不承担需求风险或仅承担有限需求风险，可能会将大部分的运营事务交由专业运营商负责；而在一些采用使用者付费机制的项目中，由于存在较大需求风险，项目公司可能仅仅会将部分非核心的日常运营管理事务交由专业运营商负责。

7. 原料供应商

在一些 PPP 项目中，原料及时、充足、稳定的供应对于项目的平稳运营至关重要，因此原料供应商也是这类项目的重要参与方之一。例如在燃煤电厂项目中，为了保证煤炭的稳定供应，项目公司通常会与煤炭供应商签订长期供应协议。

8. 产品或服务购买方

在 PPP 项目中，项目公司的主要投资收益来源于项目提供的产品或服务的销售收入，因此保证项目产品或服务有稳定的销售对象，对于项目公司而言十分重要。为了降低市场风险，在项目谈判阶段，项目公司以及融资方通常都会要求确定项目产品或服务的购买方，并由购买方与项目公司签订长期购销合同以保证项目未来的稳定收益。根据 PPP 项目付费机制的不同，项目产品或服务的购买方可能是政府，也可能是最终使用者。以政府付费的供电项目为例，政府的电力主管部门或国有电力公司通常会事先与项目公司签订电力购买协议，约定双方的购电和供电义务。

9. 保险公司

由于 PPP 项目具有投资巨大、周期较长、参与者多等特点，各参与者均面临较大的风险，因此需要向保险公司投保，实现风险分散和转移。此外，PPP 项目风险发生后可能造成严重的经济损失，因此需要保险公司具有较高的资信。

PPP 项目模式参与人的关系如图 8-2 所示。

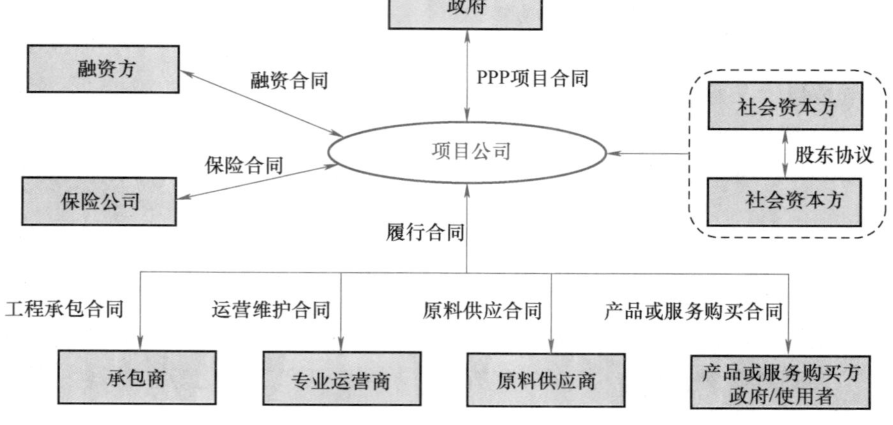

图 8-2　PPP 项目模式参与人的关系

8.2.4　PPP 项目模式的运作程序

各种类型 PPP 项目的运作程序是不完全相同的。根据我国的管理体制，按照财政部的《政府和社会资本合作模式操作指南（试行）》，PPP 项目的一般运作程序如下：

1. 项目识别

PPP 项目可以由政府或社会资本发起，以政府发起为主。财政部政府和社会资本合作中心（简称 PPP 中心）会同行业主管部门，对潜在政府和社会资本合作项目进行评估筛选，确定备选项目。PPP 中心根据筛选结果制订项目年度和中期开发计划。对于列入年度开发计划的项目，项目发起方应按 PPP 中心的要求提交相关资料。新建、改建项目应提交可行性研究报告、项目产出说明和初步实施方案；存量项目应提交存量公共资产的历史资料、项目产出说明和初步实施方案。PPP 中心会同行业主管部门，从定性和定量两方面开展物有所值评价工作。定量评价工作由各地根据实际情况开展。定性评价重点关注项目采用 PPP 模式与采用政府传统采购模式相比，能否增加供给、优化风险分配、提高运营效率、促进创新和公平竞争等。定量评价主要通过对 PPP 项目全生命周期内政府支出成本现值与公共部门比较值进行比较，计算项目物有所值的量值，判断 PPP 模式是否降低项目全生命周期成本。为确保财政中长期可持续性，财政部门应根据项目全生命周期内的财政支出、政府债务等因素，对部分政府付费或政府补贴的项目开展财政承受能力论证，每年政府付费或政府补贴等财政支出不得超出当年财政收入的一定比例。

2. 项目准备

县级（含）以上地方人民政府可建立专门协调机制，主要负责项目评审、组织协调和检查督导等工作，实现简化审批流程、提高工作效率的目的。政府或其指定的有关职能部门或事业单位可作为项目实施机构，负责项目准备、采购、监管和移交等工作。项目实施机构应组织编制项目实施方案，依次对以下内容进行介绍：

1）项目概况。它主要包括基本情况、经济技术指标和项目公司股权情况等。基本情况主要明确项目提供的公共产品和服务内容、项目采用 PPP 模式运作的必要性和可行性，以及项目运作的目标和意义。经济技术指标主要明确项目区位、占地面积、建设内容或资产范围、投资规模或资产价值、主要产出说明和资金来源等。项目公司股权情况主要明确是否要设立项目公司以及公司股权结构。

2）风险分配基本框架。按照风险分配优化、风险收益对等和风险可控等原则，综合考虑政府风险管理能力、项目回报机制和市场风险管理能力等要素，在政府和社会资本间合理分配项目风险。

3）项目运作方式。按照收费定价机制、项目投资收益水平、风险分配基本框架、改扩建需求和期满处置等因素，选择合适的项目运作形式，并对其进行调整优化，详见 8.2.2 节。

4）交易结构。它主要包括项目投融资结构、回报机制和相关配套安排。项目投融资结构主要说明项目资本性支出的资金来源、性质和用途，项目资产的形成和转移等。项目回报机制主要说明社会资本取得投资回报的资金来源，包括使用者付费、可行性缺口补助和政府付费等支付方式。相关配套安排主要说明由项目以外相关机构提供的土地、水、电、气和道路等配套设施和项目所需的上下游服务。

5）合同体系。它主要包括项目合同、股东合同、融资合同、工程承包合同、运营服务合同、原料供应合同、产品采购合同和保险合同等。项目合同是其中最核心的法律文件。项目边界条件是项目合同的核心内容，主要包括权利义务、交易条件、履约保障和调整衔接等边界。权利义务边界主要明确项目资产权属、社会资本承担的公共责任、政府支付方式和风险分配结果等。交易条件边界主要明确项目合同期限、项目回报机制、收费定价调整机制和产出说明等。履约保障边界主要明确强制保险方案以及由投资竞争保函、建设履约保函、运营维护保函和移交维修保函组成的履约保函体系。调整衔接边界主要明确应急处置、临时接管和提前终止、合同变更、合同展期、项目新增改扩建需求等应对措施。

6）监管架构。它主要包括授权关系和监管方式。授权关系主要是政府对项目实施机构的授权，以及政府直接或通过项目实施机构对社会资本的授权；监管方式主要包括履约管理、行政监管和公众监督等。

7）采购方式选择。采购方式包括公开招标、竞争性谈判、邀请招标、竞争性磋商和单一来源采购。项目实施机构应根据项目采购需求特点，依法选择适当采购方式。公开招标主要适用于核心边界条件和技术经济参数明确、完整，符合国家法律法规和政府采购政策，且采购中不做更改的项目。

3. 项目采购

项目实施机构应根据项目需要准备资格预审文件，发布资格预审公告，邀请社会资本和与其合作的金融机构参与资格预审，验证项目能否获得社会资本响应和实现充分竞争，并将资格预审的评审报告提交财政部PPP中心备案。

项目有3家以上社会资本通过资格预审的，项目实施机构可以继续开展采购文件准备工作；项目通过资格预审的社会资本不足3家的，项目实施机构应在实施方案调整后重新组织资格预审；项目经重新资格预审合格但社会资本仍不够3家的，可依法调整实施方案选择的采购方式。

资格预审公告应在省级以上人民政府财政部门指定的媒体上发布。资格预审合格的社会资本在签订项目合同前资格发生变化的，应及时通知项目实施机构。资格预审公告应包括项目授权主体、项目实施机构和项目名称、采购需求、对社会资本的资格要求、是否允许联合体参与采购活动、拟确定参与竞争的合格社会资本的数量和确定方法，以及社会资本提交资格预审申请文件的时间和地点。提交资格预审申请文件的时间自公告发布之日起不得少于15个工作日。

项目采购文件应包括采购邀请、竞争者须知（包括密封、签署、盖章要求等）、竞争者应提供的资格、资信及业绩证明文件、采购方式、政府对项目实施机构的授权、实施方案的批复和项目相关审批文件、采购程序、响应文件编制要求、提交响应文件截止时间、开启时间及地点、强制担保的保证金交纳数额和形式、评审方法、评审标准、政府采购政策要求、项目合同草案及其他法律文本等。

项目实施机构应组织社会资本进行现场考察或召开采购前答疑会，但不得单独或分别组织只有一个社会资本参加的现场考察和答疑会。

确认谈判完成后，项目实施机构应与中选社会资本签署确认谈判备忘录，并公示采购结果和根据采购文件、响应文件、补遗文件和确认谈判备忘录拟订的合同文本，公示期不得少于5个工作日。合同文本应将中选社会资本响应文件中的重要承诺和技术文件等作为附件。

合同文本中涉及国家秘密、商业秘密的内容可以不公示。公示期满无异议的项目合同，应在政府审核同意后，由项目实施机构与中选社会资本签署。

需要为项目设立专门项目公司的，待项目公司成立后，由项目公司与项目实施机构重新签署项目合同，或签署关于承继项目合同的补充合同。

4. 项目执行

社会资本依法设立项目公司。政府可指定相关机构依法参股项目公司。项目实施机构和财政部 PPP 中心应监督社会资本按照采购文件和项目合同约定，按时足额出资设立项目公司。

项目融资由社会资本或项目公司负责。社会资本或项目公司应及时开展融资方案设计、机构接洽、合同签订和融资交割等工作。财政部 PPP 中心和项目实施机构应做好监督管理工作，防止企业债务向政府转移。

社会资本或项目公司未按照项目合同约定完成融资的，政府可提取履约保函直至终止项目合同；遇到系统性金融风险或不可抗力的，政府、社会资本或项目公司可根据项目合同约定协商修订合同中的相关融资条款。

政府有支付义务的，项目实施机构应根据项目合同约定的产出说明，按照实际绩效直接或通知财政部门向社会资本或项目公司及时足额支付。设置超额收益分享机制的，社会资本或项目公司应根据项目合同约定向政府及时足额支付应享有的超额收益。

项目实际绩效优于约定标准的，项目实施机构应执行项目合同约定的奖励条款，并可将其作为项目期满合同能否展期的依据；未达到约定标准的，项目实施机构应执行项目合同约定的惩处条款或救济措施。

社会资本或项目公司违反项目合同约定，威胁公共产品和服务持续稳定安全供给，或危及国家安全和重大公共利益的，政府有权临时接管项目，直至启动项目提前终止程序。

政府可指定合格机构实施临时接管。临时接管项目所产生的一切费用，将根据项目合同约定，由违约方单独承担或由各责任方分担。社会资本或项目公司应承担的临时接管费用，可以从其应获终止补偿中扣减。

在项目合同执行和管理过程中，项目实施机构应重点关注合同修订、违约责任和争议解决等工作。

1）合同修订。按照项目合同约定的条件和程序，项目实施机构和社会资本或项目公司可根据社会经济环境、公共产品和服务的需求量及结构等条件的变化，提出修订项目合同申请，待政府审核同意后执行。

2）违约责任。项目实施机构、社会资本或项目公司未履行项目合同约定义务的，应承担相应违约责任，包括停止侵害、消除影响、支付违约金、赔偿损失以及解除项目合同等。

3）争议解决。在项目实施过程中，按照项目合同约定，项目实施机构、社会资本或项目公司可就发生争议且无法协商达成一致的事项，依法申请仲裁或提起民事诉讼。

项目实施机构应每 3 ~ 5 年对项目进行中期评估，重点分析项目运行状况和项目合同的合规性、适应性和合理性，及时评估已发现问题的风险，制定应对措施，并报财政部 PPP 中心备案。

5. 项目移交

移交（收尾）是指 PPP 合作期满时，项目公司把项目移交给项目所在地政府。BOT、

BOOT、DBFOT、TOT、ROT 等形式都涉及移交阶段，而 BOO、TOO 等形式的此阶段则可称为收尾阶段。

项目移交包括移交准备、性能测试、资产交割、绩效考核支付等，由专门的项目移交工作组负责。到目前为止，已完成 PPP 项目全过程的项目还较少，因此此阶段的经验尚待总结。

PPP 项目模式的运作流程如图 8-3 所示。

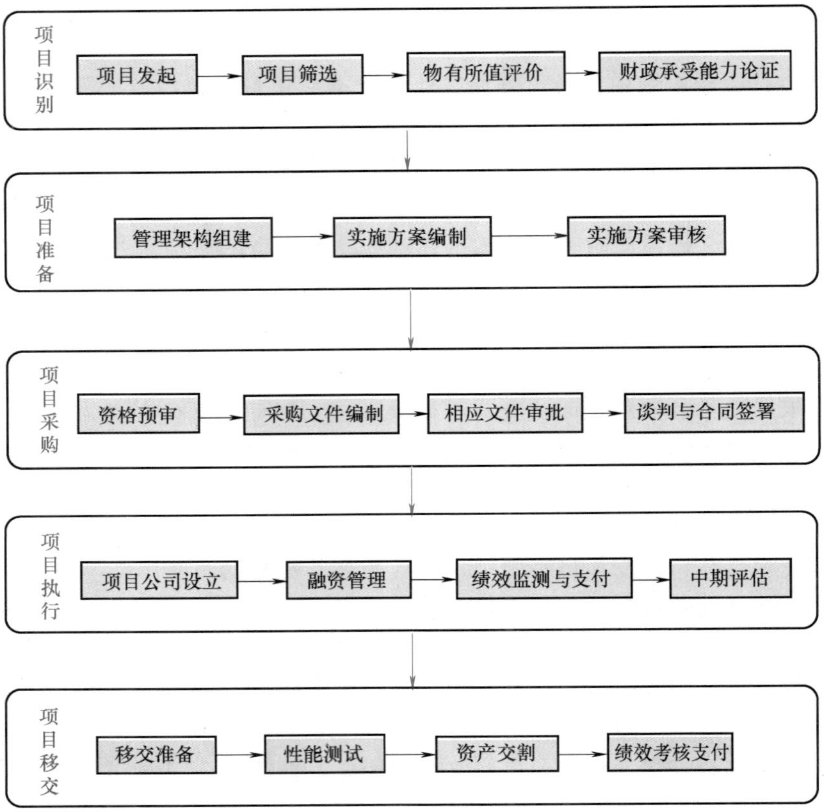

图 8-3　PPP 项目模式的运作流程

8.2.5　PPP 项目模式的特点

PPP 项目模式是政府公共服务提供与采购模式不断总结经验、改革创新的结果。PPP 项目模式的特点主要体现在以下方面：

1. 避免费用超支

社会资本方在初始阶段就与公共部门一起参与项目的识别、可行性研究、设计和融资等项目建设过程，从而保证了项目在技术和经济上的可行性，缩短了前期工作周期，并降低了项目费用。在 PPP 项目模式下，社会资本方只有在项目已经完成并得到政府批准使用后才能获利，因此有利于提高效率和降低工程造价，能够消除项目完工风险和资金风险。

2. 促进政府角色转换，减轻财政负担

政府从过去的基础设施公共服务的提供者变成一个监管的角色，保证了项目质量，也可以在财政预算方面减轻政府压力。

3. 投资主体的多元化

利用社会资本方提供的资产和服务促进投融资体制改革，并为政府部门提供更多的资金和技能，同时可以利用企业的先进技术和管理经验。

4. 政府部门和社会资本方优势互补

PPP 项目模式使公私双方形成长期互利目标，用最有效的成本为公众提供高质量的服务。

5. 各方利益目标协调

PPP 项目模式使项目参与各方整合组成战略联盟，对协调各方不同的利益目标起关键作用，使基础设施建设、经营取得更好的效果，能够更好地服务于大众。

6. 风险分配合理

PPP 项目模式在项目初期就实现了风险分配，政府分担一部分风险，降低承建商与投资商的风险，从而降低了融资难度，提高了项目融资成功的可能性。政府在分担风险的同时也拥有一定的控制权。

7. 应用类型多样化

PPP 项目模式被广泛地应用到能源、交通运输、水利、环境保护、农业、林业、科技、保障性安居工程、医疗、卫生、养老、教育、文化等基础设施项目。这些项目与社会稳定、经济发展和民众需求密切相关。

8.3 ABS 工程项目融资模式

8.3.1 ABS 融资模式的概念

ABS（Asset Backed Securitization，资产支持证券化，也称资产证券化）是以项目所属的资产为支撑的证券化融资方式。具体来说，它是以项目所拥有的资产为基础，以该项目资产可以带来的预期收益为保证，经过信用增级，在资本市场上发行债券筹集资金的一种项目融资方式。ABS 融资起源于美国，随后得到不断发展，现在已经传播到世界其他国家，为工程项目融资提供了新的模式，更大限度地促进了工程项目融资的发展。

在资产证券化产生的初始阶段，资产证券化是指通过在资本市场和货币市场上发行证券，即以直接融资的方式来举债。这种形式的资产证券化被称为“一级证券化”或“融资证券化”。运用这种方法，一个借款人可以向市场上的投资者直接借款，而不再需要向银行申请贷款或透支。这种类型的资产证券化动摇了银行作为资金提供者的传统地位，并最终导致“非中介化”或“脱媒”现象的出现。在以后的发展中，资产证券化出现了一些新的变化，即把已经存在的信贷资产集中起来，根据利率、期限、信用质量等标准加以组合并进行包装后转售给投资者，从而使此项资产在原持有者的资产负债表中消失。这种形式的资产证券化被称为“二级证券化”，也就是现在通常所说的资产证券化。

从本质来说，资产证券化属于一种以项目的收益为基础融资的工程项目融资方式。其内涵就是将原始权益人（卖方）不流通的存量资产或可预见的未来收入，构造和转变成为资本市场可销售和流通的金融产品的过程。具体来说，就是将缺乏流动性但能够产生可预见的稳定现金流的资产，通过一定的结构安排，对资产中风险与收益要素进行分离与重组，进而转换为在金融市场上可以出售和流通的证券的过程。采用资产证券化模式的目的在于，通过其特有的提高信用等级的方式，使原本信用等级较低的项目也可以进入高信用等级证券市场，从而利用该市场信用等级高、债券安全性和流动性高、债券利率低的特点，大幅度降低发行债券筹集资金的成本。

按照规范化的证券市场的运作方式，在证券市场发行债券，必须对发债主体进行信用评级，以揭示债券的投资风险及信用水平。债券的筹资成本与信用等级密切相关。信用等级越高，表明债券的安全性越高，债券的利率越低，从而使通过发行债券筹集资金的成本越低。例如，根据标准普尔公司的信用等级划分方法，信用等级 AAA、AA、A、BBB 为投资级，即债券的信用等级只有达到 BBB 及以上级别时，才具有投资价值，才能在证券市场上发行债券募集资金。在投资级债券中，AAA 级和 AA 级属于高档投资债券，信用风险小、融资成本低。因此，利用证券市场筹集资金，一般都希望进入高档投资级证券市场。但是，那些不能获得权威资信评估机构较高级别信用等级的企业或其他机构，则无法进入高档投资级证券市场。资产证券化融资的独到之处就在于通过信用增级计划，使没有获得信用等级或信用等级较低的机构，同样可以进入高档投资级证券市场，通过资产的证券化来筹集资金。因此，即使加入了一些前期分析、业务构造和信用增级等成本，它仍然为融资业务提供了新的、成本更低的资本来源。而且，当公司或项目依靠其他形式的信用进行融资的机会很有限时，证券化就成为该公司的一个至关重要的融资来源。资产支持的证券评级仅取决于作为证券支持的资产的信用质量，而与发行这些证券的公司的财务状况或金融信用无关。

8.3.2 ABS 融资模式的基本要素

资产支持证券化融资的基本要素主要有以下几个方面：

1. 标准化的合约

制定标准化合约必须审慎，因为该合约使所有的参与方确信：为满足契约规定的义务，担保品的存在形式应能够提供界定明确而且在法律上可行的行为。

2. 资产价值的正确评估

在信贷资产证券化业务中，通过银行家的尽职调查，向感兴趣的各方提供关于该项目风险性质的描述和恰当的价值评估。

3. 具有历史统计资料的数据库

对于拟证券化的资产在过去不同情况下的表现，必须提供一份具有历史统计资料的数据，以使各参与方据此确定这些资产支持证券的风险程度。

4. 适用法律的标准化

证券化融资需要以标准的法律为前提。美国第一银行曾发行过 AAA 级抵押支持传递证券，最后以失败告终，其原因就是它未能满足美国所有州要求的法定投资标准。这一点也是决定 ABS 项目能否成功的重要一环。

5. 确定中介机构

确定中介机构对于证券化融资也是非常关键的。不应因金融中介机构的破产或服务权的转让而造成投资者的损失。

6. 可靠的信用增级措施

证券化融资的重要特点是可以通过信用增级措施发行高档债券，以降低项目融资的成本。因此，如果没有可靠的、资信较高的信用增级措施，资产支持证券化融资是很难操作的。

7. 计算机模型的应用

用以跟踪现金流量和交易数据的计算机模型，也是促进证券化交易增长的重要基础。

8.3.3 ABS 融资模式的参与人

1. 发起人或原始权益人

发起人或原始权益人是被证券化的项目相关资产的原始所有者，也是资金的最终使用者。对于项目收益资产证券化来说，发起人是指项目公司，它负责项目收益资产的出售、项目的开发建设和管理。而对于项目贷款资产证券化来说，发起人一般包括：

1）商业银行。其主要功能是吸收存款、管理贷款。

2）抵押银行。其主要功能是发放抵押贷款并在二级市场销售。

3）政府机构。尽管政府机构提供的贷款少，但发挥的作用很大。

一般情况下，发起人的主要作用是：

1）收取贷款申请。

2）评审借款人申请抵押贷款的资格。

3）组织贷款。

4）从借款人手中收取还款。

5）将借款还款转交给抵押支持证券的投资者等。

发起人的收入来源主要是：

1）发起费。以贷款金额的一定比例表示。

2）申请费和处理费。

3）二级销售利润，即发起人售出抵押贷款时其售价和成本之间的差额。

发起人也可以是证券的出售人和承销商，因为对发起人来说，保留证券的承销业务可获得一定的费用收入。

发起人一般通过真实出售或所有权转让的形式把其资产转移到资产组合中。尽管发起人破产并不直接影响资产支持证券的信用，但发起人的信誉仍然是需要考虑的一个重要因素。因为如果发起人的信誉恶化，那么就会影响包括发起人资产在内的担保品的服务质量。

2. 服务人

服务人通常由发起人自身或指定的银行来承担。服务人的主要作用体现在两个方面：一是负责归结权益资产到期的现金流，并催讨过期应收款；二是代替发行人向投资者或投资者的代表——受托人支付证券的本息。服务的内容包括收集原借款人的还款，以及其他一些担保履行还款义务和保护投资者权利所必需的步骤。因此，资产支持证券化的大多数交易与服务人的信用风险存在着直接的关系，因为服务人持有要向投资者分配的资金。信用风险的高低是由服务人把从资产组合中得到的权益转交给投资者时的支付频率决定的。

3. 特设机构

资产证券化的特设机构即发行人，通常也称为特殊目的公司（Special Purpose Vehicle,

SPV）。资产组合并不是由原始权益人直接转让给投资者的，而是首先转让给一家独立中介机构，或者一个被称为“破产隔离”的金融子公司。这些特殊目的公司是专门为发行资产支持证券化而组建的，具有独立法律地位。SPV必须具备以下两个特点：

1）为保持中立性，SPV必须是独立的法人实体。

2）为了不至于因自身债务问题而扭曲证券化资产的风险隔离效果，SPV应该成为“不破产实体”。

因此，SPV要满足以下条件：

1）目标与权力应受到限制。

2）债务应受到限制。

3）设有独立董事，维护投资者利益。

4）分立性。

5）不得进行重组兼并。

SPV是发起人与投资者之间的桥梁，是资产证券化结构设计中的关键。

4. 发行人

发行人可以是中介公司，也可以是发起人的附属公司、参股公司或者投资银行。有时，受托管理人也承担这一责任，即在证券化资产没有卖给上述公司或投资银行时，它常常被直接卖给受托管理人。该受托管理人是一个信托实体，其创立的唯一目的就是购买拟证券化的资产和发行资产支持证券。该信托实体控制着作为担保品的资产，并负责管理现金流的收集和支付。信托实体通常就是发起人的一家子公司，或承销本次证券发行的投资银行的一家子公司。在某些情况下，由于单个发起人的资产不足以创造一个合格的资产组合，这时就要将几个发起人的资产共同组成一个资产组合。

当发行人从原始权益人手中购得权益资产，在未来收取一定现金流的权利后，就要对其进行包装，然后以发行证券的方式在二级市场上将它出售给投资者。资产支持证券化的主要类型之一就是住房抵押贷款。而在资产证券化最早出现的美国，充当住房抵押贷款支持证券发行人的主要机构有两类：一类是政府性质的机构。例如：联邦国民抵押协会（FNMA），通过购买无政府保险的住房抵押贷款并使之证券化；政府国民抵押协会（GNMA），使有担保的住房抵押贷款证券化；联邦住房抵押公司（FHIMC），通过购买未经政府保险但经私人保险的常规抵押贷款，并以之为担保在资本市场上发售债券。另一类是非政府性质的机构。例如，住房融资公司（Residential Funding Corporation），它们购买不符合联邦国民抵押协会等政府性质机构有关条件的住房抵押贷款，并使之证券化。

5. 证券商

资产支持证券化由证券商承销。证券商或者向公众出售其包销的证券，或者私募债券。作为包销人，证券商从发行人处购买证券，再出售给公众。如果是私募债券，证券商并不购买证券，而只是作为发行人的代理人，为其成功发行提供服务。发行人和证券商必须共同合作，确保发行结构符合法律、财会、税务等方面的要求。

6. 信用强化机构

在资产证券化过程中，一个尤为关键的环节就是信用增级，而信用增级主要由信用增级机构完成。从某种意义上说，资产支持证券投资者的投资利益能否得到有效保护和实现，主要取决于证券化产生的信用保证。所谓信用增级，即信用等级的提高。经信用保证而得以提高等级的证券，将不再按照原发行人的等级或原贷款抵押资产等级进行交易，而是按照担保机构的信用等级进行交易。

信用增级一般采取内部信用增级和外部信用增级两种方式：由发行人提供的信用增级，即内部信用增级（Internal Enhancement）；由第三方提供的信用增级，即外部信用增级（External Enhancement）。

（1）内部信用增级

由发行人提供的内部信用增级有两种基本形式，即直接追索权和超额担保。两种形式均具有同样的目的，即减少投资者承担的与资产组合有关的信用风险。具体又可分为三种操作方式，即以高级次级证券结构、超额抵押和储备基金等方式来提高信用等级。SPV 可以单独使用其中某一种方式，也可以同时使用这三种方式或者其中的两种方式。

（2）外部信用增级

由第三方提供的外部信用增级可分为部分信用增级和完全信用增级两种形式。部分信用增级的目的是减少投资者承担的与资产组合有关的信用风险；完全信用增级的目的则不仅是要减少这种风险，而且是要完全消除这种风险。与内部信用增级不同的是，外部信用增级一般不带有相关风险的特征，这是因为第三方的信用质量总体来讲与被提高的信用资产质量没有关系。

外部信用增级方式通常是通过提供银行信用证，由一家单线保险公司提供保险以及第三方设立的储备账户基金形成的。这些信用增级依赖于担保人，而不是资产本身的信用等级。

7. 信用评级机构

信用评级机构是依据各种条件评定资产支持证券化等级的专门机构。资产支持证券化的投资者依赖信用评级机构为其评估资产支持证券的信用风险和再融资风险。信用评级机构必须持续监督资产支持证券的信用评级，根据情况变化对其等级进行相应调整。证券的发行人要向信用评级机构支付服务费用，因为如果没有信用评级机构的参与，这些结构复杂的资产支持证券可能就卖不出去。当有信用评级机构参与时，投资者就可以把投资决策的重点转移到对市场风险和证券持续期的考虑上。所以，信用评级机构是证券化融资的重要参与者之一。一般来说，信用评级机构都是在全球范围内享有较高声誉的机构，如美国的标准普尔（Standard & Pool's）、穆迪（Moody's）、惠誉（Fitch）和道衡（Duff & Phelps）等。这些评级机构的历史记录和表现一直很好，特别是在资产支持证券领域口碑更佳。

发行人需要评级机构的评级是因为他们希望所发行证券的流通性更强，其支付的利息成本更低。当投资者通过评级机构的评级而信任证券的信用质量时，他们对投资收益的要求通常就会降低。许多受到管制的投资者未被允许购买那些级别较低的证券，更不能购买那些未经评级的证券。信用评级机构的存在拓宽了投资者的投资范围，创造了对证券的额外需求，对发行人来说，节省的成本将非常可观。

8. 受托管理人

在资产证券化的操作中，受托管理人充当着服务人与投资者的中介，也充当着信用强化机构和投资者的中介。受托管理人的职责主要体现在三个方面：①作为发行人的代理人向投资者发行证券，并由此形成自己收益的主要来源；②将借款人归还的本息或权益资产的应收款转给投资者，并且在款项没有立即转给投资者时，有责任对款项进行再投资；③对服务人提供的报告进行确认并转给投资者。当服务人不能履行其职责时，受托管理人应该并且能够起到取代服务人角色的作用。

ABS 融资模式的运作程序

8.3.4　ABS 融资模式的运作程序

ABS 融资模式在实际操作中涉及很多技术性问题，但其证券化过程的基础是比较简单的。发起人将要证券化的资产进行组合后，以之为担保或出售给一个特定的交易机构，由其向投资者进行证券融资。ABS 融资模式的具体运作程序主要包括以下几个方面：

1. 确定证券化资产，组建资产池

原始权益人首先要在分析自身融资需求的基础上确定资产证券化目标；其次对自己拥有的资产进行清理、估算和考核，根据资产证券化目标确定一个具体的资产目标；最后将筛选出来的资产汇集成一个资产池。需要注意的是，原始权益人对资产池中的每项资产都必须拥有完整的所有权。

2. 组建 SPV

SPV 的设立是证券化过程中的一个关键环节，其目的是最大限度地降低原始权益人的破产风险对证券化的影响。也就是说，原始权益人的破产不会影响到证券化基础资产。为了达到破产隔离的目的，在组建 SPV 时，应遵循以下原则：①债务限制；②设立独立董事；③保持分立性。SPV 可以是一个信托投资公司、信用担保公司、投资保险公司或其他独立法人。SPV 应能够获得国际权威资信评估机构较高级别的信用等级（AAA 级或 AA 级）。由于 SPV 是进行 ABS 融资的载体，成功组建 SPV 是 ABS 能够成功运作的基本条件和关键因素。

3. SPV 与项目结合

SPV 寻找可以进行 ABS 融资的对象。一般来说，投资项目所依附的资产只要在未来一定时期内能带来现金收入，就可以进行 ABS 融资。它们可以是信用卡应收款、房地产的未来租金收入、飞机和汽车等未来运营的收入、项目产品出口贸易收入、港口及铁路的未来运费收入、收费公路及其他公用设施收费收入、税收及其他财政收入等。拥有这种未来现金流量所有权的企业（项目公司）成为原始权益人。总结多年来 ABS 融资的经验可以发现，具有下列特征的资产比较容易实现证券化：

1）资产可以产生稳定的、可预测的现金流收入。

2）原始权益人持有该资产已有一段时间，且信用表现记录良好。

3）资产应具有标准化的合约文件，即资产具有很高的同质性。

4）资产抵押物易于变现，且变现价值较高。

5）债务人的地域和人口统计分布广泛。

6）资产的历史记录良好，即违约率和损失率较低。

7）资产的相关数据容易获得。

这些未来现金流量所代表的资产，是 ABS 融资方式的物质基础。在进行 ABS 融资时，一般应选择未来现金流量稳定、可靠，风险较小的项目资产。一般情况下，这些代表未来现金收入的资产，本身具有很高的投资价值，但由于各种投资条件的限制，它们自己无法获得权威资信评估机构授予的较高级别的资信等级，因此无法通过证券化的途径在资本市场筹集建设资金。而 SPV 与这些项目的结合，就是以合同、协议等方式将原始权益人所拥有的项目资产的未来现金收入的权利转让给 SPV，转让的目的在于将原始权益人本身的风险隔离。

这样 SPV 进行 ABS 模式融资时，其融资风险仅与项目资产的未来现金收入有关，而与建设项目原始权益人本身的风险无关。在实际操作中，为了确保与这种风险完全隔离，SPV 一般要求原始权益人或有关机构提供充分的担保。

4. 进行信用增级

为了利用信用增级手段使项目资产获得预期的信用等级，需要调整项目资产现有的财务结构，使项目融资债券达到投资级水平，达到 SPV 关于承保 ABS 债券的条件要求。SPV 通过提供专业化的信用担保进行信用增级。信用增级的渠道有：利用信用证、开设现金担保账户、直接进行金融担保。之后，委托资信评估机构，对即将发行的经过担保的 ABS 债券在还本付息能力、项目资产的财务结构、担保条件等方面进行信用评级，确定 ABS 债券的资信等级。

5. 进行信用评级

在资产证券化交易中，信用评级通常分两次进行，即初评和发行评级。初评的目的是确定为了达到所需要的信用级别而必须进行的信用增级水平。在按评级机构的要求进行信用增级之后，评级机构才进行正式的发行评级，并向投资者公布最终评级结果。证券的信用等级越高，表明证券的风险越小。

6. SPV 发行债券

信用评级完成并公布结果，同时获得证券监管机构的批准后，SPV 直接在资本市场上发行债券募集资金，或者 SPV 通过信用担保，由其他机构组织债券发行，并将通过发行债券筹集的资金用于项目建设。由于 SPV 一般均获得国际权威性资信评估机构的 AAA 级或 AA 级信用等级，按照信用评级理论和惯例，由它发行的债券或通过它提供信用担保的债券，也自动具有相应的信用等级。这样 SPV 就可以借助这一优势，在国际高档投资级证券市场以较低的资金成本发行债券，募集项目建设所需资金。

7. 获取证券发行收入，向发起人支付资产购买价款

SPV 将证券发行所取得的现金收入，在支付该资产证券化交易过程中发生的相关中介咨询、服务费用之后，按与发行人签订的售卖合同所事先约定的价格和支付方式，向发行人支付购买基础资产的价款，实现资产转移。

8. 资产管理服务与回收资产收益

资产证券化完成以后，SPV 就要涉足资产管理服务与回收资产收益的工作。SPV 一般会聘请专门的服务商来对资产池进行管理。服务商的主要任务是对基础资产的日常运行进行管理，收取和记录资产产生的现金收入，并将这些款项存入受托管理人的收款专用账户中。与此同时，受托管理人按约定建立积累基金，以便对投资者按期支付本息。服务商还会在债务人违约的情况下，采取垫付款项等补救措施。

9. SPV 偿债债券

由于项目原始收益人已将项目资产的未来现金收入权利让渡给 SPV，因此 SPV 就能利用项目资产的现金收入量，清偿它在国际高档投资级证券市场上所发行债券的本息。SPV 一般委托某受托银行担任资金管理和本息偿付职能。受托银行根据证券应用协议条款，从服务商、担保人和其他第三方处收集资金，并在规定的本息偿付日，对投资者进行足额偿付。按照证券发行说明书的约定，当证券全部被偿付完毕后，若资产池产生的现金流还有剩余，那么这些剩余的现金流将在原始权益人和 SPV 之间按规定进行分配。至此，资产证券化交易的全部过程也随之结束。

ABS 融资模式的具体运作程序如图 8-4 所示。

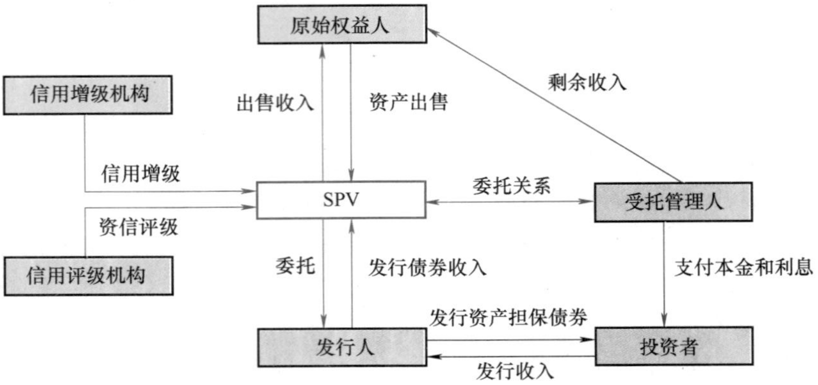

图 8-4　ABS 融资模式的运作程序

8.3.5　ABS 融资模式的特点

ABS 融资模式的特点主要表现在以下几个方面：

1. 筹资规模大、成本低、资金来源广

ABS 融资模式的最大优势是通过在国际高档证券市场上发行证券筹集资金，证券利率一般较低，从而降低了筹资成本。而且，国际高档证券市场容量大，资金来源渠道多样化，因此，ABS 融资模式特别适合大规模筹集资金。

2. 代表未来项目融资的发展方向

通过证券市场发行证券筹集资金是 ABS 融资模式不同于其他项目融资模式的一个显著特点。

3. 项目风险隔离、投资风险分散

ABS 融资模式隔离了项目原始权益人自身的风险，使其清偿债券本息的资金仅与项目资产的未来现金收入有关；加之在国际高档证券市场上发行的债券是由众多投资者购买的，从而分散了投资风险。

4. 金融工具的创新

ABS 融资模式是通过 SPV 发行高档证券募集资金的，这种负债不反映在原始权益人自身的资产负债表上，从而避免了原始权益人资产质量的限制。同时，SPV 利用成熟的项目融资改组技巧，将项目资产的未来现金流量包装成高质量的证券投资对象，充分显示了金融创新的优势。

5. 发行环节少、简便易行，而且中间费用低

作为证券化项目融资模式的 ABS，由于采取了利用 SPV 提高信用等级的措施，从而能够进入国际高档证券市场，发行那些易于销售、转让以及贴现能力强的高档债券。

6. 有助于培养人才，规范市场

由于 ABS 融资模式是在国际高档证券市场筹资的，其接触的多为国际一流证券机构，按国际上规范的操作规程行事，这将有助于培养东道国在国际项目融资方面的专业人才，规范国内证券市场。

8.3.6 ABS 与 PPP 融资模式的比较

ABS 与 PPP 融资模式都适用于基础设施建设，但二者在运作过程中的特点及对经济的影响等方面存在很大差异。

1. 运作难度和融资成本方面

ABS 融资模式的运作方式相对简单，牵涉原始受益人、特殊目的公司（SPV）、投资者、证券承销商等几个主体，无须政府的特许及外汇担保，是一种主要通过民间的非政府途径运作的融资模式。它既实现了操作的简单化，又可通过资产结构重组、超额担保、准备金账户和第三方担保等一系列信用证及方式提高信用等级，并通过信用评级制度和发行高档债券，使融资成本大大降低。

PPP 融资模式的操作则较为复杂，难度较大，特别是在前期准备阶段，必须经过项目确定、项目准备、招标、谈判、签署有关文件合同、维护和移交等环节，涉及政府的许可、审批，以及外汇担保等诸多环节。尤其是 PPP 融资模式，还要经过物有所值评价、财政承受能力论证及实施方案的制定，牵涉范围广，不易实施，而其前期融资成本也因中间环节的增加而增加。

2. 投资风险方面

ABS 项目的投资者一般为国际资本市场上的债券购买者，其数量众多，这就极大地分散了投资的风险，使每一个投资者承担的风险相对较小；而且，这种债券还可以在二级市场上转让，具有较高的资信等级，这使得其在资本市场上风险较小，对投资者具有较大的吸引力。

PPP 项目的社会资本方一般都为企业或金融机构，其投资是不能随便放弃和转让的，每一个投资者承担的风险相对较大；同时，由于其投资大、周期长，在其建设运营过程中易受政府政策、市场环境等非金融因素的影响，因此有较大风险。

3. 项目所有权和运营权方面

在 ABS 融资模式中，项目资产的所有权根据双方签订的买卖合同，由原始权益人即项目公司转至特殊目的公司（SPV）。在债券发行期内，项目资产的所有权属于 SPV，而项目的运营、决策权属于原始权益人，原始权益人有义务把项目的现金收入支付给 SPV；待债券到期，以资产产生的收入还本付息，支付各项服务费之后，资产的所有权又复归原始权益人。

PPP 项目的所有权、运营权可以在特许期内属于项目公司；特许期届满，所有权移交给政府。因此，通过外资 PPP 项目进行基础设施项目融资可以带来国外先进的技术和管理，但会使外商掌握项目控制权。

4. 项目融资对象方面

在 ABS 融资模式中，项目资产虽然和 PPP 一样，也必须具有稳定的、长期的未来收益，但这些项目资产还可以是许多已建成的良性资产的组合。政府部门可以运用 ABS 融资模式，以这些良性资产的未来收益作为担保，为其他基础设施项目融资。因此，用 ABS 模式融资不仅可以筹集大量资金，还有助于盘活许多具有良好收益的固定资产。

采用 PPP 融资模式的新建项目，社会资本方可以采用 ABS 融资模式建立 PPP 投资基金，将投资基金投入项目，同时，在 PPP 项目执行阶段，项目公司也可以采用 ABS 模式进行再融资或者股权变更。

5. 适用范围方面

ABS融资模式在债券发行期内，项目的资产所有权虽然归SPV所有，但项目资产的运营和决策权依然归原始权益人所有。SPV拥有项目资产的所有权，只是为了实现“资产隔离”，实质上ABS项目资产只是以出售为名，而行担保之实。因此，在运用ABS融资模式时，不必担心项目是关系国计民生的基础设施而被外商控制，凡可预见的、有稳定的未来收益的基础设施资产，经过一定的结构重组都可以证券化。相比较而言，在基础设施领域，ABS融资模式的适用范围要比PPP融资模式广泛。

PPP模式一般适用于那些竞争性不强的行业，包括通过对用户收费、政府付费获得收益的设施或服务项目。因此，对那些关系国计民生的重要部门，是不宜采用这种方式的。

8.3.7　ABS融资模式的核心问题

1. SPV的设立问题

从世界上其他国家的实践来看，SPV的设立方式有以下三种：

1）政府组建。政府组建的SPV由于有坚实的政府背景，因此在很多情况下享有与私人公司不同的待遇。

2）由发起人组建。在这种组建方式下，发起人与SPV之间是母子公司关系，发起人可能对SPV享有特权，从而损害投资者的利益，不利于证券化过程中的资产转移性质被界定为真实出售。

3）由独立的第三方组建和拥有。现实中，不管是由哪一方组建，都要求SPV的设立手续简便、成本较低，以便于资产担保证券的发行，同时还要考虑法律对证券化税收的规定——避免双重纳税，以及实现破产隔离等。目前，比较常见的SPV组织形式有公司、信托、合伙、基金等。至于具体采用何种组织形式，主要取决于各国的法律、税收和会计制度等因素。

2. 破产风险隔离问题

在ABS交易中，使各参与方远离破产风险，是保障投资者收益的关键。

（1）SPV自身的破产风险防范

SPV使自身实现破产隔离，国际上比较通行的做法是在法律上对SPV的经营范围、债务等方面进行严格的限制。

1）经营范围的限制。作为一个新成立的经济实体，SPV只能从事与证券化交易有关的业务活动。除交易规定的可进行活动的以外，SPV不得进行任何其他经营和投融资活动。

2）债务的限制。SPV除了履行证券化交易中确立的债务和担保义务外，不应再发生其他债务，也不应为其他机构或个人提供担保。

3）独立性要求。为了避免发起人破产波及资产证券化交易，SPV必须保持其独立性，必须从形式上和实质上保持与发起人之间的距离。

4）不得进行并购重组。除特殊情况外，SPV不得与他方合并或转让原始权益；在未事先通知原有关当事人的情况下，不得修改资产条件、证券化协议及其章程。

5）合同权益的保护。除特殊情况外，SPV不得豁免或减轻任何当事人的合同义务。

6）银行账户。除证券化协议规定设立的账户外，SPV不得开设其他任何银行账户。

7）附属机构。除证券化协议规定外，SPV 不得设立任何附属机构。

（2）发起人的破产风险隔离

ABS 交易结构应能保证发起人的破产既不会对 SPV 的正常运营产生影响，也不会影响对证券持有人的按时支付。要实现这一点，就必须做到 SPV 不会被发起人合并，同时还要做到资产转移被定性为真实出售，而不是担保融资。如果资产转移为真实出售，SPV 就拥有基础资产的所有权，那么在发起人破产时，基础资产就不能作为其破产财产列入清算范围，从而保障了 SPV 持有人的利益。因此，真实出售使证券化资产与发起人的破产风险隔离。

（3）服务商的破产风险隔离

如果基础资产产生的收入保留在服务商的自有账户中，或与服务商的自有资金混合，就可能导致基础资产产生的收入不能用于对资产担保证券的按时偿付。在极端情况下，如服务商破产，将危及对资产担保证券的偿付。为了避免上述情况的发生，SPV 与服务商签订的服务协议中通常规定，服务商在收集基础资产收入后的一段时期内，可以保留和混存收入，但在这一时期结束后，基础资产的收入就必须存入专门的存款账户中。有些服务协议则规定债务人直接对锁定账户进行支付，除非服务商具有证券化交易要求的信用等级，否则不能获取锁定账户的款项。

（4）原始债务人的破产风险隔离

在构建资产担保证券化交易时，通常要考虑这样一个问题：如果个别原始债务人无力偿还债务，那么应如何保证对资产担保证券持有人的按时支付？常用的解决措施是：SPV 购买若干基础资产组合成资产池，并根据基础资产的历史违约数据，通过构建模型来推算资产池中资产的违约率，然后再根据违约率来推测基础资产产生的现金流，据此确定资产担保证券的收益率。因此，ABS 交易结构的设计将个别债务人的破产情况考虑在内，并采取措施熨平了现金流的波动，从而使投资者获得的偿付几乎不受个别原始债务人破产风险的影响。

3. 资产转移方式问题

从法律上说，资产证券化过程中的资产转移方式有三种：更新、转让、参与。

（1）更新

更新是发起人与债务人首先解除债务合约，再由 SPV 与债务人按原合约条款签订一份新合约来替换原来的债务合约，从而把发起人与债务人之间的债权、债务关系转换为 SPV 与资产负债人之间的债权、债务关系。更新这种方式由于要缴纳印花税等，因此交易成本较高。

（2）转让

转让是指发起人无须更改、终止原有合同，只需通过一定的法律手续，直接把基础资产转让给 SPV，即交易不涉及原始借款人（债务人）。转让又分为两种情况：①把通知借款人或把借款人的承诺作为转让的必要条件，即若没有资产转让的书面通知，资产借款人就享有终止债务支付的法定权利；②不通知借款人，即默认方式。在美国和日本，不管有无通知，转让方式都被视为证券化的一种形态。而在我国，根据《中华人民共和国民法典》的规定，一般债权转让采取转让通知原则。相比较而言，转让是一种手续简单、成本节约的资产转移方式。

（3）参与

在该种方式下，SPV 与借款人之间无合同关系，发起人和原始借款人之间的基础合同继续有效，资产不必从发起人转移到 SPV。SPV 先向投资者发行资产担保证券，然后将筹集到的资金转贷给发起人，其转贷金额等于资产组合价值。投资者给予SPV的贷款和SPV给予发起人的贷款都附有追索权。

8.3.8　ABS融资模式在我国的应用

1. 我国资产证券化的实践历程

我国的资产证券化道路源于1992年海南省三亚地产的投资证券。三亚市开发建设总公司以三亚单洲小区约0.53km^2（800亩）土地为发行标的物，公开发行了2亿元的3年期投资证券，为我国资产证券化尝试走出了第一步。1996年8月，珠海为了支持珠海公路的建设，以本地车辆登记费和向非本地登记车辆收取的过路费所带来的稳定现金流为支持，在国外发行了2亿美元债券。这是国内第一个完全按照国际化标准运作的离岸资产证券化案例。1997年7月，中国人民银行颁布《特种金融债券托管回购办法》规定，由部分非银行金融机构发行的特种金融债券，均需办理资产抵押手续，并委托中央国债登记结算公司负责相关事项。这在某种程度上使不良资产支持债券的发行成为可能。此后出现了由资产管理公司主导的几笔大额不良资产证券化。2000年，中国人民银行批准中国建设银行、中国工商银行为住房贷款证券化试点单位，标志着资产证券化被政府认可。

2003年，中集集团以其海外的应收账款为支持发行了资产支持证券，规定在3年的有效期内，凡是中集集团发生的应收账款都可以出售给由荷兰银行管理的资产购买公司，由该公司在国际商业票据市场上多次公开发行资产支持商业票据（Asset Backed Commercial Paper，ABCP），协议总额为8000万美元。2003年6月，华融资产管理公司（简称华融）推出了国内首个资产处置信托项目。华融将涉及全国22个省市256户企业的132.5亿元债权资产组成资产包，以中信信托为受托人设立财产信托，期限为3年。华融的这个模式已经接近真正的资产证券化项目，并且首次在国内采用了内部现金流分层的方式，实现了内部信用增级。

到2004年，开始出现政府推动资产证券化发展的迹象。2004年2月，《国务院关于推进资本市场改革开放和稳定发展的若干意见》中第四条“健全资本市场体系，丰富证券投资品种”提出，加大风险较低的固定收益类证券产品的开发力度，为投资者提供储蓄替代型证券投资品种，积极探索并开发资产证券化品种。2004年4月—7月，中国工商银行通过财产信托对其宁波分行的26亿元不良资产进行了证券化。2004年12月15日，中国人民银行公布实施《全国银行间债券市场债券交易流通审核规则》，为资产证券化产品流通扫清障碍。

2005年以来，我国在资产证券化的道路上有了新的发展。2005年3月21日，由中国人民银行牵头，会同证监会、财政部等9个部委参加的信贷资产证券化试点工作协调小组正式决定以国家开发银行和中国建设银行作为试点单位，分别进行信贷资产证券化和住房抵押贷款证券化的试点。随后，为促进资产证券化试点工作的顺利开展，各相关部委相继出台了一系列的配套制度：2005年4月21日，中国人民银行和银监会共同发布了《信贷资产证券化试点管理办法》；2005年5月16日，建设部颁布了《建设部关于个人住房抵押贷款证券化涉及的抵押权变更登记有关问题的试行通知》；2005年5月16日，财政部也正式发布了《信贷资产证券化试点会计处理规定》，对资产证券化相关机构的会计处理进行了全面规范；

2005 年 6 月，中国人民银行发布第 14、第 15 号公告，对资产支持证券在银行间债券市场的登记、托管、交易、结算以及信息披露等行为进行了详细规范。2005 年 12 月，国家开发银行和中国建设银行分别在银行间市场成功发行了第一只 ABS 债券（约 41.78 亿元）。

总体来看，我国以前的资产证券化实践大多属于自发性的个体行为，证券化产品也不是真正意义上的资产证券化产品，操作模式不成熟、不规范。虽然从 2005 年开始，我国拉开了资产证券化试点工作的序幕，并相继出台了一系列的配套制度，但到目前为止，资产证券化还远没有成为金融机构自觉性的群体行为，证券化实践尚未出现实质性突破，资产证券化之路任重而道远。

2. 我国利用 ABS 融资模式要解决的问题

ABS 作为一种新型项目融资方式，虽然开展的时间不长，但已被实践证明是有效的，它在美国、日本和西欧等都获得了比较好的发展。从我国目前的实际看，开展 ABS 融资模式还存在一些限制因素。为了促进 ABS 融资活动的开展，应对以下问题加以重视并解决：

（1）SPV 的组建问题

成功组建 SPV 是 ABS 能够成功运作的基本条件和关键因素。但组建的 SPV 只有在国家主权信用级别较高的国家，如在美国、日本和西欧等国注册，并具有雄厚的经济实力和良好的资产质量，才能获得国际权威资信评估机构授予的较高资信等级。因此，我国应该选择一些有实力的金融机构、投资咨询机构，通过合资、合作等方式进入国外专门为开展 ABS 融资而设立的信用担保机构、投资保险公司、信托投资公司，成为 SPV 的股东或发起人，以便为我国在国际市场上大规模开展 ABS 融资奠定良好的基础。

（2）法律、政策限制的问题

虽然我国形成了 ABS 融资模式的基本法律框架，但由于 ABS 属于高档投资级的证券融资，原始权益人、投资者和项目其他参与者的权益和责任是通过法律合同详细规定的，因此，我国现有法律法规远不能适应 ABS 融资模式的要求。为此，要根据我国国情和国际惯例，加快相关立法，制定一套适合 ABS 融资模式的法律法规。同时，我国目前对资本项目还实行管制，国家对 ABS 债券融资模式不可能一下子放开，只能逐步试点，取得经验，再推广普及，为我国经济发展提供较低成本的资金。

（3）税收问题

ABS 融资模式以项目资产的未来收益偿还发行债券的本息，而我国的增值税、营业税、印花税、所得税等税目、税率都与国际惯例有区别，从而影响到 ABS 融资模式在我国的发展。为此，还要参照国际惯例进行税制改革。

（4）人民币汇兑问题

把采用 ABS 融资模式所筹集的资金用于项目建设，但项目本身的产品却可能很少出口创汇，其所得收益主要表现为本国货币，而 SPV 为清偿债券的本息，必然要把本币兑换为外币汇出境外。但目前我国还没有实现人民币在资本项目下的自由兑换，这在一定程度上制约了 ABS 融资模式的开展。因此，要利用当前我国外汇储备充足的有利时机，保证 ABS 项目的外汇兑换，以增强外商对我国 ABS 项目投资的信心。

（5）人才培养问题

目前我国缺少负责 ABS 研究、管理的专门人员，也缺少这方面的法律人才。因此，必须加快有关 ABS 方面相关人才的培养，深入研究 ABS 融资模式的方法和经验，以便更好地利用这一模式，促进我国经济更快发展。

8.4 REITs 工程项目融资模式

8.4.1 REITs 发展历程、内涵和类型

1. 发展历程

不动产投资信托基金（Real Estate Investment Trusts，REITs）是一种按照信托原理设计、以发行收益凭证的方式公开或非公开地汇集多数投资者的基金，交由专门投资机构进行投资经营管理，并将投资综合收益按比例分配给投资者的投资工具。随着我国经济发展步入新常态，不动产行业也从增量市场转为存量市场，在产业转型、消费升级面临诸多挑战的背景下，REITs 作为能够提高投资效率、盘活基础设施及商业不动产领域存量资产、促进形成再投资的创新型金融产品，成为我国当前宏观经济改革与发展的重要工具之一。

REITs 概念最早源于美国 19 世纪的马萨诸塞州商业信托，因当时美国法律不允许除主营业务为房地产的其他公司直接对房地产进行投资和交易，但 REITs 可以规避此类问题而产生。随着 1960 年美国税法案的出台，REITs 正式在美国开展。之后通过税制改革法等相关法律放松了对房地产投资信托基金的限制，美国 REITs 在 20 世纪 90 年代后获得迅猛发展，并拥有当今全球最发达的不动产投资信托基金市场。

根据全美不动产投资信托基金协会（NAREIT）的统计，世界上已有 37 个国家和地区参照美国 REITs 的运行机制颁布了 REITs 的相关法律机制，公开上市发行 REITs。20 世纪末开始，亚洲的韩国、日本、新加坡、马来西亚和泰国也陆续建立了不动产投资信托基金市场。根据已有文献统计，截至 2019 年 3 月，部分国家及地区 REITs 数量及市值情况见表 8-2。

表 8-2　部分国家及地区 REITs 数量及市值

国家及地区	建立时间	REITs 数量（只）	总市值（亿美元）
美国	1960 年	252	12290
日本	2001 年	63	1276
澳大利亚	1971 年	55	949
英国	2007 年	58	767
新加坡	1999 年	33	628
法国	2003 年	30	577
加拿大	1993 年	42	575
荷兰	1969 年	4	265
比利时	1995 年	18	169
德国	2007 年	6	48
新西兰	1969 年	2	22

本书通过对 REITs 政策文件、项目执行、新媒体信息等多元化资料的收集，提取不同时间点 REITs 发展的特点，将我国 REITs 发展历程大致划分为以下四个阶段：

（1）2002 年—2006 年，早期探索阶段

早在 2002 年，我国就开始对房地产投资信托基金进行探索，2003 年中国香港正式公布《房地产投资信托基金守则》，但受限于经济发展与制度瓶颈，发展缓慢。2005 年，银监会颁布《加强信托投资公司部分风险业务提示的通知》（银监办发〔2005〕212 号），对房地产信托发行的门槛进行了严格规定。2005 年，中国香港宣布修订后的《房地产投资信托基金守则》，撤销中国香港 REITs 投资海外房地产的限制，同年 12 月，越秀不动产信托投资基金在香港联交所正式挂牌上市，成为第一只以内地物业作为基础资产的“离岸”REITs，我国商务部明确提出“开放国内 REITs 融资渠道”的建议。2006 年，人民币对美元汇率不断升值，内地房地产价格持续上涨，我国连续颁布多项文件严格限制外资进入内地房地产市场，使内地房地产企业在中国香港发行 REITs 的计划搁浅。

（2）2007 年—2013 年，类 REITs 试点阶段

2007 年，中国人民银行、证监会和银监会分别成立 REITs 专题研究小组，各相关监管部门开始启动我国 REITs 市场建设的推进工作。2008 年，中国人民银行明确表示要充分利用金融市场存在的创新空间，在未来一段时间内择机推出 REITs 产品。2009 年，中国人民银行联合证监会、银监会等 11 个部委成立“REITs 试点管理协调小组”，详细制定了试点实施方案，随后，北京、上海、天津开展试点工作，均选择债券型 REITs。2010 年，住房和城乡建设部等 7 部门联合发布《关于加快发展公共租赁住房的指导意见》，鼓励金融机构探索运用保险资金、信托资金、房地产信托投资基金拓展公共租赁住房融资渠道。2011 年，汇贤产业信托在香港上市，国投瑞银亚太地区 REITs 产品完成合同备案，鹏华美国房地产基金成为我国内地首只投资美国房地产的基金。2013 年，广发美国房地产指数基金作为国内首只美国房地产指数基金开盘，开元酒店地产基金作为首个上市的酒店地产基金也成功在中国香港上市。然而此阶段，我国受限于市场认识、法律、税收政策以及不动产市场环境等问题，还未建立起明确的 REITs 制度，市场只能创制流动性差、发行成本高、仅部分功能与标准 REITs 相似的私募“类 REITs”产品，但国内的监管部门和各市场主体从未停止在不动产证券化方面的探索。

（3）2014 年—2019 年，私募 REITs 向公募 REITs 过渡阶段

2014 年，中国人民银行《关于进一步做好住房金融服务工作的通知》中，提出将积极稳妥开展 REITs 试点工作。根据住房和城乡建设部和有关部门部署要求，北京、上海、广州、深圳四个特大型城市先行开展 REITs 发行和交易试点工作。同年，中信启航专项资产管理计划获得监管层批准，在深交所正式挂牌上市尝试流通，成为我国大陆第一只真正的权益型“类 REITs”产品，为我国 REITs 的发展提供了新思路。2015 年，住房和城乡建设部发布《关于加快培育和发展住房租赁市场的指导意见》，积极推进房地产投资信托基金试点。国内首只公募 REITs 基金——鹏华前海万科 REITs 获得证监会批准，在深交所正式上市。2017 年我国召开中共第十九次全国代表大会，提出加快建立多主体供应、多渠道保障、租购并举的住房制度。同年，陆续颁布《关于在人口净流入的大中城市加快发展住房租赁市场的通知》《关于推进传统基础设施领域政府和社会资本合作（PPP）项目资产证券化相关工作的通知》等一系列政策性文件，积极支持并推动发展房地产投资信托基金，为住房租赁市场及基础设施领域提供金融支持。2019 年，上交所推出首单基础设施私募 REITs，引领境内市场储架式产品、可扩募产品等多轮创新。此阶段，在利好政策的持续支持下，初期制

约 REITs 发展的大部分问题都已经得到相当程度的解决，这为公募 REITs 的发展奠定了坚实基础。

（4）2020 年至今，公募 REITs 阶段

2020 年，国家发展改革委与证监会联合印发《关于推进基础设施领域不动产投资信托基金（REITs）试点项目申报工作的通知》（发改办投资〔2020〕586 号），提出开展基础设施 REITs 试点，是贯彻落实党中央、国务院关于防风险、去杠杆、稳投资、补短板决策部署的有效政策工具，是投融资机制的重大创新，有助于盘活存量资产，广泛调动各类社会资本积极性，促进基础设施高质量发展。REITs 重点支持基础设施项目包括仓储物流项目，收费公路、铁路、机场、港口项目，城镇污水垃圾处理及资源化利用、固废危废医废处理、大宗固体废弃物综合利用项目，城镇供水、供电、供气、供热项目，数据中心、人工智能、智能计算中心项目，5G、通信铁塔、物联网、工业互联网、宽带网络、有线电视网络项目，智能交通、智慧能源、智慧城市项目。2021 年 4 月 21 日，两家公司在上交所公募 REITs 电子申报系统提交申请文件，深交所电子申报系统同步启动，也有两家公司提交申请文件。这标志着公募 REITs 首批项目落地。2021 年 5 月 31 日，张江 REITs、浙江杭徽、东吴苏园、普洛斯、盐港 REITs、首钢绿能、首创水务、广州广河以及蛇口产院共 9 只公募 REITs 产品正式发售，基础设施 REITs 万亿规模市场正式打开。

2. REITs 工程项目融资模式内涵

市场上有这样一类个体投资者，资金少但想“触摸”体量很大的不动产，比如商业地产；市场上同时存在着一批持有大规模不动产的企业投资者，急需资金但其库存的商业地产却卖不掉。于是，REITs 应运而生。把缺乏流动性的商业地产拿出来，变成流动性较强的证券（收益凭证）。个体投资者可以购买收益凭证，企业投资者可以通过不动产实现融资。REITs 的本意就是给更多投资者提供低门槛的、投资于不动产的证券化产品。REITs 的作用主要体现在以下三个方面：

（1）提供金融发展新思路，降低市场风险

REITs 作为盘活存量资产的创新性金融工具，可以为国内不动产企业提供投融资的新渠道，通过向流动性较强的证券化份额转化，实现非流动性资产的真实出表，改善资产负债结构，提升直接融资比重，化解信贷市场的期限错配和高杠杆风险，为通过 PPP 进行基础设施建设和雄安新区的发展提供金融新思路。国际经验表明，规模化的 REITs 市场能够拓宽税基，增加税收收入。

（2）提供全新的投资渠道，增添市场活力

REITs 不仅可以为养老金、保险基金、银行信托基金和公共基金等机构投资者提供新的投资方向，也是个体投资者进行资产配置的理想标的。中国人民银行调查统计司调查结果显示，我国城镇居民家庭总资产均值为 317.9 万元，其中居民住房资产占家庭总资产的比重为 59.1%，金融资产只占 30%，且过多地集中于定期存款、活期存款及银行理财产品，股票、基金和保险等几类资产合计仅占居民家庭总资产的 8%，而韩国、日本、美国这一比例分别为 20%、30% 和 56%。我国已迎来“大资管”时代，但金融市场仍面临产品同质化的问题，需要多样化的金融产品将资产从过热的房地产市场分流出来。我国居民投资偏稳健，家庭无风险金融资产持有率高，REITs 长期收益率普遍优于全球股债市，且投资风险较全球股市小，与其他资产相关系数低，是我国居民理想的投资标的之一。同时，REITs 降低了投资者

进入房地产行业的门槛，其长期持有获得租金分红的投资逻辑将替代买房以获得增值收益的预期，减少房屋作为金融商品部分的价值。

(3) 提供经济持续发展新动能，稳定市场环境

北京大学光华管理学院 REITs 课题组发布的报告数据显示，大部分国家或地区是在经济低迷或者下跌周期中推出 REITs 的。可见 REITs 市场建设对国家经济发展的重要作用，能够增加不动产市场活力，拓宽税基，改善财政，进而帮助摆脱经济低迷的困境。随着新冠肺炎疫情在世界范围内的蔓延，全球经济也在经历着前所未有的剧烈波动，已经造成了诸多金融问题。在当前的全球经济形势下，REITs 市场建设有望成为保障我国经济平稳运行、推动经济转型的“稳定剂”和“助推剂”。

3. REITs 工程项目融资模式类型

(1) 公募 REITs 与私募 REITs

公募 REITs 全称为公开募集基础设施证券投资基金，是指以公开发行的方式向社会公众投资者募集信托资金。其发行时需要经过监管机构严格的审批，可以进行广泛宣传。以美国为代表的大多数国家的 REITs 都是以公募基金的形式发行的。与普通的公募基金相比，REITs 主要是在资金投向及收益分配要求上与不动产有关，且对二者均有一定的比例约束。

参考成熟的 REITs 市场发展经验，我国公募 REITs 发展模式的构建主要包括两部分：一是公募 REITs 发展模式的核心设计；二是对 REITs 制度配套的建议。其中，REITs 发展模式的核心设计包括对 REITs 产品设计的建议、法律载体的选择及公募发起路径的设计；相关制度配套包括对 REITs 的专项制度设计和 REITs 相关的法律制度的适应性调整两个方面。

公募 REITs 发展模式框架如图 8-5 所示。

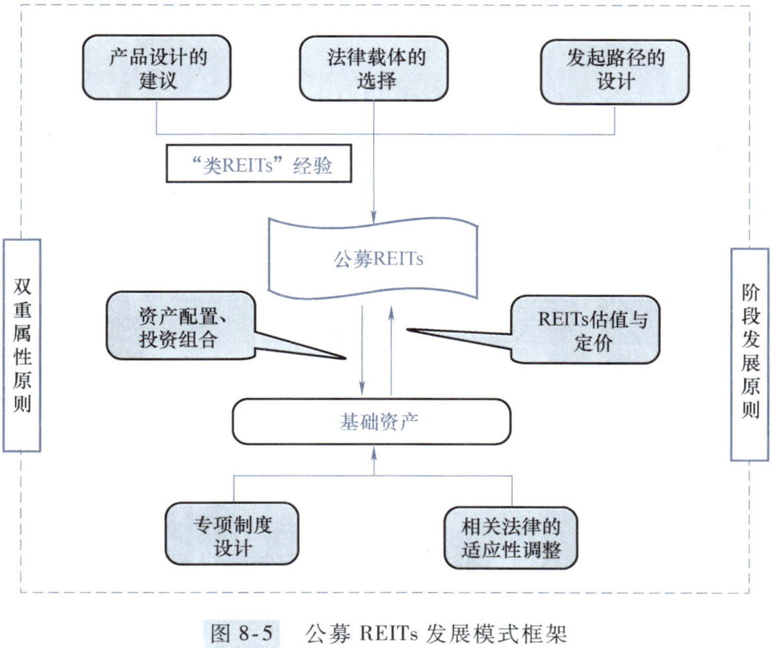

图 8-5 公募 REITs 发展模式框架

REITs 的法律载体是 REITs 制度的核心，法律载体的不明晰是我国“类 REITs”无法实现公募的主要障碍。参照成熟 REITs 市场的经验，我国公募 REITs 可以选择的法律载体有两

种：一是根据《中华人民共和国公司法》《中华人民共和国证券法》采用“特殊目的公司”作为法律载体，通过特殊目的公司公开发行股票募集资金投资于不动产资产；二是在《中华人民共和国投资基金法》《中华人民共和国证券法》的基础上设计“契约型 REITs”，以可以公开发行的证券投资基金、信托或其他收益凭证作为法律载体，按照信托契约分割收益权。从立法成本、设计难度等方面考虑，“契约型 REITs”是目前我国发展公募 REITs 的最优选择。

私募 REITs 是以非公开方式向特定投资者募集资金的融资方式，募集对象是特定的，且不允许公开宣传，一般不上市交易。此前我国境内的“类 REITs”产品一般为私募。

（2）“类 REITs”与标准 REITs

“类 REITs”产品是我国市场参与者结合资产证券化设计出的一种仅能实现部分 REITs 功能的特殊 REITs 形式，是企业结构化融资以及潜在改善企业财务报表的金融工具。我国“类 REITs”产品与成熟市场上标准 REITs 产品差异见表 8-3。

表 8-3　我国“类 REITs”产品与成熟市场标准 REITs 产品差异

差异项	成熟市场标准 REITs 产品	我国“类 REITs”产品
组织形式	契约型/公司型	契约型
税负水平	分红部分免征公司层面所得税	无税收优惠，资产转移税收负担重，但可通过税收筹划合理避税
收入来源	法律规定一定比例的收入必须来源于房地产租金、房地产抵押贷款利息、相关处置收入或其他合格投资收益	无特殊法律规定，一般为租金等运营收入以及产品到期退出时物业资产的处置收入或原始权益人支付的权利对价等
资产管理	积极主动管理，可适时新增或出售资产	确定底层资产后进行被动管理，较少可进行储架、扩募发行
收益分配	分红收益及资本增值	收益权分级，优先级只享有发行时约定的固定利益，次级享受剩余收益
募集范围	以公开募集为主，规定最少投资人数量，投资门槛较低，投资人范围广	私募为主，仅对机构投资者开放，投资门槛高，投资人范围小
基金期限	永续	有存续期，且有效期相对较短
退出方式	以证券交易为主	以持有到期或开放期为主

可以看出，“类 REITs”债权属性强，收益权分级设置，发起人不仅需要对优先级进行差额支付、流动性支持等各类增信，劣后级往往也由发行人自持。在债权属性设计下，“类 REITs”更像是一个专项的“融资产品”，自身缺乏独立决策运作能力。另外，由于“类 REITs”目前只能私募发行，较高的合格投资者门槛使个体投资者望尘莫及，无法展现 REITs 投资的普惠性及优越性。

（3）权益型、抵押型与混合型 REITs

权益型 REITs 投资和运营房地产项目，获得房地产的产权以取得经营收入，投资者的收益来自租金和房地产的增值。抵押型 REITs 则以金融中介的角色将所募集的资金向房地产物业持有者提供贷款，购买债券。混合型 REITs 是权益型和抵押型 REITs 的综合体，其自身拥有部分物业产权的同时也在从事抵押贷款的服务。

8.4.2 REITs 项目融资模式参与者

1. REITs 项目融资模式参与者类型

（1）原始权益人

原始权益人是指基础资产的所有人，也是 REITs 产品的融资人和发起人。原始权益人可以通过与基础资产相关的业务运营取得经营性收益，或是将相关资产、权益出售后取得相应收入。无论是运营取得收益、出售取得收入还是通过资产证券化进行融资，原始权益人与基础资产之间都必须有合法的权属依据。例如，在商业地产抵押贷款支持证券（CMBS）中，基础资产为原始权益人与购房者签订的经备案的购房合同；在供热供水资产支持证券中，基础资产为经过所在地发展改革部门及物价部门授权的收费权。

（2）特殊目的公司

特殊目的公司是 REITs 产品依赖发行的主体，是实现基础资产与原始权益人破产隔离，厘清权益归属的法律载体。特殊目的公司一般由计划托管人（证券公司、基金子公司、信托等金融机构）发起设立。在美国市场，特殊目的公司经备案以后在法律意义上是独立具备法人权利的机构，目前在国内多以专项计划或信托计划的形式存在，不具备独立法人资格。

（3）资产运营服务机构

资产运营服务机构是资产证券入池资产的运营管理者，在整个证券生命周期中作用非常重要。资产运营服务机构的主要职责是负责基础资产的日常经营、提供专业的运营管理支持。一般而言，在资产支持证券存续期的参与者中，只有资产运营服务机构具备底层资产运营管理的能力，为整个 REITs 产品的正常运营提供了根本保障。此外，资产运营服务机构对产生的收益进行归集并及时划转资金，保证证券如期还本付息。当底层资产出现违约或资金收缴困难时，资产运营服务机构对资产的保全、及时收缴费用的作用很大。

（4）计划管理人

计划管理人一般由证券公司、基金子公司和信托等担任，负责 REITs 产品交易结构设计、尽调、申报、发行（销售）与存续期管理等职责。计划管理人最重要的作用是，根据基础资产性质和未来现金流情况以及投资者的投资偏好，完成资产支持证券交易结构设计、证券分层分档等核心工作。除此之外，计划管理人作为整个资产支持证券项目申报的总协调人，负责协调各参与方以及主导整个项目的申报进度，以及在项目获批后对 REITs 产品进行路演和销售。

（5）差额补偿人

在 REITs 产品偿付过程中，如果基础资产自身运营产生的净现金流无法覆盖对应债券的本息就会造成 REITs 产品的违约，为了防止违约的出现，提升证券的信用评级，REITs 产品一般都会设立差额补偿人。差额补偿人与担保人性质有所不同，主要区别在于法定保障对象。差额补偿人是针对净现金流不足的情况，负责基础资产运营实际产生的净现金流与证券偿付所需现金流的差额的补充，一般由原始权益人或原始权益人的控股股东担任。就差额补偿人制度而言，差额补偿是一种流动性支持而非法定担保措施。

(6) 担保人

REITs 产品的担保人是指承诺当 REITs 产品无法按时偿付本息时，由其代为支付本息并承担无限连带保证责任的机构。担保人是 REITs 产品的外部增信措施之一，当 REITs 产品内部增信无法达到投资者要求的信用等级时，需要通过外部增信来提升证券优先级的信用评级。担保人一般由高信用等级的专业担保公司或高评级的原始权益人母公司承担。担保人的差异对于决定本期 REITs 产品是否出表意义重大。

(7) 评级机构

REITs 产品通过内部分档，即未来现金流的重新分配实现产品的内部增信。一般而言，信用评级机构根据基础资产未来预期净现金流对各档证券的覆盖，测算出对应证券的违约率。在满足目标级别违约率的情况下，证券就能获得对应的信用评级。此外，第三方增信也是评级机构的重要参考。

(8) 会计师事务所

在整个 REITs 产品发行过程中，根据监管规定，需要有证券从业资质的会计师事务所出具相应的报告，作为信用评级机构开展证券评级的依据。一般而言，会计师事务所的作用主要有两个：①对原始权益人财务报表进行审计并出具审计报告。由于某些 REITs 产品的基础资产的运营和未来现金流的产生主要取决于原始权益人的运营能力，因此原始权益人的经营情况也是评级的重要依据。②REITs 产品评级的核心是对未来现金流的准确预测。在 REITs 产品发行过程中，需要由会计师事务所出具现金流预测报告，评级机构以此作为依据进行评级。

(9) 律师事务所

在 REITs 产品发行过程中，律师事务所作用巨大。其作用主要体现在三个方面：①产品申报过程中的法律服务；②产品存续过程中的法律服务；③清偿阶段的法律服务。其中，在产品申报过程中，律师主要负责对原始权益人的尽职调查，发掘、规避基础资产可能存在的法律风险。律师参与交易结构设计，并对交易的合法性以及可能出现的法律瑕疵做出预判并及时防范风险。律师在交易结构组建过程中，协助筛选合格的基础资产形成资产池，并针对资产池可能存在的法律风险提供相应的支持并发表意见。在产品存续阶段和清偿阶段，为资产池内资产处置以及产品终止和清算相关事宜提供法律服务。

2. REITS 工程项目融资模式组织结构

虽然各个 REITs 市场对法律载体的选择具有相似性，但因社会经济发展背景和法律环境等条件的差异性，REITs 工程项目融资模式形成了各具特色的组织结构。

(1) 美国

依据美国《国内税法案》规定，REITs 可以是一个由董事会或受托人管理的公司、信托基金或者协会。实际操作中，美国 REITs 以公司型为主，并在此基础上演化出了伞形合伙 REITs (UPREITs)、伞形多重合伙 REITs (DownREITs) 等更为复杂的结构。公司型 REITs 基于公司法设立，由投资者作为股东，具备独立的法人地位。在公司型 REITs 中，一般会通过常设董事会管理公司，管理不动产物业，可有效实现资产管理的“内部化”。

伞形合伙 REITs 是指 REITs 不直接拥有物业资产，而是通过一个经营性有限合伙企业间接持有和管理物业资产。不动产所有人以其持有的不动产出资设立一个经营性有限合伙企业，获取代表有限合伙权益的凭证——“经营性合伙单位”(Operating Partnership Unit，简称 OP 单位)，成为有限合伙人。在设立经营性有限合伙企业的同时，公开募集成立一个 REITs，REITs 将融得资金向经营性有限合伙企业出资换取 OP 单位，成为普通合伙人（General Partner，GP)。有限合伙人持有 OP 单位一段时间（通常为 1 年）后，可以把 OP 单位转换成 REITs 股份或现金，从而获取流动性，在未转换前其应缴所得税也可以递延。REITs（普通合伙人）融资所得资金交给经营性有限合伙企业之后，经营性有限合伙企业可以用该资金或 OP 单位进一步收购房地产资产实现 REITs 规模的扩大。伞形合伙 REITs 组织结构如图 8-6 所示。

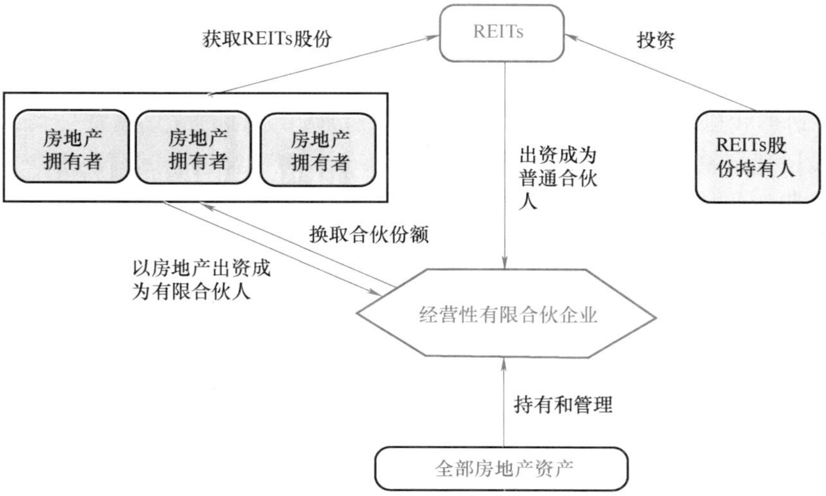

图 8-6　伞形合伙 REITs 组织结构

(2) 澳大利亚

澳大利亚是世界上最早建立 REITs 市场的国家之一。在 2008 年之前，澳大利亚 REITs（简称 “A-REITs”）一直被称作上市房地产信托（List Property Trusts，LPTs)，澳大利亚的第一只 LPT——通用物业信托（The General Property Trust，GPT）成立于 1971 年，经过几十年探索与实践，澳大利亚已经成为全球第三大 REITs 市场。澳大利亚有两种常见的房地产投资信托基金结构，一种是采用外部管理的独立单位信托，另一种是内部管理的合订证券结构（Stapled-securities)。

合订证券结构占据着澳大利亚 REITs 市场的主导地位，其将一个 REITs 的信托单位和一份基金管理公司的股份捆绑在一起，且一经合订，两者就不能分开交易。投资者通过持有一股合订证券，同时持一个 REITs 信托单位和一份基金管理公司股份。在这种结构下，基金管理公司主要负责房地产物业的运营管理，而收租型物业则由 REITs 来持有。另外，不同于美国等其他国家，澳大利亚采用单一责任主体机制，即责任主体既是基金管理人，也是受托人，责任主体可以指定代理人代表投资者持有资产，但最终责任仍归单一责任主体。这样设计的目的在于，当 REITs 出现问题时不会出现责任的互相推诿。A-REITs 合订证券组织结构如图 8-7 所示。

(3) 日本

日本 REITs（简称 “J-REITs”）的发展借鉴了美国 REITs 的形式，实践中所有的上市 J-

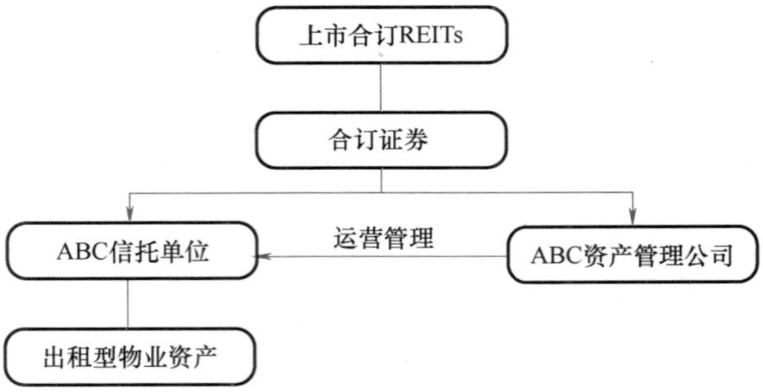

图 8-7　A-REITs 合订证券组织结构

REITs 都以公司形式成立。J-REITs 以持有和管理房地产为目的成立投资公司，即特殊目的公司，发行投资凭证募集资金。投资公司设有董事会，但法律禁止其开展资产运营等实质性业务，其主要职能是持有资产，需要将资产管理以及托管和一般行政职能分别外包给资产管理公司、托管机构以及事务受托公司等第三方进行，因此 J-REITs 均为外部管理模式。另外，J-REITs 还设有“投资人总会”，投资者可以就董事的选任等发表意见。J-REITs 投资公司组织结构如图 8-8 所示。

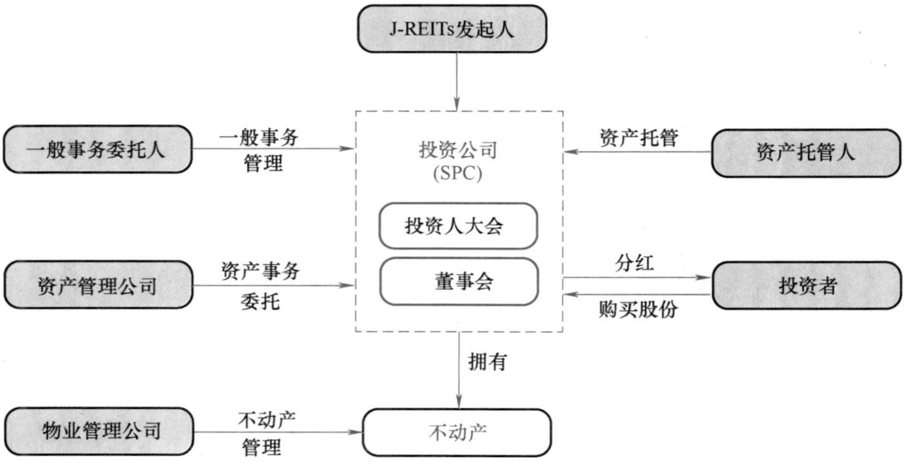

图 8-8　J-REITs 投资公司组织结构

（4）我国

1）香港。2003 年 8 月，香港证券及期货委员会颁布了第一部关于 REITs 的专项法规《房地产投资信托基金守则》，对 REITs 的资产结构、资产投资要求、杠杆率及最低分配等方面进行了严格要求，为 REITs 发展奠定了法律基础。2005 年 11 月，香港第一只 REITs——领汇 REITs 上市。目前，香港是亚洲第三大 REITs 市场，共有 11 只 REITs 上市交易。

香港 REITs 按照法律规定必须以信托的方式持有商业地产，同时在香港股票交易所公开上市。其中管理人需要按照信托契约对信托进行管理，对信托和投资人承担全部责任，也可以在不违反管理协议的条件下将物业管理的职责委托给第三方物业管理公司，但仍然对投资人负全部责任。受托人代表持有人的利益托管资产，并监督基金经理的活动，以确保其遵守信托契约。受托人与管理人必须在职能上相互独立。

香港 REITs 发起人主要为大型地产集团，其通过成立全资机构作为 REITs 的外部管理者，使得 REITs 成为企业自营融资附属机构，事实承担了融资服务的功能。发起人不但控制着 REITs 的管理公司，而且都是所发起 REITs 的第一大股东，对 REITs 的决策、日常管理都有着绝对的控制权。我国香港 REITs 组织结构如图 8-9 所示。

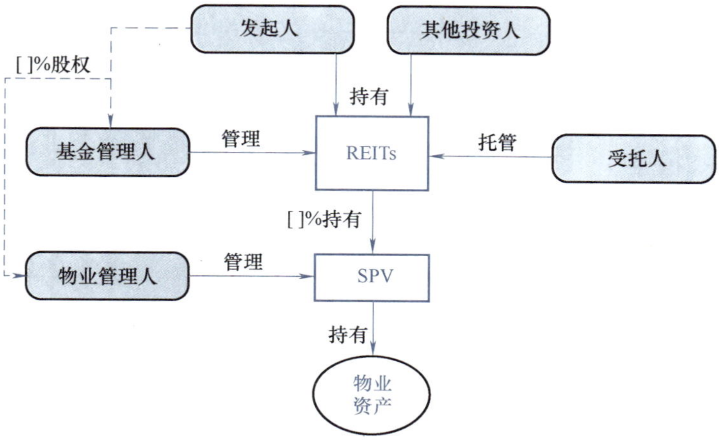

图 8-9 我国香港 REITs 组织结构

2）内地。发起机构选取相当数量的具有稳定现金流收入的资产组成资产池，再由评级机构进行评级，然后作为信托财产委托给受托人。该受托人一般为信托公司，信托公司设立 SPV 及资产支持专项计划。原始权益人与信托公司作为管理人签订《资产买卖协议》，原始权益人依据协议将权益转让给资产专项计划管理人。信托公司作为发行人与发起机构、主承销商签署《主承销协议》，主承销商再与承销团员签署《承销团协议》，组建承销团向投资者发行资产支持证券，同时发起机构持有部分劣后级证券。信托期内，受托人委托资产服务机构对信托财产的日常回收进行管理和服务。资产服务机构将资金回款划入专项计划账户，由托管银行进行托管，最终用于支付资产支持证券的本金和预期收益。对于信托财产所产生的现金流，受托人委托资金保管机构提供资金保管服务。此外还有众多的机构为资产证券化过程提供服务。REITs 产品基本交易结构如图 8-10 所示。

8.4.3 REITs 项目融资的运作

1. REITs 项目融资的运作模式

根据运作模式的不同，REITs 可以分为开放型和封闭型。开放型 REITs 在基金运行期间可以为投资于新不动产增加资金而发行新的基金份额，投资者也可以随时以净值水平对基金份额进行认购或赎回，基金规模会出现变动。封闭型 REITs 一旦募集成立，其规模便不会发生变化，投资者只能持有到期或在二级市场以市场价格转让其 REITs 份额。

以“契约型”为前提，在充分利用现有法律制度和交易所“类 REITs”发展经验的基础上，公募 REITs 可以通过以下两个路径开展：一是对资产支持专项计划进行公募化的

"ABS 公募化"模式；二是以公募基金为载体的"公募基金 + ABS"模式。

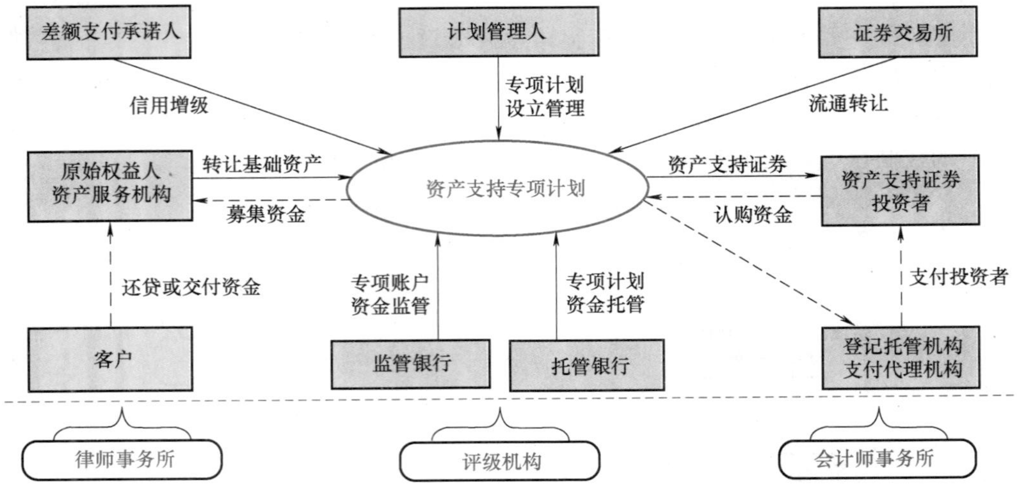

图 8-10 REITs 产品基本交易结构

(1)"ABS 公募化"模式

"ABS 公募化"模式以资产支持专项计划为法律载体，在交易所"类 REITs"组织结构的基础上，通过放开资产支持专项计划对合格投资者的限制实现公募。"ABS 公募化"模式下的组织结构与美国外部管理模式下的组织结构极为相似，如图 8-11 所示。计划管理人根据发起人的委托，设立资产支持专项计划（SPV）持有基础资产，同时负责 REITs 的运营管理；托管人代表投资人的利益托管资产并监督计划管理人的活动，确保其行为符合投资人的利益；资产支持专项计划（SPV）通过承销机构公开募集资金，发行完毕后在交易所挂牌上市。

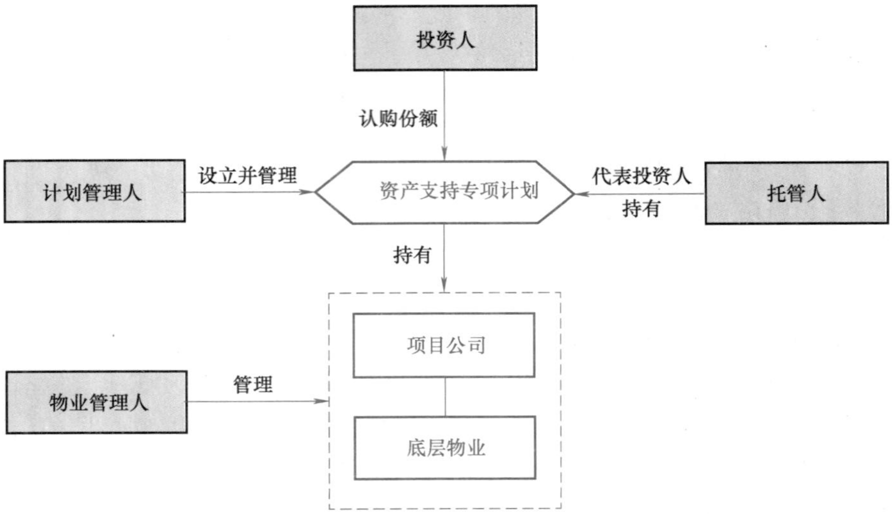

图 8-11 "ABS 公募化"模式结构

在我国，这种模式下首先需要将资产支持专项计划的收益凭证认定为《中华人民共和国证券法》项下的证券，使其可以在二级市场公开流通。证监会在《证券公司及基金管理公司子公司资产证券化业务管理规定》（以下简称《规定》）中已对资产支持证券的“证券”属性予以明确，但由于裁量权的存在，在国务院层面进行裁定更为确切。鉴于“资产支持证券”已在国务院、相关部委文件中广泛出现，因此对于其证券属性的争议相对较小。

其次，根据《规定》对资产证券化业务的定义，资产证券化业务是指以基础资产所产生的现金流为偿付支持，通过结构化等方式进行信用增级，在此基础上发行的业务活动。目前依托专项计划发行的“类 REITs”产品均为结构化产品，权益性的劣后级占比偏低且多为发起人自持，成了为优先级信用增级的手段，不符合 REITs 强制分红使投资者获得稳定收益的权益属性。因此需要打破传统的结构化安排，约定资产支持证券的收入与资产配置要求及分红比例等，以满足 REITs 核心制度的要求。

最后，资产支持专项计划未明确适用《中华人民共和国信托法》，缺少信托法律关系支持，只存在《中华人民共和国民法典》规定的委托代理关系。因此，虽然计划说明书明确要求投资人放弃所投资金的分割请求权和优先购买权，但是根据民法基本原理，所投资金的所有权仍属于投资人，无法抵抗投资人的破产风险。另外，由于资产支持专项计划缺少法律主体资格，在专项计划受让基础资产时，基础资产的持有人只能是专项计划管理人，同样受其破产风险影响。REITs 本就基于“受人之托、代人理财”的信托理念，因此应赋予“资产支持专项计划”法律主体资格，明确其信托法律关系。

（2）“公募基金 + ABS”模式

“公募基金 + ABS”模式下的 REITs 以公募基金为法律载体，鉴于《中华人民共和国基金法》对公募基金直接投资股权或不动产资产的限制，嫁接“资产支持专项计划”持有基础资产实现破产隔离，投资人通过购买能够场内交易的公募基金份额，间接持有底层资产并享受分红收益。其组织结构如图 8-12 所示。

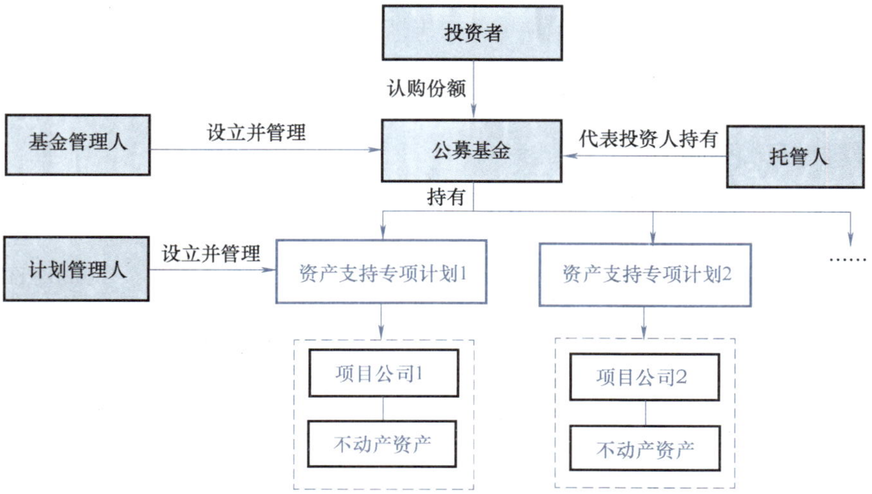

图 8-12　“公募基金 + ABS”模式组织结构

在“公募基金 + ABS”模式下，主要障碍在于《公开募集证券投资基金运作管理办法》

中对投资比例的“双十”限制，其极大地增加了将大体量优质物业置入公募REITs的难度。但管理办法同时规定“证监会另行规定的其他特殊基金品种可不受上述比例的限制”，因此，只要证监会将“公募基金+ABS”模式下的公募基金列为“特殊基金品种”，规定该类基金对于ABS投资的最低比例及分红要求，即可在完全不修改现行法律条文的情况下为推出公募REITs扫清障碍。同样，为保证风险隔离，简化复杂的重组结构，应给予资产支持专项计划法律主体资格，明确各主体间的信托法律关系，完善REITs税收优惠制度。

两种公募REITs模式的关键立法、优势及劣势对比分析见表8-4。

表8-4　两种公募REITs模式的关键立法、优势及劣势对比分析

模式	关键立法	优势	劣势
ABS公募化	在国务院层面对资产支持证券的“证券”属性予以明确 给予“资产支持专项计划”法律主体资格，明确其信托法律关系	充分利用交易所“类REITs”产品的成熟模式与机制	需要打破ABS产品传统的结构化安排，体现REITs的权益属性
公募基金+ABS	证监会将REITs基金列为“特殊基金品种”并出台相关规定和指引 给予“资产支持专项计划”法律主体资格，明确其信托法律关系	充分应用现有证券投资基金和交易所“类REITs”产品的规则和成熟经验 《公开募集证券投资基金运作管理办法》属于部门规范而非国家立法，立法难度及成本小	组织结构相对复杂，增加了监管与治理的难度和成本

可以看到，“公募基金+ABS”是当前法律制度背景下，发展公募REITs成本和难度都相对较低的模式。考虑到公募REITs对于我国经济供给侧改革和不动产金融体系建设的重要作用，可以将“公募基金+ABS”作为起点尽快推出REITs试点，再结合试点经验逐步完善与之配套的法律、税收及交易制度，在适当时机推出REITs专项立法，突破既有限制，实现REITs健康有序的发展。

2. REITs项目融资模式的运作程序

“类REITs”的常规操作流程一般包括：申报文件准备（尽职调查、方案设计、结构搭建、资产评估、信用评级）；产品设计；沪深证券交易所市场/中证报价系统上挂牌/流通审核；基金业协会备案；沪深证券交易所市场/中证报价系统上挂牌流通。“类REITs”基本运行程序如图8-13所示。

2020年8月6日，证监会发布《公开募集基础设施证券投资基金指引（试行）》，规范了公开募集基础设施证券投资基金设立、运作等相关活动，明确了基础设施REITs产品定义与运作程序。发起人（原始权益人）向项目所在地省级发展改革委报送试点项目申请材料。省级发展改革委按照“聚焦合规优质资产”的试点原则，严格把握试点项目质量。不满足试点项目基本条件或重要手续材料缺失的，不予受理。

发起人（原始权益人）拟整合跨地区的多个项目一次性发行REITs产品的，需同时满足以下三个条件：

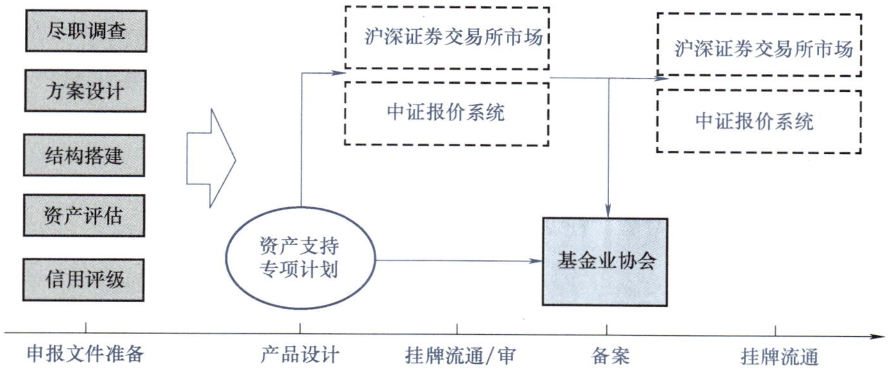

图 8-13 “类 REITs” 基本运行程序

1）发起人（原始权益人）向注册地省级发展改革委报送完整的项目申请材料，并分别向相关省级发展改革委报送涉及该地区的项目材料。

2）发起人（原始权益人）注册地省级发展改革委对本地区项目和 REITs 发行总体方案审查把关，其他相关省级发展改革委对本地区项目审查把关。

3）对于项目收益是否满足试点基本条件，需以打包后项目整体收益进行判断。

8.4.4 REITs 项目融资模式的特征

总体来说，REITs 项目融资模式具有如下几方面的特点：

1）流动性：REITs 将完整物业资产分成相对较小的单位，并可以在公开市场上市或流通，降低投资者门槛，并拓宽了地产投资退出机制。

2）资产组合：REITs 大部分资金用于购买并持有能产生稳定现金流的物业资产，如写字楼、商业零售、酒店、公寓、工业地产等。

3）税收中性：不因 REITs 本身的结构带来新的税收负担，某些地区给予 REITs 产品一定的税收优惠。

4）积极的管理、完善的公司治理结构：公开交易的 REITs 大多为主动管理型公司，积极参与物业的经营全过程，同时和上市公司一样拥有完整的公司治理结构。

5）收益分配：REITs 一般将绝大部分收益（通常为 90% 以上）分配给投资者，长期回报率高，与股市、债市的相关性较低。

6）低杠杆：同房地产上市公司一样，REITs 同样是杠杆经营，但杠杆较为适中，例如美国的 REITs 资产负债率长期低于 55%。

7）风险隔离：REITs 作为一种资产证券化产品，与传统企业证券融资相比，一个重要的特点就是要实现风险隔离。在运作结构上构建一个 SPV 用来购买底层资产，发行由所购买资产支持的证券，以达到将企业破产风险与投资者隔离、提高证券信用级别、降低融资成本的目的。因此，SPV 的作用至关重要，美国和其他 REITs 制度成熟的国家及地区，都从法律上对 SPV 从信托或公司的角度进行了明确定义，使得资产风险和原始权益人风险可以做到有效隔离。

REITs 通过资金的“集合”，为中小投资人提供了投资房地产业的机会；专业化的管理人员将募集的资金用于房地产投资组合，分散了房地产投资风险；投资人所拥有的股权可以转让，具有较好的变现性。对投资人而言，REITs扩大了投资范围，提供了一种相对安全、收益稳定、流动性强、信息透明且与传统的股票、债券等投资产品相关性较低的产品。对政府而言，REITs可以帮助盘活社会存量房产，从而扩大税基。

8.4.5　REITs项目融资模式的问题与对策

1. 问题

投资基础设施基金可能面临以下风险，包括但不限于：

1）基金价格波动风险。基础设施基金大部分投资于基础设施项目，具有权益属性，受经济环境、运营管理等因素影响，基础设施项目市场价值及现金流情况可能发生变化，可能引起基础设施基金价格波动，甚至存在基础设施项目遭遇极端事件（如地震、台风等）发生较大损失而影响基金价格的风险。

2）基础设施项目运营风险。基础设施基金投资集中度高，收益率在很大程度上依赖基础设施项目运营情况，基础设施项目可能受经济环境变化或运营不善等因素影响，而出现实际现金流大幅低于测算现金流，存在基金收益率不佳的风险，基础设施项目运营过程中租金、收费等收入的波动也将影响基金收益分配水平的稳定。此外，基础设施基金可直接或间接对外借款，存在基础设施项目经营不达预期，基金无力偿还借款的风险。

3）流动性风险。基础设施基金采取封闭式运作，不开通申购赎回，只能在二级市场交易，存在流动性不足的风险。

4）终止上市风险。基础设施基金运作过程中可能因触发法律法规或交易所规定的终止上市情形而终止上市，导致投资者无法在二级市场交易。

5）税收等政策调整风险。基础设施基金运作过程中可能涉及基金持有人、公募基金、资产支持证券、项目公司等多层面税负，如果国家税收等政策发生调整，可能影响投资运作与基金收益。

2. 对策

解决基础设施基金投资可能面临的风险和问题，可以从以下几方面着手：

（1）简化REITs的交易结构

采用信托关系支持的契约型交易结构，需得到原始权益人和普通个人投资者的认可。如果要在国内大规模推广权益型公募REITs，就需要修订完善相关法规，简化REITs交易结构，保证核心主体之间的法律关系清晰，信息披露和投资者权益保护更加有效。

（2）明确税收支持政策

REITs的主要制度优势和吸引力，就是其在税收上的优惠待遇，特别是能够避免双重征税。国内正在实行积极的财政政策，除落实减税降费等短期措施外，更有必要尽快明确对基础设施REITs的税收支持措施，以较少的税收让渡推动和理顺基础设施项目的投融资机制。比如，在产品设立环节实现税收中性，免征或递延基础资产转让相关的各类税收，不因设立REITs和结构设计而带来额外的税收负担。

（3）完善其他配套条件

发展公募REITs，除简化交易结构和明确税收支持政策两大手段之外，还需要争取各方面支持，着力创造其他配套条件，有效发挥REITs的制度比较优势，促使REITs成为与股票、债券比肩的重要直接融资工具和大类配置资产。

(4) 建立完善 REITs 法规制度

在已推出 REITs 的地区，REITs 的投资范围、融资、分配比例等都受到明确的规制，需要通过专门的法规予以详细规定。根据各地区发展 REITs 的经验及实际情况，应对现有《中华人民共和国证券法》进行修订完善，将 REITs 作为一类新的证券纳入《中华人民共和国证券法》的调整范围，并在此基础上制定专门的 REITs 法规，对 REITs 的募集、管理、投资、信息披露、税收优惠等方面予以全面的规定。

(5) 培育稳定的项目现金流

国内的基础设施领域，普遍尚未建立起足够完善的使用者付费机制，依靠使用者付费无法提供扣除成本费用之后的稳定净现金流。那些建立起使用者付费机制的诸多基础设施项目，也还需要政府补贴，地方政府是否具有足够的支付能力成为关键影响因素。因此，只有培育稳定的项目现金流，才能实现基础设施 REITs 成为真正的资产支持产品而非信用融资，从而促进基础设施 REITs 的规模推广。

(6) REITs 上市实行注册制

公募 REITs 逐渐成为国内基础设施和商业地产领域的重要投融资工具，它是助力行业领先企业"强者更强"的重要推手。基础设施和商业地产等重资产领域的各类投资主体具有积极参与的必要性和紧迫性。由于基础设施 REITs 的标准化程度高、基础资产的项目现金流稳定、REITs 的分红率也很稳定，因此基础设施 REITs 是稳定资本市场的重要品种。建议证监会设立专门的基础设施 REITs 板块，简化发行和上市审核程序，落实原始权益人和中介机构的职责，实行基于详细信息披露的注册制。

8.5 项目融资租赁模式

8.5.1 项目融资租赁的概念

融资租赁是指出租人根据承租人（用户）的请求，与第三方（供货商）订立供货合同，根据此合同，出租人出资向第三方购买承租人选定的设备。同时，出租人与承租人订立一项租赁合同，将设备出租给承租人，并向承租人收取一定的租金。

项目融资租赁是常规融资租赁发展到一定阶段的产物，它是以项目的资产、预期收益或权益为保证取得的一种有限追索权的融资租赁模式。承租人用来保证租金偿还的主要来源基本限制在被融资项目本身的经济强度之中：一是项目未来的收益；二是项目本身的资产价值。

承租人以项目自身的财产和效益为保证，与出租人签订项目融资租赁合同，出租人对承租人项目以外的财产和收益有有限追索权，租金的收取以项目的现金流量和效益来确定。

项目融资租赁的标的物不能理解为整个项目，因为项目中的某些要素不可能采取融资租赁方式取得，如土地、房产等不动产，而应理解为项目中的租赁物件部分，或者说项目中能形成固定资产（除不动产）的部分租赁物件的租赁成本是资本化的成本，其中包含承租人占有和使用租赁物件所需要的各种费用。

由于工程项目多属于基础设施项目或资源开发类项目，在这类项目的投资总额中，大型设备购置费所占比例较大。项目所需设备除可以通过贷款筹集资金购置以外，也可以采取租赁的形式获得。根据出租人在购置一项设备中的出资比例，可将租赁划分为直接租赁和杠杆租赁两种类型。在一项租赁交易中，凡设备购置成本100%由出租人独自承担的，即为直接租赁。而在工程融资中得到普遍应用的是杠杆租赁，以下重点讨论杠杆租赁。

杠杆租赁融资模式是指在项目投资者的要求和安排下，由杠杆租赁结构中的资产出租人融资购买项目的资产，然后租赁给承租人的一种融资模式。资产出租人和融资贷款银行的收入以及信用保证主要来自该租赁项目的税务优惠、租赁费用、项目的资产以及对项目现金流量的控制。杠杆租赁中，设备等出租标的购置成本的小部分由出租人承担，大部分由银行提供贷款补足。出租人只需要投资购置出租标的所需款项的20%～40%，即可拥有设备所有权，享受如同对设备100%投资的同等待遇。购置成本的借贷部分被称为杠杆，可以凭借杠杆效果利用他人的资本来提高自身的资本利润，同一般租赁相比，可以使交易各方，特别是出租人、承租人和贷款人获得更多的经济效益。

对项目发起人及项目公司来说，采用杠杆租赁融资方式解决项目所需资金，具有以下优势：

（1）项目公司仍拥有对项目的控制权

根据金融租赁协议，作为承租人的项目公司拥有租赁资产的使用权、运营权、维护权和维修权等。在多数情况下，金融租赁项下的资产甚至被看成由项目发起人完全所有、由银行融资的资产。

（2）可实现百分之百的融资要求

一般来说，在项目融资中，项目发起人总是要提供一定比例的股本资金，以增强贷款人提供有限追索贷款的信心。但在杠杆租赁融资模式中，由金融租赁公司的部分股本资金加上银行贷款，就可以全部解决项目所需资金或设备，项目发起人不需要再进行任何股本投资。

（3）较低的融资成本

在多数情况下，项目公司通过杠杆租赁融资的成本低于银行贷款的融资成本，尤其是在项目公司自身不能充分利用税务优惠的情况下。因为在许多国家中，金融租赁可以享受到政府的融资优惠和信用保险。一般来说，如果租赁的设备为新技术型设备，政府将向租赁公司提供低息贷款；如果租赁公司的业务符合政府产业政策的要求，政府可以提供40%～50%的融资等；同时，当承租人无法交付租金时，由政府开办的保险公司向租赁公司赔偿50%的租金，以分担风险和损失。这样，金融租赁公司就可以将这些优惠以较低的租金分配一些给项目承租人，即项目公司。

（4）可享受税前偿租的好处

在金融租赁结构中，项目公司支付的租金可以被当作费用支出，这样就可以直接计入项目成本，无须缴纳税款。这对项目公司而言，就起到了减少应纳税额的作用。

8.5.2　杠杆租赁融资模式的运作过程

杠杆租赁融资模式的运作过程如下：

1）项目发起人设立项目公司，项目公司签订资产购置和建造合同，购买开发建设所需的厂房和设备，并在合同中说明这些资产的拥有权将转移给金融租赁公司，然后再从其手中将这些资产转租回来。当然，这些合同的签署必须以金融租赁公司同意为前提。

2）成立一个特殊合伙制的金融租赁公司，其合伙人由愿意参与到该项目融资中的两个或两个以上的专业租赁公司、银行以及其他金融机构等组成。因为对于一些大的工程项目来说，任何一个租赁机构都很难具有足够大的资产负债表来吸引和获得所有的税务好处。因此，项目资产往往由许多租赁公司分别购置和出租，大多数情况下是由这些租赁公司组成一个新的合伙制金融租赁公司来共同完成租赁业务。这个合伙制金融租赁公司就是租赁融资模式中的“股本参与者”，它的职责是：①提供项目建设费或项目收购价格的20% ~40%作为股本资金投入；②安排债务资金用以购买项目及资产；③将项目及资产出租给项目公司。在这项租赁业务中，只有合伙制结构能够真正享受到融资租赁中的税务好处。它在支付银行债务、税收和其他管理费后，就能取得相应的股本投资收益。

3）由合伙制金融租赁公司筹集购买租赁资产所需的债务资金，也即寻找项目的“债务参与者”为金融公司提供贷款。一般来讲，金融租赁公司必须将其与项目公司签订的租赁协议和转让过来的资产抵押给贷款银行。这样，贷款银行在杠杆租赁中就享有优先取得租赁费的权利。

4）合伙制金融租赁公司根据项目公司转让过来的资产购置合同购买相应的厂房和设备，然后把它们出租给项目公司。

5）在项目开发建设阶段，根据租赁协议，项目公司从合伙制金融租赁公司手中取得项目资产的使用权，并代表租赁公司监督项目的开发建设。在这一阶段，项目公司开始向租赁公司支付租金，租金在数额上应该等于租赁公司购置项目资产的贷款部分所需支付的利息。同时，在多数情况下，项目公司也需要为杠杆租赁提供项目完工担保、长期的市场销售保证及其他形式的信用担保等。

6）项目进入生产经营阶段时，项目公司生产出产品，并根据产品承购协议将产品出售给项目投资方或用户。这时，项目公司要向租赁公司补缴在建设期间内没有付清的租金。租赁公司以其收到的租金通过信托支付银行贷款的本息。

7）为了监督项目公司履行租赁合同，通常由租赁公司的经理人或经理公司监督或直接管理项目公司的现金流量，以保证项目现金流量在以下项目中按顺序进行分配和使用：生产费用、项目的资本性开支、租赁公司经理人的管理费、相当于贷款银行利息的租金支付、相当于租赁公司股本投入的投资收益的租金支付、作为项目投资者投资收益的盈余资金。

8.5.3 杠杆租赁融资模式的特点

杠杆租赁融资模式的特点主要体现在以下方面：

（1）融资模式比较复杂

由于杠杆租赁融资模式的参与者较多，资产抵押以及其他形式的信用保证在股本参与者与债务参与者之间的分配和优先顺序问题比一般项目融资模式复杂，再加上税务、资产管理与转让等方面的问题，使得组织这种融资模式所花费的时间要相对长一些，法律结构及文件的确定也相对复杂一些。但它特别适合大型项目的融资安排。

（2）债务偿还较为灵活

杠杆租赁融资充分利用了项目的税务好处，如税前偿租等作为股本参与者的投资收益，在一定程度上降低了融资成本，同时也增加了融资结构中债务偿还的灵活性。据统计，杠杆租赁融资中利用税务扣减一般可偿还项目全部融资总额的30% ~50%。

(3) 融资应用范围比较广泛

杠杆租赁融资既可以为大型项目进行融资安排，也可以为项目的一部分建设工程进行融资安排。这种灵活性进一步增强了其应用范围的广泛性。

(4) 融资项目的税务结构以及税务减免的数量和有效性是杠杆租赁融资模式的关键

杠杆租赁融资模式的税务减免主要包括对设备折旧提取、贷款利息偿还和其他一些费用项目开支上的减免。这些减免与投资者可以从一个项目投资中获得的标准减免没有任何区别。但一些国家对杠杆租赁的使用范围和税务减免有很多具体的规定和限制，使其较之其他标准减免数量要多、幅度要大。这就要求在设计融资结构时必须了解和掌握当地法律和具体的税务规定。杠杆租赁融资模式一经确定，重新安排融资的灵活性以及可供选择的重新融资余地就变得很小，这也会给投资者带来一定的局限。投资者在选择采用杠杆租赁融资模式时，必须注意这一特点。

8.6 工程项目融资模式的共同特点

不同的工程项目融资模式在项目参与者、操作程序、风险分担等方面具有不同的特点，但常用的工程项目融资模式仍具有以下相同的特点：

1. 贷款形式上的特点

总体来说，工程项目融资的贷款形式主要有两种情况：一种是贷款人提供有限追索权的贷款；另一种是贷款人预先支付一定的资金购买项目的产品，或原材料和设备供应商为项目公司垫付资金。

2. 信用保证形式上的特点

项目融资的信用保证体系一般具有如下特点：

1) 贷款银行要求对项目的资产拥有第一抵押权，对项目现金流量具有有效控制权。

2) 要求项目投资者将其与项目有关的一切契约性权益转让给贷款银行。

3) 要求项目投资者成立一个单一业务的实体，把项目的经营活动尽量与投资者的其他业务分开。

4) 在项目的开发建设阶段，要求项目发起人提供项目的完工担保，以保证项目按商业标准完工。

5) 除非贷款银行对项目产品的市场状况充满信心，否则在项目经营阶段，要求项目公司提供类似“无论提货与否均需付款”性质的市场销售安排。

3. 时间结构上的特点

各种项目融资模式从时间结构上来看，都具有两个非常重要的阶段，即项目的建造（或开发）阶段和运营阶段。

(1) 建造（或开发）阶段

在此阶段，仅发放贷款，还款被推迟。利息一般采用两种方式支付：一种是在产生现金流之前，将利息转成本金；另一种是在项目运营之前，用新发放的贷款来支付利息。建造（或开发）阶段对于贷款人来说是高风险时期，因而此阶段的融资利率比较高；同时，贷款人通过法律约束使项目发起人对贷款人负完全法律责任，即贷款人具有完全追索权。

（2）运营阶段

根据合同规定，本项目竣工验收以后，达到预定标准，贷款人对借款人的追索权应当撤销或变成有限追索，利率也会调至正常水平。项目完工标志着运营阶段的开始，现金流量产生以及债务还本付息和建设期利息摊提的开始。贷款本金、利息的偿还速度是与项目预期的产量、销售收入和应收账款相联系的，通常按项目净现金流量的一定比例偿还债务。在特殊情况下，净现金流量的偿还比例还可以提高。当产品的需求明显低于预期销售量，或贷款人对项目的前景以及项目所在国的经济、政治环境失去信心时，贷款条款常常允许贷款人将偿还比率提高至 100%。

思 考 题

1. 简述工程项目融资模式设计的基本原则。
2. PPP 项目模式的主要参与者有哪些？
3. ABS 融资模式的运作程序包括哪些重要环节？
4. REITs 项目融资模式有哪些特点？
5. 简述项目融资租赁的概念。

8.1 节　8.2 节　8.3 节

8.4 节　8.5 节　8.6 节

第 8 章练习题

扫码进入小程序，完成答题即可获取答案

第 9 章

工程项目融资风险

由于融资项目具有风险种类较多、风险规模较大和风险分配复杂的特点，在安排融资过程中，对项目风险的分析与判断是建立在各种假设条件基础上的；而在工程项目建设阶段，如何减少各种风险因素对项目的影响、最大限度地保证项目经营成功，是项目投资人和贷款人需要共同面对的实际问题。在项目的投资结构、融资模式、资本结构设计中，关于风险识别、处理和分配方式等融资风险管理的问题不仅直接关系到项目的投资可行性和可融资性，而且会影响项目投融资设计的细节。近年来，由于工程项目的投资规模越来越大，融资结构越来越复杂，以及国际经济环境变幻莫测，人们对项目风险管理越来越重视，风险管理已成为工程项目融资的一个重要组成部分。

9.1 工程项目融资风险概述

9.1.1 风险与风险管理

1. 风险的概念

对于风险，不同学者有着不同的理解。美国学者威雷特（Willett）认为“风险是关于不愿发生事件发生的不确定性之客观体现”。F. H. 奈特（F. H. Knight）认为“风险是可测定的不确定性”。日本学者武井勋认为“风险是在特定环境中和特定期间内自然存在的导致经济损失的变化”。

目前关于风险的定义尚没有较为统一的认识，国内有学者给风险做了如下定义：风险是指对某一事件全过程的预期目标可能产生的不利因素发生的概率及后果。

2. 风险的特征

风险是金融体系和金融活动的基本属性之一，具有以下基本特征：

1）风险是对事物发展未来状态的看法。时间是形成风险的基本因素之一。

2）风险产生的根源在于事物发展的未来状态所具有的不确定性。不确定性也是形成风险的基本因素之一。

3）风险和不确定性在很大程度上都取决于经济主体对相关信息的掌握。信息是影响风险的重要因素之一。

4）风险使得事物发展的未来状态必然包含不利的成分，如损失或低于期望值的回报。损失也是形成风险的基本因素之一。

3. 风险的分类

可从不同角度、根据不同标准对风险进行分类。

（1）按风险后果划分

1）纯粹风险。这类风险只会造成损失，而不会带来机会或收益。

2）投机风险。这类风险可能带来机会，获得利益；但也可能隐含威胁，造成损失。

（2）按风险来源划分

1）自然风险。由于自然力的作用造成财产损毁或人员伤亡的风险属于自然风险。

2）人为风险。由于人的活动带来的风险属于人为风险。人为风险又可以分为行为风险、经济风险、技术风险、政治风险和组织风险等。

（3）按事件主体的承受能力划分

1）可接受风险。这一般是指法人或自然人在分析自身承受能力和财产状况的基础上，确认使人能够接受的最大限度的损失，低于这一限度的风险称为可接受风险。

2）不可接受风险。这一般是指法人或自然人在分析自身承受能力和财务状况的基础上，确认已超过所能承担的最大损失额，这种风险就称为不可接受风险。

（4）按风险的对象划分

1）财产风险。财产风险是指财产遭受损害、破坏或贬值的风险。例如，设备、正在建设中的工程因自然灾害而遭到损失的风险。

2）人身风险。人身风险是指疾病、伤残、死亡等所引起的风险。

3）责任风险。责任风险是指由于法人或自然人的行为违背了法律、合同或道德上的规定，给他人造成财产损失或人身伤害。

（5）按风险对工程项目目标的影响划分

1）工期风险。这类风险造成工程的局部（工程活动、分项工程）或整个工程的工期延长，不能按计划正常移交后续工程施工或不能按时交付使用。

2）费用风险。这类风险包括财务风险、成本超支、投资追加、报价风险、投资回收期延长或无法回收等。

3）质量风险。这类风险包括材料、工艺、工程不能通过验收，工程试生产不合格，工程质量经过评价未达到要求等。

4. 风险管理的概念

项目风险管理是指项目管理组织通过风险识别、风险估计和风险评价等活动，运用各种风险管理技术，对可能发生的项目风险实施有效控制并妥善处理风险所致损失的后果，期望以最小的项目成本实现最大的项目目标的一种管理活动。项目风险管理是项目管理活动的重要内容，对项目目标的完成起到保证作用。项目风险管理活动往往贯穿项目的全过程。

从项目融资风险管理的角度考虑，可将风险管理定义为：通过对项目融资的风险识别、风险分析，采用合理的经济和技术手段对项目活动全过程所涉及的风险加以处理，采取主动行动以创造条件，最大限度地避免或减少风险事件造成的项目实际效益与预期效益偏离，从而顺利实现项目预期收益的一种管理活动。

5. 风险管理程序

对一个项目的风险管理可以分为四个阶段：风险识别、风险评估、制定应对措施和风险管理措施实施。这四个部分是一个整体，相辅相成、不可分割，缺少任何一部分，风险管理都是不完整的。

（1）风险识别

风险识别是指通过对大量来源可靠的信息资料进行系统了解和分析，认清项目存在的各种风险因素，进而确定项目所面临的风险及其性质，并把握其发展趋势的行为。风险识别是项目融资风险管理的基础，此后的风险评估和制定的应对措施是否有效，取决于风险识别的准确程度。

风险识别主要解决两个问题：一是项目面临哪些风险，这些风险是由哪些因素引起的；二是这些风险对项目的影响程度有多大。

（2）风险评估

风险评估是在风险识别的基础上，通过对风险识别所获得资料和数据进行处理，得到关于损失发生概率及其程度的信息，为选择风险处理方法、进行正确风险管理决策提供依据。

对项目融资的风险评估不仅需要定性分析，还需要定量分析。项目融资风险评估定性分析常用的方法有专家打分法和层次分析法。项目融资风险评估定量分析常用的方法主要有敏感性分析法、概率分析法和蒙特卡罗分析法等。

（3）制定应对措施

识别和评估风险后，就应考虑针对各种风险及其可能的影响程度，寻找和拟定应对措施。风险管理的基本目的如下：一是阻止损失的发生；二是因势利导、创造条件，促使事情向有利的方向转化。

常用的应对措施主要分为两种：

1）控制法。控制法是指运用各种控制措施，在风险发生前，力求消除风险因素，降低风险发生概率与幅度；在风险发生时，将损失降到最低。可采取的主要手段有风险回避、风险分散、风险消缩等。

2）财务法。财务法是指通过风险事故发生前所做的财务安排，减少风险事故发生后所造成的损失或减轻风险损失对企业造成的危害。由于受各种因素的影响，风险事故的损失往往难以避免，为了减少损失，可以采取财务处置的方法。财务法包括风险转移和风险自留两种方式。

（4）风险管理措施实施

风险管理措施实施是风险管理的最后阶段。在系统地比较各种应对措施并做出选择后，项目决策者应就所选择的应对措施，制订具体的风险管理计划并付诸实施。在项目融资中，风险管理措施的实施体现在项目的投资结构、资本结构、资信结构和融资结构中，如与项目的有关参与方谈判，设计出项目各参与方可以接受的建设、融资、运营、原材料供应、产品销售等协议，从而实现风险在项目各参与方之间的合理分担。

项目融资具有复杂性特点，每个项目的具体实施条件都不相同，常常无先例可循。所以，在实际工作中，以上四个方面的工作有时并不能一次完成，需要反复多次从事其中一两项，甚至全部工作。随着项目的实施，已分担的风险也可能发生意料之外的变化或出现新的风险，风险管理人员应对实施情况加以监督，及时反馈，并在必要时调整风险管理措施，在发生变化时提出相应的处理办法。

9.1.2 工程项目风险因素

风险因素就是指可能发生风险的各类原因。工程项目风险因素极为广泛，可从不同角度对其进行分类：从工程实施不同阶段划分，可分为投标阶段的风险、合同谈判阶段的风险、合同实施阶段的风险；从技术角度划分，可分为技术风险与非技术风险；按风险的来源性质划分，可分为政治风险、经济风险、技术风险、公共关系风险和管理风险。风险因素的分析是进行风险管理的第一步。

1. 政治风险

政治风险是指工程项目所处的政治背景可能带来的风险。政治风险大致有以下几个方面：

（1）战争和内乱

工程项目所在国发生战争或内乱，造成国内动乱、政权更迭，国内政治经济形势恶化，建设项目可能被终止或毁约；建设现场遭到战争的破坏；战争或骚乱使工程现场不得不中止施工，工期拖延，成本增大。这些情况常使业主和承包商都遭到极大的损失。

（2）国有化、没收与征用

业主国家根据本国政治和经济需要颁布国有化政策，强行将承包工程收归国有，导致承包商损失巨大。

（3）拒付债务

某些国家在财力枯竭的情况下，对政府项目简单地废弃合同、拒付债务，令承包商难以采取有效措施来挽回损失。

（4）制裁与禁运

某些国际组织或国家对工程所在国家实行制裁与禁运，从而对工程造成很大的影响。

（5）对外关系

业主国家与邻国关系不好，其边境不安全不稳定，潜藏战争风险等，都将影响工程项目的进行。

（6）业主国家社会管理、社会风气等

业主国家政府办事效率高低，政府官员廉洁与否，当地劳动力素质如何，是否常用罢工手段向雇主提出各种要求等，都将直接或间接地影响工程能否正常进行。

2. 经济风险

经济风险主要是指建筑承包市场所处的经济形势和项目采购国的经济实力及解决经济问题的能力。经济风险主要有以下几个方面：

（1）通货膨胀

通货膨胀是一个全球性问题，在某些发展中国家中较为严重。通货膨胀可能使工程所在国的工资和物价大幅度上涨，往往超出承包商预见。如果合同中没有完备的调值条款，则必然会给承包商带来较大风险。为避免通货膨胀带来的损失，不仅要考虑工程所在地的物价水平，而且要全面考虑国际市场上材料、设备价格的上涨情况以及当地货币的贬值幅度，掌握国际市场物价浮动趋势。

（2）外汇风险

工程承包中常遇到的外汇问题有：工程所在国外汇管制严格，限制承包商外汇汇出；外汇浮动，当地货币贬值；有的业主采取外币延期付款方式且利率很低，但向银行贷款利率较高，因而倒贴利率差；签订合同时所选外汇贬值等。如果忽视外汇浮动因素，可能会给承包商带来难以弥补的损失。

（3）保护主义

可能影响工程承包的保护主义主要包括以下几个方面：①规定合资公司中对外资股份的限制，以保证本国利益；②对本国和外国公司的招标条件不一视同仁；③对本国公司和外国公司实行差别税率，以保护本国利益；④对外国公司强制实行保险。

（4）税收歧视

承包商经常面对工程所在国对外国承包商所实行的各种歧视政策，如被索要税法规定以外的费用或摊派，或受到该国公务人员在执法过程中排外情绪的影响，这些构成了承包商潜在的风险因素。

3. 技术风险

（1）地基地质条件

对于大型工程和地下工程，地基地质条件非常重要。通常业主提供一定数量的地基地质条件资料，但不负责解释和分析，因而这方面的风险很大。例如，在施工过程中发现现场地质条件与施工图设计出入很大，施工中遇到大量塌方引起的超挖工作量和工期延误等。

（2）水文气候条件

水文气候条件包括两方面：一是指对工程所在地的自然气候条件估计不足所产生的问题，如多雨、严寒、酷暑等对施工的影响；二是当地出现的异常气候，如特大暴雨、洪水、泥石流、坍塌等。虽然按照一般合同条件，后一类异常气候造成的工期拖延可以得到补偿，但财产损失很难全部得到补偿。

（3）材料、设备供应

如果材料质量不合格或没有质量检验证明，导致工程不被验收，就会引起返工或工期拖延；如果材料供应不及时，则会引起停工、窝工等。

设备供应同样有质量不合格或供应不及时问题，也可能有设备不配套问题，或是未能按照安装顺序按期供货或机械设备运行状况不良等。

（4）技术规范

技术规范要求不合理或过于苛刻，工程量表中项目说明不明确而投标时未发现等，也能引起工程项目风险。

（5）工程变更

工程变更包括设计变更和工程量变更两种。变更常会影响承包商原有的施工计划和安排，带来一系列新的问题。如果处理得好，在执行变更命令过程中，可以向业主提出索赔，把风险转化为利润。

（6）运输问题

对于陆上运输，需选择优质运输公司并订立完备的运输合同，防止因材料或设备未按时运抵工地而影响施工进度；对于海上运输，港口压船、卸货、海关验关等很容易引起时间耽误，影响工期。

4. 公共关系风险

(1) 与业主的关系

如业主以各种理由为借口，或其工作效率低下，延误办理支付、签发各种证书等。

(2) 与工程师的关系

因工程师效率低，拖延签发支付；或工程师过于苛刻，以各种理由扣减应支付的工程款；特别是对“包干”项目，在项目未完成前拒绝支付或支付的比例很低等。

(3) 联营体内部各方的关系

联营体内部的各家公司是临时性伙伴，很容易产生公司之间或人员之间的矛盾，从而影响配合和施工。另外，联营体协议中职责、权利、义务等不明确，也会影响合作。

(4) 与工程所在国地方部门的关系

这里主要是指工程所在地区的有关职能部门，如劳动局、税务局、统计局等，如果关系处理不好也会带来问题。

5. 管理风险

(1) 投标报价失策

投标报价失策是指标价太低，或接受的合同条件过于苛刻，造成工程承包条件“先天不足”。

(2) 合同条款风险

由于工程施工合同通常是由业主或业主委托的咨询公司编制的，业主与承包商在合同中的风险分担往往不公平，工程承包合同中一般都包含着一些明显的或隐含的对承包商不利的条款，它们会造成承包商的损失。例如，标书或合同条款不合理，把属于业主的责任转嫁给承包商；合同工期过于严格，并且附有较重的误期违约罚款；项目建设周期较长，但合同中缺乏调值条款；技术规范要求不合理等。

(3) 缺乏管理常识和经验

承包商缺乏管理经验或管理水平低下，可能导致合同缺陷、责权划分不明确，致使施工现场出现管理混乱或质量事故等。

9.1.3 工程项目风险与工程项目融资风险

工程项目风险是指工程项目本身存在的收益的不确定性或损失的可能性，而不管其是否运用工程项目融资这一方式获取资金。工程项目融资风险是指项目融资这一过程给项目融资参与各方带来损失的可能性或不确定性。这两个概念既有区别又有联系。

1. 工程项目本身的风险是工程项目融资风险的主要组成部分

对工程项目融资的风险进行分析和评估离不开对工程项目本身风险的分析和评估。因此，对工程项目融资风险的分析，不能脱离项目可行性研究这一基础，必须对投资的可行性和风险进行全面科学的分析。而对工程项目本身风险的全面分析和评估以及全程监控管理，就成为工程项目融资风险管理的一个有机组成部分。

2. 工程项目本身的风险不是工程项目融资风险的全部

不能以对工程项目本身风险的分析和评估来代替对工程项目融资风险的分析和评估。除工程项目本身的风险外，工程项目融资中的风险还有一部分是融资行为引发的风险（如利率、汇率等与资本成本密切相关的风险）。因此，在工程项目融资过程中，对其风险的考量必须在关注项目风险的同时，也强调对项目以外风险因素的关注。

3. 有些风险因素是工程项目本身和工程项目融资共同面对的

虽然工程项目本身和工程项目融资需要面对一些同样的风险，但二者的作用过程却不一样。例如，虽然二者都可能面临法律风险，但具体涉及的来源却不一致。因此，对一些风险而言，必须清楚它们是项目本身可能导致的风险，还是融资过程可能导致的风险。

9.1.4　项目融资风险管理

1. 项目融资风险管理的定义

项目融资活动实际上可以分解为两个相互联系的方面：项目经营和融资安排。因此，项目融资的风险管理实际上就包含了项目风险管理和金融风险管理两个相互联系的方面。

可以将项目融资风险管理界定为：通过对项目融资的风险识别及风险评估，采用合理的经济与技术手段，对项目经营活动和融资安排活动所涉及的风险加以控制和处理，以便最大限度地避免和减少风险事件导致的项目实际效益与预期效益的偏差，从而保证项目投资者的预期收益及项目贷款人的追索权得以顺利实现的一种管理活动。

近年来，国内外不少项目融资案例的失败都是由于风险管理处理失当导致的。随着项目融资应用范围的推广、融资规模的扩大，项目融资风险管理已不容忽视。

2. 项目融资风险管理的特点

项目融资的风险管理作为一种风险管理活动，既具有一般风险管理的共性，也具有独特性，主要表现在以下几个方面：

（1）以项目可行性研究作为风险分析的前提

项目的风险分析是在可行性研究基础上进行的。项目的可行性研究需要建立在分析和评价许多与项目有关的风险因素的基础上，并对项目的原材料供应、技术设备及人力资源的获取、项目产品或服务的需求状况、项目的环境效应等一系列因素进行分析，进而对项目做出综合性的技术评价和经济效益评价。一份完整、权威的可行性研究报告，将有助于项目融资的组织以及对项目风险的识别和判断。因此，项目可行性研究成为风险分析的前提。

（2）以风险的识别作为设计融资结构的依据

项目融资是根据投资者的融资战略和项目的实际情况量身定做的一种结构性融资，其核心部分是融资结构。一个成功的融资结构应当以风险识别为依据，在其各参与方之间实现有效合理的项目风险分配，从而使风险管理目标更加明确，以便找出控制项目风险的方法和途径，设计出风险分担的融资结构，以实现投资者在融资方面的目标要求。

（3）以项目当事人作为风险分担的主体

项目融资风险处理的核心环节就是在项目风险与项目当事人之间以合同形式建立对应关系，形成风险约束体系，从而保证融资结构的稳健性。为实现项目融资的有限追索，对与项目有关的各种风险要素，需要以某种形式在项目投资者及与项目有利益关系的其他参与者和贷款人之间进行分担。一个成功的项目融资结构应该是在项目中没有任何一方单独承担全部项目债务的风险责任，一旦融资结构建立，任何一方都要准备承担未能预料的风险。

（4）以合同作为风险处理的主要手段

项目融资的主要特征就体现在项目风险分担上，而合同正是实现这种风险分担的关键。在项目融资中，将各类风险具体化，需要以合同的方式明确规定当事人承担多大程度的风险，用何种方式承担，并以项目合同、融资合同、担保、支持文件作为风险处理实现形式贯穿整个项目周期，彼此衔接，使风险得以规避。

9.2 工程项目融资风险识别

9.2.1 工程项目融资风险识别技术与方法

对于每个工程项目，可能产生风险的因素很多，各因素之间的关系错综复杂，所造成的结果也各不相同。如果忽略这些风险因素，就会影响项目的经济效益，甚至导致项目失败。工程项目融资风险识别是工程项目融资风险管理的前提和基础，是正确进行风险管理决策的基本依据。

1. 工程项目融资风险识别的技术和工具

风险识别不仅要鉴别所有可能的风险，关键是要认定具体工程项目融资中的具体风险。上面提到的工程项目融资风险因素并不一定在融资过程中都存在；而且在不同的工程项目中，相同风险因素的影响程度也不尽相同。因此，必须对每一具体的工程项目融资的风险因素进行识别，并确认哪些是主要风险因素，哪些是次要风险因素，以便合理地分配风险管理的成本。在实践中，可以利用一些具体的技术和工具。常见的有以下几种：

（1） 核对表

风险识别是关于将来风险事件的设想与预测。把以往类似工程项目融资经历过的风险事件及其来源罗列出来，编制成一张核对表，可以启发项目融资设计者开拓思路，以便对本工程项目融资的潜在风险有清晰的认识。

近年来，项目融资作为基础设施项目筹集资金的方式，越来越受到人们的重视；同时，项目融资是一种风险很大的融资活动，因此，项目融资风险管理也显得越来越重要。国际上一些有项目融资经历的专家和金融机构从以往这类业务活动中总结出一些经验和教训，并把这些经验和教训列入核对表，这无疑会对工程项目融资的风险认定起到关键作用。

（2） 项目融资分解结构

为减少工程项目融资结构的不确定性，需要了解项目融资的各个组成部分及其性质、相互关系等。项目融资分解结构是完成这项任务的有力工具。

（3） 常识、经验和判断

以往的工程项目融资活动所积累的资料、数据、经验和教训，以及融资顾问人员和其他相关参与人员的尝试、经验和判断，在进行风险识别时非常有用。另外，把工程项目融资的有关各方聚集起来，与他们就风险识别进行面对面的讨论，也有可能触及一般规划活动中未曾发现或不易发现的工程项目融资风险。

（4） 实验或试验结果

利用实验或试验结果识别项目融资风险，主要是针对工程项目本身风险而言的。实验或试验结果也可以用数学模型、计算机模拟、市场调查或文献调查等方法代替。

2. 工程项目融资风险的认定方法

在工程项目融资实践中，对融资风险进行最后的认定时可以运用以下几种方法：

(1) 故障树法

故障树法是风险识别的工具之一，它通过图解的形式将大的风险分解成各种小的风险，或对各种引起风险的原因进行分解。该方法是利用树状图将工程项目风险由粗到细、由大到小、分层排列。故障树法便于找出所有的风险因素并明确它们之间关系。与故障树法相似的还有概率树法、决策树法等。

(2) 敏感性分析

敏感性分析就是分析并测定各个因素的变化对指标的影响程度，判断指标（相对于某一工程项目）在外部条件发生不利变化时的承受能力。一般情况下，在项目融资中需要测度的敏感性变量要素主要有价格、利率、汇率、投资、工程延期、项目生命周期等。

敏感性分析的基本步骤如下：

1）确定分析指标。在项目融资风险分析中，通常采用净现值（NPV）指标。

2）选择需要分析测度的变量要素。

3）计算各变量要素的变动对指标的影响程度。

4）确定敏感性因素，对项目的风险情况做出判断。

除此之外，在工程项目投资风险识别中，头脑风暴法、德尔菲法和情景分析法均可应用于对工程项目融资风险的认定，详见4.1.2节。

3. 工程项目融资风险识别的结果描述

工程项目融资风险识别后，通常需要把结果整理出来，并形成书面文件，为风险分析的其余步骤和风险管理做准备。风险识别的结果一般包含下列内容：

(1) 风险来源

结果中应列出所有的风险，尽可能全面，不管风险事件发生的频率和可能性、收益、损害有多大，都要一一列出。风险识别的结果一般包括风险事件的可能后果、对预期发生时间的估计、对该来源产生的风险事件预期发生次数的估计等。

(2) 分组或分类

识别风险之后，应对风险进行分组或分类。分类结果应便于进行风险分析的其余步骤和风险管理。例如，可将风险按工程项目进度分组，也可以按风险性质分为业务风险、金融风险和外围风险等。

(3) 风险表现

在对工程项目融资风险识别结果的描述中，还有必要对各种识别出的风险事件的外在表现（如各种可能的苗头和前兆等）做出说明，以便为项目融资各参与方采取行动和措施提供参考。

(4) 对项目管理其他方面的要求

在风险识别的过程中，可能会发现工程项目融资其他方面的问题，这需要在项目融资的各种结构设计中加以完善，也应加以描述或向相关参与方提出改进建议。

9.2.2 工程项目融资风险的分类

一般来说，工程项目融资风险与项目融资风险都涉及技术经济、生产、市场等诸多方面，虽然侧重点有所不同，但二者并无实质区别。对工程项目融资风险进行分类，可从工程项目风险的阶段性、可控性、表现形式，项目的投入要素和类别等不同的角度进行。

1. 按照工程项目风险的阶段性划分

根据工程项目发展的时间顺序，其风险可以划分为三个阶段，即项目建设开发阶段的风险、项目试生产阶段的风险和项目生产经营阶段的风险。每个阶段的风险都有不同的特点。

（1）项目建设开发阶段的风险

项目在正式建设之前通常会有一个较长的预开发阶段，内容包括项目规划、可行性研究、工程设计。在这一时期，项目存在许多不确定性因素，这一时期的投资也带有风险投资的性质。

项目建设开发阶段的风险是从项目正式动工建设开始的。项目动工建设之后，大量资金被投入购买工程用地与工程设备、支付工程施工费用当中，贷款的利息也由于项目还未产生任何收入而计入资本成本。从贷款银行的角度看，在这一阶段，随着贷款资金的不断投入，项目的风险也随之增加；在项目建设完工时，项目的风险达到或接近最高点。这时，如果因为任何不可控制或不可预见的因素而造成项目建设成本超支，不能按预定时间完工，甚至项目无法完成，贷款银行所承受的损失是最大的。因此，项目融资在这一阶段要求投资者提供强有力的信用支持，以保证项目的顺利完成。只有在对项目建设有充分把握的前提下，贷款银行才会取消对投资者的提供附加信用支持的要求。

利用不同形式的工程建设合同，可以影响项目建设期的风险变化，有可能将部分项目建设期的风险转移给工程承包公司。这类合同的一个极端是固定价格、固定工期的“交钥匙”合同，另一个极端是“实报实销”合同，在二者之间又有多种中间类型的合同形式。在“交钥匙”合同中，项目建设的控制权和建设期风险全部由工程承包公司承担；而在“实报实销”合同中，项目建设期风险全部由项目投资者承担。

（2）项目试生产阶段的风险

项目融资在试生产阶段的风险仍然较大，即使这时项目建成投产，若不能按照原定的成本计划生产出符合“商业完工”条件的产品和服务，就无法实现项目预期的现金流目标，必然危及贷款的偿还，给项目投资者带来相应的风险。

项目融资中的“商业完工”（Commercial Completion）是指在融资文件中具体规定项目产品的产量和质量、原材料、能源消耗定额以及其他一些技术经济指标作为完工指标，并且将项目达到这些指标的时间下限也作为一项指标。只有项目在规定的时间范围内满足这些指标时，才被贷款银行接受为正式完工。

（3）项目生产经营阶段的风险

一旦项目试生产满足了“商业完工”的具体指标，项目的生产经营阶段也就是最后一个阶段就开始了。在这一阶段，项目进入正常运转，如果项目可行性研究报告中的假设条件符合实际情况，项目就应该具有足够的现金流量支付生产经营费用，偿还债务，并为投资者提供理想的收益。项目的生产经营阶段是项目融资风险阶段的一个分水岭。从这一阶段起，贷款银行的项目风险随着债务的偿还逐步降低，融资结构基本上依赖于项目自身的现金流量和资产，成为一种“有追索”的结构。这一阶段的项目风险主要表现在生产、市场、金融以及其他一些不可预见的因素方面。

按照项目风险的阶段性划分的项目风险清单见表 9-1。

表9-1　按照项目风险的阶段性划分的项目风险清单

阶段	风险来源
项目建设开发阶段	施工现场条件、施工现场准备工作、土地使用权权属、招标规定中的错误、承包商设计错误、费用超支、完工延期、施工技术不当、不可抗力、环境污染、法律变更等
项目试生产阶段	未达到性能标准、质量不良、建筑缺陷、调试或试验不合格等
项目生产经营阶段	原材料供应、价格、管理水平、市场需求、销售价格、销售量、竞争、环境污染等

2. 按照工程项目风险的可控性划分

从项目投资者能否直接控制的角度，可以将工程项目风险划分为两类：不可控风险和可控风险。前者是指与市场客观环境有关、超出了项目自身的风险；后者是指可由项目实体自行控制和管理的风险。然而，这两种风险的划分并不绝对。有时候，不可控风险也可以通过一定的手段予以削减，而另外一些时候，可控风险却无法避免。

（1）不可控风险

不可控风险是指项目的生产经营受到超出企业控制范围的经济环境变化影响而遭受到损失的风险。这类风险企业无法控制，并在很大程度上也无法准确预测，因而项目的不可控风险也被称为项目的系统风险。项目的不可控风险主要包括：

1）项目的金融风险（利率风险和汇率风险）。

2）项目的部分市场风险。

3）项目的政治风险。

4）项目的法律风险。

（2）可控风险

可控风险是指与项目建设和生产经营管理直接有关的风险，包括完工风险、生产风险、技术风险和部分市场风险等。这类风险是项目投资者在建设或生产经营过程中无法避免且必须承担的风险，同时也是投资者应该知道如何去管理和控制的风险。因此，项目的可控风险又称为非系统风险。

在项目融资中将项目的风险按照可控性加以分类，是希望能够按照不同的风险性质对其加以控制与管理。项目融资的贷款银行，对不同性质风险的处理方式是不一样的。对项目的非系统风险，贷款银行总是尽可能地以各种合同契约形式，将其转移给项目的投资者或其他项目参与者；但是，对项目的系统风险，在一定程度上，贷款银行是可以接受并且愿意与项目的投资者一起管理和控制的。

这两类风险所包含的具体内容如图9-1所示。

3. 按照工程项目风险的表现形式划分

按照项目风险在各个阶段的表现形式，风险可以划分为9种基本类型：信用风险、完工风险、生产风险、市场风险、金融风险、政治风险、法律风险、环境保护风险和不可抗力风险。

（1）信用风险

有限追索的项目融资是依靠有效的信用保证结构支撑起来的。组成信用保证结构的项目各参与方是否有能力履行其职责，是否愿意并按照法律文件的规定，在需要时履行其所承担的对项目融资的信用保证责任，构成项目融资所面临的信用风险。

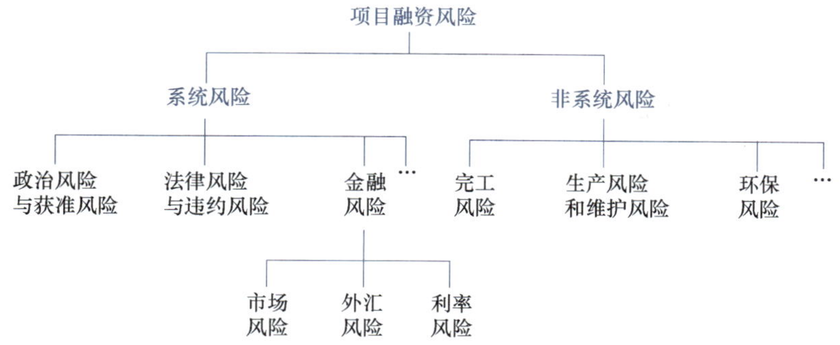

图 9-1 系统/非系统风险的内容

信用风险贯穿于项目的各个阶段。提供项目信用保证的项目参与者（包括项目投资者、工程公司、产品购买者、原材料供应者等）的资信状况、技术和资金能力、以往的表现和管理水平等，都是评价项目信用风险程度的重要指标。

（2）完工风险

项目完工风险的主要表现形式为：项目建设延期；项目建设成本超支；项目迟迟达不到设计规定的技术经济指标；在极端情况下，技术和其他方面的问题导致项目完全停工放弃。

完工风险是项目融资的核心风险之一，因为如果项目不能按照预定计划建设投产，项目融资所赖以依存的基础就受到了根本性破坏。完工风险对项目造成综合性的负面影响，使项目建设成本增加，项目贷款利息负担增加，项目现金流量不能按计划获得。项目建设期出现完工风险的概率较大，根据已有统计资料，无论是在发展中国家还是在发达国家，均有大量的项目不能按照规定的时间或者预算建成投产，导致项目融资成本大幅度上升乃至项目失败。

项目的“商业完工”标准是贷款银行检验项目是否达到完工条件的依据。商业完工标准包括一系列经专家确定的技术经济指标。根据贷款银行对具体项目完工风险的评价，项目融资中实际采用的“商业完工”标准可以有很大的差别。总的原则是，对完工风险越大的项目，贷款银行会要求项目投资者承担越大的“商业完工”责任。一些典型的“商业完工”标准包括：

1）完工和运行标准。项目需要在规定的时间内达到商业完工的标准，并且在一定时期内（通常为 3 ~6 个月）保持在这个水平上运行。

2）技术完工标准。这一标准比完工和运行标准的约束性要差一些，因为在条件中没有规定对项目运行时间的检验。采用这一标准，贷款银行实际上承担了一部分项目生产的技术风险。

3）现金流量完工标准。这是另一种类型的完工标准，贷款银行不考虑项目的技术完工和实际运行情况，只要求项目在一定时期内（通常为 3 ~6 个月）达到预期的最低现金流量水平，即认为项目通过了完工检验。

4）其他形式的完工标准。有些项目由于时间关系，在项目融资还没有完全安排好时就需要进行提款。在这种情况下，贷款银行为了减少项目风险，往往会要求确定一些特殊的完工标准。例如，如果产品销售合同在提款前还未能最终确定，贷款银行就有可能规定以某种价格条件销售最低数量的产品，作为项目完工标准的一部分。又如，如果在提款前矿山的最终储量还不能最终确定，则最小储量会被包括在项目的完工标准中。

为了限制及转移项目的完工风险，贷款银行通常要求投资者或工程公司等其他项目参与者提供相应的完工担保作为保证。

（3）生产风险

项目的生产风险，是指项目在试生产阶段和生产经营阶段存在的技术、资源储量、能源和原材料供应、经营管理等风险因素的总称，是项目融资的另一个核心风险。项目的生产风险直接关系着项目能否按照预定的计划正常运转，是否具有足够的现金流量支付生产费用和偿还债务。

1）技术风险。作为贷款银行，项目融资不是风险投资，因而银行的原则是只为采用经市场证实的成熟生产技术的项目安排有限追索性质的项目融资，对于任何采用新技术的项目，如果不能获得投资者强有力的技术保证和资金支持，是不可能安排项目融资的。贷款银行对项目技术风险的估计与银行是否曾经参加过类似项目的融资有很大关系。然而，尽管银行曾经参与过该类型项目的融资，但是若新的融资项目在设备规模或技术上有较大的改进，银行仍然认为项目的技术风险是很高的。

2）资源储量风险。对于依赖某种自然资源（如石油、天然气、煤矿、金属矿等）的生产型项目，在项目生产阶段的资源保证是一个很大的风险因素。因此，对于这类项目的融资，一个先决条件是要求项目可供开采的已证实资源总储量与项目融资期间所计划采掘或消耗的资源量之比，要保持在风险警戒线之下。评价资源储量风险的指标称为资源覆盖比率，计算公式如下：

$$资源覆盖比率（RCR）=\frac{可供开采资源总储量}{项目融资期间计划开采资源量}$$

式中，可供开采资源总储量是指根据现有技术及现有生产计划可供开采的全部资源储量。

最低资源覆盖比率是根据具体项目的技术条件和贷款银行在这一工业部门的经验确定的。一般要求，资源覆盖比率应在2以上；如果资源覆盖比率小于1.5，则贷款银行就可能认为项目的资源风险过高，要求投资者提供相应的最低资源储量担保，或者要求在安排融资前做进一步的勘探工作，落实资源情况。

为了避免项目的资源风险，有时贷款银行可能向投资者推荐混合融资方案：A方案为较短期的有限追索项目融资，以项目已有的资源储量作为基础；B方案为接在A方案之后的公司融资方案，在资源不足的情况下，以投资者（借款人）的其他资产作为贷款的附加信用保证。A、B方案的划分点就设计在贷款银行可以获得满意的资源覆盖比率上。对于银行来说，获得合适的资源覆盖比率，不仅可以防止出现资源不足的风险，而且可以有效地降低由于其他一些风险因素导致项目失败的概率。例如，生产成本的增加、产品价格的下跌（在周期性波动的世界能源和原材料市场上，这是经常发生的）等因素都会大大减少项目的现金流量，推迟债务偿还计划的执行。只有获得足够的资源储量保证，才有可能在项目生命周期内偿还全部贷款。

3）能源和原材料供应风险。能源和原材料供应风险由两个因素构成：能源和原材料的价格及供应的可靠性。一些重工业部门（如电解铝厂和铜冶炼厂）和能源工业部门（如火力发电站）对能源和原材料的稳定供应依赖性很强，能源和原材料成本在整个生产成本中占很大的比重，价格波动和供应可靠性成为影响项目经济强度的一个主要因素。对于这类项目，没有能源和原材料供应的恰当安排，项目融资基本上是不可能的。

长期的能源和原材料供应协议，是降低项目能源和原材料供应风险的一种有效方法。这种安排可以保证项目按照一定的价格，稳定地得到重要能源和原材料供应。在一些特殊情况下（如原材料市场不景气），甚至有可能进一步将供应协议设计成“供货或付款”类型的合同，这样，项目的经济强度就能够得到更强有力的支持。近十几年来，面对变化莫测的国际原材料和能源市场，投资者把如何降低能源和原材料风险作为一个重要的课题加以研究，其中一种值得重视的发展趋势是能源和原材料价格指数化，即将能源和原材料的供应价格与项目产品的国际市场价格直接挂钩，并随着项目产品价格的变化浮动。这种做法特别适用于具有国际统一定价标准的大宗资源性商品的项目产品。

能源和原材料供应价格指数化，对各方都有一定的好处。据此，项目投资者可以降低项目风险，在国际市场不景气时降低项目的能源和原材料成本，在产出品国际市场景气时仍可获得较大的利润；能源和原材料供应商既保证了稳定的市场，又可以享受到最终产品价格上涨的好处；贷款银行由于这种做法增强了项目的经济强度，保证了项目的偿债能力，因此，特别受到项目融资安排者的欢迎。

4）经营管理风险。经营管理风险主要用来评价项目投资者对所开发项目的经营管理能力，而这种能力是决定项目的质量控制、成本控制和生产效率的一个重要因素。

项目投资者在同一领域是否具有成功的经验，是贷款银行衡量项目经营管理风险的一项重要指标。经验证明，在一个由多个投资者组成的合资项目中，如果项目经理（负责项目日常生产管理的公司）是由一个在这一领域具有良好资信的投资者承担的，那么无论是整个项目进行融资，还是其中个别投资者单独进行融资，这一因素都会成为项目很好的信用支持。

评价项目的经营管理风险主要从三个方面考虑：①项目经理（无论是否为项目投资者）在同一领域的工作经验和资信；②项目经理是否为项目投资者之一，如果是投资者，则要看其在项目中占有多大比例，一般既是项目经理同时又是项目最大投资者（40%以上）之一的，对项目融资很有帮助；③除项目经理的直接投资外，项目经理是否具有利润分成或成本控制奖励等鼓励机制。如果这些措施使用得当，则可以有效地降低项目风险。

（4）市场风险

市场风险主要有价格风险、竞争风险和需求风险。

1）价格风险。价格风险主要体现在两个阶段：一是生产建设阶段，生产投入要素价格变化引起的项目成本的不确定性，所造成的影响将直接关系到项目的成本控制；二是运营阶段，项目提供的产品或服务价格的不确定性，是影响产品或服务市场竞争力和盈利能力的重要决定因素。

2）竞争风险。竞争风险主要包括以下几个方面：①现有竞争者风险，同业竞争越多，企业获得利润就越困难，进而加剧竞争；②潜在竞争者风险，如果有新企业进入，就意味着该行业的供应量会增加，一般情况下新企业提供产品的价格会更低、更具竞争力；③替代品竞争风险，替代品会使企业产品的竞争力减弱甚至消失，因此替代品增多会加剧竞争并加大市场风险。

3）需求风险。项目的市场需求受各种不确定性因素的影响，如产品、服务本身的价格、消费者收入水平及收入分配平等程度、人口数量与结构的变动、政府的消费政策、消费者的预期等，对这些不确定性因素难以进行准确预测和把握。

不难看出，降低项目市场风险的方法需要从上述三个方面入手。项目融资要求项目必须具有长期的产品销售协议作为融资的支持，这种协议的合同买方可以是项目投资者本身，也可以是对项目产品有兴趣的具有一定资信的任何第三方。通过这种协议安排，合同买方对项目融资承担了一种间接的财务保证义务（见图9-2）。前面涉及的“无论提货与否均需付款”和“提货与付款”合同，是这种协议的典型形式。

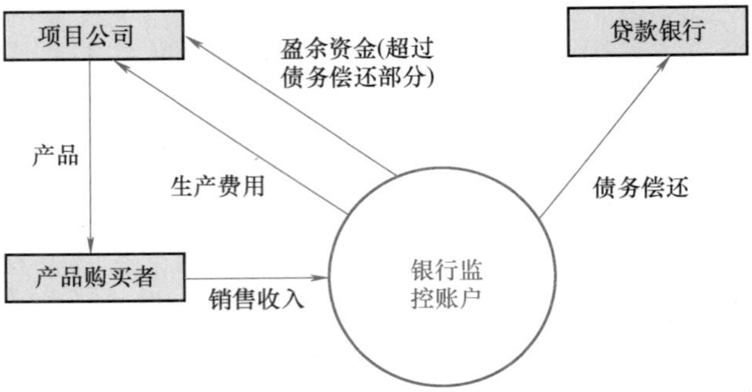

图9-2　长期销售协议关系

长期销售协议的期限要求与融资期限相一致。销售数量通常是这一时期项目所生产的全部产品或者至少大部分产品，在销售价格上则根据产品的性质分为浮动定价和固定定价两种方式。

1）浮动定价（公式定价）方式。浮动定价方式主要用于在国际市场上具有公认定价标准、价格透明度比较高的大宗商品。它以国际市场的某种公认价格（如伦敦有色金属交易所价格）作为基础，按照项目的具体情况加以调整，如加一定的贴现或加一定的折扣。价格公式一经确定，在合同期内固定不变。采用这种定价公式的产品包括大部分有色金属、贵金属、石油、铁矿砂、煤炭等。由于产品价格的透明度较高、可比性强、有历史资料可供参考，贷款银行对项目市场风险的估价相对比较清楚，因而愿意接受债务偿还主要依赖项目产品未来市场状况的项目融资安排。对投资者而言，这样的安排会将一部分项目的风险转移到贷款银行。对有些项目，贷款银行可能认为如果单纯按照定价公式执行合同，银行承担的市场风险过大，这时就会要求在定价公式中设定一个最低价格，当市场价格低于最低价格时，会要求合同买方用最低价格购买产品。

2）固定定价方式。固定定价方式是指在谈判长期销售协议时确定下来一个固定价格，并在整个协议期间按照某一预先规定的价格指数（或几个价格指数），加以调整的定价方式。这种定价方式主要用于以国内市场为依托的项目，如发电站、以发电站为市场的煤矿、港口码头、石油天然气运输管道、公路、桥梁等。如何规定价格指数是固定定价方式的关键，习惯上价格指数的参照系包括国家或项目所在地区的通货膨胀指数、工业部门价格指数、劳动工资指数等。如果项目融资中采用了较大比重的美元贷款，美国的通货膨胀指数也有可能被要求包括在参照系中。

在有关降低项目市场风险的谈判过程中，如何建立一个合理的价格体系，对于投资者和贷款银行双方无疑都是一个重要的问题。双方均需要对市场的结构和运作方式有清楚的认识，对各方承受项目市场风险的能力有正确的判断。过去有的融资安排曾出现过投资者因对市场结构不是十分了解而接受过高定价的情况，实际上是由投资者为项目提供了附加的财务保证。

（5）金融风险

项目的金融风险表现在利率风险、外汇风险和通货膨胀风险三个主要方面。

1）利率风险。利率风险是指在经营过程中，利率变动直接或间接地造成项目价值降低或收益受到损失。实际利率是项目借贷款人的机会成本的参照系数。如果投资方利用浮动利率融资，一旦利率上升，项目的融资成本就上升；如果采用固定利率融资，一旦市场利率下降，便会造成机会成本的提高。而对于借款人而言，则反之。

2）外汇风险。外汇风险涉及东道国通货的自由兑换、经营收益的自由汇出以及汇率波动所造成的货币贬值问题。境外的项目发起人一般希望将项目产生的利润以本国货币或者硬通货汇往本国，以避免因为东道国的通货膨胀而蒙受损失。而资金投入与利润汇出两个时点上汇率的波动，可能对项目发起人的投资收益产生较大的影响。

3）通货膨胀风险。通货膨胀风险是指由于国家宏观经济的变化，引起货币贬值，从而使投资者在协议确定的项目收费标准下，无法按期收回投资所带来的风险。

（6）政治风险

凡是投资者与所投资项目不在同一个国家，或者贷款银行与所贷款项目不在同一个国家的，都有可能面临由于项目所在国的政治条件发生变化，而导致项目失败、项目信用结构改变、项目债务偿还能力改变等方面的风险，这些风险统称为项目的政治风险。项目的政治风险可分为两大类：一类表现为国家风险，即项目东道国政府由于某种政治原因或外交政策上的原因，对项目实行征用、没收，或者对项目产品实行禁运、联合抵制，中止债务偿还的潜在可能性；另一类表现为国家政治稳定性风险，即项目所在国在外汇管理、税收制度、劳资关系、环境保护、资源主权等与项目有关的敏感性问题方面的立法是否健全，管理是否完善，是否经常变动。项目的政治风险可以涉及项目的各个方面和各个阶段，从项目的选址、建设一直到生产经营、市场销售、现金流量及利润回收等项目的全过程。

项目政治风险的影响包括以下几个方面：

1）项目可能需要政府许可证、特许经营权或其他形式的批准。例如，电站、交通基础设施和国家自然资源的开发项目，一般都需要政府的经营特许，任何有关政策上的负面变化都有可能造成项目的损失。

2）项目本身可能对国家的基础设施或安全有重要影响。例如，能源、机场、海港、公路、铁路、桥梁、隧道等方面的项目，这类项目出现政治风险的概率会比一般项目高。

3）有些项目对东道国政府的社会政策或国际形象有重大影响。例如，医院、学校、运动场所、旅馆和其他旅游设施项目，对于这类项目，东道国政府可能对政治上的考虑大于经济上的考虑。

4）项目所在国有可能改变进出口政策，增加关税或限制项目设备、原材料的进口，增加关税或限制项目产品的出口。对国外投资者利用该国优势从事来料加工一类的项目投资，这种变化将会造成较大的影响。

5）由于国内经济原因或国际政治原因，项目东道国政府有可能对项目实行限量或对资源开发实行限制。典型的例子包括石油输出国对国内石油生产的限制，以及近几年东南亚和南太平洋岛国对森林采伐和原木出口的限制。

6）改变或增加对项目的税收。典型的例子是英国政府对北海油田项目的收入征收附加税。

7）改变或增加对项目利润汇出或国外债务偿还的税收限制。

8）在项目经济生命周期中引入更严格的环境保护立法，增加项目的生产成本或影响项目的生产计划。

9）有些项目是根据一定的假设条件安排融资的。例如，固定价格或政府控制价格，政府对市场的管理与控制，一定的税收规定或外汇控制，这些条件的变化将对项目的可行性造成较大影响。

如果项目融资在很大程度上依赖于政府的特许经营权，依赖于特定税收政策、价格政策、外汇政策等因素，并以这些政策和特许权作为重要的信用支持来安排有限追索的项目贷款，那么对项目融资而言，政治风险问题将变得更加敏感和突出。

降低项目政治风险的办法之一是政治风险保险，包括纯商业性质的保险和政府机构的保险，后者在几个主要工业国家政府为保护本国公司在海外的投资中较为常用。除此之外，在投资或安排项目融资时，尽力寻求项目东道国政府、中央银行、税收部门或其他有关政府机构的书面保证也是行之有效的办法。这里包括政府对一些特许项目权力或许可证的有效性及可转移性的保证，对外汇管制的承诺，对特殊税收结构的批准认可等一系列措施。另外，在一些外汇短缺或管制严格的国家，如果项目本身的收入是国际流通货币，那么贷款银行愿意通过项目融资结构在海外控制和保留相当部分的外汇，用以偿还债务，达到减少项目政治风险以及外汇管制风险的目的。

（7）法律风险

法律风险是指东道国法律的变动给项目带来的风险，主要是指法律的变动可能引起各参与方约束的变动，进而改变各参与方的地位而带来的风险。违约风险是指项目参与方因故无法履行或拒绝履行合同所规定的责任和义务而给项目带来的风险。

（8）环境保护风险

随着人们生活水平的提高，世界普遍开始关注工业项目对自然环境，对人类健康和生活所造成的负面影响。一个总的发展趋势是关于工业项目的排放标准、废物处理、噪声、能源使用效率、自然植物被破坏等有关环境保护方面的立法，在世界大多数国家变得越来越严格。毫无疑问，从长远看，这些立法将有助于自然环境和人类生活环境的改善，促进工业生产技术和科研水平的提高。然而，在短期内，项目投资者却有可能因为严格的环境保护立法而被迫降低项目生产效率，增加项目生产成本，或者增加新的资金投入改善项目的生产环境，更严重的甚至停止项目继续进行。对于项目融资的贷款银行，环境保护风险不仅表现在由于增加生产成本或资本投入而造成项目经济强度降低，甚至丧失原有的经济强度，而且表现在一旦项目投资者无法偿还债务，贷款银行取得项目的所有权和经营权之后，也必须承担同样的环境保护的压力和责任。进一步讲，由于存在环境保护方面的问题，项目本身的价值降低了。因此，在项目融资期内有可能出现的任何环境保护方面的风险，应该与上述其他风险一样得到充分重视。

由于环境保护问题所造成的项目成本的增加，最主要的表现形式首先是对所造成的环境污染的罚款以及改正错误所需要的资本投入；其次，还需要考虑为了满足更严格的环境保护要求而增加的环境评价费用、保护费用以及其他一些成本。在项目融资中，环境保护风险通常被要求由项目的投资者或借款人承担，因为投资者被认为对项目的技术条件和生产条件的了解比贷款银行要多得多。并且，环境保护问题也通常被列为贷款银行对项目进行经常性监督的一项重要内容。

（9）不可抗力风险

不可抗力风险主要是指洪水、火灾、台风、雷击、地震、海啸、火山爆发等不可抗拒的意外事故所引起的风险。

按照项目风险的可控性和表现形式划分的项目风险清单见表 9-2。

表 9-2 按项目风险的可控性和表现形式划分的项目风险清单

风险类型	风险	风险来源
可控制风险	信用风险	项目各参与方无法履行或拒绝履行合同等
	完工风险	安全事故、建设资金不到位、发生不可抗力、施工工艺落后、施工技术不合理、项目竣工延期、项目建设成本超支、项目达不到设计规定的技术经济指标等
	生产风险	运营安全事故、特许经营合同终止、产品质量低、经营管理者能力差、利率变动、通货膨胀率变化、技术老化、工艺流程不合理、能源和原材料供应不足或拖延以及资源问题等
	市场风险	市场需求不足、价格偏低等
	环境保护风险	环境破坏或污染、成本增加、停止生产等
不可控制风险	金融风险	利率变动、东道国货币的自由兑换、经营收益的自由汇出等
	政治风险	所在国现存政治体制崩溃、对项目实行国有化、联合抵制、终止债务偿还、税收制度变更、外汇管理法规变化、政策改变等
	法律风险	法律不完善、法律变更等
	不可抗力风险	意外事故等

4. 按照工程项目的投入要素划分

项目在开发和经营的过程中需要投入的要素可以划分为五大类：时间、人员、资金、技术和其他。因此从项目投入要素的角度，可以对上述项目风险做出另一种形式的划分。

（1）时间方面的风险

时间方面的风险主要表现在：生产计划及执行；决策程序、时间；原材料运输；原材料短缺的可能性；项目土地落实延期、设备延期的可能性，工程建设延期的可能性；达到设计生产水平的时间；单位生产效率。

（2）人员方面的风险

人员方面的风险主要表现在：人员来源的可靠性、技术熟练程度、流动性；生产效率；雇佣关系，劳动保护立法及实施；管理人员素质、技术水平、市场销售能力；质量控制；对市场信息的敏感性及反应灵活程度；公司内部政策、工作关系协调。

（3）资金方面的风险

资金方面的风险主要表现在：产品销售价格及变化；汇率变化；通货膨胀因素；项目产品购买者/项目设备使用者的信用；年度项目资本开支预算；现金流量；保险；原材料及人工成本；融资成本及变化；税收及可利用的税务优惠；管理费用和项目生产运行成本；土地价值；项目破产以及与破产有关的法律规定。

（4）技术方面的风险

技术方面的风险主要表现在：综合项目技术评价（选择成熟技术是减少项目融资风险的一个原则）；设备可靠性及生产效率；产品的设计或生产标准。

（5）其他方面的风险

其他方面风险包括：产品需求，产品替代的可能性，市场竞争能力；投资环境（立法、外交政治环境、外汇管制）；环境保护立法；项目的法律结构和融资结构；知识产权；自然环境；其他不可抗拒因素等造成的风险。

毫无疑问，以上几种投入要素中无论哪一种要素出现问题，都会对项目产生影响。

5. 按照工程项目风险的类别划分

按工程项目风险的类别划分，风险可以分为电力项目融资风险、交通项目融资风险、水处理项目融资风险以及其他项目融资风险。

（1）电力项目融资风险

电力项目是电力系统的核心环节，电力系统是由发电、变电、配电及用电等环节组成的电能生产与消费系统，分别对应三类设施，即电厂、输电线和配电网。由于输电线和配电网具有一定的垄断性，目前私人资本参与投资项目较少，因此项目融资主要用于电力生产，即电厂（火电厂、水电厂、风电厂等）。

电力项目融资时，除了具有上述所有项目共有的风险以外，还应该特别注意以下风险：

1）项目的位置。对于电力项目而言，理想的位置是靠近主要市区和工业中心，因为从调度的角度来看，通常这样地区的电厂更容易获得调度机会。对于火电厂，理想的地点是靠近原料供应地，这样可以节省原料运输费用；对于风电厂，则应在风力比较充裕的地区建厂。电厂位置不适当，如交通不便等，将影响项目的收益。

2）采用的技术。合理的技术不仅可以降低电厂的生产成本，还可以提高电厂的利用率。可能存在的风险因素包括技术未达标而导致的发电量变化、电力传输故障、技术未达标使电网企业拒绝购买所发电力、支付电力购销合同违约金等。

3）原材料、燃料供应。可靠的原材料和燃料供应是保证电厂运行的基本条件。可能存在的风险因素包括设备和原材料进口限制、燃料价格和供应变化等。

4）电力运行。贷款银行通常会要求电厂的运营者具有较为丰富的基本经验。可能存在的风险因素包括竞争压低电价、电费收取困难、非法偷用电、管理混乱导致发电量变化等。

5）电力销售。电厂需要通过输电和配电系统才能把电能送到用户手中，因此电力销售十分重要，通常独立电厂进行项目融资时应有购电协议。可能存在的风险因素包括电力售量不合理、电力销售价格不合理等。

（2）交通项目融资风险

交通项目涵盖的范围非常广，主要包括以下四类：

1）公路项目。公路由路基、路面、桥梁、隧道、涵洞等工程构造物和沿线附属设施组成，具有建设投资规模大、运营维护相对简单、费用较低的特点。可能存在的风险因素包括交通流量不足、出现竞争路线、收费及调整受限制、建设成本超支、工程延误等。

2）铁路项目（含城市轨道交通）。与公路相似。铁路是由路基、路面、桥梁、隧道、涵洞等工程构造物和沿线交通控制设施等组成的。与公路项目相比，铁路项目建设投资规模更大，运营维护更为复杂。可能存在的风险因素包括土地拆迁纠纷导致工程延误、施工现场复杂、设施转移费用高、政府收费限制、其他项目竞争、环保、设备费用高等。

3）隧道、桥梁项目。隧道、桥梁主要用于公路、铁路、城市轨道交通和航运等项目。可能存在的风险因素包括地质条件复杂、环境问题、交通意外和火灾、航空和航运对桥梁运营的限制、轮渡和空运的竞争、恶劣天气等。

4）机场、港口项目。机场、港口项目可能存在的风险因素包括其他项目的竞争（如高铁等）、区域经济发展情况、国际贸易情况、旅游环境、与其他交通设施的连接、机场缺少适当的扩建土地、航运能力受设备状况和恶劣天气影响、收费制度和收费高低的变化等。

（3）水处理项目融资风险

城市给水排水系统由给水系统和排水系统组成。给水系统就是提供城市所需的符合规定水质标准的生活用水的系统，包括水源工程、取水工程、输水工程、水处理工程和配水管网工程；排水系统就是处理城市污水的系统，包括污水收集、输送、处理回收、排放等。水处理项目融资的主要对象是水处理厂。水处理项目可分为净水处理项目和污水处理项目。

1）净水处理项目。净水处理项目的核心是净水处理厂，可能存在的风险因素包括项目的位置、采用的技术、原水的供应、净水的销售、管道泄漏、收费价格受控制、环保标准的变化等。

2）污水处理项目。污水处理目的是处理生活设施排出的生活污水和生产设备排出的工业废水，使之达到一定的排放标准。污水处理项目可能存在的风险因素包括污水管网的建设、进厂污水等级、进厂污水量、污水处理技术、污水收集率、污水处理厂服务范围的开发建设程度、污水排放标准、污水处理费取得困难、政府收费规制、环保标准变化等。

（4）其他项目融资风险

除了上述三类项目，还有很多其他类型的项目也采用项目融资，如资源开采项目、电信项目、医院、学校、监狱、体育场馆等。这些项目各有特点，面临的风险也不完全相同，在此不一一列举。

9.3　工程项目融资风险评估

在工程项目融资中，除了要对风险进行识别和分类外，还必须对其进行定量分析。因为只有对工程项目风险做出正确的分析，才能找出降低风险的方法和途径，设计出风险分担的融资结构。

项目融资风险分析的基本思路

工程项目融资风险评估的方法与一般项目类似，主要包括专家打分法、层次分析法、概率分析法和蒙特卡罗法等多种方法。本节介绍项目融资中常用的风险评估的一般方法。

项目融资的风险分析是在项目可行性研究的基础上进行的，可行性研究中经常使用的项目现金流量模型，是项目风险评价的重要定量分析工具。根据项目融资的特点和要求，运用项目现金流量模型，对影响项目经济强度的各种因素的变动风险做出准确的数量化的描述，为项目融资的方案设计提供重要的数据支持。

项目风险分析的基本思路是：首先，确定选用什么样的标准来测定项目的经济强度；然后，通过与所选定的标准进行比较，判断各种因素对项目的影响程度。

9.3.1　确定项目风险收益率的CAPM模型

1. CAPM的概念

CAPM（Capital Asset Price Model）又称资本资产定价模型，是项目融资中被广泛接受和使用的一种确定项目风险收益（贴现）率的方法。在项目融资中，进行项目总体经济强度的分析时，首先遇到的问题就是项目风险贴现率的确定问题，依据选定的贴现率计算项目的投资收益和净现值，评价项目的经济强度。在CAPM中，项目风险贴现率的含义是指项目的资本成本在公认的低风险的投资收益率的基础上，根据具体项目的风险因素加以调整的一种合理的项目投资收益率。

$$R_i = R_f + \beta_i (R_m - R_f) = R_f + \text{风险收益率} \tag{9-1}$$

式中　R_i——在给定风险水平β条件下项目i的合理预期投资收益率（风险校正贴现率），也就是项目i带有风险校正系数的贴现率；

R_f——无风险投资收益率；

β_i——项目i的风险校正系数，代表项目对资本市场系统风险变化的敏感程度；

R_m——资本市场的平均投资收益率。

将风险校正贴现率代入项目现金流量净现值的计算公式中：

$$\text{NPV} = \sum_{t=0}^{n} (\text{CI} - \text{CO})_t (1 + i)^{-t} \tag{9-2}$$

计算出考虑到项目具体风险因素之后的净现值：

$$\text{NPV} = \sum_{t=0}^{n} (\text{CI} - \text{CO})_t [1 + R_f + \beta_i (R_m + R_f)]^{-t} \tag{9-3}$$

式中　NPV——项目的净现值；

$(\text{CI} - \text{CO})_t$——第$t$年项目的净现金流量；其中，CI为现金流入量，CO为现金流出量；

n——计算期数，一般为项目的生命周期；

i——折现率。

根据项目现金流量的净现值的计算，如果NPV≥0，则表明项目投资者在预期的项目生命周期内，至少可以获得相当于项目贴现率的平均投资收益率，项目收益将大于或等于投资的机会成本，项目是可行的；如果NPV<0，则说明该项目的投资机会成本过高，项目不可行。

为了简化分析，该模型做出以下假设：风险投资收益率（R_f）、资本市场平均投资收益率（R_m）及风险校正系数在项目的生命周期内保持不变。

2. CAPM的理论假设

1）资本市场能够实现完全竞争。投资者在资本市场上可以不考虑交易成本和其他制约因素的影响。

2）资本市场中，所有投资者的投资目的是追求最大投资收益。较高的收益预期伴随着较高的投资风险，较低的收益预期伴随着较低的投资风险。

3）资本市场中，所有投资者均有机会运用多样化、分散化的方法来减少投资的非系统性风险。在投资决策中，只需要考虑系统性风险的影响和相应的收益即可。

4）资本市场中，所有的投资者对某一特定资产的投资决策发生在相同时间区域。

根据以上假设，投资者做出决策时，只需考虑项目的系统风险（与市场客观环境有关、超出项目自身范围的风险，如政治风险、经济衰退等），而无须考虑项目的非系统性风险（可由项目实体自行控制管理的风险，如完工风险、经营风险等）。

3. CAPM 参数的确定

CAPM 的参数是在该模型中为计算项目的风险收益率而使用的一些参数，主要包含无风险投资收益率（R_f）、风险校正系数（β）、资本市场平均投资收益率（R_m）。

（1）无风险投资收益率（R_f）

无风险投资收益率是指在资本市场上可以获得的、风险极低的投资机会的收益率，即投资者在几乎不承担任何风险的前提下获得的资本回报。在项目风险分析中，为确定无风险投资收益率这一指标值，通常是在资本市场上选择与项目预计寿命期相近的政府债券的利率作为无风险投资收益率的参考值，无风险投资收益率也被用来作为项目风险承受力底线的指标。

（2）风险校正系数（β）

风险校正系数用来衡量项目公司对系统风险的承受能力。在项目风险分析中，这一指标值较难确定，计算方法也存在较大争议。在国际项目融资中，一般的方法是将资本市场上已有的、同一种工业部门内相似公司的系统性风险的 β 值，作为将要分析的投资项目的风险校正系数。β 值越高，表示该工业部门在经济发生波动时风险性越大，也就是说，当市场宏观环境发生变化时，β 值高的公司对这些变化更加敏感；反之，公司的 β 值越低，市场和宏观环境的变化对其的影响越小。

（3）资本市场平均投资收益率（R_m）

依据现代西方经济理论，在资本市场上存在一个均衡的投资收益率。然而，这一均衡的投资收益率在实际的风险分析工作中很难被计算出来。在一些资本市场相对发达的国家，通常以股票价格指数来替代这一均衡投资收益率，作为资本市场平均投资收益率的参考值。由于股票价格指数的收益率变动频繁、幅度较大，所以，在实际计算资本市场平均投资收益率时，一般计算一个较长时间段的平均股票价格指数收益率。这样做会带来的一个问题是，在实际的风险分析计算时，可能会出现 $R_m - R_f < 0$ 的情况。这是因为 R_m 的估值是过去某一阶段的平均收益率，而 R_f 的估值，如前所述，是反映对未来收益预期的指标，二者不匹配。要解决这一问题可以采用计算一个较长时间段内（$R_m - R_f$）的平均值，来代替 R_m 的单独估值。

4. 加权平均资本成本（WACC）

运用 CAPM 计算出项目的风险收益率时，这一项目的风险收益率来源于股本资金。但实际工作中，项目融资主体通过项目融资方式所筹集的资金还有其他来源，既有权益资金，又有债务资金，要计算出项目的投资收益率和净现值，需要使用不同资金来源的加权平均资本成本。

加权平均资本成本是将债务资本成本分别乘以两种资本在总资本中所占的比例，再把两个乘积相加所得到的资本成本。其计算公式如下：

$$\begin{aligned} \text{WACC} &= R_e W_e + R_d(1-t)W_d \\ &= R_e E/(E+D) + R_d(1-t)D/(E+D) \end{aligned} \tag{9-4}$$

式中 WACC——加权平均资本成本；

R_e——权益资本成本；

W_e——权益资本权重，$W_e = E/(E+D)$；

$R_d(1-t)$——债务资本成本；

W_d——债务资本权重，$W_d = D/(E+D)$；

R_d——债务利息；

t——税率，通常是公司所得税税率；

E——权益资本；

D——债务资本；

$E+D$——总资本，即权益资本与债务资本之和。

一般来说，运用 CAPM 计算项目投资的资金成本可分以下四个步骤：

1）确定项目的风险校正系数 β 值。一般是根据所要投资项目的性质和规模及其所属产业市场状况等，在资本市场上寻找相同或相近的公司资料来确定这一数值。

2）根据 CAPM 计算投资者股本资金的机会成本。

3）根据各种可能的债务资本的有效性和成本，估算项目的债务资本的成本。

4）根据股本和债务资本在资本总额中各自所占的比例并以此为权数，应用加权平均法来计算项目的投资平均资本成本。

值得注意的是，在资本市场上获得的 β 值是资产 β 值，即 β_a，要转化为股本资金 β 值，即 β_e，反映公司（项目）在不同的股本/债务资本结构中的融资风险，债务越大，融资风险也就越高，因而 β_e 也越高。β_a 与 β_e 之间的关系如下：

$$\beta_e = \beta_a\left[1 + \frac{D}{E}(1-t)\right] \tag{9-5}$$

当项目投资者进行投资时，如果其资本额不高于用这种方法所计算出的加权平均资本成本，则说明投资者至少可以获得资本市场上相同投资的平均投资收益率，即项目投资满足了最低风险收益的要求。

9.3.2 项目的净现值敏感性分析

如前所述，项目的风险分析是建立在可行性研究基础上的，运用可行性研究中所使用的现金流量模型进行风险分析。当确定了风险收益率后，就可以计算项目的净现值，判断项目的投资能否满足最低风险收益的要求。如果项目的投资能满足最低风险收益的要求，则对于项目投资者来说，从风险分析的角度看项目可行，但这并不意味着项目一定能满足融资要求。为了设计合理的融资结构，满足投资方和借款人对相应风险的共同要求，就需要在现金流量模型的基础上建立项目的融资结构模型。合理的项目融资结构模型需要考虑项目的债务承受能力和投资者可以获得的投资收益率。通常，在一系列债务资金的假设条件下，通过调整现金流量模型中各种变量之间的比例关系，来验证预期的融资结构是否可行。采用的方法是在建立了现金流量模型的基础方案之后，进行模型变量的敏感性分析，考查项目在各种可能条件下的现金流量状况及债务承受能力。

1. 项目现金流量模型在项目融资中应用的基本思路

项目现金流量的数学模型需要准确反映项目各有关变量之间的相互关系以及这些变量的变化对系统输出值（项目净现金流量）的影响。这些变量包括：项目的投资费用；项目的建设时间表；项目产品的种类、数量、价格、销售收入以及其他市场因素；项目的直接生产成本，包括人工、原材料、能源、运输费用等；项目的非现金成本，包括折旧、摊销等；其他项目成本，如管理费用、技术专利费用、市场摊销费用等；流动资金需求量与周转时间；公司所得税和其他税收，如资源税、营业税、进出口税等；通货膨胀因素；融资成本，包括汇率、利率、金融租赁成本等；不可预见因素及费用；项目经济寿命期等。

图 9-3 为项目的现金流量模型结构示意图。

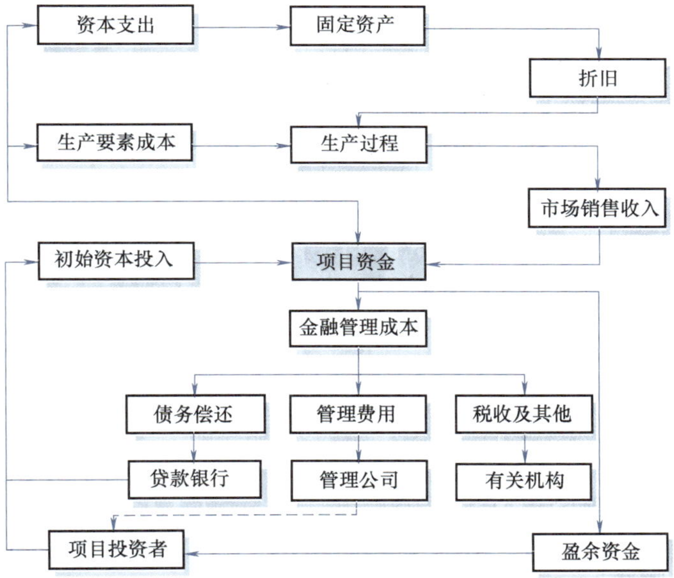

图 9-3 项目的现金流量模型结构示意图

建立了项目的现金流量模型后，首先需要进行项目净现值分析。如果项目的净现值小于0，则说明项目的投资不能满足最低风险收益的要求，除了投资者有其他战略考虑外，可停止下一步工作。如果这一步工作的结果是满意的，则下一步工作就是在现金流量模型的基础上建立项目的融资结构模型，在债务资金的假设条件下，确定项目合理的债务承受能力和投资者可以得到的投资收益率。为了满足投资者和贷款银行双方对相应风险的要求，现金流量模型中股本资金投入水平实际上成为三个变量的函数：①投资者必须获得的最低投资收益率（大于或等于风险校正贴现率）；②融资的可能性及债务资本的成本；③股本资金的形式及成本。

确定项目现金流量模型的假设条件必须遵循现实、合理和相对保守的原则，必须考虑到所有项目风险因素对现金流量的影响。在建立了现金流量模型的基础方案后，需要建立相应的最差方案和最佳方案，与之进行比较，并进行模型变量的敏感性分析，获取在各种可能条件下项目现金流量状况及债务承受能力的一系列数据。

2. 现金流量模型的敏感性分析

（1）敏感性分析的含义

敏感性分析是经济分析中常用的一种风险分析方法，也是项目融资风险评估中经常使用的一种定量分析方法。它是通过分析、预测项目主要影响因素发生变化时对项目经济评价指标（如净现值）的影响，从中找出敏感性因素，并确定其影响程度。

一般情况下，在项目融资中需要测度敏感性的变量要素主要有价格、利率、汇率、投资、生产量、工程延期、税收政策及项目寿命期。

（2）敏感性分析的分类

敏感性分析可分为单因素敏感性分析和多因素敏感性分析两种。在单因素敏感性分析中，设定每次只有一个因素变化，而其他因素保持不变，这样就可以分析出这个因素的变化对指标的影响大小。如果一个因素在较大的范围内变化时，引起指标的变化幅度并不大，则称其为非敏感性因素；如果某因素在很小的范围内变化时，引起指标很大的变化，则称为敏感性因素。对于敏感性因素，需要进一步研究其取值的准确性，或者收集众多相关数据以减小预测中的误差。多因素敏感性分析是考查多个因素同时变化对项目的影响程度，从而对项目风险的大小进行估计，为投资决策提供依据。

（3）敏感性分析的步骤

1）确定分析指标。如前所述，在项目融资风险分析中，通常采用净现值（NPV）指标。

2）选择需要分析测度的变量要素。影响项目经济效果的不确定性因素很多，而且所有与之有关的因素都具有不同程度的不确定性，但没有必要对所有因素都进行敏感性分析，只需选择那些预计对净现值和经济效益目标影响较大的因素。

3）计算各变量要素的变动对指标（净现值）的影响程度。在项目融资风险分析中，一般情况下，产量变化幅度在10%～15%；价格是以略低于目前实际价格的产品价格作为初始价格，然后按照预期的通货膨胀率逐年递增作为现金流量模型的基础价格方案，在基础价格方案之上对项目前几年（至少5年）的价格水平加以调整，或在基础价格方案上以高出生产成本的5%～10%考虑；投资成本的超支一般在10%～30%范围取值；生产成本的取值可以采用比基础价格方案生产成本高出5%～10%的数字或采用比基础价格方案通货膨胀率高的生产成本增长速度；利率的敏感性取值比较简单，可以以金融市场上的可测利率为依据。

4）确定敏感性因素，对项目的风险情况做出判断。此外，需要注意的是，有时在进行现金流量模型变量的敏感性分析时，需要对最差方案下（所有变量的最坏可能性结合在一起作为现金流量模型的方案）的现金流量和最佳方案下的现金流量进行比较，以此来了解在各种假设条件下的项目现金流量状况及债务承受能力。

9.3.3　项目融资中的风险评价指标

完成了项目现金流量模型的敏感性分析，获得了有关项目经济强度的数据之后，接下来的工作是计算项目的风险评价指标，然后运用指标来评价项目的债务承受能力。项目融资中最经常使用的风险评价指标主要有项目债务覆盖率、项目债务承受比率、资源收益覆盖率。

1. 项目债务覆盖率

项目债务覆盖率是指项目可用于偿还债务的有效净现金流量与债务偿还责任的比值，它是贷款银行对项目风险的基本评价指标。该指标可以通过现金流量模型计算得出。项目债务覆盖率可以分为单一年度债务覆盖率和累计债务覆盖率两个指标。

单一年度债务覆盖率的计算公式如下：

$$DCR_t = \frac{(CI-CO)_t + RP_t + IE_t + LE_t}{RP_t + IE_t + LE_t} \tag{9-6}$$

式中 DCR_t——第 t 年债务覆盖率；

$(CI-CO)_t$——第 t 年项目净现金流量；

RP_t——第 t 年到期债务本金；

IE_t——第 t 年应付债务利息；

LE_t——第 t 年应付项目租赁费用（存在租赁融资的情况下）。

一般情况下，在项目融资中，贷款银行要求 $DCR_t \geqslant 1$；如果项目被认为有较高风险，贷款银行会要求 DCR_t 的数值相应增加，公认的 DCR_t 取值范围在 1.0 ~ 1.5。

贷款银行在评价一个项目融资建议时，首先要确定可接受的最低 DCR_t 值，该值反映了银行对项目风险的估价，也反映了银行对来自项目之外的各种信用支持结构有效性的评价。

累计债务覆盖率的计算公式如下：

$$\sum_{t=1}^{n} DCR_t = \sum_{t=1}^{n} \frac{(CI-CO)_t + RP_t + IE_t + LE_t}{RP_t + IE_t + LE_t} \tag{9-7}$$

式中 $\sum_{t=1}^{n}(CI-CO)_t$——自第 1 年开始至第 n 年项目未分配的净现金流量。

累计债务覆盖率的作用是保证项目能够持续、经常地满足债务覆盖率的要求。在项目融资中，只要 $DCR_t \geqslant 1$ 且 $\sum DCR_t \geqslant 1.5$，就说明项目具有较强的债务承受能力，项目的融资结构是合理的、可以接受的。项目在某些特定阶段可能出现较低的 DCR 值，一种情况是在项目生产的前期，另一种情况发生在项目经营若干年后，生产设备需要更新的情况下。为避免出现 DCR 值过低的情况，一般在项目融资中采取三种相互联系的方法：

1）规定项目把一定比例的盈余资金保留在项目公司中，只有超出累计覆盖率以上的资金部分，才被允许作为利润返还给投资者。这样就可以使项目在不同年份都有能力偿还债务。通常累计债务覆盖率的取值范围在 1.5 ~ 2.0。

2）根据项目生产前期的现金流量状况，给予项目贷款一定的宽限期。

3）贷款银行要求项目投资者提供一定的偿债保证基金。

2. 项目债务承受比率

项目债务承受比率是项目现金流量的现值与预期贷款金额的比值。与项目债务覆盖率一样，项目债务承受比率也是项目融资中经常使用的指标。在项目融资中，项目债务承受比率的取值范围一般要求在 1.3 ~ 1.5。

项目债务承受比率的计算公式如下：

$$CR = \frac{PV}{D} \tag{9-8}$$

式中 CR——项目债务承受比率；

PV——项目在融资期间内采用风险校正贴现率为折现率计算的现金流量的现值；

D——计划贷款的金额。

3. 资源收益覆盖率

对于依赖某种自然资源（如煤矿、石油、天然气等）的生产型项目，在项目的生产阶段有无足够的资源保证是一个很大的风险因素。因此，这类项目的融资一般要求已经证实的可供项目开采的资源总储量是项目融资期间计划开采资源量的 2 倍以上，而且要求任何年份的资源收益覆盖率都要大于 2。

资源收益覆盖率的计算公式如下：

$$\mathrm{RCR}_t = \frac{\mathrm{PVNP}_t}{\mathrm{OD}_t} \tag{9-9}$$

式中　RCR_t——第 t 年资源收益覆盖率；

OD_t——第 t 年未偿还的项目债务总额；

PVNP_t——第 t 年项目未开采的已证实资源储量的现值。

PVNP_t的计算公式如下：

$$\mathrm{PVNP}_t = \sum_{i=t}^{n} \frac{\mathrm{NP}_i}{(1+R)^i} \tag{9-10}$$

式中　n——项目的经济寿命期；

R——贴现率，一般采用同等期限的银行贷款利率作为计算标准；

NP_i——项目第 i 年的毛利润，即销售收入减生产成本。

9.4 工程项目融资风险防范

本章前几节已经对工程项目融资风险的分类、识别、评估进行了论述，对如何围绕工程项目的风险因素来安排融资结构提出了解决问题的根本思路。然而，项目投资者在完成项目融资谈判过程并取得融资成功后，还要在项目的建设阶段，结合项目的经营管理实际，分析如何降低和减少各种风险对项目的影响，最大限度地保证项目的成功。这不仅仅是项目投资者关心的问题，同时也是贷款银行需要面对和解决的问题，也就是工程项目融资中的风险防范问题。

下面针对项目融资中两类性质不同的风险，探讨其风险防范的方法。

9.4.1 系统风险的防范

1. 政治风险的防范

在我国，政府机构要参与批准和管理基础设施项目，因而政治风险不容忽视。然而，政治风险非个人和公司所能控制，只能依靠国际社会和国家的力量来防范。

（1）特许权

项目公司应尽量尝试向我国政府机构寻求书面保证，包括政府对一些特许项目权利或许可证的有效性及可转移性的保证、对外汇管制的承诺、对特殊税收结构的批准等一系列措施。广西来宾电厂 B 厂项目在政治风险控制方面就得到了政府强有力的支持，原国家计委、国家外汇管理局、原电力工业部分别为项目出具了支持函，广西壮族自治区政府成立了专门小组来负责来宾电厂B厂项目。如果法律变更使得项目公司的损失超出一定数额，广西壮族自治区政府就将通过修改特许期协议条款与项目公司共同承担损失，从而很好地预防了政治风险。

（2）投保

除特许权协议外，还可以通过为政治风险投保来减少这种风险可能带来的损失，包括纯商业性质的保险和政府机构的保险。但是，提供政治风险担保的保险公司数量很少，因为市场狭小所以保险费十分高昂，同时对项目所在国的要求也特别苛刻。因此，以保险的方式来规避政治风险是很困难的。在我国，为政治风险投保的一个实例是山东日照电厂，德国的Hermes和荷兰的Cesce两家信誉机构为该项目的政治风险进行了担保，从而使该项目进展得比较顺利。

（3）多边合作

在许多大型工程项目融资中，政府、出口信贷机构和多边金融机构不仅能为项目提供资金，而且能为其他项目参与方提供一些政治上的保护。这种科学合理的产权布局可以降低政治风险，也可以寻求政府机构的担保以保证不实行强制收购，或当收购不可避免时，政府机构会以市场价格给予补偿。

2. 法律风险的防范

对于项目贷款人来说，管理法律风险的最好办法是在早期通过律师对东道国的法律风险进行系统、彻底的研究。如果可能，最好得到东道国政府法律机构的确认。在一些情况下，甚至可能需要修改东道国的某些法律条款，把针对本项目的新法案作为融资的先决条件。另外，项目公司与东道国政府签订相互担保协议，真正做到互惠互利，在一定程度上也为项目的发起人和贷款人提供了法律保护。这类协议有进口限制协议、劳务协议、诉讼豁免协议、公平仲裁协议和开发协议。在项目融资中，根据项目的特点，不同的项目签署不同的相互担保协议。例如，有的项目在建设或生产经营中需要从国外进口设备或原材料，项目公司就应尽可能地与东道国政府签订进口限制协议，以达到放宽进口限制及减免关税的目的；有的项目需要外籍人员为其提供服务，项目公司就应力争与项目东道国政府签署劳务协议，要求对外籍人员的聘用不加以限制。需要说明的是，一般来说，项目公司应与东道国政府签署开发协议，以保证项目公司在协议执行期间得到有效的服务，以合理的价格销售项目产品。项目公司要求东道国政府授予项目公司一些特许权限，从而在很大程度上转移项目的法律风险，这一点在BOT融资模式中显得尤为重要。

3. 市场风险的防范

市场风险的降低取决于项目初期能否做好充分的可行性研究。在项目的建设和运营过程中，签订在固定价格或可预测价格基础上的长期原材料及燃料供应协议和“无论提货与否均需付款”产品销售协议，也可以在很大程度上降低项目的市场风险。

对市场风险的管理控制方法有以下四种：

（1）做好国内外市场调研分析

主要应研究分析以下问题：

1）项目的需求量有多大？

2）还有多少家公司提供这种产品或服务？

3）项目自身的市场占有率和市场渗透力如何？

4）项目产品或服务有无其他替代？

5）顾客或用户的消费习惯是否会有新变化？

6）未来的通货膨胀率大致是多少？

(2) 签订特定合同锁定价格

通过签订或取或付的产品购买合同、或供或付的长期供货合同锁定产品的价格，确保项目收益。其中，产品购买合同是项目融资能力的基础，合同中规定的产品购买价格要涵盖产品的固定成本，而且合同必须在整个项目贷款期内都有效。

(3) 政府或其公共部门保证

主要是要求政府或其公共部门，在协议中明确承诺项目运营的头几年内保证最低需求量，以确保项目的成功。在BOT高速公路、隧道、桥梁、发电项目中经常采用这种方式来分散风险，例如对于发电项目，消费者常常是唯一的一个国家或地区的电网。在这种情况下，通常由相关使用机构来提供最低需求量和价格的保证。

(4) 建立独立账户

针对现金流量时高时低的情况，通过设立独立账户，优先支付项目债务利息。政府在项目建设期，提供附属贷款，保证偿还债务利息。

4. 金融风险的防范

金融风险相对较为复杂。金融风险中汇率风险（汇兑风险）相对简单，而且一般来讲，汇率风险可能与政治风险、法律风险相关。汇率风险的消除要利用一些金融衍生工具，如通过汇率期权、掉期交易来对冲风险，也可以通过金融衍生工具来对冲利率风险，其条件是资产、负债及收益使用的是可交易的硬通货。常用的消除利率风险的金融衍生工具包括利率期货、期权、掉期、远期利率协议等。

(1) 利率风险

对利率风险可采取以下防范措施：

1）以某种浮动利率，如伦敦银行同业拆借利率（LIBOR）作为基数，加上一个利差作为项目的贷款利率。

例如，在上海大场水处理厂项目中，里昂信贷银行和住友银行对汤姆森（上海）公司的融资贷款利率为LIBOR加2%。

2）固定利率的贷款担保。

3）理想的多种货币组合方式。

4）银团及其他金融机构密切合作。

5）运用封顶、利率区间、保底等套期保值技术以减小利率变化的影响。

6）寻求政府的利息率保证。

由东道国政府为项目发起人提供利率保证，在项目期内利率增长超过规定的百分比时，发起人可以得到补偿。例如，在马来西亚南北高速公路项目中，项目公司PLUS就得到了政府提供的利率保证，如利率增加超过20%，项目公司在偿还费用中将得到差额补偿。

(2) 汇率风险

对汇率风险，可采取以下防范措施：

1）运用掉期等衍生工具，这种方法主要适用于硬通货之间。

2）同东道国政府或结算银行签订远期兑换合同，事先把利率锁定在一个双方都可以接受的价位上。这种方法主要适用于软硬通货之间。

3）外汇风险均担法。首先，双方洽谈商定一个基本利率，然后确定一个中性地带，在中性地带内，双方各自承担外汇风险和获得利益。但是，一旦外汇汇率变化过大，超过了中性地带，则双方按一定百分比来分担风险。

（3）通货膨胀风险

对通货膨胀风险，可采取以下防范措施：

1）在协议中规定相应条款，将项目产品和服务的价格与东道国的通货膨胀率、当地货币与贷款货币的利率挂钩，采用包含通货膨胀率与利率因素在内的价格调整公式，作为以后对价格进行核查的依据，在通货膨胀率与利率波动超出一定范围时调整价格，或相应增加收费，或延长特许期限，以保证项目产生的现金流足以偿付债务，保证投资收益。

2）在产品购买协议中规定逐步提高价格条款。

5. 不可抗力风险的防范

对不可抗力风险的管理控制方法主要有以下三种：

（1）投保

投保主要针对直接损失而言，即通过支付保险费把风险转移给有承担能力的保险公司或出口信贷机构。保险种类依各国的法律规定，有建筑工程综合保险、第三方责任保险、工伤事故赔偿保险、设备物资运输保险等。伦敦保险市场还专门为项目融资设立了保险项目，美国进出口银行和美国海外私人投资公司也可以提供一定限度的商业担保。当然，担保机构本身通常需要得到政府的某种保证。

（2）有政府参与的项目可以寻求政府资助和保证

这是针对间接损失而言的，是管理不能保险或不能以合理成本保险的不可抗力风险的方法。有些不可抗力风险无法确定成本，不能保险或不能按照合理的保险费投保，这往往给项目融资谈判造成障碍，发起人只愿承担不包括贷款人方面的不可抗力风险，而贷款人希望不承担风险。这样，发起人和贷款人往往要求东道国政府提供某种形式的政府资助和担保，方式之一就是允许发起人在遭遇不可抗力风险时，可以延长合同期限以补偿投融资中尚未回报、偿还的部分。延长期限相当于实际遭受这种不可抗力的影响期，前提是此种影响只能适用于特定的一段时间。当然，这种资助不是正式的政府保证，在性质上只是对项目表示支持的一种承诺，这种保证不具有金融担保性质。

（3）当事人各方协商分担损失

如果尚在贷款偿还期间，有政府参与的项目中，应当由政府、项目发起人、贷款人三方按照事先约定的比例分担损失；如果在贷款已经偿还结束的运营期间，则由政府和项目发起人按照事先约定的比例分担损失。

9.4.2 非系统风险的防范

1. 完工风险的防范

贷款银行及其他金融机构是项目完工风险的主要受害者之一，为了限制和转移项目的完工风险，贷款银行及其他金融机构通常要求工程承建公司提供相应的完工担保作为保证，同时也可以聘请项目管理代表，代表贷款人监督项目的建设进展、完工情况。项目公司也可以通过投保来寻求完工保证。几种常用的完工保证形式有：无条件完工保证、债务收购保证和其他。

(1) 无条件完工保证

投资者提供无条件资金支持，以确保项目可以达到项目融资所规定的“商业完工”条件。

(2) 债务收购保证

在项目不能达到完工标准的情况下，由项目投资者将项目债务收购或转化为负债。

(3) 其他

如单纯技术完工保证，提供完工保证基金和最佳努力承诺等。

除提供完工担保外，项目公司与工程承包商签订固定价格的“交钥匙”总承包合同，也可起到防范完工风险的作用。工程建设费用一次性包干，不管发生什么意外情况，项目公司都不会增加对工程的拨款，由此控制成本超支导致的完工风险。

2. 信用风险的防范

政府参与的项目中，政府对信用风险的防范方法有：

1）政府确保发起人完成项目的最有效办法是对保证的条件给予实质性的落实。例如，土地划拨或出让、原材料供应、价格保证、在或取或付合同条款下的产品最低购买量以及保证外币兑换等。

2）政府委派法律专家或财务顾问与贷款人和发起人接触并协助其工作，要求其将有关财务信息、担保手续公开化，以便确信项目有足够的资金到位。

贷款人管理和控制信用风险的方法有：

1）项目公司提供担保合同或其他现金差额补偿协议，一旦出现资金不足，能筹措到应急资金以渡过难关。

2）建筑承包商提供保证，赔偿因其未能履约而造成损失的担保银行的保函。

3）项目发起人提供股权资本或其他形式的支持。

4）产品购买者提供或取或付或其他形式的长期销售合同。

5）项目供应商提供或供或付合同或其他形式的长期供货合同，以保证原材料的来源。

6）项目运营方提供具备先进管理技术和管理方法的证明。

7）评估保险公司、再保险公司按保单支付的能力和保险经纪人的责任。

3. 生产风险的防范

生产风险主要是通过一系列的融资文件和信用担保协议来防范的。针对不同种类的生产风险，可以设计不同的合同文件。一般通过以下一些方式来实现：项目公司应与信用好且可靠的伙伴，就供应、燃料和运输问题签订有约束力的、长期的、固定价格的合同；项目公司拥有自己的供给来源和基本设施（如建设项目专用运输网络或发电厂）；在项目文件中订立严格的条款，涉及承包商和供应商的包括延期惩罚、固定成本以及项目效益和效率的标准等。另外，提高项目经营者的经营管理水平也是降低生产风险的有效途径。

4. 环境风险的防范

对环境风险的防范方法有以下几种：

1）投保。这是项目发起人和贷款人通常的做法，当然保险不可能面面俱到，它很难包括事故以外的连锁效应的风险损失，何况重大环境损害的潜在责任是无限的。

2）把项目的法律可行性研究（特别是环保方面）作为项目总的可行性研究的一个重点来对待。

3）贷款人一方可要求借款人将令人满意的环境保护计划作为融资的一个特殊前提条件。该计划应留有一定余地，以确保将来能适用于加强的环保管制。

4）制定好项目文件。该项目文件应包括项目公司的陈述、保证和约定，确保项目公司自身重视环保，遵守东道国的有关法律、法规等。

5）运营商不断提高生产效率，努力研发符合环保标准的新技术和新产品。

9.5 工程项目融资风险分担

通过上一节中介绍的工程项目融资中各类风险的防范措施，能有效地避免、转移和控制部分风险，但残留的风险仍对工程项目的成败产生关键影响。项目投资方在项目运作过程中必须确定项目的关键残留风险，评价项目每个风险的可接受程度，并将项目风险分配到有关各方，即风险分担。

在传统的公司融资方式中，项目风险全部由项目投资方及有关担保人承担。项目投资方承担项目负债的完全追索责任，银行向项目发放的贷款仅从项目借款人和贷款担保人处得到还贷的担保保证。若项目失败，项目投资方自己承担项目全部损失并负责偿还银行贷款直至破产；银行面临的风险主要为项目借款人的资信状况以及担保人的担保能力。而在工程项目融资方式中，项目风险承担的主体与传统公司融资不同，风险并不集中在某一方。项目融资的风险管理是将风险分摊到项目的有关各方，避免集中在项目投资人或贷款人一方，这就是风险分担的出发点。

项目融资风险管理的主要原则是让利益相关者承担风险，通过各种合同文件和实现项目风险在项目参与各方之间的合理、有效分担，将风险带来的冲击降至最低。对于项目参与各方而言，他们各自所愿意承担的风险种类及程度不一，风险分担不是将风险平均地分给参与各方，而是采用“将某类风险分配给最适合承担它的一方”的基本原则。

为降低项目融资中的种种风险因素，国际上参与项目融资的主要银行及其他金融机构在实践中逐渐积累了一系列的方法和经验，其核心就是通过各种类型的法律契约和合同将项目有关各方的利益结合起来共同承担风险。总之，为了防范和降低项目融资的风险，项目投资者在项目运作过程中必须准确识别项目的主要风险，评价项目每个风险的水平以及可接受的程度，并将项目风险分配到有关各方，将项目风险与融资结构相结合，再恰当地使用一些金融工具化解风险，最大限度地避免项目融资风险带来的损失。

工程项目融资风险分担的实质是项目参与方对避免、转移和控制风险后残留风险进行分担，但同时也不是将残留风险平均分配给每个参与者，而是将某类风险都分配给最适合承担、最愿意承担该风险的那一方，即项目的任何一种风险都完全由对该风险的偏好系数最大的项目参与方承担，使项目参与方的整体满意度最高。

思　考　题

1. 什么是工程项目融资风险？工程项目融资风险的种类有哪些？
2. 什么是项目融资风险管理？项目融资风险管理具有什么特点？
3. 工程项目融资中最常使用的风险评价指标有哪些？
4. 工程项目融资风险中，对金融风险的防范措施有哪些？
5. 工程项目融资风险分担的原则是什么？
6. 传统公司融资与工程项目融资在风险分担方面有什么区别？

第 9 章练习题

扫码进入小程序，完成答题即可获取答案

第10章

工程项目融资担保

担保是工程项目风险分配和管理的主要手段，是在风险管理的基础上将风险分析结果落实到书面上的行为。

因为项目融资具有“有限追索权”的特点，所以工程项目贷款人重点关注项目成功与否，而较少关注工程项目资产的现有价值。因此，项目贷款人要求担保能够保证项目按期、按质完工，并正常经营以获得足够的现金流。

担保在工程项目融资中还具有特殊作用，它可以把某些风险转嫁给一些不想直接参与经营或为项目提供资金的有关方面。在这种情况下，第三方担保人可以不参与出资或贷款，而是以提供担保的方式参与工程项目。

10.1 工程项目融资担保概述

10.1.1 担保的概念及种类

担保的定义为：以确保债务或其他经济合同项下的履行或清偿为目的的保证行为。担保是借款人对贷款人提供履行债务的特殊保证，是保证债权实现的一种法律手段。

工程项目融资担保实质上是工程项目的借款人或第三方以自己的资产或信用向贷款人或租赁机构做出的偿还保证，是分配和转移工程项目融资风险的重要手段。

按照各国法律，担保可以分为两大类：一类是物权担保，即借款人或担保人以自己的有形财产或权益财产，为履行债务设定的物权担保，如抵押权、质押权、留置权等；另一类是人的信用担保，即担保人以自己的资信向贷款人保证对借款人履行债务承担责任，有担保（保证书）、安慰信等形式。

在项目融资结构中，物权担保以项目特定物产的价值或者某种权利的价值作为担保，如借款人不履行其义务，贷款人可以行使其对担保物的权利来满足自己的债权。物权担保主要表现在对项目资产的抵押和控制上，包括对项目的不动产和有形动产的抵押、对无形资产设置担保物权等几个方面。

在项目融资结构中，信用担保的基本表现形式是项目担保。项目担保是一种以法律协议形式做出的承诺，依据这种承诺，担保人向贷款人承担了一定的义务。项目担保义务可以是第二位的法律承诺，即在被担保人（主借款人）不履行其对贷款人（担保受益人）所承担义务的情况下（即违约时），必须承担起被担保人的合约义务，这种担保义务是附属和依存在借款人和贷款人之上的。项目担保也可以是第一位的法律承诺，也就是即期担保。即期担保承诺在担保受益人的要求之下（通常是根据融资文件或者担保文件中的有关条款），立即支付给担保受益人（或担保受益人指定的其他任何人）规定数量的资金，而不管借款人是否真正违约。因而，即期担保相对独立于贷款人与借款人之间的合约。项目的完工担保多数属于这一种类型。

鉴于项目融资“有限追索权”的特点，项目融资中的担保与一般商业贷款的担保有着明显不同。项目融资贷款人关注的重点是项目成功与否，而不是项目的现有资产价值，因此，他们要求担保能够确保项目按期、按质完工，正常经营，以获取足够的现金流来收回贷款。而一般商业贷款人要求担保人有足够的资产弥补借款人不能按期还款时可能带来的损失。担保在项目融资中具有特殊的作用，它能把项目融资的某些风险转嫁给本来不想直接参与经营或直接为项目提供资金的有关方面。第三方担保人如果愿意出力，帮助建成项目，可以不贷款或不出资，而以提供担保的方式承担项目商业风险。

10.1.2　担保的文件及条款

1. 担保的文件

项目融资使用的文件多而复杂，可分为三类：基本文件、融资文件和专家报告。从广义上讲，几乎每一个具体文件都是对贷款人的担保；从狭义上看，与担保关系较为直接的项目融资文件有基本文件和融资文件。

（1）基本文件

1）政府的项目特许经营协议和其他许可证。

2）承建商和分包商的担保及预付款保函。

3）项目投保合同。

4）原材料供应协议。

5）能源供应协议。

6）产品购买协议。

7）项目经营协议。

（2）融资文件

1）贷款协议。贷款协议包括消极保证、担保的执行。

2）担保文件和抵押文件，主要包括：

① 对土地、房屋等不动产抵押的享有权。

② 对动产、债务以及在建生产线抵押的享有权。

③ 对项目基本文件给予的权利的享有权。

④ 对项目保险的享有权。

⑤ 对销售合同、照付不议合同、产量或分次支付协议以及营业收入的享有权。

⑥ 用代管账户来控制现金流量（必要时提留项目的现金流量）。

⑦ 长期供货合同的转让，包括或供或付合同和能源、原材料的供应合同。

⑧ 项目管理、技术支持和咨询合同的转让。

⑨ 项目公司股票的质押，包括对股息设押。

⑩ 各种为抵押而产生的有关担保的通知、同意、承认、背书、存档及登记。

3）支持性文件，主要包括：

① 项目发起方的直接支持，如偿还担保、完工担保、营运资金担保协议、超支协议和安慰信。

② 项目发起方的间接支持，如无货亦付款合同、产量合同、无条件的运输合同、供应保证协议。

③ 政府的支持，如经营许可、项目批准、特许权利、不收归国有的保证和外汇许可等。

④ 项目保险，如商业保险、出口信贷担保以及多边机构的担保。

2. 担保的条款

（1）对价条款

担保中的对价是贷款人给予借款人贷款，即担保人通过为借款人提供担保所得到的回报是贷款人向借款人提供贷款。在担保书中对价一般以这样的条款来表达："贷款人向借款人提供贷款的前提是担保人出具担保书。"

在不同的国家，对价条款的受重视程度有所不同。在英国，对价是适用于一切合同的基本原则，是否有对价是合同生效的前提；在我国企业的对外融资中也是如此，即必须具备对价条款。按照英国法律，对价的条件是：

1）对价必须是书面的。因为担保合同、贷款合同是书面的，所以对价条款也应是书面的。

2）在实践中，一般要准确写明对价的具体金额。

3）如果贷款人已经放款或已经承诺放款，则这种已经做出的对价属于过去的对价，担保也就成为无效的保证。

4）对价的内容可多样。在担保中，贷款人同意放弃对借款人违约的追究、同意展期还款等都可成为担保的对价。

（2）担保责任

在项目融资中，由于金额一般较大，担保人往往可能有两个以上，为此，必须在担保合同中明确各担保人的责任：

1）个别担保责任。这是指每个担保人只对借款人一定比例的债务承担担保责任，如果借款人违约，贷款人只能向每个担保人提出其担保比例上限范围内的清偿要求。

2）共同担保责任。这是指每个担保人对全部贷款债务承担担保责任，如果借款人违约，贷款人可以向担保人中的任何一个或所有担保人提出清偿要求。

3）个别和共同担保责任。在此种条件下，如果借款人违约，贷款人可向所有担保人提出清偿要求，也可以向担保人中的任何一个提出清偿要求，在向一个担保人提出清偿要求而未能被满足时，还可以向其他担保人提出清偿要求。这种形式的担保由于综合了前面两种担保责任的优点而被广泛地采用。

（3）担保条件

在担保合同中，一般会有"本担保书是无条件的、不可撤销的"或"本担保人无条件地、不可撤销地保证"等条款。这些都属于担保条件，其中"无条件"是指如果借款人违约，贷款人在没有用尽一切补救措施向借款人要求清偿规定的情况下，就可要求担保人履行担保义务；“不可撤销”是指未经贷款人（担保受益人）的同意，担保人不得解除担保合同。担保条件确立了担保合同的独立性，因而使担保人承担的义务不因贷款合同的变化而受影响。担保条件还明确了贷款人对担保人的立即追索权，即借款人如果出现违约行为，贷款人可直接向担保人要求清偿。

（4）陈述和保证

陈述和保证条款是明确担保人的担保资格和担保能力所做出的保证。其内容一般有：担保人必须是法人；担保人不存在对本合同的执行有实质性影响的负债；担保合同项下的担保责任与其他合同项下的担保责任具有同等地位；除非国家法律另有规定，在每个财务报告期结束的一定日期内，担保人向代理行提供经审计的财务报告。

（5）延续担保

延续担保可使贷款人避免因担保合同期满而无法向担保人索付，从而保障了贷款人的合法权益。在担保合同中通常是这样规定的：“本担保合同是延续不断的担保，直到借款人清偿所有贷款合同项下的贷款及其利息、费用为止。”

（6）见索即付

见索即付是指一旦贷款人向担保人提出付款指示，担保人就必须立即付款。见索即付在担保合同中通常表示为：“本担保人在收到代理行发出的书面索付通知书的数日内，向代理行支付本协议项下的担保金及利息、费用。”这一条款的作用是：在担保人采取任何诉讼或其他手段对借款人或任何其他人采取行动之前，担保人的义务已履行，一经代理行提出要求，担保人就必须立即通过代理行向贷款人进行赔偿。

（7）延期、修改及和解

在担保合同中，贷款人和借款人就延长借款清偿期限达成协议或对贷款协议做出实质性修改，以及贷款人与借款人达成的某种和解，均需经过担保人同意，否则担保人的担保义务将自动免除。

（8）适用法律及司法管辖

这是指担保合同选择什么法律作为适用法。一般选择与适用法相关联的法院作为管辖法院，再就是确定诉讼代理人。

（9）税收费用

一般来说，担保人在合同中均承诺：担保人将通过代理行补偿代理人因执行担保合同而发生的费用，贷款人可获得无任何抵扣的、足额的收益。

10.1.3　担保的步骤

担保的步骤

安排项目担保的步骤可以大致划分为四个阶段，如图10-1所示。

1）项目融资银行（贷款银行）向项目投资者或第三方担保人做出项目担保的要求。

2）项目投资者或第三方担保人可以考虑提供公司担保（对担保人来讲，公司担保成本最低）；如果公司担保不被接受，则需要考虑提供银行担保。后者将在银行和申请担保人之间构成一种合约关系，银行提供项目担保，而申请担保人则承诺在必要时补偿银行的一切费用。

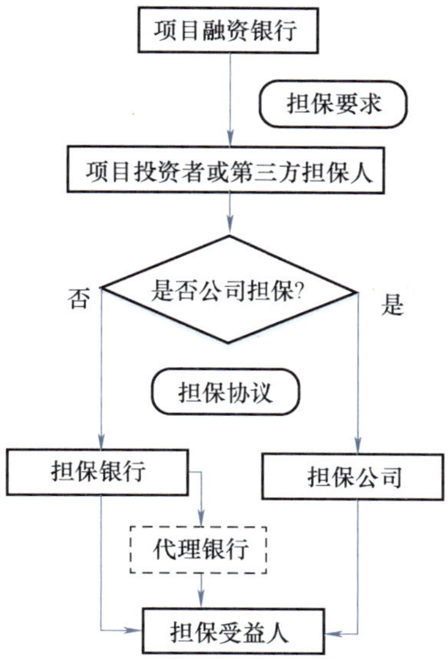

图 10-1 项目担保的步骤

3）在银行提供担保的情况下，项目担保成为担保银行与担保受益人之间的一种合约关系。这时真正的担保人（项目投资者或者第三方担保人）并不是项目担保中的直接一方。

4）如果项目所在国与提供担保的银行不在同一国家，有时担保受益人会要求担保银行安排一个当地银行作为代理人承担担保义务，而担保银行则承诺偿付其代理人的全部费用。

10.1.4 担保的法律特征

担保是不依附于基础合同而成立的独立合同。它具有以下法律特征：

（1）担保合同具有从属性和补充性

从属性是指担保合同是贷款合同的从属合同，承担着与贷款合同标准和范围一样的责任，担保人的保证责任随借款人的主债务的消灭而消灭。补充性是指在担保合同的法律关系中，担保人是第二债务人，只有当借款人不履行其债务时，担保人才有责任承担付款责任，只有在对借款人的财产强制执行后仍不足以抵债时，才能要求担保人承担清偿的责任。

（2）担保独立存在

担保是一项独立的承诺，担保合同一经签署，担保人就向贷款人做出了一种赔偿保证，只要贷款人能满足担保书的履行条件，担保人就必须履行偿付责任。这种偿付责任不依赖基础合同而独立存在。

（3）担保人承担无条件担保责任

在这种独立的担保中，担保人往往要承担无条件的担保责任和第一性的付款责任，排除了传统担保中担保人所享有的抗辩权。

这就是说，在主借款人未能履行其债务时，只要贷款人能提供担保合同规定的书面索赔文件，除非担保人有充足的证据证明贷款人的要求有明显的欺诈性，否则担保人无权拒付。

10.1.5 担保在工程项目融资中的作用

工程项目融资的根本特征体现在项目风险的分担上，而项目担保正是实现这种风险分担的一个关键所在。但是，许多项目风险是项目本身所无法控制的。出于对超出项目自身承受能力的风险因素的考虑，贷款银行必须要求项目投资者或与项目有关的第三方提供附加的债权担保。因此，项目担保是项目融资结构中的一个关键环节，是保障项目融资成功的首要条件。具体来说，项目担保在项目融资中起到以下重要作用：

1. 降低项目投资者的风险

采用担保形式，项目投资者可以避免承担全部的和直接的项目债务责任，项目投资者的责任被限制在有限的项目发展阶段之内或者有限的金额之内。正因为如此，项目投资者才有可能安排有限追索的融资结构。

采用项目担保形式，项目投资者可以将一定的项目风险转移给第三方。通过组织一些对项目发展有利，但又不愿意直接参与项目投资或参与项目经营（由于商业原因或政治原因）的机构为项目融资提供一定的担保，或者利用商业担保人提供的担保，一定条件下可以将项目的风险因素分散和转移。

2. 降低贷款人的风险

在项目融资中，项目担保有利于贷款人转移风险。贷款的风险使得贷款人在进行贷款活动中，采取各种措施来防范风险，以避免和减少损失。项目担保可使贷款人将可能发生的风险转移给担保人，一旦贷款发生风险，贷款人就可从项目担保中得到补偿。

项目担保还有利于加强对借款人的监督。担保人为借款人的借款行为担保后，就为此承担了责任，这样可以防止借款人将贷款用于非规定项目，监督借款人履行义务。

10.2 工程项目融资担保人

工程项目融资担保人可以分为三种：工程项目投资者、与工程项目有关的第三方参与者和商业担保人。

10.2.1 工程项目投资者

工程项目的直接投资者和项目主办人作为担保人是项目融资结构中最主要和最常见的一种形式，如图10-2所示。

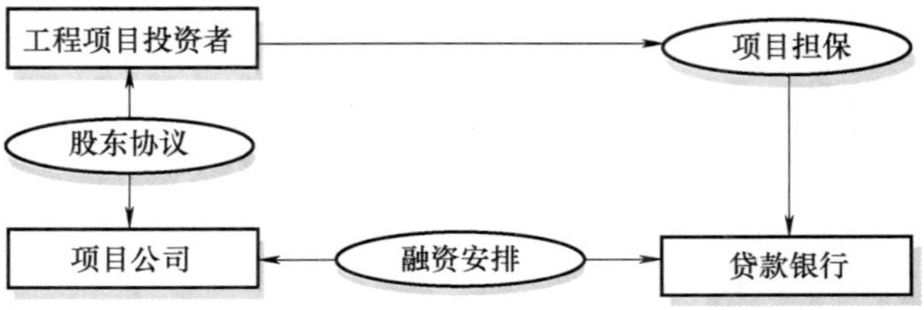

图10-2　工程项目投资者作为担保人

在多数工程项目融资结构中，工程项目投资者通过建立一个专门的项目公司来经营项目和安排融资。但是，在这样的安排下，由于项目公司在资金、经营历史等各方面不足以支持融资，很多情况下贷款银行会要求借款人提供来自项目公司之外的担保作为附加的债权保证。因而，除非工程项目投资者可以提供其他的能够被贷款银行接受的担保人，否则工程项目投资者在大多数情况下必须自己提供一定的项目担保，如“项目完工担保”“无论提货与否均需付款协议”和“提货与付款协议”等。

工程项目投资者提供的担保可以有两种形式：直接担保，非直接担保。

(1) 直接担保

如果工程项目投资者对项目公司提供的担保是直接担保，即直接担保项目公司的一部分债务，则根据国际通行的会计准则，这种担保必须作为一种债务形式表现在资产负债表中，至少需要作为一种债务形式在资产负债表的注释中加以披露。这种对公司资产负债表结构影响的考虑，是在工业国家以及一切市场经济国家开展企业经营活动的一个很重要的特点，因为如果某一项目的债务并入总公司的资产负债表之后，造成该公司的资产负债结构恶化，就可能导致一系列的问题，包括影响公司的信用、公司的筹资能力、公司股票在证券市场上的价格，以及削弱该公司承受任何财务风险和金融风险的能力等。

(2) 非直接担保

如果工程项目投资者所提供的担保以非直接的形式，或者以预防不可预见风险因素的形式出现，其担保就可以在工程项目投资者为项目公司所承担的财务责任上披上一件“正常商业交易”的外衣，对工程项目投资者本身资产负债表的影响就较小。应用工程项目投资者提供以预防不可预见风险因素为主体的非直接担保，以及来自其他方面的担保，可以被安排成为贷款银行所能接受的信用保证结构。这是项目融资的主要优点之一。

10.2.2 与工程项目有关的第三方参与者

在工程项目融资结构中，所谓利用第三方参与者作为担保人，是指在项目的直接投资者之外寻找其他与项目开发有直接或间接利益关系的机构，为项目的建设或者项目的生产经营提供担保。由于这些机构的参与在不同程度上分担了项目的一部分风险，为项目融资设计一个强有力的信用保证结构创造了有利的条件，因此对工程项目的投资者具有很大的吸引力，如图 10-3 所示。

图 10-3 与工程项目有关的第三方参与者作为担保人

能够提供第三方担保的机构包含以下三种类型：

1. 政府机构

政府机构作为担保人在项目融资中是极为普遍的。政府机构为项目提供担保多从发展本国或本地经济，促进就业，增加出口，改善基础设施建设，改善经济环境等目的出发。这种担保对于大型工程项目的建设十分重要，尤其是对于发展中国家的大型项目来说，政府的介入可以减少政治风险和经济政策风险，增强投资者的信心，而这类担保是从其他途径得不到的。

以特许经营 BOT 模式为例，政府的特许经营协议是特许经营 BOT 模式中不可或缺的重要一环。如果没有政府以特许经营协议形式做出的担保，贷款银行及其他融资机构如果想利用BOT模式组织起项目融资是根本不可能的。

政府作为项目融资担保人的另一个目的是避免政府的直接股份参与，这在工业国家是较为普遍的现象。由于立法上的限制或出于政治、财政上的考虑，有时这些国家的政府很难直接参与项目投资，因此为了促进项目的开发，政府多以提供一些贷款担保或者项目产品长期购买协议等形式的担保，间接参与项目。

政府担保的优势显而易见，它能增强投资者的投资信心，保证项目顺利实施，缓解国内经济建设所需巨额资金的压力，用较少的建设资金和信贷就可以达到促进经济发展的目的。

但其带来的弊端也不容忽视：

1）政府在某个项目中提供了相关法律或管制的担保，但在某些情况下政府又必须对其加以改变，这样就会限制自己在此领域颁布新法规、实施新管制的自由性，造成与国家根本利益相悖的局面。

2）政府过多的担保会削减引入私人资本所产生的益处。项目融资中积极引入私人资本的作用，就在于私人资本可以更好地管理风险和控制成本，对市场需求的刺激有更灵敏的反应速度，能够提高项目效率。若政府过多地为项目提供担保，如提供有关项目投资回报率的担保，则项目公司就会丧失降低项目成本和高效运营项目的动力，从而使项目成本远高于正常水平，这显然与引入私人资本的目的不符。

3）政府过多的担保会加大政府守信的成本，并且侵蚀国家财政的健康。

2. 与项目开发有直接利益关系的商业机构

与项目开发有直接利益关系的商业机构作为担保人，其目的是通过为项目融资提供担保而换取自己的长期商业利益。这些利益包括：①获得项目的建设合同；②获得项目设备的供应、安装合同；③保证担保人对项目设施的长期使用权（如被担保项目是码头、铁路等公用设施项目，虽然项目是由其他机构所拥有的，但是项目的建成、投入、使用对担保人至关重要）；④保证担保人自身产品的长期稳定市场（如被担保项目是担保人自身产品的主要消费者）。

能够提供这种第三方项目担保的商业机构可以归纳为以下三类。

（1）工程公司

工程公司为了在激烈的竞争中获得大型工程项目的承包合同，很多情况下愿意提供项目的完工担保（如“交钥匙”工程），有时甚至愿意为项目投资者提供一定的财务安排，如在PPP模式中工程公司的作用。

（2）项目设备或主要原材料的供应商

卖方信贷以及项目设备质量（运营）担保，是项目设备供应商通常提供的担保形式。原材料供应商则主要以长期、稳定、价格优惠的供应协议作为对项目的支持。这种协议往往带有“无论提货与否均需付款”类型合同的性质，一般以“供货或付款”（或供或付）的形式出现。

（3）工程项目的用户

与上一类相反，项目用户从保障项目市场的角度为项目融资提供一定的担保或财务支持。这种类型的例子很多，一般以长期合同或预付款的形式出现，多集中在能源和基础设施项目中。

3. 世界银行、地区开发银行等国际性金融机构

这类机构虽然与项目的开发并没有直接的利益关系，但是为了促进发展中国家的经济建设，它们有时会为一些重要的项目做贷款担保。这类机构在项目中的参与同样可以起到政府机构的作用，减少项目的政治、商业风险，增强商业银行对项目融资的信心。

10.2.3 商业担保人

商业担保人与以上两种担保人在性质上是不同的。商业担保人以提供担保作为一种盈利的手段，承担项目的风险并收取担保服务费用。商业担保人通过分散化经营降低自己的风险。银行、保险公司和其他的一些专营商业担保的金融机构是主要的商业担保人。

商业担保人提供的担保服务有以下两种基本类型：

1. 担保项目投资者在项目中或项目融资中必须承担的义务

这类担保人一般为商业银行、投资公司和一些专业化的金融机构，所提供的担保一般为银行信用证或银行担保。这种类型担保的第一个作用是担保一个资金不足或者资产不足的项目公司对其贷款所承担的义务。一个典型的例子是在国际房地产项目融资中较为普遍的“卖出期权”安排。近几年来，在国外安排房地产项目融资时，如果贷款银行认为房地产价值以及贷款期内的现金流量不足以支持一个有限追索的融资结构，则借款人可以从专业化的金融机构手中以远低于房地产市场价值的契约价格购入一个卖出期权作为项目融资的附加担保。在贷款期间，一旦借款人违约，如果贷款银行认为需要的话，就可以通过执行该期权，将房地产以契约价格出售给期权合约的另一方，行使贷款银行的权利。

例如，某一公司为了购买一座办公大楼需要安排 4000 万美元的项目融资，但是贷款银行认为根据项目的经济强度（办公楼价值加上租金收入），只能安排 3000 万美元的有限追索贷款。最后借款人通过买入一个契约价格为 1500 万美元（实际房产价值在 4000 万美元）的卖出期权作为附加担保完成融资安排。在期权有效期内，借款人每年需要支付契约价格的 1% 给期权合约的另一方作为商业担保费。在这个例子中，担保费与契约价格成正比关系，契约价格越高，越接近房产的市场价值，担保费也就越高，这是因为出售这个期权的一方所承担的房产价值波动的风险也就越大。

这种类型担保的第二个作用是担保项目公司在项目中对其他投资者所承担的义务。这种担保在有两个以上的投资者参加的非公司型合资结构中较为常见。举一个实际例子，某公司在非公司型合资结构矿山项目中投资 30%，并且相应成立了一个项目子公司负责资金的安排和项目的管理。该公司为项目投资安排了有限追索的项目融资，除有限的资金支持外，项目子公司的经营和财务与母公司分离。虽然这个融资安排被贷款银行所接受，但是其他项目投资者却提出不同意见，要求该公司提供由国际银行开出的备用信用证作为对项目所承担义务的担保。原因很简单，项目子公司本身资金有限，而有限追索的融资结构又限制了对母公司追索的能力，对于其他项目投资者来说，这种安排面临着一个潜在的风险，一旦国际市场上该种矿产品价格长期下跌，这家项目子公司就有可能出现经营困难、资金周转不灵等一系列问题。项目合资协议一般都包括“交叉担保”条款，为了保证项目的正常运行，在一方表示无力支付项目生产费用或资本开支时，其余各方需要承担该违约方应支付的费用，直至违约事件被改正或违约方资产被出售为止。但是，这是项目各方都不希望看到的情况，因为在一方由于市场等问题出现困难时，其他各方也面临同样的问题，只是程度不同而已。基于这样的考虑，在非公司型合资项目结构中，资本不足的公司往往会被要求有国际性银行提供备用信用证（信用证额度一般为3~9个月的项目生产费用）作为项目担保。

这种类型担保的第三个作用是在担保人和担保受益人之间起到一个中介作用。这种作用类似于国际贸易中银行信用证的作用。假设一个国家的公司到另一个国家投资或组织项目融资，如果这家公司不为项目所在国的公司和银行所熟悉，该公司的直接担保就很难被接受，从而需要选择一家或几家既为项目投资者所熟悉，又为项目所在国的公司和银行所接受的国际性商业银行提供商业担保，承担项目投资者在项目中所需要承担的责任。

2. 为防止项目意外事件的发生而做出的担保

这类担保人一般为各种类型的保险公司。项目保险是项目融资文件中不可缺少的一项内容。保险公司提供的项目保险包括广泛的内容，除项目资产保险外，项目的政治风险保险在有些国家中也是不可缺少的。项目保险在性质上等同于其他类型的担保。

10.3 工程项目融资担保的范围和条件

10.3.1 工程项目融资担保的范围

一个项目可能面临各种各样的风险因素，其中主要有信用风险、完工风险、生产风险（包括技术风险、资源风险、能源和原材料供应风险、经营管理风险）、市场风险、金融风险、政治风险、项目环境保护风险。这些风险因素可以归纳为商业风险、政治风险、金融风险和不可预见风险等基本类型。

1. 商业风险

商业风险是项目融资面临的最主要的风险之一，是项目担保的重要内容。大多数商业风险属于项目的核心风险，即可控制风险。项目融资的贷款银行，对于这类可控制的商业风险，一般都会要求项目投资者或者与项目有直接利益关系的第三方提供不同程度的担保，特别是在项目完工和建设成本控制两个方面。

（1）项目完工

一个项目能够在规定的预算内和规定的时间内建成投产，达到“商业完工”的标准，是组织项目融资的基础。尤其是在工程项目的运作中，许多不成功的例证主要是由于项目不能建成完工和形成生产能力而无法收回投资。对此，项目的贷款人可能要求项目投资者保证项目能按期完工，以进入按规定的效率和标准生产的运营阶段。因此，贷款人可能要求项目的一个或几个投资者以连带责任或个别责任的形式，保证项目按照融资协议中确定的完工标准完工，并保证在不能按时、按质量完工时偿还贷款。

这一阶段的风险传统上被要求由项目投资者全面承担。由项目投资者提供担保，承诺在工程延期、建设成本超过预算等问题出现时为项目提供资金，有时甚至担保人被要求承诺如果项目在无法达到“商业完工”标准时偿还全部的项目贷款。但近些年来，新的发展趋势为，在市场竞争和项目投资者的压力下，贷款银行被要求承担一部分完工风险。在一些投资环境较好、技术比较成熟的项目融资中，贷款银行转向从工程公司、技术设备供应公司等其他方面寻求完工担保，包括采用固定价格的“交钥匙”合同和由工程公司或技术设备公司提供项目履约担保等形式，以减少对项目投资者在完工担保方面的要求。

在设计和完成项目融资结构过程中，如何分担项目的完工风险是贷款银行和项目投资者谈判的一个焦点。贷款银行除了要求项目投资者或者工程公司提供完工担保外，有时也会要求在产品市场安排上增加相应的项目延期条款，用来调整合同收入，支付工程延期所造成的融资成本超支。

（2）建设成本控制

在进入工程项目建设阶段之后，一个项目的经济强度在很大程度上取决于对建设成本的控制。项目是否在同行业同类型企业中占据有利地位和具有竞争性，除了项目所具备的自然条件和技术条件之外，能否按照一个具有竞争性的价格取得某些重要原材料、能源或外部服务的供应是非常关键的因素。

一个项目能够部分甚至全部实现自我融资，其中一个很重要的基础就是建立在建设成本可控制或者可预测的假设前提条件之下的。因此，对于项目融资而言，由独立于项目公司本身的其他人（包括第三方担保人和项目投资者）以某种形式承担一部分这方面的风险是很重要的，并且这种担保具有替代作用，一个较强的生产成本控制方面的担保可以避免或者减少贷款银行对其他担保形式的要求。

控制建设成本的一种有效方法是由项目公司与提供工程建设所需要的主要原材料、能源的供应厂商签订长期供应协议。其供应数量、期限和价格必须在协议中规定下来；价格既可以采用固定价格，也可以采用浮动价格。无论采用哪种方法，目的都是在安排融资时，项目投资者和贷款银行双方都可以对项目的成本有一个基本估计，减少这方面的风险。

2. 政治风险

政治风险是贷款银行在项目融资中应关注的另一类型的风险。在政治环境不稳定的国家开展投资活动，具有很高的政治风险。没有政治风险担保，就很难组织起有限追索的项目融资结构。一般来说，项目投资者自己很难解决项目的政治风险问题，需要安排第三方参与，为贷款银行提供政治风险担保。

对于政治风险而言，一般项目所在国的政府或者中央银行应该是最理想的政治风险担保人。这些机构与项目发展有直接利益关系，对项目的投资环境有直接的决定权。如果争取到这些机构对项目融资的担保，或者争取到一些与项目经营有关的特许权协议（例如对外汇控制的特殊政策或进出口特许政策等），就可以有效地减少国外投资者和国外贷款银行对政治风险的顾虑。

但是，对于一些被认为存在高政治风险的发展中国家，仅仅有项目东道国政府的保证是不够的。这时，世界银行、地区开发银行、一些工业国家的出口信贷海外投资保险机构所提供的担保，将有利于组成项目融资。

3. 金融风险

项目的金融风险与政治风险一样，都属于不可控的外围风险，主要是指项目发起人不能控制的金融市场变化对项目可能产生的负面影响，主要包括汇率的波动、利率的变化、国际市场商品和劳务价格的涨跌等。

在项目融资中，金融风险的防范和分担是一个非常敏感的问题，对于汇率和利率风险，可以通过使用金融衍生工具来分散。但是，在东道国金融市场不完善的情况下，使用金融衍生工具存在一定的局限性。在这种情况下，境外项目发起人和贷款银行一般要求东道国政府或国家银行签订远期外汇兑换合同，把汇率锁定在一个双方可以接受的价位上，但东道国政府或国家银行一般不愿意承担这个风险，此时，项目公司应同东道国政府或国家银行签订专门合同，规定在一定范围内由各方分摊相应的汇率风险。

4. 不可预见风险

工程项目除了存在商业风险和政治风险外，还会因为地震、火灾以及其他一些不可预见的因素而导致失败。这类风险被称为不可预见风险，或者称为或有风险。一般情况下，主要也是采用商业保险的方法来规避这类风险。

10.3.2 工程项目融资担保的条件

为了有效地涵盖工程项目所面临的商业风险、政治风险、金融风险和或有风险，基本的项目担保条件至少包括以下内容：担保受益人、项目定义、担保的用途、最大担保金额、担保有效期、启用担保的条件、担保协议以及执行担保的具体步骤。

不管工程项目担保的性质和形式如何，贷款银行在融资中通常总是坚持作为担保的第一受益人。对于贷款期限较长的项目，贷款银行在项目担保的基本格式上还会增加一些特殊的规定，以保护不因外部环境的变化而损害贷款银行的利益。

10.4 工程项目融资担保的形式

10.4.1 信用担保

工程项目融资中的信用担保又称为人的担保，是当事人之间的一种合同关系。在项目融资中，担保人通常是法人，包括借款人以外的其他公司、商业银行、政府、官方信贷机构等。

信用担保的主要作用是：由担保人为某一项目参与方向贷款人提供担保，当该项目参与方无法履行合同义务时，由担保人负责代其履行义务或承担赔偿责任。在信用担保中，担保人的信用是至关重要的，往往是贷款人决定是否给予贷款所要考虑的关键因素。

1. 完工担保

完工担保主要是针对项目完工风险设立的，担保人在一定时间内（通常是项目建设期和试运行期）承担项目成本超支、工期延误的责任，甚至是项目失败的责任，是一种有限责任的直接担保形式。

由于在项目的建设期和试运行期，贷款银行所承担的风险最大，项目能否按期建成并按照其设计指标进行生产经营是以项目现金流量为融资基础的项目融资的核心，因此，项目完工担保就成为项目融资结构中一个最主要的担保条件。

大多数的项目完工担保属于仅仅在时间上有所限制的担保形式，即在一定的时间范围内（通常在项目的建设期和试生产或试运行期间），项目完工担保人对贷款银行承担着全面追索的经济责任。在这一期间，项目完工担保人需要采用一切方法促使项目达到“商业完工”的标准，并支付所有的成本超支费用。

由于完工担保的直接财务责任在项目达到“商业完工”标准后就立即终止，项目融资结构也从“全面追索”转变成为“有限追索”性质，贷款银行此后只能单纯（或绝大部分）地依赖于项目的经营，或者依赖于项目的经营加上“无货亦付款”等类型的有限信用保证支持来满足债务偿还的要求，所以对项目“商业完工”的标准及检验是相当具体和严格的。这其中包括对生产成本的要求、对原材料消耗水平的要求、对生产效率的要求以及对产品质量和产品产出量的要求。无论哪项指标不符合在融资文件中所规定的指标要求，都会被认为是没有达到项目完工担保的条件，项目完工担保的责任也就不能解除，除非贷款银行同意重新制定或放弃部分“商业完工”标准。

项目完工担保的提供者主要由两类公司组成：一类是项目的投资者；另一类是承建项目的工程承包公司及其金融保险机构。

（1）由项目的投资者作为完工担保人

由项目的投资者作为项目完工担保人是最常用，也是最容易被贷款银行接受的方式。因为项目的投资者不仅是项目的最终受益人，而且由于股本资金的投入使其对项目的建设和运行成功与否有着最直接的经济利益关系，所以如果项目的投资者作为担保人，他就会想方设法使项目按照预定的计划完成，同时，由项目投资者作为完工担保人也可以增加贷款银行对项目前途的信心。

在项目融资结构中，完工担保可以是一个独立协议，也可以是贷款协议的一个组成部分。无论以哪种形式出现，完工担保都应包括以下三个方面的基本内容：

1）完工担保的责任。完工担保的中心责任是项目投资者向贷款银行做出保证，除计划内的资金安排外，还必须能够提供使项目按照预定工期完工的或按照预定“商业完工”标准完工的、超过原定计划资金安排之外的任何所需资金。如果项目投资者不履行其提供资金的担保义务而导致该项目不能完工，则需要偿还贷款银行的贷款。

由于这种严格的规定，在项目完工担保协议中对“商业完工”的概念有着十分明确的定义，包括：对项目具体生产技术指标的规定（包括对单位生产量的能源、原材料甚至劳动力消耗指标的规定）；对项目产品（或服务）质量的规定；对项目产品的单位产出量（或服务量）的规定；对在一定时间内项目稳定生产（或运行）的指标规定。

2）完工担保的义务。一旦项目出现工期延误和成本超支，项目投资者就应采取相应的行动履行其担保义务，支付项目所必要的资金。通常采用的方式主要有两种：一种是要求项目投资者追加对项目公司的股本资金投入；另一种是由项目投资者自己或通过其他金融机构向项目公司提供初级无担保贷款（即准股本资金或次级债务），只有高级债务被偿还后无担保贷款，方才有权要求清偿。

3）保证项目投资者履行担保义务的措施。国际上大型项目融资经常会出现贷款银团与项目投资者分散在不同国家的情况，这种状况使得一旦项目担保人不履行其完工担保义务，贷款银团采取法律行动便会遇到许多不便；即使贷款银团与项目担保人同属于一个法律管辖区域，为了能够在需要时顺利及时地启动项目完工担保，贷款银团也需要在完工担保协议中规定出具体的确保担保人履行担保义务的措施。比较通行的做法是，要求项目投资者（担保人）在指定银行的账户上存入一笔预定的担保存款，或者从指定的金融机构中开出一张以贷款银行为受益人的、相当于上述金额的备用信用证，或者由项目投资者开出一张以贷款银行为受益人的本票，以此作为贷款银行支付第一期贷款的先决条件。一旦出现需要动用项目完工担保资金的情况，贷款银行将直接从上述担保存款或备用信用证中提取资金。在这种情况下，根据完工担保协议，如果项目投资者（担保人）在建设期承担的是完全追索责任，则会被要求随时将其担保存款或备用信用证补足到原来的金额。

（2）由工程承包公司及其金融保险机构相结合作为完工担保人

由工程承包公司以及其背后的金融保险机构提供的项目完工担保，是包括在工程承包合同中的一种附加条件，通过这种担保条件的引入可以减少项目投资者所需承担的完工担保责任，是项目投资者将部分或全部完工风险转移给了工程承包公司，因此从某种程度上减轻了项目投资者在完工担保方面所承担的压力。

在实践中，这种完工风险转移的方式有两种：一是与工程承包公司签订固定价格的承包合同；二是要求工程承包公司提供工程担保。常见的工程担保包括投标押金、履约担保、留置资金担保、预付款担保、项目运行担保等。

上述各种担保形式一般是由工程承包公司背后的金融保险机构作为担保人提供的，其目的是保证工程承包公司有足够的实力按期完成项目的建设工程，并确保一旦工程承包公司无法继续执行其合同，根据担保受益人（项目投资者或项目融资中的贷款银行）的要求，由担保人无条件地按照合同规定向受益人支付一定的资金补偿。这种完工担保的具体表现形式为金融保险机构开出的银行保函或备用信用证。

第一类和第二类完工担保的区别是：投资者的完工担保要求尽全力执行融资协议，以实现项目完工；而工程承包公司的完工担保只是在工程合同违约时，支付工程合同款项的一部分（通常是5%～30%。在美国，由保险公司提供的工程履约担保有时可以达到100%的合同金额）给予担保受益人。因此，这种担保只能作为项目投资者完工担保的一种补充，并且与投资者提供的担保一样，其担保信用在很大程度上依赖于担保人的资信状况。

2.“无论提货与否均需付款”协议和“提货与付款”协议

“无论提货与否均需付款”协议和“提货与付款”协议是两类既有共性又有区别的协议，并且是国际项目融资所特有的项目担保形式。“无论提货与否均需付款”协议和“提货与付款”协议，是项目融资结构中的项目或服务的长期市场销售合约的统称。这类合约形式几乎在所有类型的项目融资中都得到广泛应用，在公用设施和基础设施项目，如海运码头、石油运输管道、铁路集散中心、火力发电厂等领域的应用更为广泛。因而在某种意义上，它们已经成为项目融资结构中不可缺少的组成部分。同时，这类合约形式在一些项目融资结构中也被用于处理项目公司与其主要原材料、能源供应商之间的关系。“无论提货与否均需付款”协议和“提货与付款”协议在法律上体现的是项目买方与卖方之间的商业合同关系，尽管实质上是由项目买方对项目融资提供的一种担保，但是这类协议仍被视作为商业合约，因而是一种间接担保形式。

从项目公司角度来说，根据项目的性质以及双方在项目中的地位，这类合约具体又可分为以下四种形式：

（1）“无论提货与否均需付款”协议

该协议表现的是项目公司与项目产品购买者之间的长期销售合同关系。对于工业项目，即类似矿山、油田、冶炼厂、发电厂等有实体产品被生产出来的项目，这种长期销售合同就是购买项目产品的一种特殊协议；对于服务性项目，类似输油管道、码头、高速公路等没有实体产品被生产出来的项目，这种合同则是购买项目设施所提供服务的协议。因此，可以将“无论提货与否均需付款”协议定义为一种项目公司与项目的有形产品或无形产品的购买者之间签订的长期的无条件的供销协议。所谓长期协议，是指项目产品购买者承担的责任应不短于项目融资的贷款期限（有时可长达十几年），因而这种协议比一般商业合同的期限要长得多；所谓无条件协议，是指项目产品购买者承担的无条件付款责任是根据规定的日期、按照确定的价格向项目公司支付事先确定数量产品的货款，而无论项目公司是否能够交货。产品的定价以市场价格为基础，可以是固定价格或浮动价格，但往往规定最低限价；产品的数量以达到设计生产指标时的产量为基础，但有时也根据实际项目的预期债务覆盖比率加以调整。总之，确定“无论提货与否均需付款”协议的基本原则是项目产品购买者所承诺支付的最低金额应不低于该项目生产经营费用和债务偿还费用的总和。

“无论提货与否均需付款”协议与传统的贸易合同或服务合同的本质区别是项目产品购买者对购买产品的绝对性和无条件性。传统的贸易合同是以买卖双方的对等交换作为基础的，即所谓的“一手交钱，一手交货”。如果卖方交不出产品或提供不了服务，则买方可以提出履行的抗辩，解除其付款义务。但是，在“无论提货与否均需付款”协议中，项目产品购买者承担的是绝对的、无条件的根据合同付款的义务，即使是由于出现项目毁灭、爆发战争、项目财产被没收或征用等与协议双方完全无关的绝对事件，而导致项目公司不能交货，只要在协议中没有做出相应规定，项目产品购买者仍必须按合同规定付款。因此，这种协议实质上是由项目产品购买者为项目公司提供的一种财务担保，项目公司可以利用其担保的绝对性和无条件性进行融资。

“无论提货与否均需付款”协议中的产品购买者可以是项目投资者，也可以是其他与项目利益有关的第三方担保人；但是，在多数情况下，项目产品购买者中往往至少有一个是项目投资者。从贷款银行的角度来看，由于项目投资者同时具有产品购买者和项目公司所有人的双重身份，所以在项目融资结构中通常设有受托管理人或融资经理，由其代表银行独立监督项目公司的资金使用，以确保项目融资结构的平稳运行。

（2）“提货与付款”协议

由于“无论提货与否均需付款”协议的绝对性和无条件性，许多项目投资者和项目产品购买者不愿在项目融资结构中接受这样的财务担保责任，而更倾向于采用“提货与付款”协议的形式。

“提货与付款”协议与“无论提货与否均需付款”协议十分相像，其主要区别是在“提货与付款”协议中，项目产品购买者承担的不是无条件的、绝对的付款责任，而只承担在取得产品的条件下才履行协议确定的付款义务。例如，煤矿项目融资的“提货与付款”协议中，只有在煤被采掘出来并运到铁路终端时，产品购买者才付款。又如，发电站项目融资的“提货与付款”协议中，只有在电力被输送出电站时，产品购买者才付款。由于“提货与付款”协议具有这个特点，其在性质上更接近传统的长期销售合同，因此在形式上更容易被项目产品的购买者，特别是那些对项目产品具有长期需求的购买者所接受，这使其在项目融资中得到越来越广泛的应用，有逐步取代“无论提货与否均需付款”协议的趋势。但是，另一方面，由于“提货与付款”协议在项目融资中所起到的担保作用是有条件的，因此从贷款银行的角度来看，这种协议与“无论提货与否均需付款”协议相比，所提供的项目担保分量要相对轻一些。在有些项目融资中，贷款银行可能会要求项目投资者提供附加的资金缺额担保作为“提货与付款”协议担保的一种补充。

（3）运输量协议

当被融资项目是生产服务型项目，如输油管道，则提供长期运输服务的“无论提货与否均需付款”协议被称为运输量协议。运输量协议有许多种形式，但基本原则是一致的，即如果使用这种协议作为生产服务设施（输油管道）的项目融资担保，则其付款义务是无条件的，被贷款银行视为一种有保证的收入来源，而不管生产服务设施是否能够被使用和实际上是否被使用了。运输量协议也有“提货与付款”类型，其区别是只要生产服务设施是可以使用的，项目服务的使用者就必须支付预订使用费，而不管其是否真正使用了。不同性质项目的服务使用协议名称不尽相同，在有些项目中，这种协议也被称为委托加工协议或服务成本收费等。

（4）“供货与付款”协议

一些项目需要具有长期稳定的能源、原材料供应，以保证其生产连续运行。根据“供货与付款”协议，项目所需能源、原材料的供应者承担着按照合同向项目定期提供产品的责任；如果不能履行责任，就需要向项目公司支付该公司从其他来源处购买所需能源、原材料的价格差额。这类合同比较少见，只有在一家公司十分希望为产品开发长期稳定下游市场的情况下，才会同意签订此类协议。

3. 资金缺额担保

资金缺额担保，也称为现金流量缺额担保，是一种在担保金额上有所限制的直接担保，主要作为一种支持已进入正常生产阶段的项目融资结构的有限担保。对贷款银行来说，资金缺额担保可以保证项目具有正常运行所必需的最低现金流量，即至少具有支付和偿付到期债务的能力；在项目投资者出现违约的情况下，或者在项目重组及出售项目资产时，保护贷款银行的利益，保证债务的回收。

资金缺额担保是一种在担保金额上有所限制的直接担保，担保金额在项目融资中没有统一的标准，一般取该项目年正常运行费用总额的 25% ~75%，主要取决于贷款银行对项目风险的认识和判断。项目年正常运行费用应至少考虑以下内容：日常生产经营性开支；必要的大修、更新改造等资本性开支；若有项目贷款，还要考虑到期债务利息和本金的偿还。

实践中，资金缺额担保常采用以下三种方式：

（1）项目投资者提供担保存款或以贷款银行为受益人的备用信用证

这种方式在新建项目安排融资时较为常见。由于新建项目没有经营历史，也没有相应的资金积累，抗意外风险的能力比经营多年的项目要脆弱得多，因而贷款银行多会要求由项目投资者提供一个固定金额的资金缺额担保，或要求项目投资者在指定的银行中存入一笔预先确定的资金作为担保存款，或要求项目投资者从指定银行以贷款银团为受益人开出备用信用证。

（2）建立留置基金

项目的年度收入在扣除全部的生产费用、资本开支以及到期债务本息和税收之后的净现金流量，不能被项目投资者以分红或其他形式从项目公司中提走，而是全部或大部分被放置在一个被称为“留置基金”的账户中，以备项目出现任何不可预见的问题时使用。留置基金账户通常规定一个最低资金限额，也就是说，如果账户中的实际可支配资金总额低于该最低限额，则账户中的资金不得以任何形式被项目投资者所提走；反之，该账户中资金便可释放，用于项目投资者的分红等。最低留置基金的额度必须满足 3 ~6 个月的生产费用准备金和偿还 3 ~9 个月到期债务的要求。

对于新建项目，通常将留置基金与担保存款或备用信用证共同使用来作为项目融资的资金缺额担保。

(3) 由投资者提供对项目最小净现金流量的担保

该种方法是保证项目有一个最低的净收益，但关键是项目投资者和贷款银行对项目总收入和总支出如何进行合理预测。一旦双方对项目最小净现金流量指标达成一致，便将它写入资金缺额担保协议中：若实际项目净现金流量在未来某一时期低于这一最低水平，则项目投资者必须负责将其缺额补上，以保证项目正常运行。

4. 安慰信

安慰信又称支持信，是一种经常使用的意向性担保形式。在项目融资中，安慰信通常是由项目公司的控股公司（或母公司）或者政府方写给贷款银团的，表示对项目公司及项目融资的支持，以此作为对项目融资财务担保的替代。它通常是在担保人不愿接受法律约束的情况下所采用的一种担保形式。它对贷款人表示的支持一般体现在以下三个方面：

(1) 经营支持

"担保人"声明在其权利范围内将"尽一切努力保证按照有关政策支持项目公司的正常经营"。

(2) 不剥夺资产

政府保证不会没收项目资产或将项目国有化。

(3) 提供资金

担保人同意向项目公司提供一切必要手段使其履行经济责任。例如，母公司愿意在其子公司遇到财务困难时提供财务帮助等。

安慰信最显著的特征是其条款一般不具有法律约束力，而只有道义上的约束力。即使明确规定了法律效力，安慰信也会由于条款的弹性过大而不能产生实质性的权利和义务。然而，由于关系到担保人自身的资信，违反安慰信虽然不引起法律责任，但会影响到担保人今后的业务，故资信良好的担保人一般不会违背自己在安慰信中的承诺。因此，贷款人愿意接受担保人出具的这类安慰信。

我国的中央政府部门或地方政府部门，往往为大型项目融资向贷款人出具安慰信，一方面是向贷款人提供信誉担保；另一方面可为项目的进展创造良好的支持环境。这种做法对于我国的这些项目尤其重要。

政府在项目融资中扮演的角色十分重要，在许多情况下，政府颁发的开发、运营的特许权和执照是项目开发的前提。虽然政府一般不以借款人或项目公司股东的身份直接参与项目融资，但可能通过代理机构进行权益投资，在我国尤其如此。公路、机场、地铁等基本建设项目中，东道国政府将参与项目的规划、融资、建设和运营各个阶段。PPP 项目就是一个典型，在项目运营一定时间后，由政府部门接管项目。

10.4.2 物权担保

项目融资的物权担保是指项目公司或第三方以自身资产为履行贷款债务提供担保。

虽然物权担保被广泛地使用于国内信贷活动中，但是在国际融资活动中却较少使用，作用也不明显。这是因为贷款人不易控制跨国担保物，而更重要的原因是项目融资追索权有限。项目公司自身的资产一般不能使贷款人放心，贷款人看重的是项目本身，而非项目公司目前的资产。

虽然物权担保对于借款人没有特别大的压力，但是它仍然能够约束项目有关参与方认真履行合同，保证项目顺利建成和运营。此外，在项目融资中，借款人以项目资产作为担保，使贷款人能够控制项目的经营，进而顺利地收回贷款。

项目融资物权担保按担保标的物的性质可分为不动产物权担保和动产物权担保；按担保方式可分为固定担保和浮动担保。

1. 不动产物权担保

不动产是指土地、建筑物等难以移动的财产。在项目融资中，项目公司一般以项目资产作为不动产担保，但其不动产仅限于项目公司的不动产，而不包括或仅包括很少部分项目发起方的不动产。在一般情况下，如果借款人违约或者项目失败，贷款人往往接管项目公司，或者重新经营，或者拍卖项目资产，弥补其贷款损失。但这种弥补对于大额的贷款来说，往往是微不足道的。因为项目的失败往往导致项目资产，特别是不动产本身价值的下降，难以弥补最初的贷款额。例如管道项目，如果管道流量很少，那么管道设施本身只是一堆废铁。

2. 动产物权担保

动产物权担保是指借款人（一般为项目公司）以自己或第三方的动产作为履约的保证。动产可以分为有形和无形动产两种，前者如船舶、设备、商品等，后者如合同、特许权、股份和其他证券、应收账款、保险单、银行账户等。由于处理动产物权担保在技术上比不动产物权担保方便，故在项目融资中使用较多。

在项目融资中，无形动产担保的意义更大些。一方面有形动产的价值往往因为项目的失败而价值大减；另一方面也因为有形动产涉及多个项目参与方，其权利具有可追溯性，而且这种追溯是有合同等文件作为书面保证的。

可以说，项目融资中的许多信用担保最后都作为无形动产担保而成为对贷款人的一种可靠担保，因此，信用担保与无形动产担保往往具有同样作用。例如，“无货亦付款”合同本身是一种信用担保，但当该合同作为无形资产担保掌握在贷款人手中时，贷款人就享受了该合同中的权利。这时，合同又成为无形动产担保。

3. 固定担保

以上介绍的不动产和动产物权担保都是固定的物权担保。所谓“固定”，是指借款方作为还款保证的资产是确定的，如特定的土地、厂房或特定的股份、特许权、商品等。当借款人违约或项目失败时，贷款人一般只能通过这些担保物受偿。固定担保一般是在固定资产上设定，即固定担保的财产必须特定化，设定抵押时就固定在具体的财产上，且必须遵守设定担保的必要手续。固定担保也可以在未收资金及流动资产上设定，但是在未经担保人同意的情况下，不允许项目公司出售抵押的资产。

4. 浮动担保

浮动担保又称浮动债务负担，始创于英国，是指借款人（主要是项目公司）与贷款人（通常为贷款银行）达成协议，借款人以其现存及将来获得的全部财产作为债务的担保，当借款人不履行债务时，贷款人就借款人不履行债务时拥有的全部财产的变卖价款优先受偿的法律制度。后来，该担保方式在其他一些国家也得到普及。因为这种担保方式不以特定的动产或不动产为担保标的，只有在特定事件发生时才能最后确定受偿资产，所以被形象地称为“浮动设押”。

在浮动担保中，借款人（即担保人）对浮动担保物享有占有、使用和处分权。浮动担保无须转移担保物的占有，在借款人违约或破产之前，借款人有权在其正常的业务活动中自由使用和处分担保物。借款人对担保物的处分无须征得贷款人的同意，经借款人处分后的担保物自动退出担保物范围；反之，借款人在设定浮动担保后所取得的一切财产（或某一类财产）也自动进入担保范围。可见，在贷款人实际占有浮动担保物之前，担保物一直处于不确定的浮动状态。所以，一旦项目的经营者在经营中恶意地处分财产，对贷款人而言，其担保权的实现就有相当大的风险。

固定担保下的标的处分是受很多限制的，而浮动担保的处分则几乎不受任何限制。对项目公司来说，其不愿设立较多的固定担保，因为这样会对其自主经营施加一定的限制，对资产的处理会束手束脚；对贷款人而言，固定担保则对其比较有利，便于其实现抵押权。但是需要注意的是，项目融资中工程投资大，只倚仗固定担保完成对其贷款的保证是不可能的，在项目融资中也不具有可行性或可操作性。因此，为了保证项目公司（或项目经营者）的利益，不宜设立较多的固定担保；为了保证贷款人的利益，又要设定一定的固定担保；或者从另一角度来说，就对两种担保的选择而言，项目公司愿意使用浮动担保，而贷款人则愿意使用固定担保。

10.4.3 其他担保方式

在项目融资贷款和担保协议中，有一些条款运用得相当普遍，规定了有关借款方资信方面的内容。实际上这些条款是借款方以自己的资信向贷款人做出的履约保证。由于这种自身担保在许多情况下涉及第三方，因此深受贷款人的重视。

1. 消极担保条款

所谓消极担保条款，是指借款人向贷款人承诺，将限制在自己的资产上设立有利于贷款人（债权人）的物权担保。消极担保条款是融资协议中的一项重要条款，它一般表述为："只要在融资协议下尚有未偿还的贷款，借款人不得在其现在或将来的资产、收入或官方国际储备上为其他外债设定任何财产留置权，除非借款人立即使其融资协议下所有的未偿债务得到平等的、按比例的担保，或这种其他的担保已经得到贷款人的同意。"

消极担保是一种有法律约束力的保证，它不同于担保受益权。消极担保不允许对借款人资产提出所有权、占有权、控制权和销售权的要求，也不允许贷款人在借款人破产或清算时提出任何优先权。借款人如果违反消极担保条款，把其资产作为第三方的担保，则按照绝大多数法律，这种担保是无效的。虽然借款人因违反合同而负有责任，但借款人的资产被作为还款来源，对贷款人来说仍然是不利的。如果第三方知道或应该知道存在消极担保条款，贷款人也许能够指控任何使借款人做违约担保的有效性，但这取决于当时的环境和有关法律系统。

2. 准担保交易

在项目融资中，除了上述各种形式，还有许多类似担保的交易。这些交易一般在法律上被排除在物权担保范围之外，而被视为贸易交易。但因为这些交易的经济效果类似物权担保，而且在很大程度上是为了规避物权担保的限制而进行的，故也应归入广义的"担保"范围内。

（1）租赁

卖方（名义上是出租人）将设备租给买方（名义上的承租人），卖方仍保留对设备的所有权，买方则拥有设备的使用权；或者卖方将设备出售给一家金融公司或租赁公司并立即得到价款，然后该金融公司或租赁公司将设备租给买方。无论以何种形式出租，卖方都足以在租期内收回成本。这实际上是一种商业信用，买方以定期交租金的方式得到融资，而设备本身则起到担保物的作用。

（2）出售和租回

借款人将资产卖给金融公司，然后按与资产使用寿命相应的租期重新租回。在这里价款起了贷款的作用，租金分期缴纳就是分期还款，而设备则是“担保物”。

（3）出售和购回

借款人将资产卖给金融公司而获得价款，然后按事先约定的条件和时间购回。购回实际上就是还款，而资产在此也起到了担保作用。

（4）所有权保留

所有权保留也称有条件出售，即卖方将资产卖给借款人，条件是借款人只有在偿付资产债务后才能获得资产所有权。资产同样也是“担保物”。

（5）从属之债

从属之债是指一个贷款人 A 同意在另一贷款人 B 受偿之前不请求清偿自己的债务。前者 A 称为从贷款人，其债权称为从债权，可由一切种类的债权构成；后者 B 称为主贷款人，即项目融资的贷款人。从经济效果看，A 的从债权对 B 的主债权的清偿提供了一定程度的保证；从属之债也对主债务提供了一定的担保。

思　考　题

1. 什么是融资担保？融资担保分为哪几类？
2. 融资担保在工程项目融资活动中起到什么作用？
3. 简述担保的步骤。
4. 列举能够为项目提供担保的项目参与方，并分析他们为项目提供担保的目的。
5. 工程项目融资担保有哪些主要类型？
6. 完工担保有哪几种类型？简述完工担保的作用。

第 10 章练习题

扫码进入小程序，完成答题即可获取答案

第11章

工程项目融资案例分析

工程项目融资是一门综合多学科知识的交叉学科，也是一门操作性、实用性极强的学科。在工程项目融资领域，国内外有许多案例，不论成功或失败，它们都为工程项目融资提供了宝贵的经验。通过对国内外典型案例的分析研究，可以对工程项目融资的理论和实践有更加清晰的认识，同时也为项目融资在我国工程领域的应用提供借鉴和指导。

11.1 国外工程项目融资案例

11.1.1 马来西亚南北高速公路项目

1. 项目背景

马来西亚南北高速公路项目全长约900km，最初是由马来西亚政府所属的公路管理局负责建设的，但是在公路建成400km之后，由于财政方面的困难，政府无法将项目继续建设下去，采取其他融资方式完成项目便成了唯一途径。在众多方案中，马来西亚政府选择了BOT融资模式。

经过历时两年左右的谈判，马来西亚联合工程公司（UEM）在1989年完成了高速公路项目的资金安排，使该项目能够重新开工建设。BOT融资模式在马来西亚高速公路项目中的运用，在国际金融界获得了很高的评价，被认为是BOT模式的一个成功范例。

2. 融资结构

1987年年初，经过两年关于项目建设、经营、融资安排的谈判，马来西亚政府与马来西亚联合工程公司签署了一项有关建设经营南北高速公路的特许权合约。马来西亚联合工程公司为此成立了一家项目子公司——南北高速公路项目公司。以政府的特许权合约为核心组织起来的项目BOT融资结构（见图11-1）由三个部分组成。

（1）政府的特许权合约

马来西亚政府是南北高速公路项目的真正发起人和特许权合约结束后的拥有者。政府通过提供一项为期30年的南北高速公路建设经营特许权合约，不仅使得该项目由于财政困难未能动工的512km得以按照原定计划建设并投入使用，而且通过项目的建设和运营带动周边经济的发展。

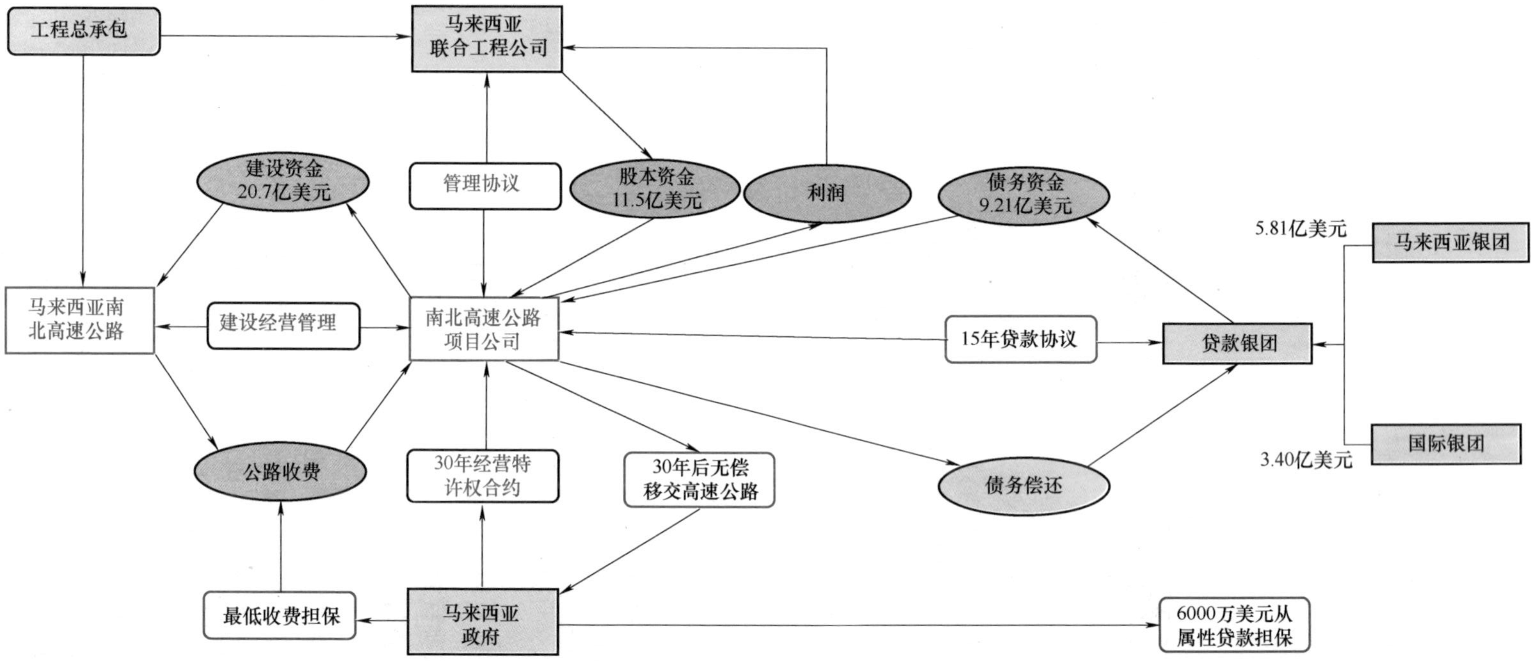

图 11-1　马来西亚南北高速公路项目融资结构

对于项目的投资者和经营者以及项目的贷款银行而言，政府的特许权合约是整个 BOT 融资的关键。这个合约的主要内容包括以下五个方面：

1）南北高速公路项目公司负责承建 512km 的高速公路，负责经营和维护高速公路，并有权根据一个双方商定的收费方式对公众收取公路的使用费。

2）南北高速公路项目公司负责安排项目建设所需要的资金。但是，政府将为该项目提供一项总金额为 1.65 亿马来西亚林吉特（折合约6000 万美元）的从属性备用贷款，作为对项目融资的信用支持。该项贷款可在 11 年内分期提取，利率为 8%，并具有 15 年的还款宽限期，最后的还款期是在特许权合约结束的时候。

3）政府将原已建好的 400km 高速公路的经营权益在特许权期间转让给南北高速公路项目公司。但是，项目公司必须根据合约对其公路设施加以改进。

4）政府向项目公司提供最低公路收费的收入担保，即无论在什么情况下，如果公路交通流量不足，公路的使用费收入低于合约中规定的水平，都由政府负责向项目公司支付其差额部分。

5）特许权合约期为 30 年。在特许权合约的到期日，南北高速公路项目公司无偿地将约 900km 的南北高速公路的所有权转让给马来西亚政府。政府的特许权合约不仅构成了 BOT 项目融资的核心，也构成了项目贷款的信用保证结构核心。

（2）项目的投资者和经营者

项目的投资者和经营者是 BOT 模式的主体，在这个案例中是马来西亚联合工程公司所拥有的马来西亚南北高速公路项目有限公司。

在这个总造价为 57 亿马来西亚林吉特（折合约 21 亿美元）的项目中，南北高速公路项目公司作为经营者和投资者，除了股本资金投入之外，还需要负责项目建设的组织，与贷款银行谈判安排项目融资，并在 30 年的时间内经营和管理这条高速公路。

马来西亚联合工程公司作为工程的总承包，负责组织安排由 40 多家工程公司组成的工程承包集团，在为期 7 年的时间内完成 512km 项目的建设。

（3）项目的国际贷款银团

英国投资银行——摩根格兰福（Morgan Grenfell）作为项目的融资顾问，为项目组织了为期 15 年总金额为 25.35 亿马来西亚林吉特（折合约 9.21 亿美元）的有限追索项目贷款，占项目总建设费用的 44.5%，其中 16 亿马来西亚林吉特（折合约 5.81 亿美元）来自马来西亚的银行和其他金融机构，是当时马来西亚国内银行提供的最大的一笔项目融资贷款，9.35 亿马来西亚林吉特（折合约 3.40 亿美元）来自由十几家外国银行组成的国际银团。对于 BOT 融资模式，这个金额同样也是一个很大的数目。

项目贷款是有限追索的，贷款银团被要求承担项目的完工风险和市场风险。然而，由于实际上政府特许权合约中所提供的项目最低收入担保，项目的市场风险相对减轻了，并在某种意义上转化成为一种政治风险，因而贷款银团所承担的主要商业风险为项目的完工风险。项目的延期将在很大程度上影响项目的收益。但是，与其他类型项目融资的完工风险不同，公路项目可以分段建设、分段投入使用，从而相对减少了完工风险对整个项目的影响。项目建设所需要的其他资金将由项目投资者在 7 年的建设期内以股本资金形式投入。

3. 融资结构评析

(1) 采用 BOT 模式利益显著

采用 BOT 模式为马来西亚政府、项目投资者和经营者均带来了很大的利益。从政府的角度看，由于采用了 BOT 模式，南北高速公路按原定计划建成并投入使用，对促进国民经济的发展具有很大的好处，并且可以节省大量的政府建设资金，还可以在 30 年特许权合约结束以后无条件收回这一公路。从项目投资者和经营者的角度看，BOT 模式的收入是十分可观的。马来西亚联合工程公司可以获得两个方面的利益：①根据预测分析，在 30 年的特许权期间，南北高速公路项目公司可以获得大约 2 亿美元价值的净利润；②作为工程总承包商，在 7 年的建设期内从承包工程中可以获得大约 1.5 亿美元价值的净税前利润。

(2) 对 BOT 融资模式中的风险问题的分析

采用 BOT 融资模式的基础设施项目，在项目的风险方面与工业或矿业项目有所不同，具有一定的特殊性。这些特殊性对 BOT 融资模式的应用具有相当大的影响。

1) 基础设施项目的建设期比一般的项目要长得多。如果采用净现值（NPV）的方法计算项目的投资收益，则会由于建设期过长而导致项目净现值大幅度减少。类似高速公路这样的项目可以分段建设、分段投入使用；基础设施项目的固定资产寿命比一般的工业项目要长得多，经营成本和维修成本按照单位使用量计算也比工业项目要低，从而经营期的资金要求量也相对比较低。因此，从项目融资的角度看，项目建设期的风险比较高，而项目经营期的风险比较低。

2) 对于公路项目建设而言，有关风险因素的表现形式和对项目的影响程度与其他采用 BOT 融资模式的基础设施项目也有所不同。

首先，公路项目的完工风险要低于其他采用 BOT 融资模式的基础设施项目，如桥梁、隧道、发电厂等，这是因为公路项目可以分段建设、分段投入使用、分段取得收益。如果项目的一段工程出现延期，或由于某种原因无法建设，虽然对整个项目的投资收益会造成相当大的影响，但是不会像桥梁、隧道等项目那样颗粒无收。正因为如此，在马来西亚南北高速公路的 BOT 项目融资中，贷款银行同意承担项目的完工风险。

其次，公路项目的市场风险表现也有所不同。对于电厂、电力输送系统、污水处理系统等基础设施项目，政府的特许经营协议一般是承担 100% 的市场责任，即负责按照规定的价格购买项目生产的全部产品，这样项目融资的贷款银行不承担任何市场需求方面的风险。项目产品的价格也是根据一定的公式（与产品的数量、生产、成本、通货膨胀指数等要素挂钩）确定的。然而，公路、桥梁等项目的收益受实际通行量与车辆通行费等影响，所以面临着较大的不确定性。车辆通行费的确定，不仅仅是与政府谈判的问题，也必须考虑到公众的承受能力和心理因素。如果处理不好，类似收费加价这样的经济问题就可能演变成为政治问题。因此，在公路建设这样的项目中，政府在特许权合约中关于最低收益担保的条款，成为 BOT 融资模式中非常关键的一个条件。

3) 项目所在国金融机构的参与对促成大型 BOT 融资结构起着很重要的作用。毋庸讳言，在 BOT 融资结构中，由于政府的特许权合约在整个项目融资结构中起着关键作用，从项目贷款银团的角度考虑，项目的国家风险和政治风险就变成了一个十分重要的因素。这方面包括政府违约、外汇管制等一系列问题。项目所在国的银行和金融机构，通常被认为对本国政治风险的分析判断比外国银行要准确得多，因而在大型 BOT 融资结构中，如果能够吸引到若干家本国的主要金融机构参与，就可以起到事半功倍的作用。在马来西亚南北高速公路的项目融资安排中，这一点被国际金融界认为是十分成功的。

11.1.2 英法海峡隧道工程项目

1. 项目概况

1984 年，英国和法国两国政府正式签订协议，决定在英吉利海峡建设一条连接两国的隧道。隧道建设规模宏大、技术复杂，从英国的福克斯通（Folkstone）到法国的阿什福德（Asgford），全长为 50km，其中海底部分为 38km，建成后从英国到法国的时间可缩短到 35min。英国和法国两国政府决定建设隧道工程后，就对项目建设的特许权进行了招标。当时，有四个专门为建设隧道而组织起来的公司参加了投标，它们分别向政府报送了隧道的筹资和建设方案。最后，由欧洲隧道公司（Eurotunnel）中标，它由英国的海峡隧道工程集团（一个由英国银行和承包商共同组建的财团）和法国的法兰西·曼彻公司（一个由法国银行和承包商共同组建的财团）联合组成，取得了建设的特许权，成为隧道工程项目的业主单位。

该项目特许经营期为 55 年（其中包括计划为 7 年的施工期）。它是目前世界上特许经营期最长的一个 BOT 项目，长达半个世纪以上。特许经营权协议是在 1987 年由英国和法国两国政府签订的。

该项目的承发包方式确定为固定总价和目标造价合同。欧洲隧道公司承担了海峡隧道的全部建设风险，并为造价超出部分准备了一笔 17 亿美元的备用贷款。这就为其承包商提供了签订建设承包合同的有利条件，而这些承包商同时又是股东发起人。49 亿美元的陆上建筑工程的一半按固定价格（总价）承包，隧道自身则按目标造价承包。欧洲隧道公司把实际费用加固定费（目标值的 12.36%）支付给承包商，此项费用估算为 25 亿美元。如果隧道以低于目标造价完成，承包商将得到全部节约额的一半。如果实际造价超出预定目标值，承包商必须支付规定的违约金。此外，由于不可预见的水底状况、设计及技术规格的变更以及通货膨胀，其合同将受到价格调整的影响。

项目计划总投资 92 亿美元（在施工过程中已增加到 120 亿美元），建设工期从 1987 年开工到 1993 年竣工。建设工期的风险在于，施工工期加长会使经营期相对缩短，并且将会直接影响该项目的收益和债务的偿还。这就有可能将欧洲隧道公司置于风险之中，因为该公司到期若不能偿还银行规定的额度，银行就可以行使自己的权力，对该公司进行清理并出售其资产。

2. 资本结构

英法海峡隧道项目的资金预算初步估计为 86.4 亿美元，考虑到成本超支的可能性，欧洲隧道公司计划筹资 108 亿美元，其中股权资本约 18 亿美元，债务资本约 90 亿美元。项目的股本资金分三期筹集：第一期由海峡隧道工程集团和法兰西·曼彻公司的股东按照各自的承诺提供 8460 万美元；第二期由金融机构提供 3.71 亿美元；第三期在资本市场上向社会公众发行股票筹集 13.9 亿美元。项目的债务资金由牵头银行组织 40 家银行联合贷款 90 亿美元。由于英国国内的资本市场十分发达，因而项目公司通过在资本市场上发行股票等方法就能为 BOT 项目筹集到足够的资金，因而英国和法国两国政府不对项目提供任何外汇风险担保。英法海峡隧道项目最终由于造价超过预算，总投资达到了 189 亿美元，欧洲隧道公司不得不通过配股增加了9.58亿美元的投资，而项目余款则通过寻找新的银团进行贷款，最终涉及的贷款银行超过200家。

3. 融资结构

英国与一些发展中国家相比，具有比较大的国内投资市场，包括较大的股票市场和资本市场。在英国，依靠项目公司在股市发行股票或者筹集社会资本方资金的办法，在其国内市场上就可以从社会资本方手中为BOT项目筹集到足够的资金。正常的做法是提供较高的回报率，以补偿该项目的风险和投资期过长的损失。因此，该项目就地融资，英国和法国两国政府不做外泄风险担保。

为BOT项目筹款是社会资本方最重要的业务之一。如前所述，筹资总额达90多亿美元，使该项目成为到目前为止由私营团体筹款最多的基础设施建设项目。在海峡隧道工程投资过程中，关于融资工作要求，欧洲隧道公司坚持政府提出的三个条件：①政府对贷款工作担保；②该项目将按有限的追偿权，100%由私营团体筹资，交付发起人使用，债务由完成的项目收益来偿还；③私营团体必须筹资约20%的股票投资，即17.2亿美元的现金。

除此之外，85亿美元贷款从209家国际银行（历史上最大的地区性私营银行联合体）筹措。筹款之初，14家初期项目的承包商和银行首先赞助8000万美元；同时，在四个发行地点成功地筹集到大批以英国英镑和法国法郎计算的股票投资。图11-2为该项目的融资结构。

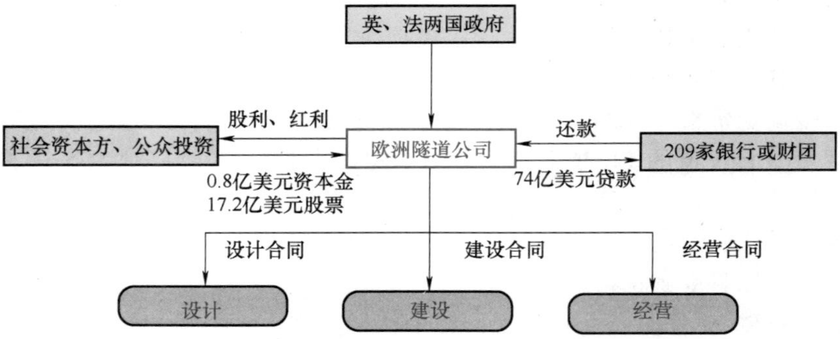

图11-2　英法海峡隧道项目融资结构

4. 政府担保情况

与其他的BOT社会资本方相比，欧洲隧道公司从英国和法国两国政府得到的担保是最少的。这是由于英国政府要求建设、筹款或经营的一切风险均由社会资本方承担。除特许期较长外，政府没有向该公司提供支持贷款、最低经营收入担保、经营现有设施特许经营权、外汇及汇率担保，仅仅提供了商务自主权和“无二次设施”的担保。

在现有的BOT项目中，为欧洲隧道公司仅提供充分的商务自主权担保，包括自主地确定其税率。因而，欧洲隧道公司的一般收入来自它的铁路协议，即利用隧道的国家铁路将伦敦同目前尚未充分开发的欧洲高速铁路网连接起来。其他收入将来自对过往隧道铁路商业车辆的收费。此外，欧洲隧道公司要求政府许可的一个条件，就是33年内不设横跨海峡的二次连接设施。

5. 项目的收益和风险分析

英法海峡隧道的主要运营收入来自以下几个方面：乘坐列车的车票收入；穿梭列车对来往车辆收取的费用；铁路使用费和列车过路费；其他营业收入，包括餐饮、商店等相关收费。因为隧道将伦敦和欧洲的高速铁路网络相连接，所以项目收入的一半是通过与国家铁路部门签订的协议产生的。

英法海峡隧道工程是历史上由私营公司筹款的最大的基础设施之一，它面临极大的经济风险和市场风险。为此，投资方进行了周密的经济可行性研究。市场研究的结果认为，跨海峡的营运额会从 1985 年的 4810 万客运人次和 604 万 t 货运量增加到 2003 年的 8810 万客运人次和 1221 万 t 货运量。他们的结论是，海峡隧道将占这个市场增长的相当份额。它将比轮渡更快、更方便和更安全，比航空在时间和成本上更有优势。

但是，由于英法海峡隧道工程是历史上最大的隧道工程之一，因而面临着许多前所未有的技术风险。例如，用普通技术在海底开挖一条这样的隧道是无法实现的。但是项目公司通过咨询专家，最终通过新奥地利隧道施工法成功完成了平洞的建设。此外，隧道承受的地质风险也难以估计。在隧道运营时，如何解决高速列车在隧道中产生的活塞效应，以及如何为运载汽车的列车确定安全保证标准等问题，都缺乏实际经验。如果这些问题无法得到妥善解决，都有可能影响到项目的整体经济收益。

项目还涉及环境保护风险，如何处置隧道挖出来的弃土就是一个备受争议的问题。原计划是将弃土放置在海中带有土工渗透膜堆石坝筑起的围堰后面，但考虑到对海水的污染和对生态的破坏，最终采取了在原地点用造价更高的钢板桩和混凝土坝建造围堰的折中方案。

6. 项目的实际进展

英法海峡隧道原计划于 1987 年 3 月开挖，但由于《海峡隧道法案》直到 1987 年 7 月 23 日才通过，项目公司最终于 1987 年 8 月开工。

在隧道的施工过程中，项目公司与施工承包公司发生了许多经济索赔纠纷。其中，较大的索赔纠纷有三起：一起是与设计施工合同条款中关于不可预见的地质条件有关的索赔；一起是与英国一边的车站和地面工程固定总价合同有关的索赔；还有一起是与固定总价设备安装合同有关的索赔。

海峡隧道系统最初计划在 1993 年 5 月开始运营，但由于成本问题、设备的运输拖后以及测试问题，直到 1994 年 3 月 6 日才开始货物运营，而客运服务到 1994 年 11 月 4 日才开始。粗略估计，在 1993 年和 1994 年两年间，项目公司至少损失了 21.6 亿美元的收入，从而严重影响了整体的经营计划。成本的超支引起了 Transmanche Link 和欧洲隧道公司的纠纷，前者因此推迟了项目的建设。这使得欧洲隧道公司在 1990 年不得不通过配股融资 9.58 亿美元。

在隧道投入使用后，轮渡公司开始大幅降低票价来与隧道竞争，迫使欧洲隧道公司跟着降价，导致公司的预期收入大幅降低。随着完工日期的接近，所需追加的现金额不断上升，达到了 32.4 亿美元。与此同时，不断推迟的客运服务意味着欧洲隧道公司将不能实现其在 1994 年发行股票时所做的盈利预测。利润的缺口也使欧洲隧道公司违反了它在银行贷款协议中的一些条款，使其不能继续使用剩余的信用额度，从而加剧了项目公司的现金危机。

1995 年，经营伦敦至巴黎航线的航空公司也开始了一轮广告攻势以提高其竞争力，这对于欧洲隧道公司来说更是雪上加霜。另外，英法海峡隧道在铁路使用合同下的收入也低于预期，使得项目公司在最初几年出现了巨大的资金缺口。项目公司进行了各种尝试，包括进行第四期的股票增发、单方面推迟超过144亿美元银行贷款的利息偿还以及进行债务重组等。

1997年，欧洲隧道公司债务重组计划的审核得以通过，同时，英法海峡隧道的客运和货运流量也开始逐步上升，市场开始向着有利于项目公司的方向发展。此后，项目公司又通过增加4.85亿美元的股份资金，以及在二级市场上以较高贴现率回购一揽子债务等一系列资本运作，获得了较高的额外利润，也降低了隧道的运营成本。欧洲隧道公司于2000年稳固了其在跨海峡运输市场中的主导地位，实现了收入的稳定增长。

但是，由于欧洲隧道公司背负的巨额贷款的利息成本过高，其降低利息成本的努力一直难以实现。最终，由于经营不善、债务繁重，欧洲隧道公司不得不于2006年实施破产保护计划。2007年，欧洲隧道公司宣布通过公开换股的方式进行债务重组，随后，重新组建了欧洲隧道集团。2007年7月2日，欧洲隧道集团股票在伦敦和巴黎同步上市。新的公司将代替欧洲隧道公司经营英法海峡隧道。

7. 融资结构评析

1）对于大型的交通设施项目而言，采取项目融资方式筹措资金，能将各投资者以合同的形式捆绑在一起，从而降低项目风险，但投资者仍要强化对项目的管理和监督。

在英法海峡隧道的案例中，就是由于对工程复杂性和一些技术风险估计不足，导致项目成本超过预算以及项目延期完工。如何合理地预算成本和估计项目风险，对项目的成败至关重要。

2）项目投资者应该客观评估政府对项目的支持，以确定项目是否在市场需求量及需求持久力方面存在竞争优势。

一般来说，项目融资所涉及的项目应具有垄断经营、收入稳定的市场优势。在英法海峡隧道项目中，尽管英国和法国两国政府提供了在2020年前不建造“第二连接设施”的担保，使项目公司在55年中垄断经营连接英法大陆的隧道工程，但项目公司仍然受到了来自其他运输方式公司的激烈竞争。欧洲隧道公司对项目的前景过于乐观，而且低估了市场的竞争风险，结果实际的现金收入比预期的现金收入要低得多，导致了难以按期偿还债务的困境。这说明项目的市场前景评估至关重要，通过充分的可行性评估可以大大减少项目的盲目性，控制项目的风险。

3）对于大型项目来说，尽管高杠杆融资可以有效满足项目的融资需求，但也会带来巨大的财务风险。特别是当工程延期、预期的现金流入无法实现时，巨额的债务利息会成为十分沉重的负担。但是，对于英法海峡隧道这种大工程来说，由于项目本身具有巨大的社会影响力和政治意义，而且项目本身具有巨大的经济潜力，所以尽管难以偿还贷款，投资者也并未失去信心，通过债务重组，使得项目仍能继续经营下去。这也说明了政府即使不直接参与项目的融资过程，既无资金投入又无担保，但仍能发挥重要的作用。

11.1.3　欧洲迪士尼乐园项目

1. 项目背景

欧洲迪士尼乐园位于法国首都巴黎郊区，该项目最初筹划于20世纪80年代后期。从项目融资的角度来看，欧洲迪士尼乐园项目在当时具有很强的创造性和典型意义。

首先，欧洲迪士尼乐园与传统的融资项目完全不同，不属于资源型和能源型工业项目、大型基础设施项目等，其项目边界以及项目经济强度的确定要比工业和基础设施项目复杂得多，因而其融资结构不同于传统的工程项目融资模式也就成为必然的发展结果。其次，美国迪士尼公司作为项目的发起人，对欧洲迪士尼乐园的项目融资模式选择得非常成功，这不仅体现在美国迪士尼公司完成了这项复杂工程的投资和融资只动用了很少的自有资金（以项目第一期工程为例，总投资为 149 亿法郎，按当时汇率折合为 23.84 亿美元，而美国迪士尼公司仅出资 21.04 亿法郎，只占总投资的 14.12%），而且体现在该公司对项目的完全控制权上。这在一般的项目融资结构中是较难做到的，因为贷款银行总是要求对项目具有一定程度的控制。

2. 投资结构

1987 年 3 月，美国迪士尼公司与法国政府签署了一项原则协议，开始在法国巴黎的郊区兴建欧洲迪士尼乐园。

当时的法国东方汇理银行被任命为项目融资的财务顾问，负责项目的投资结构和融资结构的设计及组织工作。美国迪士尼公司对结构设计提出了三个具体要求：①融资结构必须能够保证筹集到项目所需的资金；②项目融资的资金成本要低于市场的平均成本；③社会资本方对该项目的经营自主权程度必须高于市场平均水平。

相比美国迪士尼公司的第一个目标要求，法国东方汇理银行认为第二个目标要求和第三个目标要求是对项目融资结构设计的一次重大挑战。首先，从整体来看，欧洲迪士尼乐园项目是一项极其复杂的工程，其开发总时间长达 20 年，而且在总面积 $2000hm^2$（公顷，$1hm^2 = 10000m^2$）左右的土地上，不仅要建设迪士尼乐园的娱乐园区，还要开发饭店、办公楼、小区式公寓住宅、高尔夫球场、度假村等一系列配套设施。与传统的项目融资结构不同，欧洲迪士尼乐园没有一个清楚的项目边界的界定（如项目产品、生产和原材料供应），并且与项目开发有关的各种参数也是相对广义而非具体的。在这种条件下，要实现项目融资的资金成本低于市场平均水平，难度是相当巨大的。其次，由于美国迪士尼公司在与法国政府签署的原则协议中规定，欧洲迪士尼乐园项目的多数股权必须掌握在欧洲共同体公众手中，这样就限制了美国迪士尼公司在项目中股本资金投入的比例，因而也增加了实现其要求获得高于市场平均水平的经营自主权目标的难度。

法国东方汇理银行针对该项目的具体情况，通过建立项目现金流量模型，对欧洲迪士尼乐园项目开发进行了详细的现金流量分析和风险分析。最终，在大量方案筛选、比较的基础上，确定出一套供美国迪士尼公司使用的项目投资结构。

欧洲迪士尼乐园项目的投资结构由欧洲迪士尼财务公司（Euro Disneyland SNC）和欧洲迪士尼经营公司（Euro Disneyland SCA）两个部分组成（见图 11-3）。欧洲迪士尼财务公司的功能是为了有效地利用项目的税务优势。欧洲迪士尼乐园项目与所有利用项目融资方式安排资金的大型工程项目一样，在项目初期的巨额投资会带来高额的利息成本，而且由于资产折旧投资优惠等所形成的税务亏损无法在短期内通过项目经营有效地消化掉，因此项目很难在早期产生账面利润，从而也就无法形成对外部投资者的吸引力。

为有效地利用这些税务亏损，降低项目的总体资金成本，欧洲迪士尼乐园项目在投资结构中部分使用了类似杠杆租赁融资结构的税务租赁模式。欧洲迪士尼财务公司所使用的 SNC 结构，是一种类似于普通合伙制的结构。SNC 结构中的投资者（合伙人）能够直接分享其

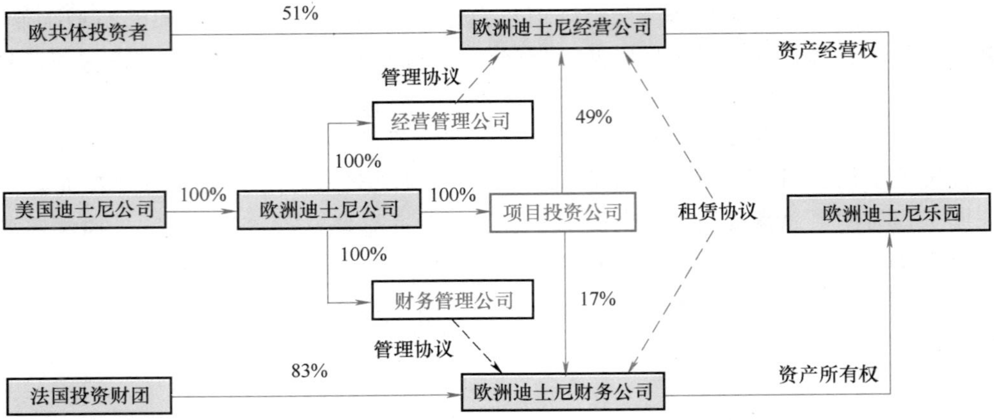

图 11-3　欧洲迪士尼乐园项目投资结构

投资比例的项目税务亏损（或利润），与其他来源的收入合并纳税。在项目融资结构中欧洲迪士尼财务公司将拥有欧洲迪士尼乐园的资产，并以一个 20 年期的杠杆租赁协议，将其资产租赁给欧洲迪士尼经营公司。在项目的头 10 年内，由于利息成本和资产折旧等原因产生的高额税务亏损将由 SNC 投资结构中的合伙人分担。在 20 年财务租赁协议终止时，欧洲迪士尼经营公司将从欧洲迪士尼财务公司手中，按照其完全折旧后的账面价值把项目购买回来，而欧洲迪士尼财务公司则会自动解散。

欧洲迪士尼经营公司组建的目的是解决美国迪士尼公司对项目的绝对控制权问题。但美国迪士尼公司受到限制，只能在项目中占有少数股权，同时，项目融资结构又对项目的投资者和经营者有种种限制和制约。在这种情况下，项目融资顾问建议美国迪士尼公司选择 SCA 投资结构。

欧洲迪士尼经营公司采用的 SCA 结构是一种与有限合伙制近似的投资结构。其投资者被分为两种类型：一类投资者是具有有限合伙制结构中普通合伙人性质的投资者，这类投资者直接参与项目的管理，负责任命项目管理人员，同时在项目中承担无限连带责任；另一类投资者是具有有限合伙人性质的投资者，这类投资者在项目中只承担与其投资金额相等的有限责任，但不直接参与项目管理。因为美国迪士尼公司是 SCA 结构中唯一的普通合伙人，所以尽管在欧洲迪士尼经营公司中只占有少数股权，但能够完全控制项目的管理权。

3. 融资结构

欧洲迪士尼乐园项目的第一期工程（迪士尼乐园主体工程）总耗资 149 亿法郎，其资本结构见表 11-1。

表 11-1　欧洲迪士尼乐园项目一期工程资本结构　　（单位：百万法郎）

资金构成	所占比例（%）	SNC 结构资金	SCA 结构资金	合计
SNC 结构股本资金	14	2000		2000
SCA 结构股本资金	24		3600	3600
从属性债务 法国公众部门储蓄银行	19	1800	1080	2880

（续）

资金构成	所占比例（%）	SNC 结构资金	SCA 结构资金	合计
项目贷款	43			
辛迪加银团		4219	281	4500
法国公众部门储蓄银行		1200	720	1920
合计	100	9219	5681	14900
所占比例（%）		62	38	100

从表 11-1 中可以看出，项目资金由四部分组成。

（1）SNC 结构股本资金

以 SNC 结构组织的 20 亿法郎税务股本资金具有以下三个特点：①其资金投入是一种不可撤销的承诺，并且是一种从属于任何其他形式的具有极强股本性质的从属性债务；②由于杠杆租赁结构可以有效地吸收项目前期的巨额税务亏损，所以这部分资金能够从整体上降低项目的综合资金成本，也从总体上增强了项目的经济强度；③这部分资金的使用比较灵活，在税务亏损产生之前即可提取这部分资金，而在通常以税务为基础的杠杆租赁结构中，股本参加者的资金一般是在项目商业完工时才投入项目的。然而，由于 SNC 结构中的投资者同样具有普通合伙制结构中合伙人的特性，即在 SNC 结构中承担着无限责任，因而即使他们没有参与任何的管理活动，SNC 结构中的投资者也同样面临着一定潜在风险。这些风险来自银行债务风险和项目责任风险两个方面。因此，为了吸引以税务利益为主要目的的投资者参加 SNC 结构，美国迪士尼公司在融资结构设计上做了以下两方面安排：①通过 SNC 结构与贷款银团之间的有限追索贷款协议，以银行放弃对普通合伙人法律责任的追索权利的方式解决对于银行的债务风险；②由美国迪士尼公司出具一个担保上限为 5 亿法郎的、针对原则协议中主要项目责任的有限担保来解决项目的责任风险。

（2）SCA 结构股本资金

在 SCA 结构下，股本资金中的 51% 是通过证券市场上公开发行股票筹集的，其余 49% 的股本资金则是由美国迪士尼公司进行投资的。尽管欧洲迪士尼乐园项目的结构复杂，但股票发行却获得超额认购，说明该项目在当时的资本市场上很受追捧。

（3）从属性债务

项目第一期工程中的 28 亿法郎从属性债务是由法国公众部门储蓄银行提供的，属于项目开发原则协议的组成部分，该部分资金的成本相对较低。

（4）项目贷款

项目贷款总额占项目第一期工程总资金需求量的 43%。该款项是一种有限追索的高级债务，由一个项目贷款银团和法国公众部门储蓄银行两个部分组成。

欧洲迪士尼乐园项目通过采用上述融资模式，实现了两个重要的目标。首先，提高了项目的经济强度。从贷款银行的角度，在项目第一期工程所需的 149 亿法郎资金中，有将近 60% 的比例是股本资金和准股本资金，从而很大程度上降低了项目的债务负担。其次，由于项目经济强度的增强，促进了项目资金成本的降低。SNC 结构税务股本资金以及法国公众部门储蓄银行贷款的低成本，增强了项目的债务承受能力，从而使项目有可能获得条件优惠的低成本银团贷款，而总体的低债务资金成本又可以帮助项目在市场上筹集大量的股本资金，股本资金的增加又进一步降低了项目的债务资金比例。

4. 融资结构简析

1）欧洲迪士尼乐园项目的融资安排是一个完整的有限追索项目融资结构，作为社会资本方，美国迪士尼公司所投入的股本资金在项目第一期工程全部资金中只占14.16%的比例。

欧洲迪士尼乐园项目融资开创了一个先例，即在非传统项目融资领域如何利用公众资金以及项目的部分内存价值（如税务亏损）来安排结构复杂的项目融资，而这样的融资结构单独依赖社会资本方的公司资信或资产负债表往往是无法组织起来的。

2）项目的投资结构设计在实现项目投资者目标要求的过程中，以及在项目整体融资结构设计的过程中可以起到关键作用，这些作用有时很难通过其他方式达到。

3）欧洲迪士尼乐园项目的融资获得成功后，西方发达国家开始在一些大型工程项目和基础设施项目中借鉴该项目的经验。

欧洲迪士尼乐园项目采用的融资结构和融资模式不仅增强了项目的经济强度，降低了项目的资金成本，而且社会资本方只需投入有限的资金。这种项目融资结构的使用，对于项目生命周期长、前期资本量大、前期税务亏损额高的非生产型项目（如基础设施项目、公益设施项目）的开发有着很好的启示意义。

11.1.4　哥伦比亚马道斯Mar2高速公路项目

1. 项目背景

哥伦比亚马道斯Mar2高速公路项目位于哥伦比亚安提奥基亚省，该省人口约650万，现有公路水平亟待提高。该省的主要出口港位于省会700km外的巴兰基亚，本项目将打通省会至300km外出海口图尔博港的通道。Mar2高速公路项目是哥伦比亚“4G路网项目”的一部分，4G路网项目由哥伦比亚交通部下属的基础设施局（ANI）负责招标，计划包括超过40个以PPP方式实施的超过8000km的公路，包括1370km的双向四车道公路和159条隧道，项目总投资预计240亿美元。Mar2高速公路项目全长约245km，包括118.3km修复和完善路段，17.7km新建路段，另外与项目相连的109km路段纳入经营维护范围内。

Mar2高速公路项目通过公开招标方式选择社会资本方，2015年9月22日中国港湾工程有限责任公司（简称中国港湾）牵头的联合体中标。中国港湾以技术标、经济标总体满分的优势赢得该项目，成为中资企业在美洲地区中标的第一个PPP项目。2015年10月22日成立项目公司，中国港湾作为牵头方，为单一大股东，其他五家合作伙伴占股5%到15%不等。自2016年1月12日起，Mar2高速公路项目进入为期25年的特许经营期。其中，包括建设前期（含融资闭合及研究设计期）1年、建设期5年、运营期19年。当建设期结束，Mar2项目将进入全长为277.7km道路的特许经营期，经营期至2040年，最长可延至2044年。

2. 融资结构

中国港湾联合哥伦比亚当地投资商Sonacol、SP Ingenieros、Unica和Temotecnica为此项目成立项目公司。2015年11月25日本项目SPV即乌拉巴高速公路项目公司与ANI正式签署特许经营协议。项目建设期总投资为6.56亿美元，资本金最低为1.50亿美元。根据招标文件要求，按居民消费价格指数调整后初步估计资本金投入为1.65亿美元，剩余部分通过贷款解决。考虑当地对中国贷款利息预提税较高，中国港湾优先考虑使用美国或日本金融机构的美元贷款并在当地银行进行融资，以降低融资成本。该项目融资结构如图 11-4 所示。

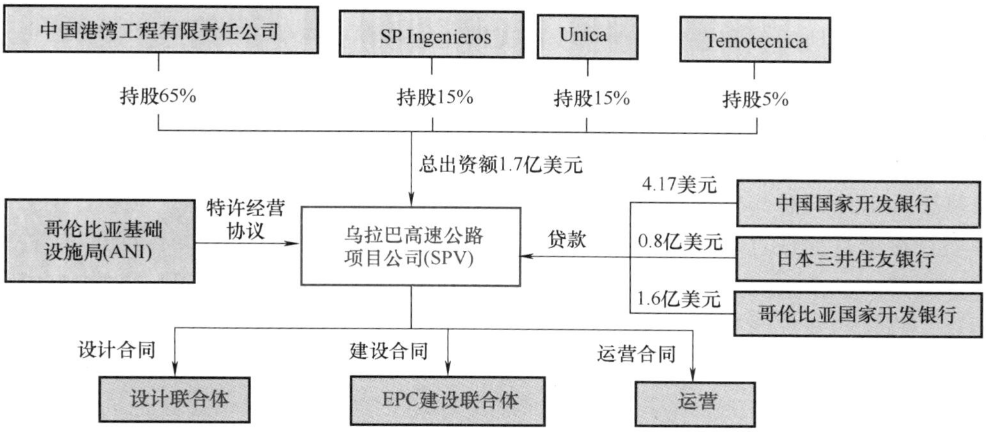

图 11-4　哥伦比亚马道斯 Mar2 高速公路项目融资结构

由于当地货币近年来汇率波动较大，中国港湾初步拟定充分利用政府还款中的锁定汇率部分，用于偿还美元贷款本息，剩余部分贷款使用当地货币解决，以求降低汇率风险和融资成本。日本三井住友银行和国家开发银行分别出具了融资承诺函，住友银行并提出可联合当地银行组成银团为项目提供美元和当地货币融资的一揽子方案。2019 年 7 月 24 日，Mar2 高速公路项目实现融资闭合。

项目由中国港湾作为总承包方负责建设，由 AECOM 和当地设计公司组成联合体负责设计。项目公司聘请独立第三方监理机构负责监督项目实施。工程承包采用总价合同，根据市场定价原则，由各合作伙伴和中国港湾共同比价并按照各自股比确定各自承包比例。

3. 项目风险识别与管理

（1）法律政策风险

哥伦比亚 PPP 项目涉及的法律较为复杂，中国港湾深入调研了当地法律体系，借助当地律师力量，结合当地合作伙伴经验，规避可能的法律风险，所聘请的专业律师参与了项目合同谈判、项目实施和未来运营等工作。

（2）汇率波动风险

项目投资回报可能受到汇率波动的不利影响。政府允许招标方在投标文件中要求还款的最高比例（42%）为美元，但仍有 58% 的汇率风险。为更好地管理这类风险，中国港湾与当地合作伙伴协商，达成以下共识：美元贷款还本付息原则上不超过政府美元还款部分；中国港湾收益部分如果因汇率而遭受损失，项目公司将在一定程度上补偿中国港湾 50% 的汇率损失。

（3）社会风险

哥伦比亚当地工会组织较为完善，工人罢工或村民征地拆迁纠纷等会对项目实施造成延误。中国港湾将在项目初期做好详细预案，并利用和借鉴合作伙伴在当地的关系网络和在建项目经验，降低项目社会风险。

(4) 项目实施风险

哥伦比亚地域辽阔，高山、峡谷、平原、湖泊等多种地形分布，地势起伏大。遇到复杂地质状况会对项目实施造成不利影响。ANI针对地质情况的不确定性，对地质风险有部分补偿规定。项目所在地的五家合作伙伴在项目实施区域有着多年的道路施工经验，对当地地质情况非常了解。未来将通过详细的地质勘查，调查清楚项目地质情况。

4. 融资结构评析

(1) 重视项目融资

项目投标保函和履约保函金额较高，如因发生融资风险而导致违约，将造成较大经济损失。本项目在项目融资过程中与国内外金融机构深入商谈，争取少投入，考虑引入相关基金等投贷结合模式，落实以项目融资为基础的融资方案，详细研究当地法规，尽快与银行落实融资事宜，避免融资关闭期限带来的违约风险。

(2) 确保项目合理收益

本项目政府提供了较充分的补偿及担保形式，设立了较公平的风险分担机制，确保项目具有合理收益。建设投资部分的政府每年还款额以社会资本方投标的固定金额为基数测算，在运营维护部分政府承诺给予最小交通量保证，运营收益有政府最低保障。

(3) 优势互补，组建联合体

中国港湾在隧道桥梁施工业绩和经验方面有优势，有助于项目引入国际银行贷款。其余联营体成员均为当地有多年建设经验的公司，具有类似项目当地建设、运营经验，在社会关系、当地银行融资方面有优势，具备合作基础，有助于项目推动。

11.2 国内工程项目融资案例

11.2.1 深圳沙角B电厂项目

1. 项目背景

深圳沙角B电厂于1984年签署合资协议，1986年完成融资安排并动工兴建，1988年建成投入使用。深圳沙角B电厂的总装机容量为70万kW，由两台35万kW发电机组组成。项目总投资为42亿港元（折合约5.4亿美元，按1986年汇率计算），被认为是我国最早的一个有限追索的项目融资案例，事实上也是我国第一次使用BOT融资概念兴建的基础设施项目。深圳沙角B电厂的融资安排，是我国企业在国际市场举借外债开始走向成熟的一个标志。尽管亚洲有许多发展中国家不断提出采用BOT融资模式兴建基础设施，其中包括土耳其总理厄扎尔在1984年首次提出这一构想在内，但是在实际应用中却都因为这样或那样的问题无法解决而搁浅。直到1991年，真正成功采用BOT模式兴建的电厂只有两家——中国的深圳沙角B电厂和菲律宾马尼拉地区的纳沃塔斯（Navotas）电厂。

2. 投资结构

深圳沙角B电厂采用合作经营方式兴建。合作A方为深圳特区电力开发公司，合作B方是一家在我国香港注册的专门为该项目成立的公司——合和电力（中国）有限公司。项目合作期为10年。在合作期间，B方负责安排提供项目全部的外汇资金，组织项目建设，并且负责经营电厂10年（合作期）。作为回报，B方获得在扣除项目经营成本、煤炭成本和支付给 A 方的管理费之后的全部项目收益。合作期满时，B 方将深圳沙角 B 电厂的资产所有权和控制权无偿地转让给 A 方，退出该项目。在合作期间，A 方主要承担的义务包括：①提供项目使用的土地、工厂的操作人员以及为项目安排优惠的税收政策；②为项目提供一个具有“供货或付款”（Supply or Pay）性质的煤炭供应协议；③为项目提供一个具有“提货或付款”（Take or Pay）性质的电力购买协议；④为 B 方提供一个具有“资金缺额担保”性质的贷款协议，同意在一定的条件下，如果项目支出大于项目收入，则为 B 方提供一定数额的贷款。

3. 融资结构

深圳沙角 B 电厂项目融资结构如图 11-5 所示。

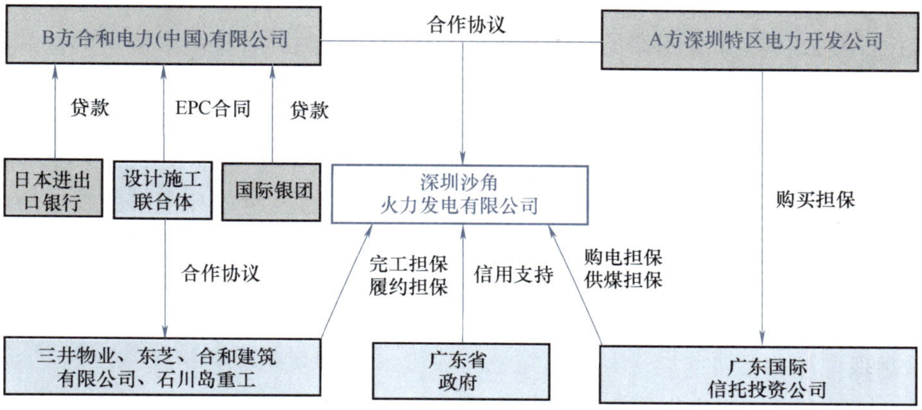

图 11-5　深圳沙角 B 电厂项目融资结构

深圳沙角 B 电厂的资本结构包括股本资金、从属性项目贷款和债务资金三种形式，其具体的资本结构见表 11-2（以 1986 年汇率换算为美元）。

表 11-2　深圳沙角 B 电厂的资本结构

资本结构	金额（万美元）
股本资金：	
股本资金/股东从属性贷款（3.0 亿港元）	3850
人民币延期付款（5334 万元）	1670
从属性项目贷款：	
A 方的人民币贷款	9240
债务资金：	
固定利率日元出口信贷（4.96 兆亿日元）	26140
欧洲日元贷款（105.61 亿日元）	5560
港币贷款（5.86 亿港元）	7500
资金总计	53960

根据合作协议安排，在深圳沙角 B 电厂项目中，除人民币资金之外的全部外汇资金安排由 B 方负责，B 方利用 A 方提供的信用保证，为项目安排了一个有限追索的项目融资结

构股本资金。

在融资结构中，首先，B方与以日本三井公司等几个主要日本公司组成的电厂设备供应和工程承包财团谈判，获得了一个固定价格的“交钥匙”合同。这个财团在一个固定日期（1988年4月1日）和一个“交钥匙”合同的基础上，负责项目的设计、建设和试运行，并且同意为项目在试运行和初期生产阶段提供技术操作人员。通过这种方式，项目的一个主要风险，即完工风险，被成功地从项目投资者身上转移出去。其次，融资结构使用了日本政府进出口银行的出口信贷作为债务资金的主要来源，用以支持日本公司在该项目中的设备出口。但是，日本进出口银行并不承担项目的风险，一个由大约50家银行组成的国际贷款银团为日本进出口银行提供了一个项目风险担保，并且为项目提供欧洲日元贷款和港元贷款。再次，A方对项目的主要承诺（对B方的承诺）是电力购买协议和煤炭供应协议，以及广东国际信托投资公司对A方承诺的担保。B方在安排项目融资时将两个协议的权益以及有关担保转让给项目融资的贷款银团，作为项目融资结构的主要信用保证。最后，在A方与B方之间，对于项目现金流量中的外汇总量也做了适当的安排。在合作期间，项目的电力销售收入的50%以人民币支付，50%以外汇支付。人民币收入部分用以支付项目煤炭的购买成本，以及以人民币形式发生的项目经营费用，外汇收入部分支付以外汇形式发生的项目经营费用，包括项目贷款债务偿还和支付B方的利润。A方承担项目经营费用以及外汇贷款债务偿还部分的全部汇率风险，但是，B方利润收入部分的汇率风险则由双方共同分担：30%由A方承担，70%由B方承担。

4. 信用保证结构

项目的信用保证结构由以下六个部分组成：

（1）A方的电力购买协议

这是一个具有“提货与付款”性质的协议，规定A方在项目生产期间按照事先规定的价格从项目中购买一个确定的最低数量的发电量，从而排除了项目的主要市场风险。

（2）A方的煤炭供应协议

这是一个具有“供货或付款”性质的协议，规定A方负责按照一个固定的价格提供项目发电所需的全部煤炭，这个安排实际上排除了项目的能源价格及供应风险以及大部分的生产成本超支风险。

（3）广东国际信托投资公司提供相关担保

广东国际信托投资公司为A方的电力购买协议和煤炭供应协议提供担保。

（4）广东省政府出具支持信

广东省政府为上述三项安排出具支持信。虽然支持信并不具备法律约束力，但是，正如前面所指出的，一个有信誉的机构出具的支持信，作为一种意向性担保，在项目融资安排中具有相当的分量。

（5）项目完工担保

设备供应及工程承包财团所提供的“交钥匙”工程建设合约，以及为其提供担保的银行安排的履约担保，构成了项目的完工担保，排除了项目融资贷款银团对项目完工风险的顾虑。

（6）中国人民保险公司安排的项目保险

项目保险是电站项目融资中不可缺少的一个组成部分，这种保险通常包括对出现资产损害、机械设备故障以及相应发生的损失的保险，在有些情况下也包括对项目不能按期投产情况的保险。

以上六点可以清楚地勾画出深圳沙角 B 电厂项目的各种风险因素是如何在与项目建设有关的各个方面之间进行分配的。这种项目风险的分担是一个成功的项目融资结构所不可缺少的条件。

5. 融资结构评析

1）BOT 模式中的建设、经营一方（在我国现阶段有较大一部分为国外投资者），必须是一个有电力工业背景、具有一定资金实力，并且能够被金融界接受的公司。

2）项目必须有一个具有法律保障的电力购买合约作为支持，这个协议需要具有“提货与付款”或者“无论提货与否均需付款”的性质，按照事先严格规定的价格从项目购买一个最低发电量，以保证项目可以创造出足够的现金流量来满足项目贷款银行的要求。

3）项目必须有一个长期的燃料供应协议。从项目贷款银行的角度看，如果燃料是进口的，通常会要求有关当局对外汇支付做出相应安排；如果燃料是由项目所在地政府部门或商业机构负责供应或安排的，则通常会要求政府对燃料供应做出具有“供货或付款”性质的承诺。

4）根据提供电力购买协议和燃料供应协议机构的财务状况和背景，有时项目贷款银行会要求更高一级机构的某种形式的财务担保或者意向性担保。

5）与项目有关的基础设施的安排，包括土地、与土地相连接的公路、燃料传输及储存系统、水资源供应、电网系统的连接等，一系列与项目开发密切相关的问题及其责任，必须在项目文件中做出明确的规定。

6）与项目有关的政府批准，包括有关外汇资金、外汇利润汇出、汇率风险等方面，必须在动工前得到落实并做出相应的安排，否则很难吸引银行加入项目融资的贷款银团行列。有时，在 BOT 融资期间，贷款银团还可能要求对项目现金流量和户外资金的直接控制。

11.2.2 北京地铁 4 号线项目

1. 项目概况

北京地铁 4 号线是北京市轨道交通路网中的主干线之一，南起大兴区天宫院，途经西城区，北至海淀区安河桥北，线路全长约为 50km，车站总数为 35 座。4 号线工程概算总投资 153.8 亿元，于 2004 年 8 月正式开工，2009 年 9 月 28 日通车试运营。

北京地铁 4 号线是我国城市轨道交通领域的首个 PPP 项目，该项目由北京市基础设施投资有限公司（简称京投公司）具体实施。北京地铁 4 号线项目顺应国家投资体制改革方向，在我国城市轨道交通领域首次探索和实施市场化 PPP 融资模式，有效缓解了当时北京市政府的投资压力，实现了北京市轨道交通行业投资和运营主体多元化突破，形成同业激励的格局，促进了技术进步、管理水平和服务水平提升。从实际情况分析，北京地铁 4 号线应用 PPP 模式进行投资建设已取得阶段性成功，项目实施效果良好。

2. 融资结构

1）北京地铁 4 号线项目建设期为 2005 年—2009 年，特许经营期为运营日起 30 年，项目总投资约 153 亿元。根据协议，由北京市政府和特许经营公司（北京京港地铁有限公司）按照 7∶3 的比例进行投资。项目全部建设内容划分为 A、B 两部分。A 部分主要是征地拆迁和车站、洞体及轨道铺设等土建工程，投资额约为107亿元，约占项目总投资的70%，由北京地铁4号线投资有限责任公司代表北京市政府筹资建设并拥有产权，并且通过隶属于北京市政府的京投公司作为政府资金的出资方在市场上发行了20亿元的地铁建设债券募集资金，弥补了政府投资的不足。B部分主要是车辆、自动售检票系统、通信、电梯、控制设备、供电设施等机电设备的购置和安装，投资额约为46亿元，约占项目总投资的30%，由特许经营公司来负责完成。特许经营公司由三方组成：①香港地铁有限公司，是香港特区政府控股的上市公司；②北京首都创业集团有限公司，是直属北京市的大型国有企业；③北京基础设施投资有限公司，是北京市国资委出资设立的国有独资有限责任公司。特许经营公司自身投入即注册资本15亿元，其中：香港地铁有限公司和北京首都创业集团有限公司各出资7.35亿元，各占注册资本的49%；北京市基础设施投资有限公司出资0.3亿元，占注册资本的2%；其余31亿元采用银行贷款，占B部分投资的2/3。

2）北京地铁4号线建成后，特许经营公司将通过与北京地铁4号线投资有限责任公司签订《资产租赁协议》取得A部分资产的使用权。特许经营公司负责地铁4号线的运营管理、全部设施（包括A和B两部分）的维护和除洞体外的资产更新，以及站内的商业经营，通过地铁票款收入及站内商业经营收入回收投资。特许经营期满后，特许经营公司将B部分项目设施无偿地移交给北京市政府，将A部分项目设施归还给北京地铁4号线投资有限责任公司。

北京地铁4号线项目融资结构如图11-6所示。

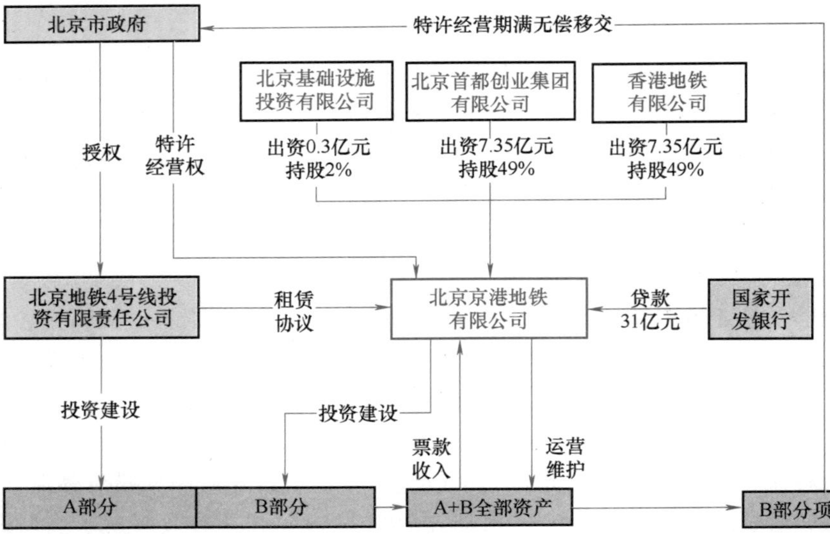

图11-6　北京地铁4号线项目融资结构

3. 融资结构评析

（1）北京地铁4号线开创了我国轨道交通建设PPP融资模式的先河，缓解了资金压力

如何筹集建设资金是制约轨道交通发展的首要障碍，而对于地铁这类很少盈利的项目来说，减少政府投入就是成功的关键。根据测算，北京京港地铁有限公司（简称京港地铁）负责地铁4号线约30%的投资，引进了建设资金近50亿元，这就意味着政府的投入大大节

省。同时，在运营期内，京港地铁还要负责线路、设备设施的所有维修维护和更新改造工作，预计需投入的资金接近 100 亿元。北京地铁 4 号线 PPP 融资项目的运作，确定了项目研究内容、项目结构和核心问题，完成了股权结构、客流风险分担、结算票价体系、建设和运营服务标准等具体操作层面的创新设计，成为 PPP 融资模式的一个样本。

（2）把一个地铁项目分成公益性和经营性两部分，分别采取不同的投融资方式

根据地铁项目准公共产品的经济属性，把北京地铁 4 号线项目全部投资建设任务划分为公益性与经营性两部分，分别采取不同的投融资方式。公益性部分完全由政府负责投资建设，具体操作上是由北京地铁 4 号线投资有限责任公司代表政府出资并拥有该部分的资产所有权；建成后该部分资产以使用权出资和租赁两种方式提供给 PPP 特许经营公司使用。而经营性部分则由 PPP 特许经营公司投资建设并经营管理，通过科学合理的风险分配、收益调节机制设计，建立适度市场竞争机制。项目特许经营期满后，PPP 特许经营公司无偿地将此部分项目资产移交给政府。这样，通过公益性资产租赁的形式，实现了公益性资产与经营性资产在一个项目上的管理整体性。同时，政府部门通过采取针对性、契约化的监管方式，确保地铁项目的持续性、安全性、公益性。最终，通过地铁项目投资、建设、运营效率的提高，实现双赢——政府部门为市民提供的公共产品服务水平提高，企业获得合理收益。

（3）组建专门机构，代表政府进行投融资

为解决在现有法律法规体系下政府融资手段不足、重大建设项目资本金缺乏的问题，由北京市国资委出资依照《中华人民共和国公司法》成立了北京市基础设施投资有限公司，作为北京市城市基础设施建设和发展的投资融资平台，代表政府投资。该公司是国有独资有限责任公司，属于资本运营和投融资管理型公司。其主要经营范围包括授权内国有资产的资本运营和投融资管理，产权（股权）经营，国内外融资、投资，城市基础设施（含轨道交通）的规划与委托建设、已建成基础设施的委托运营、经营管理、租赁、转让、股权出售，地下空间开发等。平台的搭建，不仅提高了政府对重大基础设施项目建设的投融资能力，推动了政府投资的市场化运作，而且形成了一整套可经营性基础设施特许经营的新机制。北京市基础设施投资有限公司的成立在北京地铁 4 号线项目融资过程中发挥了很大作用，该公司还代表政府直接参股 PPP 特许经营公司，使政府对特许经营公司也拥有了一定的决策权和控制权，有利于维护社会公共利益。另外，专门成立北京地铁 4 号线投资有限责任公司负责 4 号线项目公益性部分的投资建设，并代表政府出资和履行业主职责；该公司是由北京市基础设施投资有限公司等五家股东依法组建，并由北京市基础设施投资有限公司控股的有限责任公司。

11.2.3 大理洱海环湖截污 PPP 项目

1. 项目概况

大理洱海环湖截污 PPP 项目是国家财政部第二批 PPP 示范项目，贯彻落实国家对洱海保护的重要指示，按照“依山就势、有缝闭合、管渠结合，分片收处、集中处理、一次规划、分步实施”的原则，沿洱海在挖色、双廊、上关、湾桥、喜洲、大理古城新建了 6 座下沉式污水厂，水厂处理规模为近期（至 2020 年）5.4 万 m^3/日，远期（至 2030 年）11.8 万 m^3/日，出水达到国家一级 A 类排放标准；在环洱海东岸、北岸、西岸铺设污水管（渠）约 231km，建成污水提升泵站 11 座，尾水提升泵站 3 座，塘库（梨花潭塘库）1 座，服务范围约 66.41km^2，服务人口 65.28 万人（2050 年），截污主干管居住区覆盖率达到 100%，河道截

污干管覆盖率达到100%。

项目于2015年先后通过洱海环湖截污工程规划评审、获得省发改委批复、州环保局批复、省国土资源厅批复；2015年8月，经过两轮竞争性磋商确定了中国水环境集团有限公司作为预中标社会投资人，并在中国政府采购网进行公示，2015年9月正式签订PPP项目合作协议；2016年4月项目正式开工建设，期间经过三轮提速，于2018年6月提前9个月完工。该工程的实施，有效解决了洱海周边配套收集管网不完善、污水收集处理率偏低、末端截污体系不完整等突出问题，对洱海保护治理起到至关重要的作用。

2. 融资结构

1）大理洱海环湖截污PPP项目由大理洱海保护投资建设有限责任公司代表政府方与中国水环境集团有限公司合资设立SPV公司（即大理洱海生态环境治理有限公司，也称项目公司），根据协议，由SPV公司负责项目的实施。在项目公司股权结构设计上，政府方出资代表（大理洱海保护投资建设有限责任公司）出资1.047亿元，占股10%，社会资本出资9.432亿元，占股90%；资本金占项目总投资额度的30%。

2）本项目污水处理厂采用BOT模式，合作期限30年（含3年建设期），运营期内政府方按污水处理既定污水处理服务单价和处理量向项目公司支付污水处理服务费。污水收集干渠、管网、泵站采用DBFO模式，合作期限18年（含3年建设期）。政府采用购买服务的方式，向项目公司支付政府购买服务费，分为可用性付费和运营维护费，政府根据“一次考核，分期支付”的原则，根据可用性绩效考核和截污干管（渠）工程运营维护的绩效考核结果，每年向项目公司支付政府购买服务费年付金额的85%，并建立付费调价机制，其中运营维护“依效付费”占政府购买服务费的15%。

3）云南省发改委批复该项目可行性研究报告，批复投资45亿元，批复近期（2016年—2020年）计划投资34.9亿元，PPP协议签约控制价29.8亿元。大理洱海环湖截污PPP项目被列入财政部第二批示范项目，获批6.72亿元的专项资金，用于项目公司政府方的注册资本以及项目建设的专项补贴。项目公司与国家开发银行签订贷款协议，取得22.8亿元项目贷款资金，贷款期限18年，并给予了基准下浮10%的贷款利率优惠。

大理洱海环湖截污PPP项目融资结构如图11-7所示。

3. 融资结构评析

（1）专项基金缓解支出压力

大理市洱海环湖截污PPP项目是财政部第二批PPP示范项目，获得国家发展和改革委员会专项资金支持。云南省政府给予了本项目大力的支持，减轻了大理市的财政负担，批准了大理收取洱海风景名胜资源保护费的申请，扩充了大理市财政收入来源，同时还承诺由省财政给予本项目适度的财政补贴。大理市政府充分利用财政资源，采用前后补贴结合的方式降低财政付费压力：在建设期，大理市政府将收取的洱海资源保护费及其他政府补贴资金等作为建设期补贴投入项目建设，用于冲抵项目总投资，进而调减政府购买服务费；项目投入运营后，大理市政府将洱海资源保护费及其他政府补贴专款专用支付本项目政府购买服务费，既保证了项目支付资金来源，又降低了政府一般性公共预算支出的压力。

（2）股权结构合理

在大理市洱海环湖截污PPP项目中，政府占有股权比例为10%，社会资本方为90%，双方按比例注入资本金并享有相对比例的权益。这使政府能保留对公共产品建设和运营的控

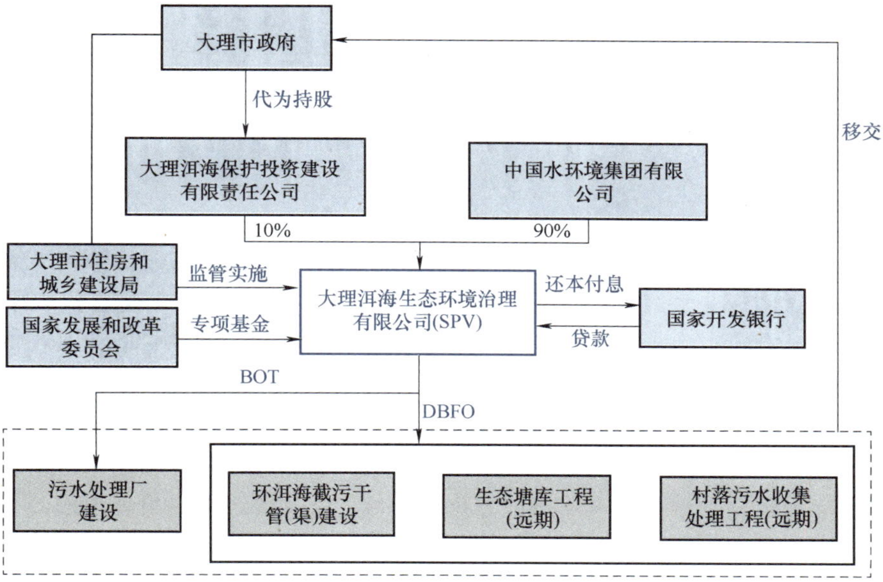

图 11-7 大理洱海环湖截污 PPP 项目融资结构

制权和参与权，能提高公共产品提供的效率；社会资本控制成本的积极性也会越高。在该项目中，社会资本投入大于政府投入，其拥有更大的自主决策和利益分配权，有利于激发社会资本控制投资成本、提高投资效率和积极性。同时，这种股权结构也使政府能有效调控公共产品的供给质量与价格水平。

(3) 银行贷款利率优惠

项目公司与国家开发银行签订贷款协议，贷款银行实力雄厚，资金来源稳定。项目公司取得了 22.8 亿元项目贷款资金，以及基准下浮 10% 的贷款利率优惠。融资全额用于大理市洱海环湖截污 PPP 项目建设，为项目有序推进提供了资金保障。

11.2.4 广深珠高速公路项目

1. 项目概况

广深珠高速公路是我国大陆第一条成功引进社会资本修建的高速公路。社会资本方为澳门珠海集团，它与广东省珠海市政府设立项目公司（SPV）——广深珠高速公路有限公司，由项目公司负责项目的建设、运营，项目经营期为 15 年，期满时整个项目无偿收归国有。在项目的建设过程中，建设资金全部由社会资本方解决，政府未投入资金。但是政府在项目公司中派出了产权代表，并通过协商占有公司 50% 的权益。国内经济发展要求加快交通基础设施建设，但财政资金相对紧张；同时，20 世纪 80 年代中期，国内资本市场尚处于起步阶段，金融市场上资金紧缺，很难满足项目需求的巨额资金，并且资金成本也相当高。因此，广深珠高速公路项目大胆引进社会资本，通过 ABS 融资方式即在美国证券市场发行公司债的方式来获得建设资金。

2. 融资结构

(1) 项目投融资结构

广深珠高速公路项目总投资为 13.4 亿美元和 7.04 亿元人民币（包括皇岗口岸工程、深圳经济特区检查站工程和建设期利息），其中由香港合和中国发展（高速公路）有限公司提供注册资金0.9亿美元并提供股东贷款4.5亿美元，国际融资银团提供项目抵押贷款8亿美元。该项贷款以香港合和中国发展（高速公路）有限公司为第一借款人，以同等条件转贷给广深珠高速公路有限公司，国内银行提供用于支付征地拆迁费贷款（含建设期挂账利息）的7.04亿元。

（2）ABS模式运作流程

1）确定证券化资产并组建资产池。原则上，投资项目所附的资产只要在未来一定时期内能带来稳定可靠的现金收入，都可以进行ABS融资。一般情况下，这些代表未来现金收入的资产，本身具有很高的投资价值，但由于各种客观条件的限制，它们无法获得权威性资信评估机构授予的较高级别的资信等级，因此无法通过证券化的途径在资本市场上筹集项目建设资金。本项目中的高速公路建设便是这样，未来收益稳定且价值高，但受各种条件限制，无法直接融资。原始权益人将这些有未来现金流的资产进行估算和信用考核，并根据资产证券化的目标确定要把多少资产用于证券化，最后把这些资产汇集组合形成一个资产池。

2）设立特殊目的机构（SPV）。成功组建SPV是ABS融资的基本条件和关键因素。为此，SPV一般是由在国际上获得了权威资信评估机构给予较高资信评定等级（AAA级或AA级）的投资银行、信托投资公司、信用担保公司等与证券投资相关的金融机构组成的。有时，SPV由原始权益人设立，但它是以资产证券化为唯一目的、独立的信托实体。其经营受严格的法律限制，例如，不能发生证券化业务以外的任何资产和负债，在对投资者付讫本息之前不能分配任何红利，不得破产等。其收入全部来自资产支持证券的发行。为降低资产证券化的成本，SPV一般设在免税国家或地区，如开曼群岛等处，设立时往往只投入最低限度的资本。本项目中，SPV由广深珠高速公路有限公司担任，是澳门珠海集团为此项目融资专门设立的。

3）资产的真实出售。SPV成立之后，与原始权益人签订买卖合同，原始权益人将资产池的资产过户给SPV。这一交易必须以真实出售方式进行，买卖合同中应明确规定，一旦原始权益人发生破产清算，资产池不列入清算范围，从而达到“破产隔离”的目的。破产隔离使资产池的质量与原始权益人自身的信用水平分割开来，投资者对资产支持证券的投资就不会再受到原始权益人的信用风险影响。资产的出售均要由有关法庭判定其是否为“真实出售”，以防范资产证券化下涉及的发起人违约破产风险。此项目中，资产的真实出售是以珠海市政府与广深珠高速公路有限公司签订的15年的特许经营权体现的，即广深珠高速公路有限公司以2亿美元买下了高速公路15年的经营权。

4）信用增级。SPV及相关各方签订各种协议来完善资产证券化的交易结构，之后请信用评级机构对这个交易结构以及设计好的资产支持证券进行内部评级。一般而言，这时的评级结果并不理想，较难吸引投资者。因此，为吸引更多的投资者，改善发行条件，SPV必须提高资产支持证券的信用等级，即必须进行信用增级。信用增级可通过外部增级和内部增级来实现。

本项目中的信用增级采用的是内部增级的方式：

① 设计了优先、次级债券的结构。风险与收益成正比，次级债券利率高，相应承担的风险较大，缓冲了高级债券的风险压力。

② 建立储备金账户。澳门珠海集团储备了5000万美元的备用信用证，用以弥补资金的不足。

5）信用评级。信用增级后，SPV应再次委托信用评级机构对即将发行的经过担保的

ABS 债券进行正式的发行评级，评级机构根据经济金融形势，发起人、证券发行人等有关信息，以及 SPV 和原始权益人资产债务的履行情况、信用增级情况等因素，将评级结果向投资者公布。然后，由证券承销商负责向投资者销售资产支持证券。由于这时资产支持证券已具备了较好的信用等级，能以较好的发行条件售出。对本项目，美国穆迪和标准普尔公司分别对优先级和次级债券进行了评级，因要发行的是收益债券，故评级要求不是很高。所以，优先级债券和次级债券均获得了较高的信用评级，满足发行要求。

6）向发起人支付资产购买价款。SPV 从证券包销商那里取得证券的销售收入后，即按资产买卖合同签订的购买价格向原始权益人支付购买资产池的价款，而原始权益人则达到了筹集目的，可以用这笔收入进行项目投资和建设。此项目中，摩根士丹利公司作为承销商，出售收益债券；而债券购买人将债券的购买款项存入 SPV 指定银行账户，再通过服务人（此项目中还是摩根士丹利公司）转交给 SPV，SPV 用以支付购买款项。事实上，珠海市政府用筹集到的 2 亿美元，不仅修建了广深珠高速公路，还建造了其他一些公共设施。

7）管理资产池。原始权益人或由 SPV 与原始权益人指定的服务公司（摩根士丹利公司）对资产池进行管理，负责收取、记录由资产池产生的全部收入，将把这些收款全部存入托管银行的收款专户。托管银行按约定建立积累金，准备用于 SPV 对投资者还本付息。

8）清偿证券。按期还本付息，对聘用机构付费。到了规定的期限，托管银行将积累金拨入付款账户，对投资者还本付息。待资产支持证券到期后，还要向聘用的各类机构支付专业服务费。由资产池产生的收入在还本付息、支付各项服务费之后若还有剩余，全部退还给原始权益人。整个资产证券化过程至此结束。

（3）资产证券化概况

1996 年 8 月，珠海市人民政府在开曼群岛注册了珠海高速公路有限公司，成功地根据美国证券法律发行了资产担保债券。该债券的承销商为摩根士丹利公司。广深珠高速公路有限公司以当地机动车管理费及外地过往机动车所缴纳的过路费作为担保，发行了总额为 2 亿美元的债券。所发行的债券通过内部信用增级的办法，将其分为两部分：一部分是年利率为 9.125% 的 10 年期优先级债券，发行量为 8500 万美元；另一部分为年利率为 11.5% 的 12 年期次级债券，发行量为 11500 万美元。该债券的发行收益被用于广州到珠海的高速公路建设，资金的筹集成本低于当时的银行贷款利率。本项目资产证券化概况见表 11-3，ABS 融资结构如图 11-8 所示。

表 11-3 广深珠高速公路项目资产证券化概况

发行人	澳门珠海集团	
额度	2 亿美元（用于广州—珠海高速公路建设）	
发行时间	1996 年 8 月（承销商：摩根士丹利公司）	
份额	高级债券	次级债券
金额	8500 万美元	11500 万美元
息票率	9.125%	11.5%
与美国国债利差	+250 基点	+475 基点
评级（穆迪、标准普尔）	Baa3/BBB	Ba1/BB
期限	10 年期	12 年期

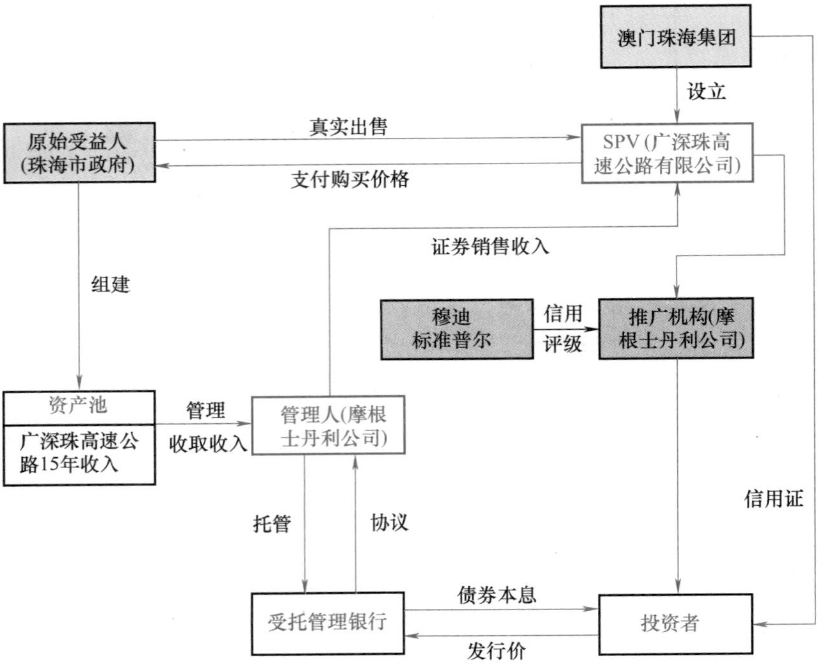

图 11-8　广深珠高速公路项目 ABS 融资结构

3. 融资结构评析

交通项目的投资巨大、回收期限较长，BOT 投资者可通过对其持有的交通项目收益权进行证券化，来达到分散风险、提高收益的目的。政府在新建交通项目的时候，可以考虑将 BOT 与 ABS 两者结合，以降低 BOT 的门槛，吸引更多的投资者。广深珠高速公路的建设即采取这种形式，拥有特许经营权的项目公司通过 ABS 的方式筹集资金，用于公路工程的建设。社会资本方与项目购买者均不用提供股本资金，融资成本低，风险小，并且几乎实现了 100% 的融资要求。该项目不仅采用证券化融资模式，而且还是在全球最大的资本市场——美国证券市场进行融资的，即离岸资产证券化。综合分析，该项目的融资模式有以下优势：

1）基础设施收费的证券化符合资产证券化项目融资产品的要求，项目未来的现金流稳定可靠、容易计算，可满足以未来可预见到的现金流为支撑发行证券的要求以及“资产重组”原理。

2）在交易机构中，原始权益人将项目的收益权转让给境外的 SPV，实现了证券化的关键一步——破产隔离。

3）以债券分层的方式实现内部信用增级，通过担保的方式实现外部信用增级。信用增级技术降低了其在国际资本市场上的融资成本。

11.2.5　湖北省十堰市地下综合管廊 PPP 项目

1. 项目概况

为切实加强城市地下管线建设管理，保障城市安全运行，提高城市综合承载能力和城镇化发展质量，国务院办公厅印发了《关于加强城市地下管线建设管理的指导意见》（国发办〔2014〕27 号），财政部、住房和城乡建设部颁布了《关于开展中央财政支持地下综合管廊试点工作的通知》（财建〔2014〕839 号）。十堰市委、市政府高度重视城市地下综合管廊建设。经过激烈竞争，十堰市脱颖而出，成为全国首批城市地下综合管廊试点城市之一，在 3 年内获得约 9 亿元（2015 年—2017 年，每年 3 亿元）的中央财政资金用于该市地下综合管廊项目建设。

十堰市地下综合管廊 PPP 项目于 2015 年 2 月 2 日由政府方发起，2015 年 11 月，本项目由中国建筑股份有限公司中标。2016 年 4 月 13 日，十堰市城建档案和地下管线管理处作为政府方出资代表，与社会资本方代表中建三局集团有限公司，共同出资组建中建十堰城市管廊建设运营管理有限责任公司（以下简称“项目公司”）。由于前期征地、勘察、施工图设计均由政府方负责，因此本项目于 2015 年 12 月 3 日快速开工建设以满足试点项目的 2 年建设期要求，并于 2017 年年底竣工。2018 年 1 月 1 日，项目进入运营期，运营期将于 2047 年 12 月 31 日结束。本项目投资巨大，且具有准公共产品的特征，仅靠入廊费收入，社会资本无法收回投资并获得预期合理回报，因此有必要以可行性缺口补助的形式予以补偿。项目公司于 2019 年 12 月 20 日以项目收益权为基础资产对外发行资产支持专项计划 ABS 产品，是全国首单管廊 PPP 资产证券化产品，发行期限不超过 29 年，利率为 3.88%，创国内同类产品利率最低、发行期限最长历史纪录。

2. 融资结构

（1）项目投融资结构

根据《十堰市地下综合管廊试点城市建设实施方案工程可行性研究》，本项目总投资约 35.50 亿元，其中管廊投资约 35.15 亿元，控制中心及分中心投资约 0.35 亿元。项目资金结构见表 11-4，中央财政补贴 9 亿元，项目公司注册资本 9 亿元，其中：中建三局集团有限公司出资 6 亿元，持股比例 66.67%；十堰市城建档案和地下管线管理处作为政府出资方代表出资 3 亿元，持股比例 33.33%。项目其余资金以项目公司名义进行债权融资，规模为 17.50 亿元。项目的建设和运营均由项目公司负责实施。

表 11-4 湖北省十堰市地下综合管廊 PPP 项目资金结构

资金来源	金额（亿元）	占总投资比例
中央财政补贴	9	25.35%
项目公司注册资本金	9	25.35%
其中：社会资本方出资	6	16.90%
政府出资	3	8.45%
债权融资	17.5	49.30%
合计	35.5	100%

2019 年 12 月 20 日，十堰市地下综合管廊 PPP 项目资产证券化通过计划管理人设立了“中建三局-十堰管廊 PPP 项目资产支持专项计划”（以下简称“本专项计划”或“专项计划”），并成功发行了资产支持证券。通过资产证券化，十堰管廊市地下综合 PPP 项目能够置换存量高息负债，有效降低了融资成本。截至该专项计划产品发行前，项目公司贷款余额为 17.65 亿元，整体贷款成本约为 5.1%，每年的财务费用约为 0.9 亿元，财务成本较高。根据实际发行情况，本次资产证券化募集资金 23.16 亿元，综合发行利率约为 4.15%，募

集所得外部资金优先偿还项目公司存量负债，则每年可为项目公司节约1676.75万元的财务费用。若项目运营期30年不变，则整个运营期内可为项目公司节约上亿元的财务费用。

（2）ABS模式运作流程

本专项计划的管理人是中国国际金融股份有限公司，托管银行和监管银行为招商银行的两个不同的分支机构，其他推广机构为招商证券，原始权益人、资产服务机构和购回承诺人均为项目公司，法律顾问为上海市方达（北京）律师事务所，信用评级机构为中诚信证券评估有限公司，会计师事务所为普华永道中天会计师事务所，差额支付承诺人为中建三局集团有限公司。中建三局集团有限公司的信用等级为AAA，评级展望稳定，表明其偿债能力强，违约风险低。具体的交易结构如图11-9所示。专项计划方案核心要素见表11-5。

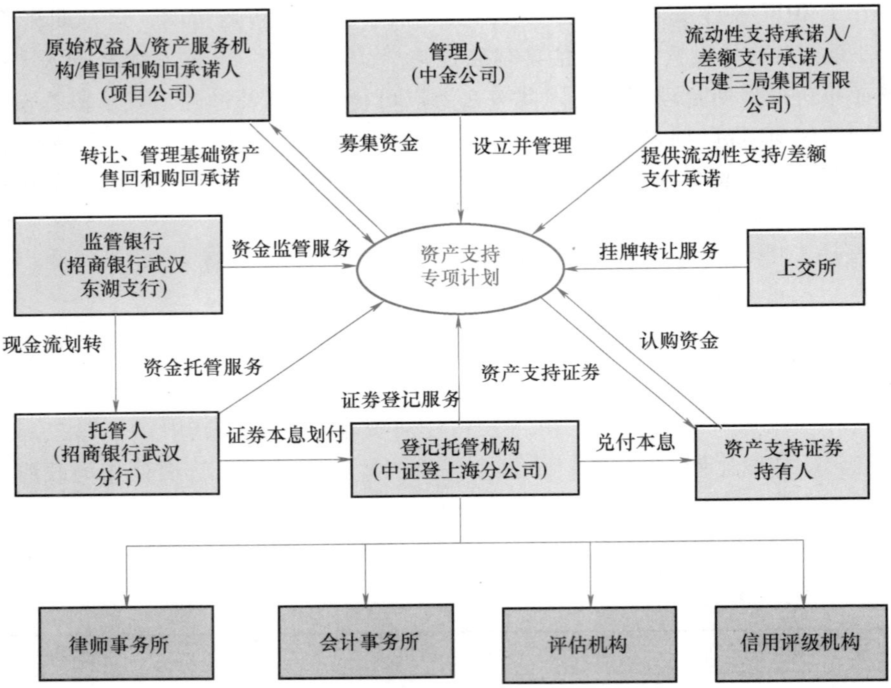

图11-9　中建三局-十堰市地下综合管廊PPP项目资产支持专项计划交易结构

表11-5　专项计划方案核心要素

类别	核心要素
规模	23.16亿元
结构	优先级95%，次级5%
产品期限	次级档29年，优先档分为10档，期限分别为3年、6年、9年以此类推
次级投资人	项目公司自持
信用增级结构	中建三局自行提供差额补足承诺
资产处置的特殊交易安排	优先级票面利率调整、投资人回售权、项目公司购回选择权
是否出表	不出表
优先利率	3.88%
预计综合成本（前三年）	4.3%～4.92%

1）确定证券化资产并组建资产池。原则上，投资项目所附的资产只要在未来一定时期内能带来稳定可靠的现金收入，都可以进行 ABS 融资。基础资产方面，本次业务入池资产为 29 年运营期内对应的入廊费和政府可行性缺口补贴收入。

2）产品方案设计。产品期限方面，次级档产品期限为 29 年，优先级产品期限分为 10 档，期限分别为 3 年、6 年、9 年，依次类推。产品结构方面，计划发行优先级 22 亿元，占比 95%，次级 1.16 亿元，占比 5%。回售及购回设计方面，每 3 年末，项目公司有权调整优先级票面利率；若投资人不接受利率调整，可行使投资人回售权；项目公司每年末可选择购回全部资产证券化产品。对于 5% 的次级产品，项目公司全部自持，这样一方面可以增强优先档投资人的信心，降低销售难度及发行成本，另一方面也能够保障超额收益不外流。发行情况见表 11-6。

表 11-6 专项计划发行情况表

产品	信用评级	预期发行金额	预期收益类型	预期到期日
优先 01	AAA	0.88	固定利率	2023 年 1 月 18 日
优先 02	AAA	1.29	固定利率	2026 年 1 月 19 日
优先 03	AAA	1.49	固定利率	2029 年 1 月 17 日
优先 04	AAA	1.74	固定利率	2032 年 1 月 19 日
优先 05	AAA	2.01	固定利率	2035 年 1 月 17 日
优先 06	AAA	2.34	固定利率	2038 年 1 月 19 日
优先 07	AAA	2.71	固定利率	2041 年 1 月 17 日
优先 08	AAA	3.15	固定利率	2044 年 1 月 19 日
优先 09	AAA	3.65	固定利率	2047 年 1 月 17 日
优先 10	AAA	2.74	固定利率	2049 年 1 月 19 日
次级	NR	1.16	—	—
合计	—	23.16	—	—

3）信用增级。本专项计划以内部信用增级方式为主。经过信用增级，评级机构给予了优先级资产支持证券 AAA 的评级。具体信用增级措施及效果如下。

① 本专项计划采用优先级/次级分层。发行优先级 22 亿元，占比 95%，次级 1.16 亿元，占比 5%。根据交易安排，本专项计划存续期内会优先偿还优先级证券持有人的利息和本金，剩余的再分配给次级证券持有人。

② 差额补足承诺。为保障优先级资产支持证券投资人的利益，差额支付承诺人中建三局集团有限公司对基础资产的收益不足以支付当期优先级资产支持证券本息之和的差额部分承担差额支付义务。由中建三局集团有限公司提供全周期差额支付承诺，类似对表内子公司融资信用增级，有助于降低信用增级成本，并督促十堰市财政局按照 PPP 合同及时履约。

③ 流动性支持承诺。本专项计划通过加强流动性支持，可以更好地协调各方资源，保证项目公司的正常运营，从而降低偿付风险。

④ 售回和购回承诺。当基础资产现金流不足够稳定时，售回和购回承诺能够有效保障优先级证券持有人的利益。

3. 融资结构评析

本项目为PPP项目，由社会资本方和政府共同出资组建项目公司，除中央财政补贴和项目公司注册资本金之外的资金以项目融资的形式筹集。专项计划自2018年5月正式启动以来，得到十堰市政府、住房和城乡建设局、财政局等相关部门，以及中建三局集团有限公司的大力支持，历时一年半成功发行，标志着全国管廊项目首单也是央企首单PPP资产证券化产品顺利落地，为其他将进入运营期的PPP项目提供创新示范。综合分析，该项目具有以下优点：

1）产品期限结构合理，有效解决期限错配难题。十堰市地下综合管廊PPP项目的运营期为30年，而优先级资产证券化产品的期限是$3+N$，每3年年末，投资人可以行使其回售权。通过合理设计期限结构，并增加回售机制，不仅可以将更多期的现金流纳入基础资产，增加了发行额度，解决了期限错配问题，而且丰富了投资者的选择，降低了销售难度。

2）置换存量高息负债，降低融资成本。通过资产证券化，十堰市地下综合管廊PPP项目能够置换存量高息负债，有效降低融资成本。

3）强化政府付费动机，促进政府高效履约。资产证券化能够强化政府付费动机，促进政府高效履约。根据政府与项目公司签订的PPP合作协议，十堰管廊运营期长达30年，运营期内十堰市政府每年都要向项目公司支付可行性缺口补助，再加上十堰市地下综合管廊PPP项目运营条件复杂，以及政府政策在未来可能发生改变，所以项目公司的收入存在一定的不确定性。该资产证券化产品在上交所公开发行，根据上交所要求，需要定期对十堰市政府的履约情况进行刚性披露，这在一定程度上增大了十堰市政府违约的隐性成本，有利于促进十堰市政府高效履约。

4）响应国家政策号召，打造PPP资产盘活标杆。为盘活PPP项目存量资产，2016年下半年以来，中央政府相继出台了多项政策，鼓励PPP项目通过资产交易、股权转让和资产证券化等多种方式提高其资产的流动性。本次资产证券化是中建三局系统内PPP项目资产证券化的首次突破性尝试，可在运营前期实现资金回收，为其他众多在施PPP项目长期资产盘活提供创新示范。

11.2.6 广朔实业ABN项目

1. 项目背景

“上海广朔实业有限公司2019年第一期光证资产支持票据”是我国首单基础设施类REITs，其基础资产是上海广朔实业有限公司（简称广朔实业或上海广朔）所持有的保石基金的优先合伙份额。其专项计划作为银行间市场首单高速公路公募资产支持票据（ABN）项目于2019年6月28日成功发行，最长期限7年，无回售安排，发行规模为70亿元，创下公募ABN单笔最大发行规模。该项目将REITs的操作思路引入基础设施领域，为投资降杠杆提供解决思路，能有效降低成本，推动基建领域的投资建设，助力基础设施企业的“轻资产化”。

2. 主要参与机构

项目主要参与机构的基本情况见表11-7。

表 11-7 参与机构基本情况

发起机构	上海广朔实业有限公司
项目公司	河北交投沿海高速公路有限公司
承销商	光大证券股份有限公司、渤海银行股份有限公司
发行载体管理机构	西部信托有限公司
资金保管机构	渤海银行股份有限公司
评级机构	中诚信国际信用评级有限责任公司
评估机构	瑞华会计师事务所（特殊普通合伙）
律师事务所	北京市金杜律师事务所
登记托管机构	银行间市场清算所股份有限公司

3. 交易结构

上海广朔 ABN 以“私募股权基金 + ABN”的形式存在。这是当前我国基础设施 REITs 的典型形式。具体分为五个部分：第一，原始权益人设立私募股权基金，以“债 + 股”的形式投资项目公司并持有项目公司股权；第二，管理人设立专项计划向投资者汇集资金；第三，专项计划受让原始权益人持有的私募基金份额；第四，项目公司以其底层资产运营收入通过专项计划发放证券本息；第五，在专项计划进入处置期后，原始权益人作为优先收购权人承担对优先级证券的收购义务。项目交易结构如图 11-10 和图 11-11 所示。

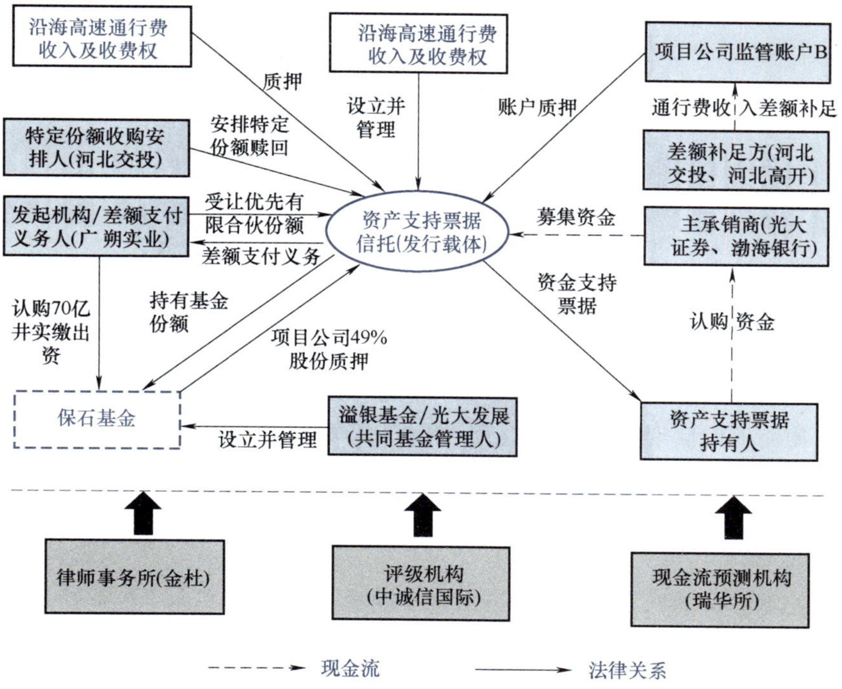

图 11-10 ABN 层面的交易结构

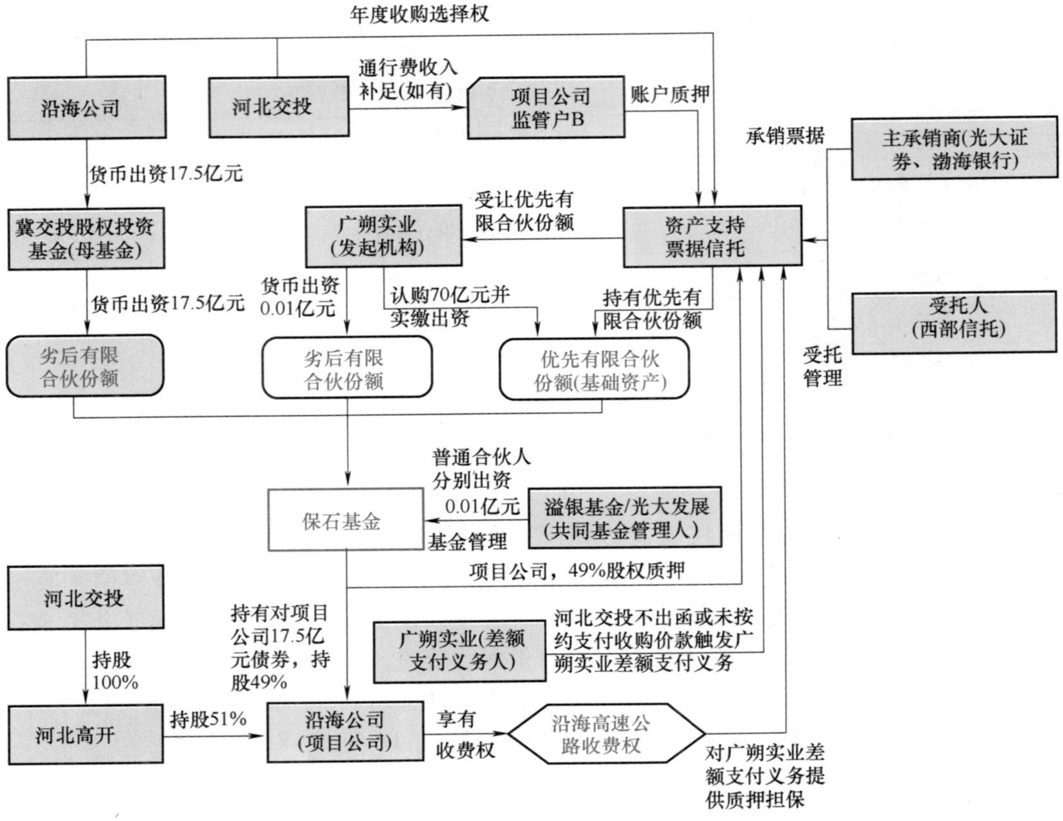

图 11-11　底层基金层面交易结构

11.2.7　顺丰产业园 REITs

1. 项目背景

近年来，国家层面积极出台政策规划，物流地产行业是一个组合性行业，政府对其重视程度非常高。从2016年3月至今，国家相继发布了《关于积极稳妥降低企业杠杆率的意见》《关于创新政府配置资源方式的指导意见》等政策文书。

2018年12月11日，“华泰佳越-顺丰产业园一期资产支持专项计划”成功设立，该产品是国内首单物流地产储架类 REITs，由深圳市丰泰电商产业园资产管理有限公司作为原始权益人，华泰证券（上海）资产管理有限公司担任计划管理人，招商银行股份有限公司担任托管机构，首期发行规模18.46亿元，并于深交所挂牌转让。

2. 项目底层资产

本次发行类 REITs 的底层资产为顺丰旗下上海青浦产业园和无锡电商产业园，两处入池产业园的资产质量上佳。

上海青浦产业园为顺丰华东区总部和上海区总部所在地，地处虹桥机场物流产业集群区，顺丰领航，龙头聚首，周边聚集中通、圆通、安能等物流优势力量，是各大物流公司全国总部聚集地。

无锡电商产业园地处无锡硕放机场物流产业集群区，以“空港物流城”品牌为核心，产业聚集度非常高。底层物业资产运营状况良好，按收益法（现金流量折现法）的评估值为 11.03 亿元，经测算，专项计划净现金对优先级资产支持证券本息的覆盖倍数均在 1 倍以上，表明各期专项计划可分配现金充足，覆盖状况良好。

3. 交易结构

顺丰产业园 REITs 采用的是“专项计划 + 私募基金”的双层结构，第一层结构是顺丰产业园 REITs，根据优先级、权益级不同级别，专项计划的资产支持证券总份数为 1846 万份，其中优先级资产支持证券分数为 1120 万份，权益级资产支持证券份数为 726 万份。第二层结构为私募投资基金，通过设立资产专项计划购买私募基金全部份额的方式，实现对目标物业资产的最终控制。项目交易结构如图 11-12 所示。

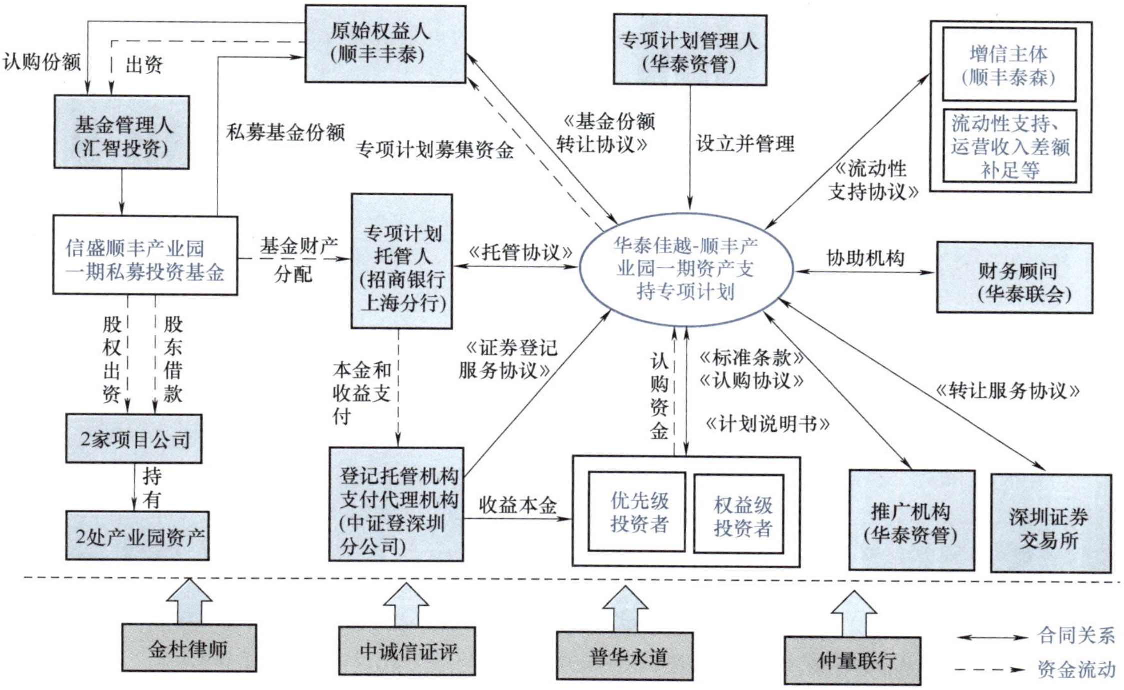

图 11-12　顺丰产业园 REITs 交易结构

思　考　题

1. 根据本章列举的工程项目融资国内外案例，试归纳工程项目融资顺利完成的关键成功因素。

参考文献

[1] 北京大学光华管理学院“光华思想力”REITs课题组. REITs市场建设与经济转型发展：基于各国推出REITs制度的历史分析［R/OL］.（2018-10-30）［2022-03-08］. https://max.book118.com/html/2019/0117/7043064103002002.shtm.

[2] 蔡天然. 住宅建筑工业化发展历程及其当代建筑设计的启示研究［D］. 西安：西安建筑科技大学，2016.

[3] 陈琳，谭建辉. 房地产项目投资分析［M］. 北京：清华大学出版社，2015.

[4] 陈振基. 住宅产业化≠建筑工业化≠装配式建筑≠PC建筑［J］. 住宅与房地产，2017（3）：56-57.

[5] 戴大双. 项目融资［M］. 2版. 北京：机械工业出版社，2009.

[6] 丁芸，谭善勇. 房地产投资分析与决策［M］. 北京：中国建筑工业出版社，2004.

[7] 杜小平. 关于房地产投资信托运营模式分析［J］. 财会学习，2021（9）：166-167.

[8] 冯彬. 建设项目投资决策［M］. 北京：中国电力出版社，2008.

[9] 冯文权. 经济决策与预测技术［M］. 武汉：武汉大学出版社，2008.

[10] 高晓明，郁银泉，李晓明，等. 装配式建筑部品与构配件产品标准体系构建［J］. 建筑学报，2020（S2）：138-142.

[11] 国家能源局. 国家能源局2021年二季度网上新闻发布会文字实录［EB/OL］.（2021-04-29）（2022-03-08）. http://www.nea.gov.cn/2021-04/29/c_139915011.htm.

[12] 国家铁路局. 2020年度铁路建设综述［EB/OL］.（2021-04-01）［2022-03-08］. http://www.nra.gov.cn/ztzl/hyjc/gcjs2/952/202104/t20210401_135224.shtml.

[13] 华好. 数控建造：数字建筑的物质化［J］. 建筑学报，2017（8）：72-76.

[14] 黄英. 房地产投资分析［M］. 北京：清华大学出版社，2015.

[15] 黄永胜. 模块化建筑的结构设计与BIM技术应用研究［D］. 广州：广州大学，2016.

[16] 贾若愚，徐照，吴晓纯，等. 区域建筑产业现代化发展水平评价研究［J］. 建筑经济，2015（2）：22-28.

[17] 柯永建. 中国PPP项目风险公平分担［D］. 北京：清华大学，2010.

[18] LI L, LI Z F, LI X D, et al. A New Framework of Industrialized Construction Method in China：Towards On-Site Industrialization［J/OL］. Journal of Cleaner Production, 2020, 224：118469［2022-03-28］. https://doi.org/10.1016/j.jclepro.2019.118469.

[19] 李北伟. 投资经济学［M］. 北京：清华大学出版社，2009.

[20] 邹坦，郭春翔. 工程项目投资决策可行性研究的探讨［J］. 科技广场，2008（6）：105-106.

[21] 李冰淼. REITs在房地产行业融资应用的案例分析：以云南城投酒店REITs为例［D］. 厦门：厦门大学，2019.

[22] 李春好，曲九龙. 项目融资［M］. 2版. 北京：科学出版社，2009.

[23] 李忠富. 再论住宅产业化与建筑工业化［J］. 建筑经济，2018（1）：5-10.

[24] 刘国东. 建设项目投资风险管理研究［D］. 保定：河北农业大学，2005.

[25] 刘进. EPC模式下我国国际建筑工程投资风险管理成效研究 [D]. 泉州：华侨大学，2012.
[26] 刘晓君. 建设项目投资决策理论与方法 [M]. 北京：中国建筑工业出版社，2009.
[27] 刘亚臣，常春光. 工程项目融资 [M]. 大连：大连理工大学出版社，2012.
[28] 刘宗铭，荆克尧，贾士超，等. 建设项目的可行性研究与项目评估 [J]. 河南石油，2005 (5)：92-94；102.
[29] 陆航月. REITs在我国物流地产领域的应用研究：以顺丰物流地产类REITs为例 [D]. 兰州：兰州财经大学，2020.
[30] 吕靖烨，杨华，文启湘. 供给侧改革背景下我国特色小镇商业模式创新路径 [J]. 上海商业，2017 (11)：56-59.
[31] 马秀岩，卢洪升. 项目融资 [M]. 3版. 大连：东北财经大学出版社，2015.
[32] 毛堃. 发展城市轨道交通政策研究 [D]. 重庆：重庆交通大学，2016.
[33] NAREIT. REIT Data [EB/OL]. (2020-03-02) [2022-03-08]. https://www.reit.com/data-research.
[34] 聂正标，宋家宁. 金融资本介入特色小镇运营路径分析 [J]. 中国经贸导刊，2016 (35)：3-4.
[35] 齐中英，王晓巍. 项目融资 [M]. 北京：机械工业出版社，2009.
[36] 綦建红. 国际投资学教程 [M]. 北京：清华大学出版社，2012.
[37] 任淮秀. 项目融资 [M]. 2版. 北京：中国人民大学出版社，2013.
[38] 上海申银万国证券研究所有限公司.《2018年能源工作指导意见》核电规划点评暨核电行业系列报告之二：首次提及开工三代核电项目 首次提及核电多发满发 [EB/OL]. (2018-03-09) (2022-03-08). http://stock.finance.sina.com.cn/stock/go.php/vReport_Show/kind/search/rptid/573900252114/index.phtml.
[39] 孙汉康. 中国资产证券化产品比较研究：基于产品适用性、安全性、流动性、盈利性的对比 [D]. 保定：河北大学，2020.
[40] 孙连营，王理. 建筑行业智慧建筑技术路线图研究 [J]. 建筑科学，2016，32 (5)：121-125.
[41] 孙晓明. 建筑建设项目投资风险管理研究 [D]. 重庆：重庆大学，2007.
[42] 谭大璐，赵世强. 工程经济学 [M]. 武汉：武汉理工大学出版社，2008.
[43] 王介超，任菲菲. 轨道交通行业专题报告：交通强国发力，城市群激发向上动能 [EB/OL]. [2022-03-02]. https://pdf.dfcfw.com/pdf/H3_AP202102181463047152_1.pdf? 1613644523000.pdf.
[44] 汪磊，眭中正，李进. 传统建筑企业装配式产业化的模式分析与研究 [J]. 山西建筑，2018，44 (6)：230-231.
[45] 王蕾. 新能源产业发展回顾与展望 [J]. 中国发展观察，2019 (16)：31-35.
[46] 武容宇. 城市轨道交通发展的政策效应研究 [D]. 北京：北京交通大学，2015.
[47] 徐小杰，程覃思. 我国核电发展趋势和政策选择 [J]. 中国能源，2015，37 (1)：5-9.
[48] 宗德新，冯帆，陈俊. 集成建筑探析 [J]. 新建筑，2017 (2)：4-8.
[49] 薛小龙，王玉娜，张季超，等. 建筑工业化创新发展路径：基于大数据的全景式分析 [M]. 北京：中国建筑工业出版社，2021.
[50] 杨建. 关于基础设施领域不动产投资信托基金 (REITs) 在我国实践应用的探讨 [J]. 全国流通经济，2021 (3)：78-80.
[51] 杨开明. 项目融资 [M]. 北京：经济管理出版社，2010.
[52] 叶剑平，鲁筱. REITs研究演化路径与前沿热点 [J]. 中国房地产，2020 (36)：8-14.
[53] 叶露，冯珂，王守清. PPP-REITS运作模式的设计与分析 [J]. 建筑经济，2019，40 (2)：31-35.
[54] 叶明.《工业化建筑评价标准》深度解读 [J]. 工程建设标准化，2016 (2)：49-51.
[55] 于贝妮. 我国公募REITs发展模式及治理机制研究 [D]. 大连：大连理工大学，2020.
[56] 张红，殷红. 房地产金融学 [M]. 北京：清华大学出版社，2007.
[57] 张建国，谷立静. 我国绿色建筑发展现状、挑战及政策建议 [J]. 中国能源，2012 (12)：22-27.

[58] 张青. 项目投资与融资分析 [M]. 北京：清华大学出版社，2015.
[59] 赵红，王培武. 浅析建设项目可行性研究的内容与作用 [J]. 中小企业管理与科技（上旬刊），2009 (4)：144.
[60] 赵民合. 我国城市多机场体系发展模式分析 [N]. 中国经济时报，2013-11-27（A04).
[61] 郑砚国. 发挥核电优势助推绿色低碳发展和"一带一路"建设 [J]. 中国电力企业管理，2017 (22)：34-36.
[62] 朱莉莉. 模块化思想在现代住宅设计中的运用 [J]. 绿色环保建材，2019 (7)：75-76.
[63] 朱涛. 装配式建筑发展趋势及市场前景 [J]. 低碳世界，2019，9 (7)：228-229.
[64] 住房和城乡建设部标准定额司. 2019年装配式建筑发展概况 [J]. 建筑，2020 (10)：27-31.
[65] 中国城市轨道交通协会. 城市轨道交通2017年度统计和分析报告 [J]. 中国城市轨道交通协会信息，2018 (2)：1-32.
[66] 中国宏观经济研究院. 夯实基础，巩固提升我国新能源产业竞争优势 [EB/OL]. (2021-04-02) (2022-03-08). https://www.ndrc.gov.cn/xxgk/jd/wsdwhfz/202104/t20210402_1271693.html.
[67] 中国人民银行调查统计司城镇居民家庭资产负债调查课题组. 2019年中国城镇居民家庭资产负债情况调查 [EB/OL]. (2020-04-25) [2022-03-08]. http://www.199it.com/archives/1040000.html.
[68] 中商产业研究院. "十三五"期间新能源行业回顾总结及"十四五"期间规划前瞻 [EB/OL]. (2021-01-19) [2022-03-08]. https://www.askci.com/news/chanye/20210119/1745231332834.shtml.
[69] 中商产业研究院. 中国轨道交通行业发展现状及"双循环"战略下行业投资机会分析 [EB/OL]. (2020-12-02) [2022-03-08]. https://.baijiahao.baidu.com/s?id=1684957332450816712&wfr=spider&for=pc.